DER TODFEIND

Überwinde ihn!

Verlag 7000

Titel der Originalausgabe:
Part I (Chapter 1-11) and the appendix:
The Adversary,
copyright 1975,
by THE MOODY BIBLE INSTITUTE
OF CHICAGO
Part II (Chapter 12-23): Overcoming the Adversary.
copyright 1984,
by THE MOODY BIBLE INSTITUTE
OF CHICAGO
Translated by permission.

Herausgeber und alleinige Vertriebsrechte
der deutschsprachigen Ausgabe:
© copyright 1994,
by **Verlag 7000**,
Abteilung der Sebulon Zuflucht e.V.;
Hauptstrasse 48
D-51709 Marienheide

ISBN: 3-929344-10-6

Übersetzung: Thomas Gerlach
und das Korrektorenteam

Umschlaggestaltung: Joanna Brzozowska

Gesamtherstellung: Breklumer Druckerei Manfred Siegel KG

Alle Bibelzitate wurden aus der Revidierten Elberfelder Bibel, 1986,
entnommen.

»*Schließlich: Werdet stark im Herrn und in der Macht seiner Stärke! Zieht die ganze Waffenrüstung Gottes an, damit ihr gegen die Listen des Teufels bestehen könnt. Denn unser Kampf ist nicht gegen Fleisch und Blut, sondern gegen die Gewalten, gegen die Mächte, gegen die Weltbeherrscher dieser Finsternis, gegen die Geister der Bosheit in der Himmelswelt. Deshalb ergreift die ganze Waffenrüstung Gottes, damit ihr an dem bösen Tag widerstehen und, wenn ihr alles ausgerichtet habt, stehen könnt.*

So steht nun, eure Lenden umgürtet mit Wahrheit, angetan mit dem Brustpanzer der Gerechtigkeit und beschuht an den Füßen mit der Bereitschaft zur Verkündigung des Evangeliums des Friedens. Bei alledem ergreift den Schild des Glaubens, mit dem ihr alle feurigen Pfeile des Bösen auslöschen könnt. Nehmt auch den Helm des Heils und das Schwert des Geistes, das ist Gottes Wort.

Mit allem Gebet und Flehen betet zu jeder Zeit im Geist, und wachet hierzu in allem Anhalten und Flehen für alle Heiligen.«

(Epheserbrief Kapitel 6, 10-18)

WIDMUNG

Meinen Gefährten im Sieg

Meiner Frau Anita, meinen Töchtern Judy, Donna und Rhonda und ihren Ehemännern und all denen, die mit mir ihre Nöte in ihren geistlichen Kämpfen geteilt haben. Durch ihre Leiden und Siege bin ich ermutigt worden zu lernen und die Aufgabe zu übernehmen, diese Bücher zu vollenden.

INHALTSANGABE

Erster Teil:
Der Todfeind

1. Die biblische Perspektive des Kampfes	Seite 19
2. Der Kampf gegen das Fleisch	Seite 24
– Die Natur des Menschen	Seite 25
– Die Fleischeswerke	Seite 27
– Krieg gegen das Fleisch	Seite 31
– Die Überwindung des Fleisches	Seite 33
1. Der Weg der Ehrlichkeit	Seite 34
2. Der Weg des Todes	Seite 35
3. Durch den Geist den Weg gehen	Seite 36
– Erfüllung mit dem Heiligen Geist	Seite 39
3. Der Kampf gegen die Welt	Seite 42
– Die Welt, der verlängerte Arm des Fleisches und des Satan	Seite 44
– »Liebt nicht die Welt!«	Seite 45
– Der Sieg über das Weltsystem	Seite 47
– Die Aneignung deines Sieges über die Welt	Seite 49
Ein Gebet	
4. Das Schwert des Geistes ist das Wort Gottes	Seite 51
– Was lehrt die Bibel über unseren Todfeind?	Seite 52
5. Konfrontation mit Satans Reich	Seite 61
– Satan mit biblischer Realität sehen	Seite 61
– Drei Prinzipien des effektiven Kampfes	Seite 63
1. »Seid stark in dem Herrn«	Seite 64
2. Kenne die Art und Organisation deines Feindes	Seite 64
3. Gebrauche die richtigen Waffen	Seite 66
– Ich lege die Waffenrüstung Gottes an	Seite 67
Ein Gebet	

6. Sei besonnen und fürchte dich nicht — Seite 71

- Kann ein Kind Gottes dämonisch besessen sein? — Seite 75
  1. Dämonischer Druck — Seite 75
  2. Dämonischer Zwang — Seite 76
  3. Dämonische Besessenheit
     besser: Dämonisierung — Seite 77
- Dämonisierte Ungläubige — Seite 78
  Die Willentliche Dämonisierung — Seite 78
  Die Unfreiwillige Dämonisierung — Seite 78
- Der Gläubige und die Dämonisierung — Seite 79

7. Objektive Lehre hat noch immer ihren Platz — Seite 84

- Ein Gebet gesunder Lehre — Seite 87
- Vier aktive Wege des Sieges — Seite 89
  1. »Widersteht dem Teufel!« — Seite 90
  2. »Seid erfüllt mit dem Heiligen Geist!« — Seite 90
  3. »Überwinde um des Blutes Christi willen!« — Seite 90
  4. »Legt die ganze Waffenrüstung Gottes an« — Seite 91
- Woher kommen meine geistlichen Probleme? — Seite 91

8. Kämpferisches Gebet wird siegen! — Seite 93

- Kämpferische Fürbitte für einen Verblendeten — Seite 95
- Fürbitte der Eltern für ihre rebellischen Kinder — Seite 96
- Kämpferisches Gebet gegen die Schikanen des Bösen in meinem Leben — Seite 97
- Kämpferisches Gebet für meine Ehe — Seite 99
- Kämpferische Fürbitte für die Bekehrung eines geliebten Menschen — Seite 100

9. Mutige Konfrontation ist nötig — Seite 103

- Die direkte Auseinandersetzung mit einem dämonischen Geist — Seite 104
- Achtung: Kriegsgeschehen! — Seite 109

10. Kampfansage gegen Satans Behinderung der Erweckung — Seite 113

- Keine Erweckung ohne Kampf gegen Satan — Seite 114
- Halte die Balance! — Seite 116
- Dürfen wir Erweckung von Gott erwarten? — Seite 117
- Gebetskampf für Erweckung — Seite 118

11. Geistlicher Kampf durch geistliche Einheit — Seite 121

Zweiter Teil:
Überwinde den Todfeind

12. Satan ist nicht unbesiegbar   Seite 127

- Die mächtige Liebe Christi   Seite 128
- Unterschätze nicht den Feind!   Seite 130
- Satans Taktik   Seite 131
- Durch fleischliche Erfahrungen irregeführt   Seite 133
- Ein Gebet des Sieges   Seite 135

13. Betrachte die Dinge aus Gottes Sicht   Seite 137

- Deine Rechte   Seite 138
- Vier Schlüssel zum Sieg über Satan   Seite 143
- Gott soll im Mittelpunkt bleiben   Seite 145
  Ein Gebet

14. Die Einheit des Gläubigen mit Christus   Seite 146

- Mut in Christus   Seite 148
- Unsere Einheit mit Christus in Anspruch nehmen   Seite 153
  Ein Gebet

15. Die Person des Heiligen Geistes und seine göttliche Macht   Seite 155

- Die gefährliche Sucht nach spiritistischen Erscheinungen   Seite 158
- Eine ausgewogene Sicht der Geistesfülle   Seite 161
- Die sieben Dienste des Heiligen Geistes   Seite 161
  1. Der Dienst der Überführung   Seite 161
  2. Der Dienst der Innewohnung im Gläubigen   Seite 164
  3. Der Dienst der Taufe   Seite 165
  4. Der Dienst der Versiegelung   Seite 166
  5. Der Dienst der Auferweckung   Seite 167
  6. Der Dienst der Fürbitte   Seite 168
  7. Der Dienst der Erfüllung   Seite 169
     a. Ein innerer Gewinn   Seite 170
     b. Ein himmlischer Gewinn   Seite 171
     c. Ein äußerer Gewinn   Seite 172
- Die Grundlagen, mit dem Heiligen Geist erfüllt zu werden   Seite 172
- »Werdet voll Geistes!«(Eph.5,18)   Seite 172
  1. Wiedergeburt - Finde die Neugeburt (Joh.3)   Seite 172
  2. Sündenbeseitigung - Betrübe nicht den Geist   Seite 173

3. Hingabe – Sehne dich nach Gott	Seite 174
4. Erwartung – Bekenne deinen Glauben	Seite 175
5. Beharrlichkeit – Wandel im Geist	Seite 176
– Ein Gebet zur Erfüllung mit dem Geist	Seite 177

**16. Die ganze Waffenrüstung Gottes:
Der Gürtel der Wahrheit** — Seite 179

– Ein brutaler Feind	Seite 180
– Vier Festungen der Wahrheit	Seite 182
1. Der Herr Jesus Christus ist die Wahrheit in Person	Seite 182
2. Das Wort Gottes ist das Wort der Wahrheit	Seite 184
3. Der Heilige Geist ist der Geist der Wahrheit	Seite 185
4. Die Gemeinde ist die Säule und das Fundament der Wahrheit	Seite 186
– Den Gürtel anlegen	Seite 187
Ein Gebet	

**17. Die ganze Waffenrüstung Gottes:
Der Brustpanzer der Gerechtigkeit** — Seite 188

– Was ist der Brustpanzer der Gerechtigkeit	Seite 190
– Der Schutz des Brustpanzers	Seite 191
– Die Gefahr der Passivität	Seite 195
– Lege den Brustpanzer an	Seite 196
Ein Gebet	

**18. Die ganze Waffenrüstung Gottes:
Die Schuhe des Friedens** — Seite 197

– Im Frieden stehen	Seite 200
– Frieden erleben	Seite 201
– Das Beruhigungsmittel, von Gott verordnet	Seite 202
– Der Gott des Friedens schützt	Seite 203
– Die Sicherheit im Willen Gottes durch Gehorsam	Seite 204
– Jesus Christus unser Friede	Seite 205
– Frieden sich zu eigen machen	Seite 206
Ein Gebet	

**19. Die ganze Waffenrüstung Gottes:
Der Schild des Glaubens** — Seite 208

– Nach jeder Seite geschützt	Seite 209
– Nur im Gegenstand unseres Glaubens ist Sieg	Seite 209
– Vertrauen in den Schild	Seite 210
– Feurige Pfeile zur Läuterung des Gläubigen	Seite 211

- Konzentriere dich auf den Herrn und nicht auf den
  Teufel! Seite 212
- Die Todesgefahr in dem Kampf und der Schutz des
  Schildes Seite 214
- Schützende Engel Seite 216
- Die Kraft durch das Blut Christi Seite 217
- Ergreife den Schild Seite 218
  Ein Gebet

20. Die ganze Waffenrüstung Gottes:
Der Helm des Heils Seite 219

- Der Sinn, d.h. die Gesinnung, wird belagert Seite 219
- Schütze die Behausung deines Denkens Seite 221
- Satans Strategien, das Denken zu beherrschen Seite 222
- Jesus Christus unser Heil Seite 223
- Widerstehe dem Zwang Satans durch Auswendig-
  lernen von Gottes Wort! Seite 224
- Hoffnung schützt unser Denken Seite 225
- Ziehe den Helm auf Seite 227
  Ein Gebet

21. Die ganze Waffenrüstung Gottes:
Das Schwert des Geistes Seite 228

- Binde und beraube unseren Feind Seite 228
- Unsere offensiven Waffen gegen einen respektablen
  Feind Seite 230
- Die Kraft des Wortes Gottes Seite 232
- Die geistliche Wirkung des Wortes Seite 232
- Richtlinien zum Gebrauch des Schwertes Seite 233
  1. Auswendiglernen Seite 233
  2. Richtig das Wort Gottes verstehen Seite 234
- Die Person des Geistes ist die Kraft des Wortes Seite 235
- Nimm das Schwert auf Seite 237
  Ein Gebet

22. Das Gebet
wichtig für alles Seite 238

- Der Vorrang des Gebets Seite 239
- Die Leidenschaft des Gebets Seite 239
- Die Auferbauung durch das Gebet Seite 241
- Das wachsame Gebet um Bewahrung Seite 242
- Die Ausdauer des Gebets Seite 243
- Die Aussicht des Gebets Seite 245
- Der Beistand des Gebets Seite 245

23. In den Kampf mit unbesiegbarem Gebet   Seite 247

- Lerne, viel zu beten   Seite 248
- Durch das Gebet des Glaubens, Gott zum Eingreifen bewegen   Seite 250
- Sich die Last auflegen lassen   Seite 252
- Erwarte den Sieg   Seite 253
- Nimm den unüberwindlichen Stand ein   Seite 254
    Ein Gebet

Nachwort: Wir sind nichts anderes als Sieger   Seite 256

Anhang: Werkzeuge des Kampfes   Seite 258

- Die tägliche Zusicherung des Glaubens: Seite 259
    Ein Bekenntnis von Dr. Victor Matthews
- Gebet für den geistlichen Kampf: Seite 262
    Gebet der Hingabe von Dr. Victor Matthews
- Ist mein Problem dämonischen Ursprungs?   Seite 266
- Das Beispiel des Dämonisierten von Gerasa von Ernest Rockstad   Seite 268
- Übertragung von Dämonie auf die folgenden Generationen   Seite 268
    Erbsünde durch Transferierung   Seite 268
- Lossagegebet von dem Fluch der Vorfahren und Glaubenszusage von Ernest B. Rockstad   Seite 270
- Stellvertretendes Gebet für ein Adoptivkind   Seite 271
- Entreiße Satan seine Anrechte, die er durch deine eigene Sünde erworben hat   Seite 272
- 10 allgemeine Kampfesschritte während des Befreiungsprozesses   Seite 273

VORWORT

Der Autor, Dr. Mark Bubeck, war Jahrzehnte als Gemeindepastor in verschiedensten Staaten der USA tätig. Er hatte bereits am Anfang seiner Pastorenlaufbahn eine pastoral-seelsorgliche Gesinnung. Den Grund hierfür sehe ich einmal in seiner Liebe zum Himmlischen Vater und Seinem Sohn Jesus Christus sowie in der Frucht dieser Liebe, dem herzlichen Erbarmen für Menschen in schwierigen Lebenslagen.

Mark Bubeck ist mir vor Jahren ein persönlicher Freund geworden. Unsere Freundschaft und Bruderschaft gründet sich nicht nur auf theologischer Übereinstimmung, sondern auf der gleichen Gesinnung, daß wir, die wir Jesus als den Christus lieben, aus dieser Liebe Verantwortung für Menschen übernehmen müssen, die sich selbst nicht mehr helfen können.

Dieses nun ins Deutsche übersetzte Buch ist in englischer Sprache in zwei Teilen erschienen. Der erste Teil (The Adversary) ist in den USA 1975 von Moody Press, Chicago, herausgegeben und mehr als 250.000 mal gedruckt worden. Der zweite Teil (Overcoming the Adversary) wurde seit 1984 mit 100.000 Stück Auflage von Moody Press, Chicago, verlegt. Diese Bücher sind nun in weiteren vier europäischen, drei asiatischen und einer afrikanischen Sprache übersetzt worden. Es war der Wunsch des Autors, diese beiden Bücher in einem Band herauszugeben, was mit dieser deutschen Ausgabe geschehen ist.

Es ist immer so, daß sowohl positive als auch negative Entwicklungen und Erkenntnisse, die in den USA geboren werden, nach etwa 15-20 Jahren auch in Europa zur Erkenntnis kommen, verstanden und angewendet werden. Die Zeit ist also bei uns in den deutschsprachigen Ländern reif dafür, daß das Thema »Geistlicher Kampf« wegen den unbeschreiblich großen Nöten von Gläubigen verstanden und angewendet werden kann.

Der Autor und auch wir als Herausgeber dieses Buches distanzieren uns von dem unbiblischen Spektakel zum Thema »Geistlicher Kampf«. Wir halten diese Verführungsspektakel in verschiedensten christlichen Kirchen für mehr als gefährlich, weil es auch die Gemeinde Jesu spaltet und sie entfernt von der Ausgewogenheit biblischer Lehre. Wir denken u.a. dabei an Gruppen, die menschliche oder Glaubensprobleme mit Exorzismus lösen wollen. Oder wir meinen auch die, die nicht nur Glaubens-, sondern sogar alle Kulturprobleme durch Unterwerfung von »Mächten in der Luft« zu lösen vorgeben, was dann von ihnen mit »Geistlichem Kampf« bezeichnet wird. Diese Verführungen in unseren Tagen lassen jedoch nicht den Schluß zu, daß es in der Christenheit wegen des Mißbrauches zum Thema, keinen biblisch begründeten »Geistlichen Kampf« gibt. Der Autor begründet seine Überzeugung zur Notwendigkeit von »Geistlichem Kampf« anhand der Bibel. Er bietet der Christenheit eine echte biblisch begründete Alternative mit seinen Büchern an.

Mark Bubeck hat mittlerweile eine mehr als 25jährige Erfahrung auf dem Seelsorgegebiet des »Geistlichen Kampfes«. Sein Wissen und seine Erfahrungen gehen weit über das hinaus, was in diesem Buch zu finden ist. Wir wollen nicht verschweigen, daß es mittlerweile derartig komplizierte und gefährliche psychisch-dämonische Entwicklungen bei hilfsbedürftigen Menschen gibt, die mit den im Buch beschriebenen Methoden nicht oder nur unvollständig angegangen werden können. Wir denken dabei u. a. an das gesamte Spektrum der MPD-Problematik und an die explosionsartig gewachsenen dämonischen Bewußtseinsveränderungen (Transmutationen).

Dieses Buch schafft jedoch die geistlichen Voraussetzungen dafür, daß überhaupt die Notwendigkeit des »Geistlichen Kampfes« für den Gläubigen erkannt wird. Darüber hinaus gibt dieses Buch für Verantwortliche in Gemeinden Antworten und auch Hilfen für Eltern mit Familienproblemen und macht ernst mit der biblischen Feststellung vom »Priestertum aller Gläubigen«. Wo die Probleme bei Gläubigen, wie angedeutet, noch größer sind, können Einrichtungen, wie auch u.a. bei uns in Deutschland die von Sebulon Zuflucht, aufgesucht werden, um die Problematik aus der Kraft von Jesu Kreuz und Auferstehung mittels des Heiligen Geistes zur Auflösung zu bringen.

Der Autor arbeitet nun seit mehreren Jahren als Seelsorger in einer biblisch begründeten Seelsorgeeinrichtung, ICBC, Sioux City, Iowa, USA (Internationales Zentrum Biblischer Seelsorge). Dieser Einrichtung steht Mark Bubeck als Präsident vor. Im Rahmen der internationalen Öffentlichkeitsarbeit veranstaltet ICBC Konferenzen, um Seelsorger auch mit den heutigen komplizierten Themen aus der Seelsorgepraxis zu konfrontieren und darüber zu schulen.

So sind auch wir mit ICBC nicht bereit hinzunehmen, daß immer mehr Christen vom Zeitgeist New-Age und seinen esoterischen Machenschaften vergiftet werden. Defensiver geistlicher Kampf (aufhalten) und offensiv geführter geistlicher Angriff (zerstören) gegen die New-Age-Seuche, die auch unsere Kultur in Europa zugrunde richtet, ist unsere gemeinsame internationale Aufgabe geworden.
»Die Waffen unseres Kampfes sind nicht fleischlich, sondern mächtig für Gott zur Zerstörung von Festungen« (2.Kor.10,4).

Horst Gerlach
Vorsitzender und Gesamtleiter von Sebulon Zuflucht e. V.
Sebulon Shelter International

Einführung

»Sieh meine Feinde an, wie viele sie sind, mit gewalttätigem Haß hassen sie mich!« (Psalm 25,19)

Durch die vollzogenen Bewußtseinsveränderungen in unseren westlichen Kulturen kann sich unser Todfeind mehr und mehr leisten, öffentlich zu arbeiten. In der westlichen Welt wird sein zerstörerisches Wirken von immer mehr Menschen sogar unterstützt und ausgeführt. Überall und in allen gesellschaftlichen Bereichen scheint Satan die Vorherrschaft zu besitzen. Die Menschen sind durch die Sünde gefangen, ihm zu Willen zu sein. Darum wächst das zwanghafte Verlangen nach dem Übersinnlichen immer mehr. Die Welt, als verlängerter Arm des sündlichen Fleisches, des Satans und seines Reiches unterstützt und fördert vieles, was in der Bibel als Greuelsünde bezeichnet wird, jetzt aber gesellschaftsfähig geworden ist. Zauberei, Hexenzirkel, Geheimlogen, offener Satanismus mit Tier- und Menschenopfern, Verführungen aller Art, ob sie unter der Flagge des New Age oder anderer aufstrebender Religionen wie z.B. des Buddhismus laufen, bestimmen mittlerweile viele Bereiche unserer Gesellschaft. Nach Umfragen hat sich die Weltanschauung der Deutschen in den letzten zehn Jahren vollständig gewandelt. Heute kann man von einer animistischen Gesellschaft reden, denn die große Mehrheit glaubt an Geister und Kräfte, die ihr Leben bestimmen. In den Geistes- und Naturwissenschaften, z.B. auch in der Betriebswirtschaft und der Medizin, werden neue »Kräfte« erschlossen. Diese weiß- oder schwarzmagischen Kräfte sind alle vom Fürsten dieser Welt, von Satan. Man erhält sie, wenn man sich mit den götzendienerischen Ritualen einläßt. Die Folge ist die Kontrolle Satans über diese Menschen. Es scheint so, als ob wir hilflos dieser schrecklichen esoterischen Entwicklung ausgeliefert sind, nachdem wir Jahrzehnte durch einen militanten Atheismus bedrängt wurden.

Dieser neue Zeitgeist hat die Menschen fest im Griff. Sie sind tot in ihren Vergehungen und Sünden, weil sie gemäß dem Zeitgeist dieser Welt leben, *»gemäß dem Fürsten der Macht der Luft, des Geistes, der jetzt in den Söhnen des Ungehorsams wirkt.«* (siehe Eph.2,1-3)

Dies alles hat Folgen. Die Menschen werden immer mehr dämonisiert und gezwungen zu sündigen. Denn jede Sünde verstärkt die Macht dessen, der die personifizierte Sünde ist, Satan und sein Reich. Sie können ungehindert zerstören. Wer kann etwas dagegen tun?

Christus, das Haupt der weltweiten Gemeinde, hat uns Gläubige in die Welt gesandt, um ein Licht zu sein und die Finsternis zu besiegen. Aber wie sieht es unter den Christen aus? Sehr viele sind selbst besiegt worden. Die Sünden haben auch tiefe Spuren in den Gemeinden hinterlassen. Auch viele Gläubige stehen unter dem Zwang der Sünde und wollen sich nicht davon abwenden. Besonders in Deutschland sind nach nun zwei Generationen die Folgen des II.Weltkrieges und der Greuel gegen die Juden und anderer Nationen noch sehr stark zu spüren.

Eine tiefe Herzensbuße ist überall nötig, um gegen die Angriffe unseres Todfeindes bestehen zu können. »*Kämpfe den guten Kampf des Glaubens, ergreife das ewige Leben!*« (1.Tim.6,12) ist eine Aufforderung an alle Gläubigen. Leider ist das Bewußtsein, daß wir alle im geistlichen Kampf gegen Satan stehen, und daß der Sieg Christi über den Feind mit kämpferischen Glauben durchzusetzen ist, durch viele Jahrhunderte hindurch eingeschläfert worden.

Nachdem nun Satan öffentlich und unverhohlen seine Macht über Menschen ausübt, werden auch viele Christen wach und sehen die Notwendigkeit des Kampfes und des Widerstandes gegen ihn. Jeder Pastor oder sonstige Verantwortliche einer Gemeinde kennt die Not von Christen, die ein Leben des Versagens und der Niederlage führen. Schreckliche psychische Leiden beherrschen viele Gläubige, die als Folge von Sünde durch Dämonen inszeniert sind. Viele Christen sind dem Betrug aufgesessen, daß Satan den Gläubigen nicht mehr angreifen kann, weil doch der Heilige Geist in ihm wohnt. Aber leider beweisen die Erfahrungen und das Leben vieler Gläubiger, daß gerade Gläubige die Zielscheibe von Satans Reich sind.

Aber wir sind nicht verloren. Christus hat unseren Todfeind besiegt. Uns bleibt nur, diesen Sieg durch den Gebrauch unserer geistlichen Waffen durchzusetzen.

In den letzten Jahren wurde schon viel über den geistlichen Kampf des Gläubigen gelehrt und geschrieben. Wie es immer so ist, wenn der Herr eine wichtige geistliche Erkenntnis Seinen Nachfolgern überläßt, versucht sofort der Teufel, dies zu pervertieren und für sich einzusetzen. So konnte man beobachten, daß Viele, bezüglich der Lehre des geistlichen Kampfes, in Extreme gefallen sind.

Die Einen glauben nicht an unsere Verantwortung für den Kampf, als Ausdruck unseres gelebten Glaubens, sondern ruhen sich auf dem vollbrachten Sieg Christi aus. Wenn dann aber solch ein Gläubiger schwer an den Folgen von Sünde leidet, dann wird er in psychiatrische Behandlung geschickt, und die Gemeinde schaut zu, wie es - im besten Falle - nicht schlimmer wird. Leider sind aber die physischen, psychischen und geistlichen Nebenwirkungen einer psychiatrischen Behandlung sehr stark. Sehr oft weiten sich seine Leiden dadurch noch aus. Ein Leben im Sieg Christi ist so nicht zu erreichen.

Die anderen neigen zu dem anderen Extrem, sich von allem Übersinnlichen faszinieren zu lassen und tollkühn auf einer unbiblischen Basis dem Satan entgegenzutreten. Sie merken nicht, daß ihre Vermessenheit sie immer mehr in die Bindung führt, und Satan eine große Schau inszeniert, die von ihnen stolz als geistlicher Sieg verkündet wird. Wir meinen diejenigen, die hinter jeder Krankheit oder Problem nur Teufel entdecken und sie austreiben wollen.

Beiden Extremen fehlt aber jede Frucht. Dem leidenden Gläubigen wird nicht geholfen, da die gesunde biblische Grundlage zu einem dauerhaften und durchgreifenden Sieg über Satan und seine Werke fehlt.

Das vorliegende Buch will uns das biblische Bewußtsein unserer Stellung in Christus, unseres Sieges in Christus und unserer Waffen in Christus nahebringen. Dies rüstet uns aus, um durch die Gnade Christi den Feind in allen unseren Lebensbereichen zu besiegen. Wir brauchen keine Angst mehr vor dem Bösen zu haben, wenn wir die Initiative des Kampfes gegen das Reich Satans ergreifen.

Das Ziel dieses Buches ist auch von der praktischen Seite aus an das Thema des geistlichen Kampfes heranzugehen, um Hilfe und Orientierung zu bieten, sich gegen das Böse zu wehren. Gebetsmuster am Ende der jeweiligen Kapitel dienen als Wegweiser für den persönlichen Glauben, das Erkannte gleich in die Tat umzusetzen. Gebrauche, lieber Leser, diese Gebete im Vertrauen auf den Herrn Jesus Christus, daß Er durch Seine Gnade Frucht schafft. Im Gebet sollen wir uns aufmachen, um dem Feind zu widerstehen und uns Gott ganz hinzugeben.

»*Unterwerft euch nun Gott. Widersteht aber dem Teufel, und er wird von euch fliehen. Naht euch Gott, und er wird sich euch nahen.*« (Jak.4,7-8)

Thomas Gerlach, Pastor und Seelsorger bei
Sebulon Zuflucht e.V.
Sebulon Shelter International

ERSTER TEIL: DER TODFEIND

1

DIE BIBLISCHE PERSPEKTIVE DES KAMPFES

»Denn unser Kampf... ist gegen die Gewalten, gegen die Mächte, gegen die Weltbeherrscher dieser Finsternis, gegen die Geister der Bosheit in der Himmelswelt.« (Eph. 6,12)

»Der Teufel ist schuld, daß ich dies tat!«, dies kann man heute oft hören. Satiriker, Poster und Aufkleber vertreiben dieses Thema. Die Meisten lachen über diesen Versuch des Menschen, sich selbst von der Schuld seiner Sünden zu befreien. Menschen ziehen leider oft das Problem der Sünde und die daraus resultierende Not und Qual einfach ins Lächerliche.

Es ist Teil von Satans Strategie gegen uns, daß wir ihn und seine Rolle bei der Sünde des Menschen nicht ernst nehmen. Der Fürst dieser Welt freut sich darüber, wenn die Welt, die er beherrscht, ihn mit gleichgültiger Oberflächlichkeit »weglächelt«. Beim Witzemachen über Satan und die Hölle sollten Christen niemals mitmachen. Während Gläubige sorgfältig darauf zu achten haben, nicht für alle ihre Fehler Satan verantwortlich zu machen, müssen wir mit biblischem Scharfblick die furchterregende Kraft des uns beeinflussenden Reiches Satans richtig einschätzen.

Die größten Diener Gottes haben zu allen Zeiten sowohl die relative Kraft Satans und seines Reiches als auch den vollkommenen Sieg über Satans Reich anerkannt. Ein Sieg, der für alle Gläubigen durch die mächtige Person und das Werk unseres Herrn Jesus Christus zugänglich ist.

Der Judasbrief warnt uns vor den abgefallenen Lehrern, die »befleckte Träumer« sind. Ein Teil ihrer Torheit ist es, *»Herrschaften zu verachten und Herrlichkeiten zu lästern«* (Judas 8). Er fährt fort zu zeigen, wie sogar Michael, der Erzengel, es nicht gewagt hat, Satan zu richten, sondern sich an den HERRN gewandt hat, ihn zu strafen (V.9).

Sehr bald wird uns durch ein sorgfältiges Studium der Paulusbriefe die Tiefe des Verständnisses geoffenbart, welches der Heilige Geist den Aposteln gab, betreffs der Notwendigkeit einer weisen Einführung in den geistlichen Kampf. Der Brief an die Epheser ist das neutestamentliche Handbuch für den geistlichen Kampf.

Paulus schließt seinen Brief mit einem Brennpunkt, der den erfolgreichen geistlichen Kampf gegen Satan zu einem wichtigen Schlüssel für die Botschaft des ganzen Briefes macht. Die Fähigkeit des Gläubigen, sich der herrlichen geistlichen Segnungen zu erfreuen, die deutlich gemacht wurden in den ersten fünfeinhalb Kapiteln, hängt an dem »*stark zu sein in dem HERRN*« und an dem effektiven Kampf gegen Satan und sein Reich.

Martin Luther war auch einer derjenigen, die die Notwendigkeit dafür sahen, den offensiven, biblisch gesunden Kampf gegen Satan und sein Reich aufzunehmen. Die Tradition hat es überliefert, daß Luther einmal so sicher war über die Gegenwart des Satan, daß er ein Tintenfäßchen nach ihm warf. Es ist nicht schwer, solcher Tradition zu glauben, wenn man die Worte seines großen Liedes »Ein feste Burg ist unser Gott« singt.

> Ein feste Burg ist unser Gott
> Ein' gute Wehr und Waffen.
> Er hilft uns frei aus aller Not,
> die uns jetzt hat betroffen.
> Der alt böse Feind,
> mit Ernst er's jetzt meint;
> groß Macht und viel List
> sein' grausam Rüstung ist,
> auf Erd' ist nicht sein's gleichen.
>
> Mit unsrer Macht ist nichts getan,
> wir sind gar bald verloren;
> es streit' für uns der rechte Mann,
> den Gott hat selbst erkoren.
> Fragst du, wer er ist?
> Er heißt Jesus Christ,
> der Herr Zebaoth
> und ist kein andrer Gott;
> das Feld muß er behalten.
>
> Und wenn die Welt voll Teufel wär
> und wollt uns gar verschlingen,
> so fürchten wir uns nicht so sehr,
> es soll uns doch gelingen.
> Der Fürst dieser Welt,
> wie saur er sich stellt,
> tut er uns doch nicht;
> das macht, er ist gericht;
> ein Wörtlein kann ihn fällen.
>
> Das Wort sie sollen lassen stahn
> und kein Dank dazu haben;

er ist bei uns wohl auf dem Plan
mit seinem Geist und Gaben.
Nehmen sie den Leib,
Gut, Ehr, Kind und Weib;
laß fahren dahin,
sie habens kein Gewinn,
das Reich muß uns doch bleiben.

Die Betonung des geistlichen Kampfes für den Gläubigen muß auf einer biblischen, lehrmäßigen Sicht dieser Tatsache beruhen. Subjektive Gefühle, emotionale Wünsche, oberflächliche Suche nach Wahrheit sind keine ausreichenden Waffen gegen Satan. Er gibt uns wahrlich keinen Grund für Emotionen oder falsche Sicherheiten. Er zieht sich nur vor zwei Tatsachen im Leben des Gläubigen zurück. Er muß vor der ausgeübten Autorität des Gläubigen, die dieser besitzt durch seine Einheit mit dem Herrn Jesus Christus und durch die anerkannte absolute Wahrheit des Wortes Gottes, weichen.

Viele, mehr gefühlsmäßig und oberflächlich orientierten Gemeinschaften von Gläubigen, sind des Lobes wert, weil sie sich der Notwendigkeit, Menschen von den Bindungen Satans gelöst zu sehen, durchaus bewußt sind. Trotzdem, wenn man ihnen zugute halten muß, daß sie liebende Sorge für die Menschen haben, so ist es doch meine Beobachtung, daß bei weitem zu viele dieser Gläubigen Gefühle, Wünsche und Sehnsüchte an die Stelle objektiver biblischer Wahrheit gesetzt haben. Die Niederlage deines Feindes hängt nämlich davon ab, ob du am Wort Gottes und der Person und dem Werk unseres Herrn Jesus Christus klebst.

Das Wort Gottes zeigt uns, daß wir drei unterschiedlichen Feinden gegenüberstehen, welche alle versuchen, das geistliche Leben des Gläubigen zu ruinieren. Wir sprechen von diesen Dreien als von der Welt, dem Fleisch und dem Teufel. Jeder dieser Feinde hat eine spezifische Rolle im Kampf gegen den Gläubigen zu spielen. Es ist lebensnotwendig für unseren Sieg im Herrn Jesus Christus, daß wir jedem dieser Feinde die Stirn bieten, denn sie versuchen, uns von unserem gewonnenen Besitz und unserer Position des Siegers wegzudrehen. Es ist wichtig für uns festzustellen, welche Art Versuchung oder Verführung diese Feinde ausüben und wie wir ihnen jeweils entgegentreten können.

Wenn eine Person an den Herrn Jesus Christus gläubig wird, werden alle seine Beziehungen in der physischen, geistlichen, intellektuellen und emotionalen Welt einer radikalen Veränderung unterzogen. Er ist eine neue Kreatur, und ein Neues ist schon geworden. Der Gläubige ist ein Bürger des Himmels (Phil.3,20); er ist Gottes Kind (Joh.1,12) und ein Erbe Gottes. Gläubige sind berufen, mit Christus zu leiden und mit Ihm zusammen verherrlicht zu werden (Röm. 8,16-17).

Wegen dieser neuen Beziehung zu Gott sind alle Gläubigen Zielscheiben derselben Feinde, die auch der Person Gottes und Seinen Plänen und Zielen widerstreben und sie angreifen. Bei so einem erbarmungslosen Angriffsplan gegen uns müssen wir Gläubige alles über das uns zur Verfügung stehende Verteidigungssystem und über unsere Waffen wissen.

Vor einigen Jahren, während ich Pastor in Colorado war, wurde ich Zeuge von einer faszinierenden Entwicklung in der neuen Luftwaffenakademie in Colorado Springs. Die US-Regierung kaufte Tausende von Hektar Land und fing an, viele Millionen Dollar in die Konstruktion einer der modernsten Hochschulen zu investieren. Durch ein sorgfältiges Auswahlsystem rekrutierte die US-Luftwaffe die besten der amerikanischen Jugend. Indem sie für vier Jahre in einer höchst disziplinierten Akademiegemeinschaft lebten, wurden diese jungen Männer in der ausgefeiltesten Militärtradition ausgebildet. Die Absolvierung ist nur der Anfang von vielen Jahren des weiterführenden Trainings und der Vorbereitung, die USA zu verteidigen und sich für den militärischen Kampf vorzubereiten. Die Regierung erwartet, daß die militärischen Offiziere ihr ganzes Leben studieren, üben und die Militärstrategie vervollkommnen.

Der Punkt, den ich klar machen will, ist deutlich. Wenn irdische Militärs soviel Studium und sorgfältige Vorbereitung nötig haben, wieviel mehr Zeit braucht unsere Vorbereitung, unseren Feind zu treffen, und wieviel mehr bedarf es unseres höchsten und andauernsten Eifers. Der Gläubige, der nicht den geistlichen Kampf kennt, ist wirklich ein unfähiger Soldat Jesu Christi. Die Feinde des Gläubigen sind voll engagiert in ihrer noch nie dagewesenen Aktivität gegen ihn. Alarmierende Zeichen kann der Christ von verschiedenen Seiten erkennen. Die eigene Beobachtung, viele Bücher von christlichen Autoren, ja sogar die Unterhaltungsindustrie und die Massenmedien; alle geben Informationen darüber, daß heute Christen im besonderen Maße unter einer konzentrierten Attacke stehen.

Es ist überlebenswichtig, lehrmäßige bzw. biblische Antworten für solche grundlegenden Fragen zu haben: Wie erkenne ich den Versuch der Welt, mich zum Anpassen zu zwingen, und wie überwinde ich die Welt? Wie besiege ich die Werke meiner fleischlichen Natur? Wie erkenne ich Versuchungen und Verführungen durch Satan und seine Dämonen, und was überwindet diese konzentrierte Anstrengung, mich zu zerstören? Die biblischen Antworten auf diese Fragen werden die Glieder am Leib Christi fähig machen, in geistlicher Gesundheit zu leben, so wie es ihnen von ihrem Haupt angeboten wird.

Vor einigen Jahren führte ich eine junge Frau von Anfang Zwanzig zum rettenden Glauben an den Herrn Jesus Christus. Sie strahlte über ihre neugefundene Freude und ihren Frieden durch den Herrn Jesus Christus. Einige Sünden und Probleme, die sie bis dahin sehr bedrängten, verschwanden sofort zusammen mit Alpträumen und Ängsten. Sie war in Christus befreit worden. Durch mein Versäumnis einerseits und aus ihrer eigenen Wahl, wie auch immer, kam es zu keiner nachfolgenden Unterstützung und sorgfältigen Gründung im Worte Gottes. Sie lebte in einiger Entfernung zu einer Gemeinde, und nach ein paar Wochen wurde ihr Gemeindebesuch sehr sporadisch. Weltlichkeit, die eine wichtige Rolle in ihrem Leben vor der Bekehrung gespielt hatte, wurde weitergeführt. Fleischliche Sünden wurden toleriert und ohne große Sorge entschuldigt.

Nachdem ein Jahr vergangen war, kehrte diese junge Frau zu meinem Büro zurück, um Seelsorge in Anspruch zu nehmen. »Es hat nicht lange gehalten«, sagte sie. »Am Anfang war es wunderbar, aber nun sind meine Probleme schlimmer als sie vorher waren, bevor ich Christus aufnahm. Meine Alpträume sind sogar schrecklicher, und ich fürchte mich zu jeder Tages- und Nachtzeit. Ich vermute, es hat einfach bei mir nicht geklappt.«

Dieses Baby in Christus wurde ein tragisches Opfer ihrer Feinde. Sie wußte nicht, wie sie ihre Feinde erkennen und besiegen konnte, die sich aufgemacht haben, ihren geistlichen Sieg zu zerstören und ihre Freude über Gottes Willen zu rauben. Ihre Erfahrung findet man heute überall im Leib Christi. Die Welt, das Fleisch und der Teufel müssen herausgefordert und besiegt werden durch den Sieg, der für uns durch unseren Herrn Jesus Christus erstritten ist.

2

DER KAMPF GEGEN DAS FLEISCH

> *»Denn die Gesinnung des Fleisches ist der Tod, die Gesinnung des Geistes aber Leben und Frieden!« (Römer 8,6)*

Der Bibelhauskreis machte Fortschritte. Die Gruppe studierte den Römerbrief. Ein sehr gut ausgebildeter Mann wurde gebeten aus der »Guten Nachricht« Römer 7,15-25 zu lesen:

> *»So kommt es, daß wir mit unserem Tun nicht einverstanden sind. Wir tun nicht, was wir gerne möchten, sondern was uns zuwider ist. Wenn wir aber das Schlechte, das wir tun, gar nicht wollen, dann erkennen wir damit an, daß das Gesetz gut ist. Wir selbst sind es also gar nicht, die das Schlechte tun. Vielmehr tut es die Sünde, die von uns Besitz ergriffen hat.«*

An diesem Punkt fragte seine Ehefrau, die sich in einem anderen Teil des Raumes befand ihre Nachbarin: »Legt mein Mann ein Bußbekenntnis ab?« Sie erkannte dieses Wort als genaue Beschreibung der Probleme ihres Mannes. Sie war sich dessen sicher als er weiterlas:

> *»Wir wissen genau, in uns selbst ist nichts Gutes zu finden. Wir bringen es zwar fertig, das Rechte zu wollen, aber wir sind zu schwach, es auch auszuführen. Wir tun nicht das Gute, das wir gerne tun möchten, sondern das Schlechte, das wir verabscheuen. Wenn wir aber tun, was wir nicht wollen, dann verfügen nicht mehr wir über uns, sondern die Sünde, die von uns Besitz ergriffen hat.*
>
> *Wir sehen also, daß sich alles nach folgender Regel abspielt: Wir wollen das Gute tun, aber es kommt nur Schlechtes dabei heraus. Innerlich stimmen wir dem Gesetz Gottes mit Freuden zu. Aber wir sehen, daß unser Tun einem anderen Gesetz folgt. Dieses Gesetz liegt im Streit mit dem Gesetz, dem unsere Vernunft zustimmt. Es macht uns zu Gefangenen der Sünde, deren Gesetz uns beherrscht. Wir stimmen zwar mit der Vernunft dem Gesetz Gottes zu, aber mit unserem Tun folgen wir dem Gesetz der Sünde.*
>
> *Es ist zum Verzweifeln! Wir haben nur noch den Tod zu erwarten. Wer kann uns aus dieser ausweglosen Lage retten? Wir*

danken Gott durch unseren Herrn Jesus Christus: Er hat es getan!«
(Text aus »Die Gute Nachricht« 1976)

Derjenige, der dies im Hauskreis vorlas, sagte mir später, daß er einfach nicht glauben konnte, daß diese Worte in der Bibel zu finden sind. Er glaubte, daß der, der die Bibelarbeit leitete, bewußt diesen Abschnitt für ihn zum Lesen gewählt hatte. Aggressiv und laut werdend behauptete er dies im Kreis. Als es klargestellt wurde, daß dies nicht der Wahrheit entsprach, war er sehr erstaunt.

Wie aktuell ist doch das Wort Gottes. Wie genau gezielt spricht es zu uns über unsere Erfahrungen, die wir selbst mit uns machen.

Der Mensch hat eine verdorbene Natur, was jedem Wunsch, das Richtige zu tun, großen Widerstand bietet. Diese verdorbene Natur ist das Ergebnis des Sündenfalles des Menschen. Einige würden sagen, daß diese niederträchtige, verdorbene Natur ein Überbleibsel des primitiven, unzivilisierten, grausamen Zustandes des Menschen ist. Diese evolutionäre Ansicht des Menschen widerspricht der Bibel, ja muß sie sogar ablehnen, da die Bibel den Menschen als in das Ebenbild und in die Ähnlichkeit Gottes geschaffen, nur ein wenig niedriger als Gott, beschreibt. *»Denn du hast ihn wenig geringer gemacht als Engel, mit Herrlichkeit und Pracht krönst du ihn.« (Psalm 8,6).*

Die Natur des Menschen

Die sündliche Natur des Menschen kam weder von seinem ursprünglichen Zustand, noch ist sie das Ergebnis der Umwelt. Die sündliche Natur des Menschen ist die Folge davon, daß er in einem Akt seines persönlichen Bewußtseins, einer freiwilligen Übertretung von Gottes heiligem Gesetz, Gott verließ. Der Fluch über die willentliche Sünde des Menschen führte zur sündlichen Natur, einer Einstellung des Herzens, woraus sündige Taten entspringen (Math.15,19; Mark.7,21-23).

Wir haben diese verfluchte sündliche Natur von Adam geerbt (Röm.5,12-19). Das Gesetz, daß wir unsere sündliche Natur vererbt bekommen, ist die Folge von Adams Sünde und der Verbindung der Menschheit mit Adam, ihrem Haupt.

Evangelikale Christen akzeptieren die Tatsache, daß der Mensch durch den Sündenfall seine verworfene menschliche Natur geerbt hat. Diese Natur steht im Gegensatz zu Gott und ist zur Sünde geneigt. Das Wort Gottes benutzt verschiedene Worte und Ausdrücke zur Beschreibung dieser verdorbenen, schwächenden und erniedrigenden Tendenz des Menschen, sündig und gottlos zu sein. Zum Beispiel: der »Alte Mensch« bezeichnet den Menschen, wie er war, bevor er Christus empfangen hatte und ein »neuer Mensch« geworden ist (Eph.4,22.24). Der »natürliche Mensch« ist der gefallene Zustand, der dem »geistlichen Menschen« widersteht (1.Kor.2).

Eines der im Neuen Testament am häufigsten vorkommenden Wörter ist der Begriff »Fleisch«. Dieses Wort wird in der Heiligen Schrift verschieden gebraucht und bedeutet nicht unbedingt immer die gefallene Natur des Menschen. Der Kontext, in dem das Wort »Fleisch« erscheint, macht normalerweise die Bedeutung unmißverständlich klar.

Viele Abschnitte des Neuen Testamentes stellen uns den großen Kampf, ja Krieg, den der Gläubige mit seiner gefallenen Natur hat, anschaulich vor Augen. In dieser Schlacht steht der Christ auch ohne die direkten Versuchungen Satans oder die der Mächte der Finsternis. Wir müssen festhalten, daß, obwohl immer der eine Feind (unsere verdorbene Natur) und der andere (Satan) in Verbindung miteinander stehen, sie doch verschieden voneinander sind. Wir sollten niemals die schreckliche Kraft unserer gefallenen Natur unterschätzen; eine Kraft, die geistliches Leben und ein geheiligtes Leben, was Gott von uns wünscht, behindern und sogar zerstören kann.

In solchen Abschnitten, wie wir schon aus Römer 7 zitierten, erkennt der Apostel Paulus das völlige Versagen und die Verderbtheit unserer gefallenen Natur. Das Tödliche an diesem Feind wird weiter in Römer 8,6-8 ausgeführt: *»Denn die Gesinnung des Fleisches ist Tod, die Gesinnung des Geistes aber Leben und Frieden; weil die Gesinnung des Fleisches Feindschaft gegen Gott ist, denn sie ist dem Gesetz Gottes nicht untertan, sie kann das auch nicht. Die aber, die im Fleisch sind, können Gott nicht gefallen.«*

Römer 7,23 stellt diesen Feind (unser Fleisch) als die Ursache für den inneren Krieg dar, diesen Kampf und Streit zwischen der gefallenen Natur und der neuen, geistlichen Natur, die in den Menschen einzieht, wenn er gläubig wird und die Neugeburt empfangen hat (Joh. 3,6-7).

Während einer Bibelarbeit forderte ich die Teilnehmer auf, eine Definition von »Fleisch«, wie die Bibel es lehrt, zu geben. Wir trugen zusammen, daß das »Fleisch« ein eingebautes Gesetz des Versagens des Menschen ist, das es dem natürlichen Menschen unmöglich macht, Gott zu gefallen oder zu dienen. Es ist eine durch den Fall des Menschen ererbte, zwanghafte innere Gewalt, die sich ausdrückt in einer allgemeinen und spezifischen Rebellion gegen Gott und Seine Gerechtigkeit. Das »Fleisch« kann niemals reformiert oder verbessert werden. Die einzige Hoffnung, vom Gesetz des Fleisches gerettet zu werden, ist seine völlige Hinrichtung und dessen Austausch mit einem »neuen Leben« in dem Herrn Jesus Christus.

Man mag vielleicht eine bessere Definition bei einem fähigen Theologen finden, aber das praktische Verständnis der tödlichen Natur des Fleisches muß festgehalten werden. Das Fleisch kann nicht gezähmt, reformiert oder verbessert werden. Es ist vollkommen schlecht, so daß es sterben muß. Diese schreckliche Macht ist in uns; und obwohl wir sie durch den Glauben für tot erklärt haben, wird sie versuchen, wieder zum Leben zu kommen, um uns zu kontrollieren.

Das Fleisch des Menschen, seine gefallene Natur, hat bestimmte Wege, durch die es den geistlichen Menschen versucht und bekämpft. Das Fleisch ist ein tödlicher Feind, der fähig ist, einen Gläubigen völlig zu besiegen und ihn davon abzuhalten, ein heiliges, Gott wohlgefälliges Leben zu führen. Einer der Gründe, warum das Fleisch ein so schwer zu überwindender Feind ist, liegt in seiner engen inneren Beziehung zur Persönlichkeit des Gläubigen. Das Fleisch ist sehr eng mit unserem Verstand, unserem Willen und unseren Emotionen verflochten. Vor der Bekehrung kontrollierte es fast völlig das innere Leben des Einzelnen.

Es ist sehr wichtig, daß der Gläubige die bestimmte Art und Weise identifizieren kann, mit der das Fleisch gegen ihn Krieg führt. Immer wenn man beispielhafte Aufstellungen in der Bibel findet, sind sie es wert, genau studiert und analysiert zu werden. Die Art und Weise wie das Fleisch uns zur Sünde versucht, kann man in einer Aufzählung in Galater 5,19-21 finden (siehe auch Math.15,19; Mark.7,21-23). Ein erfolgreicher geistlicher Kampf verlangt, daß dem Christen diese Beispiele bekannt sind, um die Versuchungen identifizieren zu können und um die biblischen Heilmittel anzuwenden, die Gott verordnet hat. Wenn unser Fleisch unser Problem ist, sollten wir es besser kennen und uns ihm wahrheitsgemäß entgegenstellen und nicht versuchen, die Schuld Satan, der Welt oder irgendeinem anderen »Sündenbock« in die Schuhe zu schieben. Solange wir nicht die Ursache der Versuchung verstehen, können wir auch nicht Gottes geistliches Heilmittel anwenden. Die beispielhafte Aufzählung der fleischlichen Sünden und Versuchungen, die ich oben schon erwähnte, scheint ziemlich ausführlich und vollständig zu sein. Es wird uns guttun, diese Aufzählung auswendig zu lernen, damit wir schnell die Art der Versuchung identifizieren können, die gegen uns arbeitet.

Die Fleischeswerke

Laßt uns nun genauer die Fleischeswerke in Galater 5,19-21 betrachten. Der Abschnitt beginnt mit der mutigen Aussage: »*Offenbar sind die Werke des Fleisches*« *(V.19).* Der Apostel zeigt durch die Führung des Heiligen Geistes auf, wie das Fleisch gegen uns arbeiten wird, und wie seine Kriegsführung gegen den wiederhergestellten Geist des Menschen aussieht. Zuerst werden moralische Sünden sinnlicher oder sexueller Natur genannt, dann geht er in die Gebiete, die Konflikte und Schwierigkeiten von übelster Art verursachen:

Ehebruch (Hurerei) (vgl.Math.15,19; Mk.7,21)
Dies bezieht sich auf unmoralische Gedanken oder Taten, nachdem ein Mensch geheiratet hat. Ehebruch entspringt dem egoistischen, fleischlichen Wunsch, körperlich befriedigt zu werden ohne geistliche Verantwortung zu übernehmen. Ehebruch ist der Ausdruck der Rebellion des Fleisches gegen Gottes Gesetz der Reinheit und schlägt gegen die Heiligkeit der Ehe (Heb.13,4).

Unzucht (vgl. Mk.7,21)
Diese fleischliche Sünde ist ein Bruch von Gottes moralischem Gesetz für das Verhältnis der Geschlechter außerhalb der Ehe. Unzucht kommt von dem fleischlichen Wunsch, sein sinnliches Verlangen zu befriedigen ohne die Verantwortung der Ehe und der Notwendigkeit von Gottes Bestätigung. Es gibt keinen Raum in Gottes Plan, Unzucht zu entschuldigen (1.Kor.6,13.18).

Ausschweifung, Unreinheit (vgl. Mk.7,22)
Dies steht für das Aufreizen von schlüpfrigen Wünschen, die nicht innerhalb der Grenzen von Gottes Willen befriedigt werden können. Man kann anzüglich sein durch die Kleidung, die Redeweise, durch die Art zu lachen oder zu grinsen. Mit den Augen oder den Gesten kann die Scham verletzt werden. Diese Sünde kommt aus dem fleischlichen Wunsch, Aufmerksamkeit zu erregen, in einer Weise, die Gottes Maßstab der Reinheit mißachtet.

Götzendienst
Dies ist die Rebellion des Fleisches gegen die alleinige Anbetung des wahren und lebendigen Gottes. Götzendienst geschieht immer, wenn wir irgend etwas, sei es materiell, immateriell oder nur in unseren Gedanken vor Gott stellen. Anerkennung, Vergnügen, Geld, Materialismus, unsere Arbeit, ja sogar unsere eigenen Familien können zu Göttern werden. Diese fleischliche Sünde kommt von dem Wunsch, den Gott zu wählen, der unserem Fleisch gefällt und dagegen zu rebellieren, sich vor dem wahren und lebendigen Gott zu beugen.

Zauberei
Diese Sünde unseres Fleisches kommt von dem Wunsch, die verborgene Welt der Geister kennenzulernen und mit ihnen umzugehen. Wegen der rebellischen Neugier suchen wir die Geheimnisse der unsichtbaren Welt in einer Weise zu ergründen, die entgegen Gottes Wort ist. Diese fleischliche Sünde der Zauberei betrifft alles, was mit Okkultismus zu tun hat, z.B. Ouija-Bretter, Tarot Karten, Seancen, Spiritismus, Levitation, Astrologie, Pendeln und andere Werkzeuge dieser Sünde. Es ist interessant, daß das griechische Wort, welches wir mit Zauberei oder Hexerei übersetzen, *Pharmakia* heißt, wovon das Wort Pharmazie hergeleitet wird, was alles das bezeichnet, was mit Drogen und Medikamenten zu tun hat. Der Gebrauch von Drogen, um eine Erfahrung der Wahrnehmungs- und Bewußtseinserweiterung zu machen, ist eine Form der Zauberei. Das Experimentieren mit Dro-

gen ist eine fleischliche Sünde, die in tiefe Bindung an das Reich Satans führt.

Haß

Diese fleischliche Sünde wird ausgedrückt in den finsteren, häßlichen Gefühlen der Bitterkeit, Verachtung und der Widerwilligkeit gegen eine Person. Haß kommt aus dem fleischlichen Wunsch, seine eigene Bedeutung außerhalb von Gottes Plan der Erlösung durchzusetzen. Diese Sünde schlägt gegen Gottes Befehl; denn wir sollen einander vergeben und müssen die Rache Gott überlassen.

Feindschaften

Diese fleischliche Sünde wird sichtbar, wenn wir an Streit und Uneinigkeit teilnehmen. Diese Sünde kommt von dem fleischlichen Wunsch, beachtet zu werden und aus dem Zwang heraus zu beweisen, daß man recht hat.

Eifersucht oder Mißgunst

Diese fleischliche Sünde drückt sich in den inneren Gefühlen des Unmutes aus, wenn irgend jemand etwas hat, was wir uns wünschen. Neid kommt von dem fleischlichen Wunsch, seine Selbstbeachtung über das Interesse an anderen Menschen zu stellen. Ein Mangel an Selbstannahme und Dankbarkeit gegen Gott wird so manifestiert. Er schuf uns gerade so, wie Er es wünschte.

Zorn

Ein böses Temperament, gewalttätige Wut oder anschnauzender Unmut ist hier gemeint. Wut oder Zorn kommt von dem Wunsch des Fleisches, jeden anzugreifen, der die eigenen Interessen bedroht. Wut ist der Versuch des Fleisches, nun loszugehen, indem man die Rache aus Gottes Händen nimmt.

Selbstsüchteleien

Eine Rivalität, die das eigene Selbst sucht. Diese fleischliche Sünde kommt aus dem selbstsüchtigen Wunsch, jeden niederzumachen, der uns irgendwie einengt. Es schlägt gegen Gottes Liebe für alle Menschen; eine Liebe, die so groß ist, daß »*Christus, als wir noch Sünder waren, für uns gestorben ist.*« (Röm.5,8)

Parteiungen

Dieses Wort beschreibt den Vorgang, etwas in zwei Teile zu teilen oder zu spalten. Diese fleischliche Sünde kommt aus dem egoistischen Verlangen, mich mit einer Gruppe zu identifizieren, die eigene selbstsüchtige Interessen vertritt. Man sucht Befriedigung in der Durchsetzung seines Fleisches, was Gemeindespaltungen und Splittergruppen unter Gläubigen hervorruft. Der Apostel Paulus schalt die Gemeinde von Korinth, weil sie sich dieser fleischlichen Sünde hingegeben hatte. Der Geist der Parteiungen attackiert die essentielle Einheit des Leibes Christi und teilt, was durch das Werk Christi und durch die Gnade Gottes eins gemacht worden ist.

Zwistigkeiten
Dies ist ähnlich den Parteiungen. Es ist ein Geist der Parteiung, welcher Gläubige über unwichtige Lehren trennt. Diese Sünde kommt von dem fleischlichen Verlangen, die Führung durch das dogmatische Argumentieren zu erlangen. Dies ist eine der fleischlichen Sünden, durch die viele Leiter von fundamentalistischen Gläubigen unerkannt schuldig geworden sind. Diese Sünde schlägt gegen Gottes Geschenk der Liebe und gegen Seinen Befehl, sich nicht zu engagieren in törichten Fragen, die nur Streit hervorrufen (2.Tim.2,23).

Neidereien
Dies beschreibt die innere Unzufriedenheit, wenn wir den Erfolg oder die höhere Position anderer betrachten mit dem Wunsch, an ihre Stelle zu treten. Neid kommt von einem Mangel an innerer Sicherheit und Vertrauen, daß Gott uns fähig macht, das mit uns zu erreichen, was Er will. Neid ist die Ablehnung, zufrieden zu sein mit der Gnade Gottes, die Seine Gabe für uns ist.

Mord (vgl. Math.15,19; Mk.7,21)
Satan ist ein Mörder, aber das menschliche Herz, voll Haß und Wut, ist auch fähig zu morden. Die Sünde des Mordes ist die Ausführung des rebellischen Verlangens des Fleisches, sogar ein Menschenleben auszulöschen, weil ein anderer es hindert, ein selbstsüchtiges Ziel zu erreichen.

Trunkenheit
Diese fleischliche Sünde meint die Abhängigkeit von allen Giften, wie Alkohol oder Drogen, die ein künstliches Mittel sind, um sich unseren Sünden und unseren Verantwortungen zu stellen. Dieses fleischliche Verhalten kommt von dem Wunsch, ein Gefühl des Wohlergehens zu schaffen. Es kämpft gegen die Arbeit des Heiligen Geistes, den Menschen von seiner Sünde zu überführen, Schuld aufzudecken, um den Menschen zum Glauben und zur Buße zu führen. Trunkenheit sucht, durch eine fleischliche Stimulation etwas Wohlgefühl zu produzieren, was in Wahrheit und in Dauer nur durch die Fülle des Heiligen Geistes geschaffen wird, (Eph.5,18).

Völlereien und dergleichen
Das Fleisch kann sich in Orgien, Zechgelagen und in allgemeiner Sinnlichkeit entfalten. Diese Sünde verführt andere, mit uns zusammen diesen fleischlichen Sünden zu verfallen und führt oft eine ganze Gruppe von Menschen in den Untergang. Völlereien führen in ein vom sinnlichen Verhalten diktiertes Benehmen. Diese Sünde kommt von dem Wunsch des Menschen, seinen Körper und seine seelischen Bedürfnisse zu befriedigen, ohne die moralische Verantwortung zu übernehmen. Solch ein fleischliches Verhalten schlägt gegen Gottes ethisches Gesetz und gerade gegen den Menschen selbst; da er geschaffen ist, als ein geistliches Wesen die Seele und den Leib zu regieren.

Vers 21 von Galater 5 betont, daß diejenigen, die solche Dinge immer wieder tun, nicht das Reich Gottes ererben werden. Es sind die Sünden des natürlichen Menschen, der niemals wiedergeboren worden ist. Gläubige sind von diesen fleischlichen Sünden grundsätzlich befreit worden durch den Tod Christi am Kreuz und durch Seine Auferstehung. Jetzt sind sie dafür verantwortlich, ihre neue Position des Sieges über diese Sünden durch den Glauben festzumachen.

Krieg gegen das Fleisch

Ich möchte hinzufügen, daß der Kampf gegen unser Fleisch ein lebenslanger Krieg ist, den wir aufnehmen müssen. John Knox, der große schottische Reformator, war einer von den edelsten Dienern Gottes und einer der am tiefsten geistlichen Männer, die die Welt kennt. In dem Jahr seines Todes schrieb John Knox das folgende in seiner »Antwort auf den Brief von James Lurie«, einem schottischen Jesuiten:

> »HERR Jesus, nimm meinen Geist auf und mache ein Ende mit diesem meinem elenden Leben nach Deinem Wohlgefallen; denn Recht und Wahrheit kann man nicht unter den Söhnen der Menschen finden... Sei mir barmherzig, oh HERR... Nun, nach so vielen Schlachten finde ich nichts in mir als nur Nichtigkeit und Verderbtheit. Denn in der Stille bin ich unbedeutend, in Schwierigkeiten ungeduldig. Ich neige zur Verzweiflung;... mal fällt mich Stolz und Ehrgeiz an, mal machen mir Feigheit und Boshaftigkeit Mühe; kurz gesagt, oh HERR, der Hang meines Fleisches unterdrückt fast die Arbeit Deines Geistes... In nichts von dem vorher Gesagten kann ich Freude finden; sondern ich bin betrübt und das sehr schlimm, wider die Sehnsucht meines inneren Menschen, der über meine Verderbtheit schluchzt und allein auf Deine Barmherzigkeit vertrauen möchte; an dieser halte ich mich fest und auch an Deinen Verheißungen, die Du allen bußfertigen Sündern gegeben hast, von denen ich einer bin, wie ich es jetzt bekenne.«[1]

Obwohl er am Ende seines Lebens war, hatte John Knox, dieser mächtige Mann des Gebets und der Tugendhaftigkeit, dennoch gegen sein Fleisch Krieg zu führen. Er eröffnet uns in den oben angeführten Worten der Buße und des Vertrauens in den HERRN, daß er die Schlacht durch geistlichen Kampf gegen sein Fleisch sucht. Er war gegen seine gefallene Natur offensiv.

---

1 Bessie G. Olson, John Knox A Great Intercessor, Hall of Fame Series (Des Moines: Walfred, 1956, Seiten 45-46

Jahre früher schrieb er seine »Treatise on Prayer«, in denen er auf seine Tage als Galeerensklave, als Strafe für seine Predigten für die Reformation, Bezug nimmt. Er sagte:

»Ich weiß, wie hart die Schlacht ist zwischen Fleisch und Geist unter dem schweren Kreuz der Betrübnis, wenn keine Verteidigung aus der, Welt sondern nur gegenwärtiger Tod erscheint. Ich kenne das Mißgönnen und Murren des klagenden Fleisches, ich kenne die Wut, den Zorn und die Unzufriedenheit, die sich gegen Gott äußern, Seine Verheißungen mit Zweifel beantworten, fähig zu jeder Stunde, von Gott abzufallen; dagegen wirkt nur der Glaube, der uns dazu provoziert, ernsthaft zu rufen und um die Hilfe von Gottes Geist zu bitten, und wenn wir darin fortfahren, werden unsere verzweifelsten Notlagen sich zur Freude und einem erfolgreichen Ende wenden.«[2]

Man kann ohne Mühe die Schatten von Römer 7 und 8 in diesen Erfahrungen von John Knox erkennen, wenn er gegen sein Fleisch kämpft und den Sieg des Geistes schmeckt. So ein harter Kampf gegen das Fleisch ist die Erfahrung von allen Heiligen Gottes. Je mehr einer zu geistlicher Reife und in dem Reichtum der Gnade wächst, je mehr wird sein Kampf gegen das Fleisch klarer zu erkennen sein und an Intensität zunehmen.

Warum ist der Kampf gegen das Fleisch so wichtig? Dies ist eine tiefere und wichtigere Frage als sie zuerst erscheinen mag. Daß die Sünden des Fleisches geistlich falsch sind, müßte jedermann deutlich sein. Jede einzelne Sünde entehrt Gott. Sie greift Gottes Recht an, unser Leben zu leiten und uns zu erziehen. Jede einzelne fleischliche Sünde kommt aus unserem verderbten alten Menschen, aus seinem innewohnenden Bösen und ist ein direkter Angriff gegen die Ziele und Arbeit des neuen Menschen.

Aber hinter diesen offensichtlichen Gefahren der Hingabe an fleischliche Sünden liegt eine verborgene, ja tödliche Gefahr. Epheser 4 handelt von den Sünden des Fleisches im Zusammenhang mit dem alten (V.22) und dem neuen Menschen (V.24). Aber plötzlich warnt der Apostel Paulus in diesem Kontext, *»gebt dem Teufel keinen Raum!«* (V.27). Diese Warnung zeigt uns, durch die Hingabe des Willens des Gläubigen, diese fleischlichen Sünden zu tun, gibt er Raum preis, wörtlich: Besitzrecht oder Anspruchsrecht, für Satans Aktivität in seinem Leben. Den Weg willentlich freizugeben, Sünden des Fleisches zu tun, gibt dem Satan Gelegenheit, seine Ziele im Leben des Gläubigen voranzutreiben. Obwohl jeder rechtliche Anspruch Satans gegen uns am Kreuz aufgehoben worden ist, gibt die freiwillige Hingabe des Gläubigen an fleischli-

---

2 ebd. Seite 12

che Sünden dem Feind Raum oder Besitzrecht gegen uns, aus welchem er sehr schnell Kapital schlagen wird.

Die Möglichkeit von Satans Einmischung in das Leben des Gläubigen wird in vielen anderen Abschnitten des Neuen Testamentes erwähnt. Dem Timotheus schreibt der Apostel Paulus von der Notwendigkeit, diejenigen zu unterweisen, denen Gott Buße gewähren möge für ihre Sünden des Streites und des Widerspruchs. Er warnt, daß die, die solche fleischlichen Sünden ausüben, in die Falle des Teufels kommen und »*von ihm für seinen Willen gefangen worden sind.*« (2.Tim.2,26, vgl.VV. 22-26). Obwohl es einige Ausleger gibt, die denken, daß dieser Text sich nicht auf Gläubige bezieht, glaube ich, daß es des Apostels Absicht war, eine ernste Warnung allen Menschen zu geben, daß sorgloser, fleischlicher Lebensstil sie auf das Gebiet Satans treten läßt. Fleischlich lebende Gläubige können gewißlich dahin kommen, daß sie von Satan gebunden werden können, wenn sie in Übereinstimmung mit Satans Willen statt mit dem Willen Gottes leben. Dies ist eine ziemlich offensichtliche Wirklichkeit, im Einklang mit der ganzen Heiligen Schrift und ihrer Betonung der Verantwortung des Menschen.

Diese eher ernüchternde Beobachtung zeigt, daß willentliche Hingabe an fleischliche Sünden, ohne die Vergebung und die Basis durch den Sieg des Herrn Jesus Christus, Bindungen an Satan hervorrufen. Es kommt der Zeitpunkt, an dem die fortgesetzte Ausübung einer bestimmten fleischlichen Sünde sich zur zwanghaften Sünde verändert, die kontrolliert und diktiert wird durch satanisch, dämonisches Einwirken. Dies bedeutet, daß der triebhafte innere Wunsch der alten Natur vereinigt wird mit dem starken Geist der dämonischen Kraft, der dann in einem bestimmten Bereich das Verhalten des Gläubigen diktiert. Wenn einmal die Boshaftigkeit einen Fuß in der Tür hat, versucht sie eine ganze Hierarchie von Kräften der Finsternis gegen das Leben der jeweiligen Person aufzubauen. Wir werden später mehr noch über dies Phänomen des geistlichen Kampfes zu sagen haben, aber die Erwähnung hier soll uns genügen, um Einsicht zu bekommen für die dringende Notwendigkeit des Sieges über das Fleisch. Darin zu versagen, den schon vorbereiteten Sieg unseres Herrn festzumachen, wird uns tiefer in einen gefährlichen Krieg und in Niederlagen hineinführen.

Die Überwindung des Fleisches.

Wie kann das Fleisch überwunden werden? Die meisten Christen bekennen schnell ihren Kampf gegen die fleischlichen Sünden, die in Galater 5 aufgelistet sind. Hingabe an die Sünden des Fleisches bringt große Not sowohl für den Sünder als auch für den Heiligen. Wer die Welt liebt und sich zu dem Verlangen seines alten Menschen hingezogen fühlt, der wird bald Verelendung erfahren. Sich den Sünden des Fleisches zu ergeben, wird den Gläubigen immer von dem Willen Gottes für sein Leben wegführen. Die Hingabe an die fleischlichen Sünden mag bewirken, daß man so in Anspruch genommen ist von dem Hochmut der eigenen Position, dem Streben nach Besitz oder dem Verlangen nach Vergnügen, daß sein Leben sich nur noch um sich selbst kreist. Drei Schritte des Sieges über das Fleisch werden uns in Galater 5 und in der Lehre des ganzen Neuen Testamentes nahegebracht.

1. Der Weg der Ehrlichkeit

Der erste Schritt ist der *Weg der Ehrlichkeit.* (Mk.7,21-23; Gal.5,17-21). Es sollte uns klar sein, daß fleischliche Sünden oder Sünden des Herzens in der Bibel unter anderem deswegen aufgezählt werden, um zu lernen, ehrlich mit sich selbst zu sein. Wir sind nicht alle einer gleichstarken Versuchung durch jede dieser Sünden ausgesetzt. Einer mag wenig Probleme haben mit der Versuchung der Unreinheit, während er einen großen Kampf führt gegen Eifersucht und Wut. Ein anderer mag sich nicht viele Sorgen machen wegen Eifersucht, aber erleidet eine schreckliche Niederlage, wenn es daran geht, gegen Trunkenheit und Völlerei anzutreten. An irgendeinem Ort in diesen Beispielen der fleischlichen Sünden wird jeder Gläubige sich wiederfinden. Gerade dies möchte der Heilige Geist, daß sich jeder dort wiederfindet. Er wünscht von uns Ehrlichkeit. Er will, daß wir unsere alte, verdorbene, fleischliche Natur sehen und sie zugeben. Er möchte uns täglich klarmachen, daß der alte Mensch sterben muß. Gott ist niemals damit beschäftigt, den natürlichen Menschen zu reformieren. Gott gestaltet uns um und macht uns zu neuen Geschöpfen. Manche Gläubige versuchen ständig, ihre alte Natur zu reformieren. Es verwirrt sie, wenn sie ständig so ein Potential von Bösem in sich selbst sehen müssen. Dennoch ist es eine der wichtigsten Voraussetzungen für ein siegreiches Leben als Christ, die alte Natur in ihrem ständigen verderbten Versagen zu sehen und zu kennen. Wir müssen vollständig jeden Gedanken an eine Reformierung der alten pervertierten Natur aufgeben.

Darum ist der erste wichtige Schritt zur Überwindung des Fleisches die Bereitschaft zur Ehrlichkeit. Wir müssen diese fleischlichen Sünden sehen und zugestehen, daß sie uns in einem besonderen Maße versuchen und besiegen. Versuche nicht, sie zu beschönigen. Versuche nicht, sie vor dir selbst noch vor anderen zu verstecken oder zu versuchen, Gott weiszumachen, daß diese Sünden »in Wirklichkeit« gar nicht vorhanden sind. Im Gegenteil, es ist wichtig, den Heiligen Geist zu bitten, dir deine fleischlichen Sünden in ihrer ganzen gräßlichen Häßlichkeit zu zeigen. Solange nicht solch eine Ehrlichkeit vorhanden ist, wirst du ständig das

Opfer deines Fleisches sein und Satan immer mehr Besitz in deinem Leben geben. Gott kennt sehr genau unsere Verderbtheit und die Sünden unseres Fleisches, und Er möchte, daß wir sie genauso kennenlernen. Dies ist wichtig bevor wir bereit sind, den nächsten Schritt zu tun.

2. Der Weg des Todes

Der zweite Schritt zum Erringen des Sieges über das Fleisch ist der *Weg des Todes* (Röm.6,1-13; Gal,2,20; 5,24). *»Die aber dem Christus Jesus angehören, haben das Fleisch samt den Leidenschaften und Begierden gekreuzigt.« (Gal.5,24) »So auch ihr, haltet euch der Sünde für tot, Gott aber lebend in Christus Jesus.« (Röm.6,11).*

Im geistlichen Kampf wird nur der Sieg durch objektive Tatsachen erreicht und nicht durch subjektive Gefühle. Dieser Punkt wird auf diesen Seiten oft betont werden. Glaube bewegt sich immer auf der Basis der absoluten Wahrheit und niemals auf dem trügerischen Grund der Gefühle. Der Krieg gegen unser Fleisch muß auf dem Grunde der Wahrheit und der Aneignung der Wahrheit geführt werden und niemals auf der Basis der betrügerischen Gefühle. Es ist eine historische Tatsache, daß der HERR Jesus Christus am Kreuz auf Golgatha gestorben ist. Er starb dort, indem er unsere Sünden an seinem eigenen Leibe trug. Aber er wußte von keiner Sünde und wurde dennoch für uns zur Sünde gemacht. Das steht absolut als Wahrheit fest, verkündigt durch das Wort Gottes. Es ist genauso eine Tatsache, daß im wörtlichen Sinne durch den stellvertretenden Charakter des Todes Christi, Sein Tod unser Tod war. Wenn jemand an den Herrn Jesus glaubt, so ist er durch den Heiligen Geist in den Tod von Jesus Christus getauft worden (Röm.6,3-6). Er ist mit dem Herrn Jesus Christus in Seinem Tod vereinigt worden. Er kann sich auf nichts anderes als sein Recht berufen, durch die Tür der Errettung hineinzugehen, um in die Gegenwart Gottes zu gelangen, auf Grund der Tatsache, daß für seine Sünde durch den Tod des Christus schon vollständig bezahlt worden ist. Der Tod des Menschen, die Strafe für seine Sünde, wurde in dem Tod des Herrn Jesus Christus vollzogen. Dies ist eine objektive Tatsache. Außerhalb dieser Wahrheit kann niemand für sich Sieg über seine sündliche Natur beanspruchen.

In Römer 6,6-7 wird klar gesagt, was durch meine Vereinigung mit dem Tod Christi an meiner sündlichen Natur geschah. *». . .da wir dies erkennen, daß unser alter Mensch mitgekreuzigt worden ist, damit der Leib der Sünde abgetan sei, daß wir der Sünde nicht mehr dienen. Denn wer gestorben ist, ist freigesprochen von der Sünde.«* Die Sündennatur des Gläubigen wurde mit Christus gekreuzigt, nicht nur um die Schuld zu bezahlen, die seine Sünde verdient hat, sondern auch, um die Sündennatur zu entkräften, damit sich der Gläubige nicht mehr unter deren Kontrolle befindet. Die ererbte, verderbte Sündennatur des Gläubigen wurde mit Christus auf Golgatha gekreuzigt, so daß er nicht mehr ein Sklave der Sünde sein muß.

Um die Überwindung der fleischlichen Sünden selber zu erfahren, ist es nötig, daß man durch Jesus Christus sich selbst der Sünde für tot halten muß. Besser gesagt, man muß es sich zu eigen machen, mit Christus gestorben zu sein. (vgl. Röm.6,11). Sieg über das Fleisch ist immer eine aktive, offensive, tägliche, ständige Aneignung der absoluten Wahrheit, daß »*ich mit Christus gekreuzigt bin.*« *(Gal.2,20).*

Es ist ein Augenblick der Freude, wenn ein Gläubiger aktiv an dem Tod des alten Menschen teilnimmt. Nachdem man die Verderbtheit und Boshaftigkeit des Fleisches in Ehrlichkeit vor Gott zugegeben hat, ist es notwendig zu erkennen, daß das einzige was noch zu tun ist darin besteht, den alten Charakter sterben zu lassen. Wir müssen uns dessen Tod zu eigen machen; er starb mit am Kreuz. Jetzt taucht natürlich die Frage auf, wie dies praktisch geschehen kann. Hier möchte ich eine Äußerung eines praktischen Gebetes der täglichen Aneignung unseres Todes mit Christus, welcher unseren Sieg über das Fleisch errang, vorstellen.

Himmlischer Vater, durch den Glauben trete ich heute ein in den Tod mit dem Herrn Jesus Christus am Kreuz. Ich eigne mir allen Nutzen der Kreuzigung an, denn es ist meine Kreuzigung durch meine Einheit mit Christus. Ich erachte mich selbst für tot mit meinem alten fleischlichen Charakter und allen seinen Äußerungen durch meine Vereinigung mit Christus am Kreuz. Ich erkenne, daß meine alte Natur immer versucht, sich selbst gegen Dich und Deinen Willen für mein Leben wiederzuerwecken; aber ich will sie mit meinem HERRN in dem Tod am Kreuz halten. Ich bin sehr dankbar, daß diese vollkommene Wahrheit auch meine persönliche Erfahrung werden kann. Ich erkenne, daß die Aneignung des Todes meines Fleisches ein grundlegender Schritt ist zum Sieg über die mich angreifenden, fleischlichen Versuchungen. Amen.

Für Christen erachte ich es als sehr wichtig, diese objektive Wahrheit ununterbrochen im Vordergrund unseres täglichen Lebens zu haben. Unsere Hoffnung des Sieges über unsere fleischlichen Sünden ist nur die Aneignung unseres Todes mit Christus durch den Glauben. Wir sind diesen bestimmten Sünden gegenüber abgestorben.

3. Durch den Geist den Weg gehen

Der dritte Schritt ist der *Wandel im Geist* (Röm.6,11; Gal.5,16-25). Denn der Tod ist nicht genug, um das Fleisch zu erobern; neues Leben muß in unser Wesen dringen. Wir müssen uns genauso für lebendig für Gott halten, so wie wir uns der Sünde für tot halten (vgl. Röm.6,11). Es ist offensichtlich, daß wir in uns selbst kein Vakuum hinterlassen dürfen, wenn wir uns den Tod unseres alten Menschen aneignen. Wir müssen mit der Neuheit des Lebens erfüllt werden.

Eine andere objektive Tatsache, die wir erkennen und daraufhin handeln müssen, ist, daß der HERR Jesus Christus von den Toten auferstand. Dies ist vollkommene Wahrheit, obwohl Satan und Kritiker diese Wahrheit angegriffen haben. Sie steht immer noch als eine unverrückbare Tatsache da. Die Folge davon ist die objektive Tatsache, daß alle Gläubigen mit Christus in Seiner Auferstehung vereinigt sind. So wie Christus aus Seinem Tode auferstand, so ist es wahr, daß wir mit Ihm auferstanden sind. Wir haben die Neuheit des Lebens in Ihm. Wiederum, eins bleibt für uns zu tun, daß wir uns unser neues Leben zu eigen machen (Röm.6,4-5).

In dem Augenblick, in dem wir anfangen zu glauben, tauft uns der Heilige Geist in Christus. Wir sind mit Christus vereinigt durch das Werk des Heiligen Geistes, und durch diese Einheit wurden wir zu Teilnehmern des Auferstehungslebens unseres HERRN gemacht (Röm.6,5.8).

Diese Neuheit, das Auferstehungsleben Christi, wird für unsere Erfahrung zugänglich, da die Person des Heiligen Geistes uns die Fülle Seiner Kontrolle verspricht. Der Heilige Geist betritt das Leben aller Gläubigen in dem Moment, in dem wir glauben; so werden wir gerettet (Joh.3,6; Röm.8,9-10). Wir dürfen nicht diese objektive Tatsache anzweifeln. Nicht an die innewohnende Präsenz des Heiligen Geistes in unserem Geist glauben zu wollen oder zu zweifeln bedeutet, der Lüge Satans zu glauben und verführt zu sein.

Was noch bleibt, ist die Verantwortung des Gläubigen, mit dem Geist erfüllt zu werden (Eph.5,18). Dies ist eine andere Art zu sagen, daß der Heilige Geist in uns lebt und wir uns diese Tatsache zu eigen machen müssen, was sich in dementsprechenden Handlungen äußert. Wir sind Wesen mit verschiedenen Aspekten, obschon wir in einer wesentlichen Einheit funktionieren. Wir haben einen Körper, eine Seele und einen Geist. Unsere Seele beinhaltet unsere Persönlichkeit, die aufgebaut ist durch unseren Sinn (Verstand), unseren Willen und unser Gefühl. Wenn man nun von jemanden spricht, der von »dem Heiligen Geist erfüllt« ist, dann bedeutet dies, daß sein Körper, seine Seele und sein Geist kontrolliert und geleitet sind durch die fähig machende Gnade des Heiligen Geistes. Das neue Leben, welches ihm durch die Tatsache der Auferstehung Christi wieder gehört, kommt nun hinein in das Ganze, die Fülle seines Wesens.

Viele Diskussionen gab es wegen der populären und wachsenden charismatischen Betonung der Taufe des Heiligen Geistes. Verschiedene Meinungen gibt es im Überfluß, wie und wann diese

Erfahrung zu dem Gläubigen kommt. Ich werde in nachfolgenden Kapiteln eingehender auf die Person und das Wirken des Heiligen Geistes eingehen, aber ich halte es für wichtig, schon hier davor zu warnen, eine mystische Erfahrung mit dem Heiligen Geist zu suchen, um dann subjektiv eine Zeit zu bezeichnen, in der man mit dem Geist getauft worden ist. Wir sollten nicht vergessen, daß der Apostel Paulus die Taufe mit dem Geist eine objektive Tatsache nennt, durch die der Gläubige Glied am Leib Christi wird (1.Kor.12,13). Subjektive Gefühle oder Erfahrungen sind kein sicherer Grund für die Interpretation, ob jemand den Heiligen Geist empfangen hat. Satan ist ein fähiger und subtiler Imitator von Gottes Handeln, und er kann nirgendwo besser verführen als auf dem Gebiet der Gefühle und Erfahrungen. Durch seine Myriaden von Geistwesen ist er imstande, nachzuäffen und Gefühle und Erfahrungen zu geben, die auch das Werk des Heiligen Geistes begleiten können. Viele Menschen kamen zu mir in Banden irgendwelcher finsteren Mächte Satans, die gefangen wurden, weil sie eine Erfahrung mit dem Heiligen Geist gesucht haben, welche sie dann als die Taufe des Heiligen Geistes interpretieren konnten.

    Diese Gefahr wurde mir sehr bewußt durch ein persönliches intensives Erlebnis am Anfang meines Dienstes. Als ich einmal eine längere Zeit betend für die Ausführung einer bestimmten Predigt verbrachte, fühlte ich den Drang, Gott für die Kräftigung meines Lebens und die Salbung des Heiligen Geistes über mich anzuflehn, um Sein Wort mit Kraft zu verkündigen. Damals antwortete Gott mit der wundervollsten, bewegendsten Erfahrung. Gottes Gegenwart schien über mich zu fließen wie ein warmer, glänzender Hauch. Gefühle, wie eine freundliche, belebende Last, flossen durch meinen Körper. Viele, die eine tiefere Berührung von Gott im Gebet gesucht haben, haben über ähnliche Gefühle berichtet. Nach dieser Zeit mit dem HERRN sprach ich mit ungewöhnlicher Kraft und Salbung bei der nächsten Gelegenheit.

    Ein Problem tauchte dann aber auf, als ich anfing zu entdecken, daß ich, fast jedes Mal wenn ich berufen wurde zu predigen, solch eine Erfahrung vor jeder Predigt als einen Beweis von Gottes Salbung suchte. Ich kann mich noch an eine Gelegenheit erinnern, daß die Folgen dieser Gefühle ziemlich entmutigend waren. Die Predigt wurde unter größten Schwierigkeiten gehalten. Sichtbar war ein völliger Mangel an Freiheit. Ich fing an, den HERRN nach dem Grund zu fragen. Durch intensives Nachsinnen über Gottes Wort wurde mir klargemacht, daß ich anfing, auf Grund von Gefühlen und Erfahrungen zu handeln, anstatt auf Grund von Tatsachen und Glauben. Ich war erschreckt zu sehen, daß, wenn Satan näherkommt, die Antwort der Emotionen und des Körpers sehr ähnlich sein können, als wenn man die Gegenwart des Heiligen Geistes erlebt. Eliphaz, der Freund des Hiob, berichtet über diese Tatsache in Hiob 4,15 wenn er sagt: »*Und ein Hauch fuhr an meinem Gesicht vorbei, das Haar an meinem Leib sträubte sich.*«

Das erste Mal, als ich diese Worte mit meiner Erfahrung in Verbindung brachte, sah ich, wie meine Erfahrung ähnlich der des Eliphaz war. Die übernatürliche Gegenwart irgendeines starken Geistes kann und wird sogar oft einige ungewöhnliche körperliche und psychische Gefühle und Wahrnehmungen in uns Sterblichen heraufbeschwören. Diejenigen, die an Seancen und anderen spiritualistischen Treffen teilgenommen haben, berichten auch von dieser Tatsache.

Ich berichte diese Beobachtung, um stark herauszustreichen, daß wir uns nicht binden lassen dürfen durch Gefühle und Erfahrungen als Beweis für unser Erfülltsein mit dem Heiligen Geist. Genauso die sogenannte Erfahrung der Zungenrede muß mit viel Sorgfalt geprüft werden. Immer wenn mir irgend jemand erzählt, er spräche in einer unbekannten Sprache, und dies sei ein Beweis, daß er mit dem Heiligen Geist erfüllt ist, dann frage ich ihn freundlich, ob er diesen Geist getestet habe. Der Heilige Geist befiehlt es uns in 1.Joh.4,1-4, dies zu tun. Der Heilige Geist selbst wird von so einem Test nicht beleidigt sein. Wenn du in einer dir unbekannten Sprache redest, dann bitte ich dich dringend, dieser Anweisung des Geistes Gottes zu gehorchen. Während du diese Sprache benutzt, so ist dein Verstand weitestgehend inaktiv. In deinem Verstand kannst du dem Geist, der sich hinter dieser Sprache befindet, befehlen, klar deinem Verstand zu antworten: »Ist Jesus Christus in das Fleisch gekommen? Ist Jesus Christus dein Herr?« Beharre auf einem klaren und deutlich wahren »Ja«. Der Heilige Geist wird immer mit einem Ihn lobenden Ja antworten. Ein anderer Geist mag wohl ausweichend antworten oder sogar mit einem frechen Nein. Ich weiß von Fällen, wo so ein Test die Invasion eines bösen Geistes in die Erfahrungen eines Gläubigen offenbart hat. [3]

Erfüllung mit dem Heiligen Geist

Die Fülle des Geistes muß sich auf objektive Tatsachen stützen und nicht auf subjektive Gefühle. Die folgende Liste zeigt uns die biblische Vorgehensweise, um dem Befehl, erfüllt zu sein mit dem Geist, zu gehorchen.

---

3   Eine sehr gute Abhandlung dieses Themas findet man bei Ernest B. Rockstad, Speaking in Other Tongues and the Fullness of the Holy Spirit (Andover, Kan.: Rockstad)

A. Verpflichte dich zu einer ehrlichen inneren Untersuchung (Apg.20,28). Es ist wichtig, vor Gott offen und ehrlich über sich selbst zu sein.
B. Bekenne alle dir bekannten Sünden (1.Joh.1,9). Die verbale Aussprache der eigenen Verfehlungen ist sehr wichtig. Wenn unsere Sünden andere betrogen haben, dann sollte diese Person um Vergebung gebeten werden. Es ist ein geistliches Recht und sehr hilfreich, zu einem anderen zu gehen und zu sagen: »Es war falsch von mir, dich belogen zu haben. Ich bitte dich, mir zu vergeben. Würdest du mir bitte vergeben?« In dem Bekenntnis der Sünde ist es auch sehr gut, von Satan das Anrecht zurück zu verlangen, das er versuchte gegen dich in Anspruch zu nehmen, weil du an einer bestimmten Sünde festhieltest (Eph.4,25-27).
C. Halte dich fest an Gott (Röm.6,13). Als ein Akt deines eigenen Willens übergebe Gott alle Bereiche deines Lebens. Dein Geschäftsgebaren, dein Stil, dich zu entspannen und zu vergnügen, dein soziales Leben, dein Familienleben, deine Gedanken. Alles muß unter die Autorität und Kontrolle des HERRN gebracht werden. Dies schließt den Gehorsam gegenüber Gottes Wort mit ein, welches das Wort des Heiligen Geistes ist.
D. Drücke deinen Wunsch aus, mit dem Heiligen Geist erfüllt zu werden (Luk.11,13; Eph.5,18).
E. Glaube, daß du erfüllt bist (Röm.14,23). Handele aus Glauben und nicht auf Grund von Gefühlen. Nimm Gott bei Seinem Wort.
F. Höre auf Gottes offenbarten Willen, so wie er in der Heiligen Schrift deutlich ist, um zu gehorchen. Manche gut meinenden Christen interpretieren »gehorche dem HERRN« als irgendeine Form von innerem Licht oder einer mystischen Sicherheit. Sie meinen, wenn sie erfüllt sind mit dem Heiligen Geist, tun sie alles richtig und seien unangreifbar. Aber der Heilige Geist wird uns niemals dahin führen, dem Heiligen Wort, welches er inspiriert hat, nicht zu gehorchen. Er wird uns niemals dahin bringen, etwas zu glauben oder etwas zu tun oder zu denken, was im Gegensatz zu Gottes offenbartem Willen steht, der in der Heiligen Schrift erkennbar ist.

Der Wandel im Geist ist absolut notwendig, wenn wir den Sieg über das Fleisch kennenlernen wollen. Laß mich wiederum ein tägliches Gebet vorschlagen, das eine praktische Art und Weise zeigt, den Wandel im Geist sich selbst zu eigen zu machen. Das Gehen auf diesem Weg bringt nicht nur Sieg über das Fleisch und die Manifestationen der Sünde, sondern auch die Früchte des Geistes

»Liebe, Freude, Friede, Langmut, Freundlichkeit, Güte, Treue, Sanftmut, Enthaltsamkeit« (Gal.5,22-23).

Die Aneignung deines Sieges über das Fleisch

> Geliebter himmlischer Vater, in dem Namen des Herrn Jesus Christus wünsche ich auch heute, auf dem Weg des Heiligen Geistes zu wandeln. Ich erkenne, daß, nur wenn Er das Leben des Herrn Jesus Christus in mir lebt, ich fähig bin, mich von den Werken des Fleisches zu retten. Ich wünsche, daß der Heilige Geist heute das gesamte Werk vom Kreuz und von der Auferstehung Christi in mein Leben bringt. Ich bitte, daß der Heilige Geist Seine Früchte in meinem ganzen Wesen herstellen möge und große Liebe zu dem himmlischen Vater, zu dem Herrn Jesus Christus und zu allen um mich herum in mein Herz ausgießen möchte. Vergib mir, lieber Heiliger Geist, alle die Gelegenheiten, wo ich Dich betrübt oder unterdrückt habe. Mache mich fähig, auf Deine Gnade zu reagieren und mache mich sensibel, Deine Stimme zu hören. Gewähre mir den Wunsch und die Fähigkeit, deinem wunderbaren Wort gehorsam zu sein. Gewähre mir die Urteilskraft, um der Verführung durch falsche Geister zu entgehen. Ich verlange danach, daß der Heilige Geist mein ganzes Wesen mit Seiner Gegenwart füllt und mich durch den Glauben kontrolliert. Ich vertraue heute vollständig meinen Sieg über das Fleisch dem Heiligen Geist an, da ich bereit bin, von Ihm kontrolliert zu werden. Im Namen des Herrn Jesus Christus empfange ich heute die Fülle des Heiligen Geistes in allen Bereichen meines Wesens. Amen.

Wir dürfen nicht die Wichtigkeit der Verbalisierung der gesunden Lehre außer acht lassen. Ein späteres Kapitel kümmert sich im besonderen um dieses Thema; aber ich möchte es schon hier in Bezug auf die Niederlage unseres Fleisches betonen. Den alleinigen Sieg über unser Fleisch haben wir mit dem, was Gott uns bereitet hat, und was wir uns zu eigen gemacht haben.

3

DER KAMPF GEGEN DIE WELT

»Mir aber sei es fern, mich zu rühmen als nur des Kreuzes unseres Herrn Jesus Christus, durch das mir die Welt gekreuzigt ist und ich der Welt« (Gal.6,14)

Eines Tages trat jemand mit einer sorgenvollen Miene in mein Arbeitszimmer. Seine Hand verriet eine tiefe innere Angst, da sie schweißnaß war, als ich sie schüttelte. Er war mir nicht näher bekannt, aber ich wußte, daß er ein Christ war. »Ich muß einfach mit jemanden reden«, vertraute er sich mir an. »Ich bin innerlich ganz zerrissen.«

Während des Gesprächs wurde deutlich, daß er gerade mit massiven Anfechtungen moralischer Unreinheit zu kämpfen hatte. Unser Gespräch ging weiter in diese Richtung. »Ich möchte wirklich rein sein, aber überall wo ich hingehe, werde ich von Schweinereien nur so bombardiert. An jedem Kiosk, Zeitungsstand oder Bücherladen springt mir Pornographisches entgegen. Schmutzige Filme erregen ständig meine Neugierde, und ich kann nicht widerstehen. Ich hasse mich selbst, wenn ich dies tue, aber ich werde mit all diesem Dreck, der angeboten wird, einfach nicht fertig. Herr Pastor, was soll ich tun? Können Sie mir helfen?«

Dieser Mann erlebte eine Auseinandersetzung mit seinem Fleisch, welche durch das Weltsystem schlimm verschärft worden ist. Diese Welt ist nicht mehr die natürliche Heimat für Menschen, die wiedergeboren sind. Der Christ ist ein Bürger des Himmels, und das irdische Weltsystem ist genau das Gegenteil seiner hohen Berufung. *»Denn unser Bürgerrecht ist in den Himmeln, von woher wir auch den Herrn Jesus Christus als Heiland erwarten«* (Phil.3,20).

Wie stellen wir uns der Welt, die unser Feind ist? Wie können wir überhaupt erkennen, was die Welt eigentlich ist? Die Welt wird in der Bibel sehr klar als ein aktiver Feind des Gläubigen beschrieben. Sie ist ein Feind, gegen den wir in unserem geistlichen Kampf offensiv vorgehen müssen. Der Heilige Geist befiehlt den Gläubigen unmißverständlich:

»Liebt nicht die Welt noch was in der Welt ist! Wenn jemand die Welt liebt, ist die Liebe des Vaters nicht in ihm« (1.Joh.2,15).
Der Herr Jesus erinnerte Seine Jünger: *»Wenn ihr von der*

Welt wäret, würde die Welt das Ihre lieben; weil ihr aber nicht von der Welt seid, sondern ich euch aus der Welt erwählt habe, darum haßt euch die Welt.« (Joh.15,19).

Es gibt drei griechische Wörter, die mit »Welt« übersetzt werden. Das griechische Wort *»oikoumene«* wird normalerweise benutzt, um die bewohnte Erde oder Welt zu bezeichnen. Das Wort *»aion«* wird auch mit »Welt« übersetzt, oft aber mit »Zeitalter«; es bezeichnet den Zeitgeist unter dem wir leben (Röm.12,2; 2.Kor.4,4; Gal.1-4). Manchmal wird dieses Wort verwendet, um die Philosophie oder das Denksystem zu bezeichnen, wodurch die jeweilige Zeitperiode charakterisiert ist. In diesem Sinne ist sie ein Feind, der zu überwinden ist. An solchen Stellen ist *»aion«* fast austauschbar mit dem dritten griechischen Wort, *»kosmos«*.

Das hauptsächliche Wort, welches unsern Feind, die Welt, beschreibt, ist »Kosmos«. Es wird gebraucht, um die Ordnung oder das System zu beschreiben, das die bewohnte Erde beherrscht. Es ist ein geistiges System der Dinge, das Gott und dem Herrn Jesus Christus feindlich gegenüber steht. Das Wort »Kosmos« ist sehr komplex und schwer zu definieren. In Johannes 3,16 erklärt Gott seine Liebe zu dieser Welt (kosmos), aber in 1.Joh.2,15 wird den Gläubigen ausdrücklich befohlen, diese Welt (Kosmos) nicht zu lieben. In solchen Fällen muß uns der Kontext erklären, wie das Wort »Welt« oder »Kosmos« gebraucht werden muß. Manchmal kann es die Erde oder die physische Welt bedeuten; woanders beschreibt es die Welt des Menschen, oder sehr oft auch das ganze Weltsystem, worüber der Satan herrscht (Joh.12,31; 1.Joh.5,19). Die uns feindlich gesinnte Welt ist das gesamte organisierte System, zusammengesetzt aus unterschiedlichsten und sich verändernden sozialen, wirtschaftlichen, materialistischen und religiösen Philosophien, die in menschlichen Organisationen und Persönlichkeiten zum Ausdruck kommt. Das Weltsystem ist in seiner Funktion ein zusammengesetzter Ausdruck der Verderbtheit des Menschen und der Intrigen von Satans Herrschaft, die sich in Feindschaft gegen Gottes souveräne Herrschaft verbünden.

Warren Wiersbe betont in seinem Buch »Be Real«, daß wir in unserer täglichen Unterhaltung das Wort »Welt« oft im Sinne von System gebrauchen. Der Fernsehansager spricht von »den Nachrichten aus der Welt des Sports«. Die »Welt des Sports« ist nicht ein eigener Planet oder Kontinent. Es ist ein organisiertes System, aufgebaut durch Ideen, Menschen, Aktivitäten und Motive; es ist ein System, welches die Dinge in Bewegung hält.[4]

Der Kosmos (Welt), der für uns Gläubige ein Feind ist, ist ein

---

4 Warren W. Wiersbe, Be Real (Wheaton, Ill. Victor, 1972) S. 66

feindliches System, das gegen alles gerichtet ist, was Gläubige lieben und fördern, nämlich das Werk unseres Herrn Jesus Christus auf dieser Erde.

Die Welt -
der verlängerte Arm des Fleisches und des Satan.

Es stellt sich die Frage, warum dieses Weltsystem so verkehrt, und warum es ein solcher Feind ist, dem wir widerstehen und den wir ablehnen müssen. Es gibt zwei gute Gründe, warum die Welt solch ein tödlicher Feind ist. Am besten versteht man die Welt als den verlängerten Arm der zwei größten Feinde des Menschen. Sowohl Satan als auch das Fleisch des Menschen, seine alte Natur, nehmen entscheidenden Anteil an der Festlegung des Weltsystems in seinen Aktivitäten und Philosophien. Der Apostel Johannes sagt klar und deutlich, daß »*alles, was in der Welt ist, die Lust des Fleisches und die Lust der Augen und der Hochmut des Lebens, ist nicht vom Vater, sondern ist von der Welt.*« 1.Joh.2,16. Dieser Text belegt, daß die Welt viel von dem enthält, was man als verlängerten Arm der verderbten Natur des Menschen bezeichnen kann. Ihr todbringendes, feindliches Wesen erkennen wir an dem Teufelskreis von Problemen, den zu schaffen sie fähig ist. Der Mensch hat durch seine gefallene Natur ein inneres, zwanghaftes Problem mit »*Unzucht, Unreinheit, Ausschweifung, Götzendienst, Zauberei, Feindschaften, Hader, Eifersucht, Zornausbrüchen, Selbstsüchteleien, Zwistigkeiten, Parteiungen, Neidereien, Trinkgelagen, Völlereien und dergleichen*« (Gal.5,19-21). Das Problem, das der Mensch hat, wird verschärft, wenn das Weltsystem als der verlängerte Arm der Fleischlichkeit des Menschen anfängt, die Atmosphäre, das Klima bzw. ein System zu schaffen, das diesen fleischlichen Sünden Vorschub leistet. Das Weltsystem fängt an, den Menschen mit dem zu umringen, was sein inneres Problem, das er als gefallenes Geschöpf ohnehin schon hat, verschärft. Niemand kann eine Krankheit des Menschen heilen, indem er diesen Menschen mit dem umgibt, was sein Problem noch verschlimmert. Ein Alkoholiker kann seine Trunksucht nicht mit Freibier heilen. Ein sexuell unreiner Mensch kann sein Problem nicht lösen, indem er Pornographisches liest und sich mit unmoralischen Dingen abgibt. Genau dies macht die Welt mit dem pervertierten Menschen; sie umgibt ihn mit dem, was sein Fleisch wünscht.

Das Weltsystem beinhaltet und ist auch eine Erweiterung von Satans Krieg gegen Gottes Plan für den Gläubigen. Der Herr Jesus Christus nannte Satan den Fürsten dieser Welt (Joh.12,31). In 1.Johannes 5,19 heißt es: »*Wir wissen, daß wir aus Gott sind, und die ganze Welt liegt in dem Bösen.*«

Satan hat ein sehr gut organisiertes Reich, das über das Weltsystem regieren will. Der Apostel Paulus definiert dieses gut strukturierte Reich, das einen sehr starken Einfluß auf die Welt hat, in Epheser 6,11-12, was wir später detailliert betrachten werden. Durch seine List und seine bösen Geister versucht Satan, das gesamte Weltsystem zu manipulieren und zu beherrschen. Es war eine echte Versuchung, als er unserem HERRN alle Reiche der Erde und deren Herrlichkeit zeigte und dann versprach, sie Ihm zu geben, wenn Er Satan anbeten würde. Wir können daraus schließen, daß Satans Herrschaft über diese Welt eine wichtige Rolle in der Darstellung unseres geistlichen Kampfes spielt.

Das Weltsystem ist gekennzeichnet durch viele der hinterhältigsten Angriffe Satans gegen Gott und gegen den Glauben Seiner Kinder. Alle Methoden, mit denen Satan den Menschen versucht, kann man als Teil des Weltsystems betrachten. Satan versucht uns, Gottes Wort in Frage zu stellen; und das Weltsystem ist sehr von diesem Anzweifeln geprägt.

Einmal fuhren wir mit der Familie hinaus in den Zoo. Wir waren sicher, dies würde etwas Harmloses im Weltsystem sein. Aber als wir durch diesen Zoo gingen und uns an den Tieren von Gottes Schöpfung erfreuten, sahen wir immer wieder Hinweise auf die Evolutionstheorie, als wäre sie eine bewiesene Tatsache. Die Welt arbeitet sogar in einem Zoo für Satan, um uns dahin zu bringen, Gottes Wort anzuzweifeln.

»Liebt nicht die Welt!«

Manchmal denken Christen, Weltlichkeit bestehe in einigen fragwürdigen Vergnügungen und zweifelhaften Praktiken. Manchmal werden Christen als »weltlich« bezeichnet, wenn sie einen Film anschauen, tanzen gehen, Karten spielen, rauchen oder sich an irgend etwas beteiligen, was andere die Stirne runzeln läßt. Doch Weltlichkeit ist mehr als das. Weltliebe ist eine Sache der Herzenseinstellung. Gläubige mögen sich von allen zweifelhaften Praktiken zurückziehen und können trotzdem sehr weltlich sein. Immer wenn das Weltsystem uns dazu bringt, entgegen Gottes Willen zu denken oder zu handeln, sind wir in dessen Falle gegangen und weltlich geworden.

Die Welt hat spezielle Methoden, mit denen sie die Gläubigen verführt zu sündigen und Gottes Willen nicht zu gehorchen. Wie wir schon gesehen haben, bietet uns das Weltsystem eine Vielzahl von Verlockungen für die Sünden des Fleisches oder direkte Handlungen oder Äußerungen, die uns genauso versuchen wie Satan es tut. Wir sollten nicht überrascht sein, wenn wir die Welt für eine Philosophie oder ein Programm eintreten sehen, das genau dem entspricht, was Satan selber versuchen würde, uns nahe zu bringen.

Trotzdem mag es nützlich sein, einige der besonderen Zwänge der Welt auf die Gläubigen zu betrachten, die über ihre normale

Rolle als verlängerter Arm der Versuchungen durch das Fleisch und Satan hinausgehen.

Die Welt versucht uns, ihre Schätze sammeln zu wollen und ihre Anerkennung zu suchen, (Luk.9,23-25). Das Weltsystem versucht uns, seine eigene Kraft, Stellung und eigene Ehre gewinnen zu wollen, um in der Welt groß zu werden. Unser Herr warnt uns, daß wir dadurch keinen Vorteil haben werden, selbst wenn wir die ganze Welt gewonnen hätten, da wir während dieses Prozesses selbst dabei zu Schaden kämen.

Die Welt versucht uns, sich des Herrn Jesus zu schämen (Luk.9,26; vgl.Röm.10,11). Das Weltsystem bewundert ihr eigenes intellektuelles System und lehnt Gottes Wahrheit als »Schwachsinn« ab (1. Kor.1,18-31).

Die Welt will Gläubige verführen, sich den Normen der Welt anzupassen (Joh.15,18-19; 17,6.9,14-16; Röm.12,2; Kol.2,8). Das Weltsystem ist darauf aus, uns ihre Werte aufzuzwingen, uns in ihr Wesen hineinzupressen. Das Kommunikations- und Mediensystem von heute übt einen enormen Druck auf Gläubige in der westlichen Welt aus, um sie ihren Normen anzupassen. Regierungen, Fernsehen, das Bildungssystem, die Presse, Musik, Literatur, Kunst, Umgang mit Menschen während der Arbeit und in der Freizeit, wirklich alles in unserer Gesellschaft, kann den Druck der Welt vermitteln und eine Versuchung sein, den Willen Gottes zu verlassen.

Unsere Familie versuchte einer netten und liebenswürdigen jungen Frau von 22 Jahren in Liebe zu helfen. Sie hat ein schreckliches Problem. Sie ist drogensüchtig. Seit ihrem 16. Lebensjahr hat sie überreichlich Drogen zu sich genommen. Sie wuchs in einer guten Familie auf, in einem der feinsten Vororte Chicagos. Sie besaß alle Vorzüge, die von der Welt geboten werden. Ihre Talente für Musik, Kunst und Eislauf haben sich zu überdurchschnittlichen Leistungen entwickelt. Noch immer spielt sie Klavier mit einer seltenen Einfühlsamkeit. Trotz alledem ist sie nun eine Witwe im Alter von 22 Jahren. Ihr Mann starb letztes Jahr an einer Überdosis Drogen. Sie war immer wieder in etlichen Kliniken zur Behandlung verschiedenster Überdosen und zur Entziehungskur. Sie ist bisher immer wieder in ihre Drogensucht zurückgefallen. Sie kann sich nicht mehr um ihre 3 Jahre alte Tochter kümmern. Ihre wunderbaren Gaben und ihre Intelligenz sind auf den Straßen der Stadt verschwendet worden, in der Suche nach genügend Drogen, um ihr Leid zu betäuben. Ihre untröstlichen Eltern haben alles versucht, was sie konnten, aber ihre größten Anstrengungen haben sie nur viel Geld gekostet ohne irgendeinen sichtbaren Erfolg. Wie konnte dies geschehen? Was brachte diese junge Frau in solch einen jammervollen Zustand? Gewiß war ihr »Fleisch« mitverantwortlich an dem Problem gewesen; besonders am Anfang ihres Abstiegs wird dies der Fall gewesen sein. Satan muß auch am

Werk gewesen sein, um sie, für die Christus gestorben ist, in seiner Sklaverei zu halten. Dennoch scheint ihr hauptsächlicher Feind die Welt zu sein; sie hat am meisten zu ihren Seelenqualen beigetragen. Das Wertesystem der Welt verfälschte ihren Blick und ihre Ziele. Die rauhe Musik der Welt korrumpierte ihr Bewußtsein und ihre Gefühle. Das Rechtssystem der Welt ermöglichte ihr den freien Drogenerwerb von Drogendealern, die sie in ihre finanzielle Abhängigkeit brachten. Die Gleichgültigkeit der Welt gegenüber der Behandlung von Drogenopfern ließ ihr Problem immer weiter fortschreiten. Die Methoden der Welt, Drogenopfer zu behandeln, vermittelten ihr keine geistlichen Werte. Das Weltsystem von Korruption und Betrug erlaubt dem Drogenhandel, überall tätig zu sein und das Konsumbedürfnis zu wecken. Das Problem wächst immer weiter, von der Welt geschaffen und durch sie gefördert.

Der Sieg über das Weltsystem

Es gibt für diese sympathische junge Frau nur eine Hoffnung. Allein durch der Sieg, den Gott über die Welt, das Fleisch und den Teufel errungen hat, wird sie Befreiung finden. Sie hat sich zu Jesus bekehrt, und obwohl ihr Problem bisher noch nicht gelöst ist, glaube ich, daß Gott sie zu Seinem Sieg hindurchbringen wird. Wie wird sie nun als Gläubige mit den Versuchungen der Welt fertig werden? Gewiß wird sie noch schwere Zeiten im Kampf gegen die Welt erleben, wie so viele andere, die aus solch einem Leben gerettet wurden.

Der Gläubige kann mit den Versuchungen der Welt fertig werden und im Sieg über die Welt vor Gott leben. Wir werden zweifellos ein Teil des Weltsystems bleiben, bis unser Herr uns durch den Tod oder die Entrückung der Gemeinde nach Hause in den Himmel ruft. Wir müssen unseren Sieg über die Welt in Anspruch nehmen, indem wir ihn jetzt und hier leben. Wir können Sieg haben durch unseren Glauben.

»Denn alles, was aus Gott geboren ist, überwindet die Welt; und dies ist der Sieg, der die Welt überwunden hat: unser Glaube. Wer ist es, der die Welt überwindet, wenn nicht der, welcher glaubt, daß Jesus der Sohn Gottes ist?« (1.Joh.5,4-5)

Johannes definiert den Sieg des Gläubigen über die Welt als »*unser Glaube*«. In zweifacher Weise überwindet unser Glaube die Welt. In einem allgemeinen Sinne beinhaltet unser Glaube die gesamte offenbarte Wahrheit, die zu uns durch die Offenbarung Gottes gekommen ist. Unser Glaube überwindet die Welt in diesem Sinne durch die innere Aufnahme von Gottes offenbartem Wort. In dem Maße wie der Gläubige durch seine Einsicht in Gottes Wort im Glauben gegründet wird, werden alle Werte der Welt gemessen und durch die Wahrheit des Wortes überwunden werden.

Der Gläubige wird nicht der Moral der Welt nachgeben, da er durch die ihm offenbarte Moral des Wortes Gottes eine weit höhere Tugendhaftigkeit besitzt. Der Gläubige überwindet das Angebot einer Unmenge von falschen Religionen durch die Welt, weil die Wahrheit des Wortes ihn in der gesunden Lehre gegründet hat. Der Gläubige wird nicht aufhören, das Wort zu predigen, selbst wenn das Weltsystem dies ihm befiehlt, da er weiß, daß sein Glaube von ihm erwartet, das Wort zu verkündigen.

Es gibt noch eine persönliche Anwendung des Sieges unseres Glaubens über die Welt, und die ergibt sich aus unserer Einheit mit dem Herrn Jesus Christus. 1.Joh.5,5 erklärt, daß unser Überwinden durch den Glauben an Jesus, den Sohn Gottes, geschieht. In Johannes 16,33 verkündigt der Herr Jesus Seinen großen Sieg über die Welt mit diesen Worten: »*Dies habe ich zu euch geredet, damit ihr in mir Frieden habt. In der Welt habt ihr Drangsal, aber seid guten Mutes, ich habe die Welt überwunden.*« Dieser Vers zeigt klar, daß die Hoffnung der Jünger, über die Drangsale der Welt Sieg zu haben, darin begründet ist, daß Christus die Welt überwunden hat. Als Christus starb, war das Schicksal des Weltsystems und ihrer Herrscher besiegelt (Joh.12,31). Wenn nun Nachfolger Christi sich durch den Glauben in Seinen Sieg über die Welt hineinstellen, so werden auch sie die Welt überwinden und der Welt eine Niederlage zufügen. Der Gläubige in Christus hat Sieg über die Welt. Darum ist es gut, das vollkommene, sündlose, siegreiche Leben, das Christus als Mensch auf dieser Erde lebte, als unseren täglichen Sieg in Anspruch zu nehmen. Die Welt hat eine sehr starke Anziehungskraft auf unser »Fleisch«. Die Verführungen Satans durch das Weltsystem sind sehr subtil. Indem wir uns auf unseren Sieg in dem Herrn Jesus Christus berufen, wird Sein Leben unseren Sieg sichern. Er ist stark genug, uns von dieser bösen Welt zu befreien. Er kann uns »den Entsatz«, den Beistand senden oder uns jetzt sofort helfen, wenn die Welt uns versucht (Gal.1,4; Heb.2,18). Weil Christus der Welt gekreuzigt ist, bin ich es auch (Gal. 2,20; 6,14).

Wieviel Trost und Sicherheit gibt es für den Gläubigen, der erkennt, wie vollkommen unser Herr Jesus Christus die Welt und Satan, der über das Weltsystem regiert, besiegt hat. In Johannes 16,11 triumphiert der Herr, »*der Fürst dieser Welt ist nun gerichtet!*« Wie wir später noch genauer sehen werden, wurde diese Verdammung durch den Sieg am Kreuz errungen. »*Als er die Gewalten und die Mächte völlig entwaffnet hatte, stellte er sie öffentlich bloß. In ihm hielt er über sie einen Triumph*« (Kol.2,15). »*Weil nun die Kinder Blutes und Fleisches teilhaftig sind, hat auch er in gleicher Weise daran Anteil gehabt, um durch den Tod den zunichte zu machen, der die Macht des Todes hat, das ist den Teufel, und um alle die zu befreien, die durch Todesfurcht das ganze Leben hindurch der Knechtschaft unterworfen waren«* (Heb.2,14-15).

Unser Sieg kommt von dem Einen, der in uns ist (Röm.12,2;). *»Ihr seid aus Gott, Kinder, und habt sie überwunden, weil der, welcher in euch ist, größer ist als der, welcher in der Welt ist«* (1.Joh.4,4).

Die innerlich geleitete Arbeit des Heiligen Geistes, der das ganze Werk des Herrn Jesus Christus in unser inneres Wesen bringt, leistet ihren Anteil an unserem Sieg über die Welt. Er ist derjenige, der uns durch die Erneuerung unseres Sinnes verändert. Der Heilige Geist schafft in uns ein neues Verlangen und Sehnen, das völlig über der Welt und deren Verlockungen steht. Wir müssen uns ständig an den Heiligen Geist hängen, damit in uns größere Werte und Wünsche hineingelegt werden, als die Welt uns bietet. Dies ist der Grund, warum ein Geist-erfüllter Christ ein Wünschen und Verlangen in sich spürt, das sich freut, Dinge zu tun oder an Orte zu gehen, die ein an die Welt Gebundener nur als langweilig und öde empfindet. Das inwendige Werk des Heiligen Geistes hat die Frucht Seiner Gegenwart und das neue Leben in uns hineingelegt, an dem die Welt kein Interesse hat.

Die Aneignung deines Sieges über die Welt

Die Aneignung unseres Sieges über die Welt ist ein notwendiger Teil unserer geistlichen Pflicht und Verantwortung. Ich möchte Ihnen ein Gebet vorlegen, daß der Aneignung des Sieges über das Weltsystem der Dinge Ausdruck verleiht:

Geliebter Himmlischer Vater, im Namen des Herrn Jesus Christus komme ich vor Dich im Gebet. Ich ehre Dich, da ich weiß, daß mein Sieg und meine Fähigkeit, zu Deinem Wohlgefallen zu leben, durch Deine Gnade bereitet worden ist. Meinen Sieg über meinen Feind, das Weltsystem, will ich in Anspruch nehmen. Ich erkenne dessen starke Anziehungskraft auf meine gefallene fleischliche Natur. Ich sehe, daß Satans Verführung und Kraft in der Welt gegen mich sehr stark ist. Ich weiß, daß ich die Welt durch meine eigenen Anstrengungen nicht überwinden kann. Ich mache mich eins mit Deinem errungenen Sieg. Danke, daß der Herr Jesus Christus in Seinem Menschsein die Welt für mich überwunden hat. Danke, daß er für mich mit allen Versuchungen konfrontiert wurde, und er sie alle besiegt hat. Danke, daß Jesus Christus gestorben ist und Sein Blut vergossen hat, um den völligen Sieg über die Welt und ihre Beherrscher zu erringen. Danke, daß das Blut des Erretters mich von den Zeiten reinigt, in denen ich versagt habe, die Welt zu überwinden. Ich umkleide mich mit meines HERRN Sieg und richte ihn vollmächtig gegen die Verführungsgewalt der Welt.

Ich möchte den völligen Sieg des Heiligen Geistes über die

Welt empfangen. Ich vertraue Ihm, daß er mir Wünsche in mein Wesen gibt, die weit über die der Welt sind. Ich vertraue Ihm, daß er die Anziehungskraft der Welt in mir auslöscht. Möge er mich vor einem geteilten Herzen bewahren. Ich will nicht die Dinge der Welt lieben mit einem Teil meines Wesens und die Dinge Gottes mit einem anderen. Möge der Heilige Geist mein Herz vereinigen, Deinen Namen zu fürchten. Möge Er mich zusammenbringen in Ganzheit, um Dich zu lieben und Dir zu dienen mit meinem ganzen Willen, meinem Verstand, meinen Gefühlen, meinem Leib und meinem Geist. Danke, daß Du meinen ganzen Sieg schon bereitet hast. Ich wende ihn jetzt an in dem Namen des HERRN Jesus Christus an. Amen.

4

DAS SCHWERT DES GEISTES IST DAS WORT GOTTES

> *»Strebe danach, dich Gott bewährt zur Verfügung zu stellen als einen Arbeiter, der sich nicht zu schämen hat, der das Wort der Wahrheit in gerader Richtung schneidet«* (2.Tim.2,15).

Das Wort Gottes ist unsere einzige inspirierte Quelle für den geistlichen Kampf. Andere Bücher sind nur insofern nützlich, als sie sich im Einklang mit dem Worte Gottes befinden. Die richtig ausgelegte und angewandte heilige Schrift sichert uns unseren Sieg. Geistlicher Kampf muß gegründet auf einem wachsenden Gebrauch der Bibel. In diesem Kapitel werden einige Möglichkeiten gezeigt, wie die Bibel eine beständige Rolle im geistlichen Kampf aller Gläubiger haben kann.

An erster Stelle sollte ein Plan stehen, regelmäßig Teile der Bibel auswendig zu lernen und ständig sich intensiv im Gebet mit der Heiligen Schrift auseinanderzusetzen. Nachdem uns im Hebräerbrief die Wichtigkeit klargemacht worden ist, unsere Ruhe und den Frieden in dem HERRN festzumachen, richtet Hebräer 4,12 unsere Aufmerksamkeit auf das Wort. *»Denn das Wort Gottes ist lebendig und wirksam und schärfer als jedes zweischneidige Schwert und durchdringend bis zur Scheidung von Seele und Geist, sowohl der Gelenke als auch des Markes, und ein Richter der Gedanken und Gesinnungen des Herzens.«*

Niemand kann die Kraft des Wortes Gottes, das in uns wirkt, übersehen. Es bringt Leben und aktive Kraft in uns hinein, wenn wir es wie ein Schwert wirken lassen. Es wirkt in der Seele, im Geist und im Leib und arbeitet an den verborgenen Motivationen unseres Herzens.

Es ist die beste Medizin gegen alles, was uns schmerzt. Niemand wird stark werden im geistlichen Kampf, der es vernachlässigt, das Wort Gottes in einem aktiven Programm des Studiums und des Auswendiglernens zu gebrauchen. Das Wort Gottes ist Gottes Heilmittel für alle möglichen geistlichen Krankheiten. Wenn man es gebraucht, arbeitet es aktiv in uns, ohne daß man es spürt, wie das geschieht. Wenn ich krank bin, und der Arzt verschreibt mir ein Medikament, so werde ich es einnehmen, ohne alle komplizierten Details zu verstehen wie es wirkt, um mir zu helfen. Das gilt auch für den siegreichen Christen. Er nimmt ständig das Wort ein, weil er weiß, daß es in ihm wirkt, alle guten Dinge zu tun, die er nötig hat. Das Wort Gottes bietet mir meine geistliche Ernährung, meine geistlichen Vitamine, meine Medizin, ja meine Quelle geistlichen Lebens.

Am besten ist es, sich vorzunehmen, größere Abschnitte auswendig zu lernen. Sich einen Vers hier und dort ins Gedächtnis einzuprägen ist gut, aber es ist in den meisten Fällen weitaus besser, den Vers in seinem Kontext aufzunehmen. Es ist immer ein wenig gefährlich, einen Vers aus seinem Zusammenhang zu reißen; denn dies öffnet die Tür für Fehlanwendungen der Wahrheit Gottes. Auch ist es einfacher, ganze Abschnitte oder Kapitel auswendig zu lernen, weil der natürliche Fluß der Logik und die Ordnung der Gedanken uns verstehen hilft. Während ich diese Zeilen schreibe, lerne ich Römer 8 auswendig. Der Gedankenfluß ist ganz wunderbar und macht es mir einfach, mir den Inhalt einzuprägen. Lerne auswendig gemäß deiner Fähigkeiten. Aber tue dies regelmäßig. Gebrauche die freie Zeit wenn du zur Arbeit fährst, beim Rasieren, Spülen u.s.w., um einen Teil des Wortes Gottes zu lernen.

Echtes Nachsinnen über das Wort ist erst dann möglich, wenn du es dir ins Gedächtnis eingeprägt hast. Denn, egal wo du dich befindest oder was du tust, wenn dein Verstand frei ist, kannst du anfangen, darüber nachzudenken, und zwar Wort für Wort, Zeile für Zeile, Vers für Vers. Ganz neue Erkenntnisse wirst du erlangen, wenn du dem Heiligen Geist erlaubst, dir den Text aufzuschließen. Auswendigzulernen und intensiv darüber nachzudenken ist wohl der größte einzelne Schritt eines Gläubigen, der ihm hilft, die Welt, das Fleisch und den Teufel zu überwinden.

Das Wort Gottes muß aber auch systematisch gelesen und studiert werden, wo es Aussagen über unsere Feinde macht. Das biblische Wissen, wie Satan arbeitet, wo er herkommt, und wer er ist, bietet mir ein starkes Rüstzeug im geistlichen Kampf. Der Gläubige, der sich an dem Sieg des Herrn Jesus Christus festmachen will, sollte sich bekanntmachen mit den grundlegenden biblischen Informationen über seinen Feind.

Was lehrt die Bibel über unseren Todfeind?

Der Rest dieses Kapitels wird uns ausführlich in die biblischen Aussagen über den Feind einführen.

I. Satans ursprünglicher Stand (Hes.28,12-17).
   Dieser Abschnitt über den König von Tyrus symbolisiert Satan und gibt uns Informationen über Satans Stand, wie er von Gott geschaffen worden ist.

A. Er wurde voll Weisheit und Schönheit geschaffen. »*So spricht der Herr, HERR. Du warst das vollendete Siegel, voller Weisheit und vollkommen an Schönheit...*« (V.12).
B. Ihm wurde ein Platz auf Gottes heiligem Berge gegeben: »*du warst auf Gottes heiligem Berg, mitten unter feurigen Steinen gingst du einher*« (V.14).
C. Er wurde als ein heiliges und gerechtes Wesen geschaffen. »*Vollkommen warst du in deinen Wegen von dem Tag an, als du geschaffen wurdest,*« (V.15).
D. Hochmut in seinem Herzen war der Anfang seines Falles. »*Dein Herz wollte hoch hinaus wegen deiner Schönheit, du hast deine Weisheit zunichte gemacht um deines Glanzes willen. Ich habe dich zu Boden geworfen,...*« (V.17).

II. Satans Rebellion und Fall (Jes.14,12-15)

A. Luzifer versuchte, sich selbst in die Position des Herrn zu erheben (VV.13-14). »*Und du sagtest in deinem Herzen: ›Zum Himmel will ich hinaufsteigen, hoch über den Sternen Gottes meinen Thron aufrichten und mich niedersetzen auf den Versammlungsberg im äußersten Norden. Ich will hinaufsteigen auf Wolkenhöhen, dem Höchsten mich gleich machen.‹*«
B. In seiner Nichtsnutzigkeit erklärte er: »Ich will wie Gott sein!« Es war dieser willentliche Akt von Rebellion, der ihn zu Fall brachte und ihn zum Teufel und Satan machte.

III. Satans Titel und Namen

A. Seine vielen Namen beschreiben seine Taten und zeigen ihn als einen verschlagenen Feind.
   1. Satan bedeutet »Widersacher« (Sach.3,1; 1.Pet.5,8). Er ist ein rücksichtsloser, unbarmherziger Gegner. »*Seid nüchtern, wacht! Euer Widersacher, der Teufel, geht umher wie ein brüllender Löwe und sucht, wen er verschlingen könne*« (1.Pet.5,8).
   2. Er ist der Ankläger. »*Und ich hörte eine laute Stimme im Himmel sagen: Nun ist das Heil und die Kraft und das Reich unseres Gottes und die Macht seines Christus gekommen; denn hinabgeworfen ist der Verkläger unserer Brüder, der sie Tag und Nacht vor unserem Gott verklagte*« (Offb.12,10). Satans Verlangen ist es, uns dahin zu bringen, uns selbst zu verdammen. Er will den einzelnen Gläubigen in Ungewißheit darüber halten, was er falsch gemacht hat und versucht ihn von dem Wissen abzuhalten, was er mit seiner Sünde tun muß. Dies ist genau das Gegenteil von der Überzeugungsarbeit des Heiligen Geistes. Der Heilige Geist überführt uns von unseren konkreten Sünden und

zeigt uns, daß es Vergebung gibt durch das vergossene Blut des Christus.

3. Luzifer bedeutet »Lichtträger« (Jes.14,12). Als gefallener Engel kommt Satan als ein Engel des Lichtes, um selbst die Erwählten zu verführen.
4. Er wird auch der Drache genannt. Dies beschreibt seine Niederträchtigkeit und Grausamkeit. *»Und es entstand ein Kampf im Himmel: Michael und seine Engel kämpften mit dem Drachen. Und der Drache kämpfte und seine Engel;«* (Offb.12,7)
5. Teufel bedeutet »Verleumder« (1.Pet.5,8). Satan tut nichts lieber, als Gottes Volk vor anderen zu diffamieren und zu verleumden.
6. Er wird auch Mörder und Lügner genannt. *»Ihr seid aus dem Vater, dem Teufel, und die Begierden eures Vaters wollt ihr tun. Jener war ein Menschenmörder von Anfang an und stand nicht in der Wahrheit, weil keine Wahrheit in ihm ist. Wenn er die Lüge redet, so redet er aus seinem Eigenen* (es ist seine Muttersprache), *denn er ist ein Lügner und der Vater derselben«* (Joh.8,44). Satan will die Gläubigen ermorden und versucht, sie durch Lügen zu verführen.
7. Er ist der Verführer. *»Und der Teufel, der sie verführte, wurde in den Feuer- und Schwefelsee geworfen,«* (Offb.20,10). Mit allen Mitteln, die er hat, will Satan uns dahin bringen zu glauben, was nicht der Wahrheit entspricht.
8. Satan ist der Fürst dieser Welt. *»Jetzt ist das Gericht dieser Welt; jetzt wird der Fürst dieser Welt hinausgeworfen werden«* (Joh.12,31). Satan arbeitet als ein mächtiger Drahtzieher in allen Belangen dieser Welt.
9. Er ist der Fürst der Macht in der Luft. *»in denen ihr einst wandeltet gemäß dem Zeitlauf dieser Welt, gemäß dem Fürsten des Machtbereichs der Luft, des Geistes, der jetzt in den Söhnen des Ungehorsams wirkt«* (Eph.2,2). Dies weist daraufhin, daß Satans Bewegungsbereich die Atmosphäre um unserer Erde ist. Christus fuhr bei der Himmelfahrt durch Satans eigenen Machtbereich, um öffentlich Seinen Sieg zu demonstrieren.
10. Er wird der Zerstörer genannt. Das griechische und hebräische Wort in Offenbarung 9,11 wird mit Zerstörer übersetzt. *»Sie haben über sich einen König, den Engel des Abgrundes; sein Name ist auf hebräisch Abaddon, und im Griechischen hat er den Namen Apollyon.«* Satan versucht, all das zu verderben, was heilig und wertvoll vor Gott ist.
11. Er ist der Versucher. *»Der Versucher trat zu ihm hin und sprach: ›Wenn du Gottes Sohn bist, so sprich, daß diese Steine Brote werden‹«* (Math.4,3).

12. Satan ist der Böse. »...*das Unkraut aber sind die Söhne des Bösen;*« (Math.13,38).
13. Er ist der Gott dieses Zeitalters. »...*den Ungläubigen, bei denen der Gott dieser Welt (Zeitalters) den Sinn verblendet hat, damit sie den Lichtglanz des Evangeliums von der Herrlichkeit des Christus, der Gottes Bild ist, nicht sehen.*« (2.Kor.4,4).

IV. Satans große Kraft

A. Nicht einmal ein geretteter Gläubiger kann Satans Kraft ignorieren und den Versuch machen, ihn außerhalb des von Gott bereiteten Sieges zu überwinden. »*Zieht die ganze Waffenrüstung Gottes an, damit ihr gegen die Listen des Teufels bestehen könnt. Denn unser Kampf ist nicht gegen Fleisch und Blut, sondern gegen die Gewalten, gegen die Mächte, gegen die Weltbeherrscher dieser Finsternis, gegen die Geister der Bosheit in der Himmelswelt*« (Eph.6,11-12).
B. Er ist der absolute Herrscher über das Reich der Dämonen. »*Und er (Jesus) trieb einen Dämon aus, der stumm war. Es geschah aber, als der Dämon ausgefahren war, redete der Stumme; und die Volksmengen wunderten sich. Einige aber von ihnen sagten: Durch Beelzebub, den Obersten der Dämonen, treibt er die Dämonen aus. Andere aber versuchten ihn und forderten von ihm ein Zeichen aus dem Himmel. Da er aber ihre Gedanken wußte, sprach er zu ihnen: Jedes Reich, das mit sich selbst entzweit ist, wird verwüstet, und Haus gegen Haus entzweit, stürzt ein. Wenn aber auch der Satan mit sich selbst entzweit ist, wie wird sein Reich bestehen?*« (Luk.11,14-18)
   1. Er hat einen Thron. »*Ich weiß, wo du wohnst: wo der Thron des Satans ist;*« (Offb.2,13).
   2. Er herrscht über ein Königreich. »*und wenn der Satan den Satan austreibt, so ist er mit sich selbst entzweit. Wie wird denn sein Reich bestehen?*« (Math.12,26).
   3. Geschickt verkleidet er sich als ein Engel des Lichtes. »*Und kein Wunder, denn der Satan selbst nimmt die Gestalt eines Engels des Lichts an; es ist daher nichts Großes, wenn auch seine Diener die Gestalt der Gerechtigkeit annehmen; und ihr Ende wird ihren Werken entsprechen*« (2.Kor.11,14-15).
   4. Er hat Versammlungsörter. »*Ich kenne... die Lästerung von denen, die sagen, sie seien Juden und es nicht sind, sondern eine Synagoge (Versammlung) des Satans*« (Offb.2,9).
C. Er hat Kraft, dem mächtigsten aller Engel zu widerstehen. »*Michael aber, der Erzengel, wagte nicht, als er mit dem Teufel stritt und Wortwechsel um den Leib Moses hatte, ein lästerndes Urteil*

zu fällen, sondern sprach: Der Herr schelte dich!« (Judas 9; siehe auch Dan.10,5.12-13).

D. Er manövriert mit den Verlorenen und hält alle in Gefangenschaft. *»Wir wissen, daß wir aus Gott sind, und die ganze Welt liegt in dem Bösen.«* (ist unter der Kontrolle des Bösen) (1.Joh.5,19).

E. Satans Kraft ist nur durch den Willen des allmächtigen Gottes beschränkt. *»»Hast du selbst nicht ihn und sein Haus und alles, was er hat, rings umhegt? Das Werk seiner Hände hast du gesegnet, und sein Besitz hat sich im Land ausgebreitet. Strecke jedoch nur einmal deine Hand aus und taste alles an, was er hat, ob er dir nicht ins Angesicht flucht!‹ Da sprach der HERR zum Satan: ›Siehe, alles, was er hat, ist in deiner Hand. Nur gegen ihn selbst strecke deine Hand nicht aus!‹ Und der Satan ging vom Angesicht des HERRN fort«* (Hiob 1,10-12).

V. Satans Wirkungsbereich

A. Er hat immer noch nach Genehmigung Zugang zum Himmel. *»Und es geschah eines Tages, da kamen die Söhne Gottes, um sich vor dem HERRN einzufinden. Und auch der Satan kam in ihrer Mitte«* (Hiob 1,6; siehe auch Offb.12,7-10).

B. Sein eigentliches Arbeitsfeld ist die Erde. *»Und der HERR sprach zum Satan: ›Woher kommst du?‹ Und der Satan antwortete dem HERRN und sagte: ›Vom Durchstreifen der Erde und vom Umherwandern auf ihr‹«* (Hiob 1,7, siehe auch 1.Pet.5,8).

VI. Satans Strategie

A. Er erfand die Sünde, und er wiegelt weiterhin den Menschen zur Sünde auf. *»Und die Schlange war listiger als alle Tiere des Feldes, die Gott, der HERR, gemacht hatte; und sie sprach zu der Frau: Hat Gott wirklich gesagt: Von allen Bäumen des Gartens dürft ihr nicht essen? Da sagte die Frau zur Schlange: Von den Früchten der Bäume des Gartens essen wir; aber von den Früchten des Baumes, der in der Mitte des Gartens steht, hat Gott gesagt: Ihr sollt nicht davon essen und sollt sie nicht berühren, damit ihr nicht sterbt! Da sagte die Schlange zur Frau: Keineswegs werdet ihr sterben! Sondern Gott weiß, daß an dem Tag, da ihr davon eßt, eure Augen aufgetan werden und ihr sein werdet wie Gott, erkennend Gutes und Böses. Und die Frau sah, daß der Baum gut zur Speise und daß er eine Lust für die Augen und daß der Baum begehrenswert war, Einsicht zu geben; und sie nahm von seiner Frucht und aß, und sie gab auch ihrem Mann bei ihr, und er aß«* (1.Mose 3,1-6).

B. Er verursacht Krankheit und Leiden. *»Jesus von Nazareth, wie Gott ihn mit Heiligem Geist und mit Kraft gesalbt hat, der umher-*

ging und wohltat und alle heilte, die von dem Teufel überwältigt waren; denn Gott war mit ihm« (Apg.10,38).
C. Er hat die Kraft des Todes. *»Weil nun die Kinder Blutes und Fleisches teilhaftig sind, hat auch er in gleicher Weise daran Anteil gehabt, um durch den Tod den zunichte zu machen, der die Macht des Todes hat, das ist den Teufel«* (Heb.2,14).
D. Er stellt den Menschen Schlingen oder Fallen. *»Er muß aber auch ein gutes Zeugnis haben von denen, die draußen sind, damit er nicht in übles Gerede und in den Fallstrick des Teufels gerät«* (1.Tim.3,7).
E. Er pflanzt böse Absichten in das Herz des Menschen. *»Und während des Abendessens, als der Teufel schon dem Judas, Simons Sohn, dem Ischarioth, es ins Herz gegeben hatte, daß er ihn überliefere,«* (Joh.13,2; siehe auch Apg.5,3).
F. Er kann in einen Menschen persönlich eindringen und ihn kontrollieren. *»Und nach dem Bissen fuhr dann der Satan in ihn«* (Joh. 13,27).
G. Er versucht, das Wort Gottes von unserem Verständnis wegzunehmen; *». . . wenn sie es hören, sogleich der Satan kommt und das Wort wegnimmt, das in sie hineingesät worden ist«* (Mark 4,15).
H. Er schleust Unechte in Gottes Volk ein; *». . . der Feind aber, der es gesät hat, ist der Teufel«* (Math.13,39).
I. Er versucht, Gottes Diener zu quälen. *»Simon, Simon! Siehe, der Satan hat euer begehrt, euch zu sichten wie den Weizen«* (Luk.22,31; siehe auch 2.Kor.12,7).
J. Er kann Gottes Diener daran hindern, ihr Vorhaben auszuführen. *»Deshalb wollten wir zu euch kommen ich, Paulus, nicht nur einmal, sondern zweimal, und der Satan hat uns gehindert«* (1.Thess.2,18).
K. Er wirft Gottes Diener ins Gefängnis. *»Siehe, der Teufel wird einige von euch ins Gefängnis werfen, damit ihr geprüft werdet, und ihr werdet Drangsal haben zehn Tage. Sei treu bis zum Tod, und ich werde dir den Siegeskranz des Lebens geben«* (Offb.2,10).
L. Er verklagt Gläubige vor Christus. *»Nun ist das Heil und die Kraft und das Reich unseres Gottes und die Macht seines Christus gekommen; denn hinabgeworfen ist der Verkläger unserer Brüder, der sie Tag und Nacht vor unserem Gott verklagte«* (Offb.12,10).

VII. Satans Schicksal

A. Er ist zum Verderben verdammt. *»Doch in den Scheol wirst du hinabgestürzt, in die tiefste Grube«* (Jes.14,15).
B. Er befindet sich unter einem unendlichen Fluch. *»Und Gott, der HERR, sprach zur Schlange: ›Weil du das getan hast, sollst du verflucht sein unter allem Vieh und unter allen Tieren des Feldes! Auf deinem Bauch sollst du kriechen, und Staub sollst du fressen alle*

Tage deines Lebens! Und ich werde Feindschaft setzen zwischen dir und der Frau, zwischen deinem Samen und ihrem Samen; er wird dir den Kopf zermalmen, und du, du wirst ihm die Ferse zermalmen« (1.Mose 3,14-15).
- C. Während der großen Trübsal wird er aus dem Himmel herabgeworfen. *»Und es entstand ein Kampf im Himmel: Michael und seine Engel kämpften mit dem Drachen. Und der Drache kämpfte und seine Engel; und sie bekamen nicht die Übermacht, und ihre Stätte wurde nicht mehr im Himmel gefunden. Und es wurde geworfen der große Drache, die alte Schlange, der Teufel und Satan genannt wird, der den ganzen Erdkreis verführt, geworfen wurde er auf die Erde, und seine Engel wurden mit ihm geworfen«* (Offb.12,7-10).
- D. Während der irdischen Regierung des Christus wird Satan in dem bodenlosen Abgrund gebunden werden. *»Und ich sah einen Engel aus dem Himmel herniederkommen, der den Schlüssel des Abgrundes und eine große Kette in seiner Hand hatte. Und er griff den Drachen, die alte Schlange, die der Teufel und der Satan ist; und er band ihn tausend Jahre und warf ihn in den Abgrund und schloß zu und versiegelte über ihm, damit er nicht mehr die Nationen verführe, bis die tausend Jahre vollendet sind. Nach diesem muß er für kurze Zeit losgelassen werden«* (Offb.20,1-3).
- E. Satan wird für alle Ewigkeit dem Feuersee übergeben werden. *»Und der Teufel, der sie verführte, wurde in den Feuer- und Schwefelsee geworfen, wo sowohl das Tier als auch der falsche Prophet ist; und sie werden Tag und Nacht gepeinigt werden in alle Ewigkeit«* (Offb.20,10).

VIII. Der Sieg des Gläubigen über Satan

- A. Der Triumph Jesu Christi ist die Gewißheit des Sieges des Gläubigen (Math.4,1-11; Röm.5,12-19).
  1. Christus besiegte Satan am Kreuz und läßt alle Gläubigen an diesem Sieg teilhaben. *»Wer die Sünde tut, ist aus dem Teufel, denn der Teufel sündigt von Anfang an. Hierzu ist der Sohn Gottes geoffenbart worden, damit er die Werke des Teufels vernichte«* (1.Joh.3,8; siehe auch Kol.2,15; Heb.2,14-15).
  2. In der Verherrlichung unseres HERRN besitzt der Gläubige den Sieg des Erlösers, der ihm zugerechnet worden ist. *». . .und was die überschwengliche Größe seiner Kraft an uns, den Glaubenden, ist, nach der Wirksamkeit der Macht seiner Stärke. Die hat in Christus wirksam werden lassen, indem er ihn aus den Toten auferweckt und zu seiner Rechten in der Himmelswelt gesetzt hat, hoch über jede Gewalt und Macht und Kraft und Herrschaft und jeden Namen, der nicht nur in diesem Zeitalter, sondern auch in dem zukünftigen genannt werden wird. Und alles hat er seinen Füßen unterworfen und*

ihn als Haupt über alles der Gemeinde gegeben, die sein Leib ist, die Fülle dessen, der alles in allen erfüllt« (Eph.1,19-23). *»Gott aber, der reich ist an Barmherzigkeit, hat um seiner vielen Liebe willen, womit er uns geliebt hat, auch uns, die wir in den Vergehungen tot waren, mit dem Christus lebendig gemacht, durch Gnade seid ihr errettet! Er hat uns mitauferweckt und mitsitzen lassen in der Himmelswelt in Christus Jesus,«* (Eph.2,4-6; siehe auch Heb.1,13; 1.Pet.3,22).

B. Durch Gottes Erlösung ist der Gläubige juristisch freigesprochen worden von der Macht Satans; *»...ihre Augen aufzutun, daß sie sich bekehren von der Finsternis zum Licht und von der Macht des Satans zu Gott, damit sie Vergebung der Sünden empfangen und ein Erbe unter denen, die durch den Glauben an mich geheiligt sind«* (Apg.26,18; siehe auch Luk.10,17-20; 2.Kor.4,4; Eph.2,1-3; Kol.1,13).

C. Durch sein geheiligtes Leben mit Gott erhält sich der Gläubige seine rechtmäßig erworbene Freiheit.

   1. Er muß sich Gott hingeben und dem Teufel widerstehen. *»Unterwerft euch nun Gott! Widersteht aber dem Teufel, und er wird von euch fliehen«* (Jak.4,7; siehe auch 1.Pet.5,8).

   2. Er darf nicht dem Satan Raum oder Einlaß durch fleischliche Sünden geben; *»...und gebt dem Teufel keinen Raum«* (Eph.4,27).

   3. Er muß die ganze Waffenrüstung Gottes, die ihm gegeben worden ist, anlegen. *»Zieht die ganze Waffenrüstung Gottes an, damit ihr gegen die Listen des Teufels bestehen könnt. Denn unser Kampf ist nicht gegen Fleisch und Blut, sondern gegen die Gewalten, gegen die Mächte, gegen die Weltbeherrscher dieser Finsternis, gegen die Geister der Bosheit in der Himmelswelt. Deshalb ergreift die ganze Waffenrüstung Gottes, damit ihr an dem bösen Tag widerstehen und, wenn ihr alles ausgerichtet habt, stehen könnt«* (Eph.6,10-13 siehe auch vv.14-18).

   4. Es gibt spezielle Warnungen, die wir wegen der Taktik Satans zu beachten haben. Die vorgeschlagenen Bibelabschnitte sind es wert, genau studiert zu werden, obwohl sie nicht hier abgedruckt sind. Jeder Gläubige sollte dies tun, der sich sehnt ein siegreiches Leben zu führen und Satan in seinem Leben zu besiegen.

     a. Klage nicht andere richtend an (2.Kor.2,1-11).
     b. Vermeide scheinheilige Taten (Apg.5,1-11).
     c. Widerstrebe niemals dem, was schon als Gottes Wille bekannt ist (Eph.4,17-32).
     d. Gib acht, daß dein Zeugnis für alle Menschen immer klar und deutlich ist (1.Tim.3,7).
     e. Schütze dich ständig gegen Hochmut (1.Tim.3,6).
     f. Meide einen streitsüchtigen, eifersüchtigen, besserwisserischen Geist (2.Tim.2,23-26).

Wenn man die Mächte der Finsternis bekämpft, ist es lebensnotwendig für den Gläubigen, sich seiner Basis sicher zu sein und seinen gewissen Sieg durch Jesus Christus zu kennen. Es ist nichts Ungewöhnliches, wenn ein böser Geist dich herausfordert, indem er deine Autorität bestreitet, während du ihm gebietest, dorthin zu gehen, wohin der Herr Jesus Christus ihn senden will. Das Wort Gottes zu zitieren und es ständig dem kämpfenden bösen Geist entgegen zu schleudern wird immer Sieg bringen. Das Wort kann nicht gebrochen werden.

5

KONFRONTATION MIT SATANS REICH

»Zieht die ganze Waffenrüstung Gottes an, damit ihr gegen die Listen des Teufels bestehen könnt« (Eph.6,11).

Es ist schon lange her, daß hunderte Schlange standen, um sich den Film »Der Exorzist« anzusehen. Psychiater in den USA warnten davor, den Film zu sehen. Bis dahin hat kein anderer Film es so sehr geschafft, auf die ersten Seiten der Zeitungen zu kommen wie »Der Exorzist«. Dieser auf Effekthascherei bedachte, furchterregende Film über Satan und dämonische Besessenheit schlug in Amerika wie eine Bombe ein.

»Herr Pastor, Sie müssen etwas von der Kanzel über diesen Film »Der Exorzist« sagen. Jeder redet davon, und viele sehen ihn sich aus reiner Neugier an. Arbeitskollegen sind innerlich aufgewühlt, nachdem sie den Film gesehen haben.«

»Herr Pastor, können wir Informationen und Schulung für unsere Kinder und Jugendliche über die Gefahren des Okkultismus bekommen? Meine Kinder sind ganz durcheinander. Alle Kinder in der Schule sprechen über ihre neuen Experimente mit der Geisterwelt. Ich denke, wir müssen unsere Kinder darüber informieren, was die Bibel über solche Dinge zu sagen hat.«

»Haben Sie die Flut von Fernsehwerbung für das neue Hexenmagazin gesehen? Können wir als christliche Gemeinde nichts tun, um diese öffentliche Werbung für Satans Pläne zu unterbinden?«

Viele Menschen sprechen darüber und sind sehr besorgt über dieses neue Interesse an der Welt des Okkulten. Neugier darauf hat sich in unserer Kultur ausgebreitet wie eine Epidemie. Großmütter und Jugendliche schmökern zusammen in jedem kleinen Laden in okkulter Literatur. Dieses übermäßige Interesse an Satans Reich übt in gleicher Weise wie das Weltsystem eine spürbare Gewalt auf die christliche Gemeinschaft aus.

Satan mit biblischer Realität sehen

Satan und sein Reich der Finsternis, über das er herrscht, stellt eine ständige Herausforderung und Bedrohung für die Wirksamkeit und Stabilität der Gläubigen dar. Es ist meine Überzeugung, daß, wenn unser Herr nur für einen Moment Seinen Schutz von uns nehmen würde, Satan nicht zögern würde, uns zu töten. Er bekam seinen Titel »Mörder« nicht ohne Grund. Bei den Leiden Hiobs verbietet der HERR ausdrücklich dem Satan, Hiob das Leben zu nehmen, was bedeutet, daß dieser gerechte Diener ermordet worden wäre, hätte der HERR den Satan nicht daran gehindert.

Wenn nun Gläubige über ihren Kampf gegen Satan nachdenken, müssen zwei Extreme tunlichst vermieden werden. Das erste ist die Tendenz, den Feind zu ignorieren und das ganze Thema der Dämonologie leichtfertig zu behandeln. Eine von Satans schlauen Strategien gegen uns besteht darin, uns in Unwissenheit über seine Macht und Wirksamkeit zu halten. Ein befreundeter Pastor sagte mir einmal, daß, wenn er sich auf das Evangelium, das Gewinnen von Seelen und die Person des Herrn Jesus Christus konzentrierte, dann brauche er sich nicht zu viele Gedanken über den Satan zu machen. So eine Einstellung hört sich sehr fromm und geistlich an, aber sie ist sehr unbiblisch und gefährlich. Jeder Gläubige, der entschlossen ist, sich intensiv mit dem Evangelium, dem Gewinnen von Seelen und der Person des Herrn Jesus Christus zu beschäftigen, wird zu einem besonderen Ziel Satans. Die Waffen zu ignorieren, die der Herr uns für unseren Kampf gegen Satan und sein Reich gegeben hat, ist geistlicher Selbstmord. Sehr bald werden wir den geistlichen Kollaps erleben, wenn wir diesen Feind einfach übersehen wollen.

Das andere Extrem, das wir vermeiden müssen, ist ein furchtsames Beschäftigtsein mit Satan und seinem Reich. Es ist eine Strategie Satans, uns ein intensives Interesse an Satan und sein Reich zu geben, das stärker ist als an unserem himmlischen Vater, an dem Herrn Jesus Christus und dem wunderbaren Heiligen Geist. Die Hauptbetonung des Wortes Gottes liegt auf dem errungenen Sieg, der unser ist, damit wir ihn uns aneignen und durch unseren Herrn Jesus Christus auch durchsetzen. Obwohl die Bibel die überaus große Kraft und Gerissenheit Satans beachtet, versichert uns die ganze Heilige Schrift, daß Satan ein besiegter Feind ist. Das Schlimme an dem Film und der Literatur, die oben erwähnt wurde, ist, daß sie die Kraft Satans groß macht.

Es ist ein allgemeines Problem, daß diejenigen, die von Satan angegriffen werden, sich zunehmend in Gedanken vertiefen, wie Satan sie versucht, ihnen schadet und sie bedrückt, statt sich auf den Sieg, den Christus erstritten hat, zu konzentrieren. Sich dieser Gefahr bewußt zu sein ist schon ein hilfreicher Schritt, damit eine zu große Beschäftigung mit Gedanken über Satan vermieden werden kann. Dr. A.W. Tozer hat mit seinem unverwechselbaren Stil und Tiefe diese Gefahr einer Überbeschäftigung mit Gedanken über Satan in die richtige Perspektive gerückt:

»Die biblische Weise, Dinge zu sehen, ist immer, zuerst den HERRN vor uns zu setzen, Christus in das Zentrum unserer Vorstellung zu bringen, und falls dann Satan da herumschleicht, so wird er nur am Rand erscheinen und als Schatten am Rande der großen Helligkeit gesehen werden. Es ist immer falsch, dies umzukehren, sich auf Satan zu konzentrieren und Gott an den Rand zu drücken. Nichts als Tragödien erwachsen aus solch einer Umkehrung. Der beste Weg, den Feind draußen zu halten, ist Christus drinnen zu behalten. Die Schafe müssen nicht vor dem Wolf Panik bekommen; sie müssen nur nahe bei dem Hirten bleiben. Satan fürchtet nicht das betende Schaf, sondern die Gegenwart des Hirten.

Der unterwiesene Christ, dessen Fähigkeiten durch das Wort und den Geist entwickelt worden sind, wird nicht den Teufel fürchten. Falls nötig, wird er sich den Mächten der Finsternis entgegenstellen und sie durch das Blut des Lammes und das Wort seines Zeugnisses überwinden. Er wird die Gefahr in der er lebt beachten, und er wird wissen, wie er damit umgehen muß; aber er wird in der Gegenwart Gottes leben und wird sich niemals erlauben »Teufel-bewußt« zu sein.[5]

Satan ist ein personales Geistwesen, der genauso real und lebendig ist wie du und ich. Er kontrolliert ein riesiges und im hohen Maße durchstrukturiertes Reich von personalen Geistwesen, die die gleiche böse Absicht und Zielsetzung haben wie Satan, nämlich, Gottes Willen und Plan zu widerstehen.

Das riesige Reich der Finsternis richtet seine Strategie gegen die Menschheit. Es gibt einige klare und schwerwiegende theologische Gründe dafür. Wir wollen jetzt nicht näher auf diese Gründe eingehen, sondern fortfahren, unsere Mittel gegen diesen Angriff zu verstehen. Angefangen mit Satans subtilem Angriff gegen Adam und Eva und weiter durch die ganze Bibel hindurch können wir sehen, daß es gerade die Menschen sind, die in lebendiger Gemeinschaft mit Gott leben, die mit diesem Feind und seinem niederträchtigsten Plan konfrontiert werden.

Drei Prinzipien des effektiven Kampfes

Der Apostel Paulus scheint durch sein ganzes Leben hindurch ein wachsendes und sich ausweitendes Verständnis über seine eigenen geistlichen Kämpfe mit dem Teufel gewonnen zu haben. In seinen Briefen findet man eine Vielzahl von Stellen über diesen großen Kampf, doch der Brief an die Epheser ist des Christen Handbuch für geistlichen Kampf gegen den Teufel und sein Reich.

---

5 A.W.Tozer, Born After Midnight (Harrisburg: Christian Pubns. 1959) S.43

Die Gefährlichkeit dieses Kampfes und die Gewißheit unseres Sieges, beides wird uns in Epheser 6,10-18 deutlich vor Augen gestellt. Betrachte mit mir einige wichtige Prinzipien für einen effektiven Kampf gegen Satan, die dieser klassische Text aufzeigt.

1. »Seid stark in dem HERRN«

Zu allererst ist es der Wille Gottes für alle Gläubigen, daß wir »*stark sind im HERRN und in der Macht Seiner Stärke*« (Eph.6,10). Es gibt keinen Grund für den Gläubigen, durch die Kraft Satans besiegt und vernichtet zu werden. Wir müssen starke und mächtige Feinde all dessen bleiben, was Satan auszuführen gedenkt. Sein ausgeklügelster Plan und seine konzentrierteste Kraft braucht keine Bedrohung für irgendeinen Gläubigen zu sein. Die Stärke in dem HERRN und alle Vollmacht, die wir brauchen, ist für uns verfügbar. Was ist dies für eine wichtige Tatsache! Der Krieg gegen Satan muß von dieser Perspektive her geführt werden. Sofern wir unsere gegebenen Mittel einsetzen, werden wir, wenn sich der Pulverdampf vom Schlachtfeld verzogen hat, immer noch stehen, aber der Feind wird auf der Flucht sein und schließlich unter unsere Füße zertreten werden (Röm.16,20).

2. Kenne die Art und Organisation deines Feindes

Eine andere wichtige Grundlage des Kampfes gegen Satan ist ein biblisches Verständnis von all dem, wogegen wir uns nun aufgemacht haben. Paulus erklärt uns in Epheser 6,11, daß wir die vollständige Waffenrüstung Gottes anziehen müssen, damit wir gegen die Schliche des Teufels bestehen können. Das Wort Schliche vermittelt das Bild eines hinterhältigen, schlauen, sich einschmeichelnden Feindes. Er ist hochgradig gerissen und schlau in der Art, wie er gegen uns arbeitet. Leider ist dies sehr wahr. Gegen Christen liebt er es, von zwei Fronten her zu kämpfen. Als der Versucher freut er sich, böse Gedanken und Wünsche in unseren Verstand zu injizieren. Dann, als der Ankläger, liebt er es, uns damit zu quälen, was für eine schreckliche Person wir doch sind, daß wir solche bösen und sündigen Gedanken gerade haben. Wir müssen darauf gefasst sein, daß Satan die hinterhältigste, niederträchtigste und raffinierteste Methode gegen uns anwenden wird, die nur insoweit erkannt und ermittelt werden kann, als der Herr es uns durch Sein Wort aufhellt und Seine Weisheit uns zuteil werden läßt.

Dieses Wissen über unseren Feind beinhaltet auch die Kenntnis von den Mächten der Finsternis, die mit ihm in seinem finsteren Reich zusammenarbeiten. Epheser 6,12 liefert uns eine der deutlichsten Beschreibungen dieses Reiches, das ja überall auf dieser Welt anzutreffen ist. Unser Krieg ist nicht eine Schlacht gegen

Feinde aus Fleisch und Blut. Es wäre viel einfacher, wenn dies der Fall wäre. Wenn du doch nur diese Angreifer sehen könntest und wüßtest, wann sie dir nahe gekommen sind, so wie man ein anderes menschliches Wesen sehen kann! Aber das Reich Satans besteht aus Geistwesen, die du nicht sehen oder anfassen kannst. Fantasieromanautoren haben oft das Thema der Vorzüge des unsichtbaren Menschen gegenüber den normalen Sterblichen behandelt. Diese Wesen sind Geistwesen, nicht an Materie gebunden und unsichtbar, aber nicht weniger wirklich als wir selbst. Wir werden mit ihnen kämpfen. Das bedeutet Nahkampf. In der Schule war ich früher für einige Zeit in unserem Ringerteam. Ringen ist eine der anstrengendsten Disziplinen des Wettkampfsportes. Das Aufbieten von Fähigkeiten und Muskeln gegen seinen Gegner ist in diesem Sport äußerst entscheidend.

Dies ist die Art des Kampfes gegen diese unsichtbaren Geistwesen, in dem wir uns befinden. Das Bild dafür ist eine enge, stark beanspruchende, ermüdende Auseinandersetzung.

Diese Geistwesen sind auch sehr gut strukturiert, organisiert und diszipliniert. In Epheser 6,12 erhalten wir davon einen Einblick durch die Erwähnung dieser Feinde, die unter Satans Kontrolle dienen. Man kann es leicht mit einer militärischen Organisation vergleichen. An der Spitze der amerikanischen Militärstruktur steht der Präsident, der oberste Befehlshaber aller Streitkräfte. Unter ihm arbeiten die kommandierenden Generäle, Admiräle und all die anderen Offiziere, bis hinunter zu dem einfachen Soldaten.

Der gleiche Aufbau wird hier in Eph. 6 angedeutet. Satan ist der Oberkommandierende der Mächte der Finsternis. Er ist der oberste Stratege, und ihm ist ein hoch organisiertes System untertan, das so gedrillt ist, seine Wünsche in die Tat umzusetzen, wie er es erreichen kann.

Die erste Ebene unter Satan ist eine Gruppe von Kommandanten, die Gewalten oder Fürsten genannt werden. Diese starken Wesen haben eine gewaltige Verantwortung und Kraft, um die Geschäfte Satans zu führen. Ich glaube, es gibt verschiedene Ebenen der Autorität unter diesen Fürsten. Wir bekommen Einsicht in ihre Arbeit und Kraft durch die Begebenheit aus Daniel 10 zwischen dem Engel, der als Botschafter von Gott zu Daniel gesandt wurde, und dem Fürsten von Persien. Als nun der Engelsbotschafter endlich mit einem dreiwöchigen Verzug eintrifft, erklärt er seine Verspätung mit dem Widerstand des Fürsten von Persien. Erst als Michael der Erzengel kam, um den Kampf gegen diesen Fürsten zu übernehmen, konnte der besondere Engelsbote seine Reise zu Daniel fortsetzen. Könnte dies nicht ein Hinweis sein, daß Satan einen Fürsten über jede Nation gesetzt hat, mit der Verantwortung, Satans diabolische Pläne gegen diese Nation auszuführen? Unter ihm befinden sich andere Fürsten, die die Pläne Satans gegen die politische Struktur, das Bildungs- oder Kultursystem dieser Nation ausführen.

Die nächst tiefere Ebene in dieser Organisation sind die »Mächte«. Diese sind wahrscheinlich zahlreicher, irgendwie weniger unabhängig und schwächer als die Fürsten. Doch ihr Name erinnert an gewaltige Machenschaften, derer sie mächtig sind, sie gegen die Gläubigen zu richten.

Noch eine Ebene hinunter in dieser Struktur des Bösen sind die Weltbeherrscher der Finsternis. Diese Wesen sind noch zahlreicher; dennoch sind sie richtige Arbeitstiere auf der Ebene von Kommandeuren. Deren Entsprechung wären in der menschlichen Armee die Leutnants und Feldwebel. Diese Offiziere der Finsternis haben direkt unter sich einen untersten Dienstgrad unzähliger Geistwesen, die Geister der Bosheit in der Himmelswelt oder böse Geister genannt werden. Darunter verstehe ich die Dämonen, die so oft erwähnt werden in den Berichten über das irdische Leben unseres Herrn. Sie sind so zahlreich, daß eine ganze Legion in einem einzigen Menschen wohnen kann (siehe Markus 5,9).

Dies sind personale böse Geistmächte, die wir bekämpfen müssen. Es ist in der Tat ein sehr furchterregendes Bild, welches uns das Wort Gottes über dieses listige, unsichtbare, hoch organisierte verruchte System der Bosheit vermittelt. Es liegt bereits in der Natur dieses Systems, daß wir gezwungen sind, es zu bekämpfen. Wir haben keine Wahl; der Feind zwingt uns den Kampf auf, und es ist Gottes souveräner Wille und Absicht, daß wir heute einen guten Kampf kämpfen.

3. Gebrauche die richtigen Waffen

Das dritte allgemeine Prinzip des Krieges gegen Satan, beschrieben in Epheser 6,10-18, ist die Bedeutung der uns angebotenen Waffenrüstung Gottes. Als Gläubige müssen wir offensiv handeln, indem wir die Waffenrüstung nehmen und sie anlegen. Einige haben gefragt, was wohl diese Rüstung sein mag und wann oder wie oft wir sie anzulegen haben.

Die Antwort scheint ziemlich eindeutig zu sein. Jedesmal, wenn wir dem Feind gegenüberstehen und gegen ihn kämpfen, sollten wir uns vergewissern, daß unsere Waffenrüstung in Ordnung ist. Täglich müssen wir uns die Waffen aneignen und unser geistliches Kleid für den Kampf anziehen. Dieser Text bedeutet für mich, daß der Kampf jeden Tag stattfindet. Ein hautnaher, unerbittlicher Kampf liegt ständig vor uns. Ohne Waffen in die Schlacht zu gehen ist einfach undenkbar.

Die Rüstung anzulegen hat noch einen zusätzlichen Zweck und Segen, welchen wir nicht vergessen sollten. Das habe ich folgendermaßen selbst erfahren. Weil ich täglich die Waffenrüstung zum Kampf anlegen wollte, versuchte ich jeden Teil der Rüstung zu verstehen und herauszufinden, was die Bibel über die einzelnen Teile unserer geistlichen Kleidung sagt. Das Aufnehmen der Rüstung geschieht durch das Gebet und täglich praktizierten Glauben. Wenn du dich mit der ganzen Waffenrüstung Gottes ausstattest, wirst du merken, wie du über die Rüstung nachdenkst und wie oft du sie am Tage gebrauchst.

Es ist eine gute Erfahrung der Anbetung und des Lobes Gottes, wenn man betend über jedes einzelne Teil der Rüstung nachdenkt, die uns Gott übereignet hat. Sie ist die ganze Waffenrüstung Gottes. Sie ist eine vollständige, umfassende Vorsorge Gottes; genug, um uns auszurüsten, dem Schlimmsten zu widerstehen, was Satan austeilen kann.

Dies soll eine erste Ausrichtung auf dieses wichtige Thema sein. In den Kapiteln 17-22 wird jedes Teil der Rüstung besonders behandelt. Es folgt hier ein Beispiel für ein Gebet, seine ganze Waffenrüstung anzulegen. Ich habe versucht, darin zu zeigen, wie es sich ausweiten kann in Anbetung und Lob Gottes, zu einer Erfahrung der Hingabe an unseren Herrn.

Ich lege die ganze Waffenrüstung Gottes an

Himmlischer Vater, ich möchte gehorsam sein, indem ich stark bin in dem Herrn Jesus und in der Macht Deiner Stärke. Ich sehe, daß dies Dein Wille und Plan für mich ist. Ich erkenne, daß es lebenswichtig ist, die Waffenrüstung, die Du uns gegeben hast, anzulegen, und ich will dies nun auch tun mit Dankbarkeit und Lob, da Du mich mit allem ausgestattet hast, was ich brauche, um siegreich gegen Satan und sein Reich zu sein. Gewähre mir Weisheit, die Taktik und Hinterhältigkeit von Satans Strategie auszumachen. Befähige mich, siegreich zu kämpfen gegen die Fürsten, Mächte, Weltbeherrscher und Geister der Bosheit, die den Krieg der Finsternis gegen mich führen.

Gerne nehme ich die Waffenrüstung, die Du gegeben hast, und lege sie im Glauben an, als wirksamen geistlichen Schutz gegen die geistigen Mächte der Finsternis.

Zuversichtlich nehme ich nun den Gürtel der Wahrheit, den Du mir reichst. Ich empfange den Herrn Jesus, der die Wahrheit ist, als meine Stärke und meinen Schutz. Ich weise Satans Lügen und betrügerischen Wege zurück, womit er versucht, gegen mich einen Vorteil zu erringen. Bitte gib mir die Unterscheidungskraft und die Weisheit, die subtilen, betrügerischen Wege zu erkennen, womit Satan mich dazu bringen will, seine Lügen als Wahrheit zu akzeptieren. Ich will nur der Wahrheit glauben, in der Wahrheit leben, die Wahrheit sprechen und die Wahrheit erkennen. Ich bete Dich an und preise Dich, daß Du mich nur die Wege der Wahrheit leitest. Danke, daß Satan nicht gegen den unerschrockenen Gebrauch der Wahrheit bestehen kann.

Danke für den Panzer der Gerechtigkeit, den Du mir anbietest. Erwartungsvoll nehme ich ihn entgegen und lege ihn zu meinem Schutz an.

Danke, daß Du mich wieder erinnerst, daß alle meine Gerechtigkeit nur von Dir kommt. Ich nehme bereitwillig diese Gerechtigkeit an, die mein ist durch den Glauben an den Herrn Jesus Christus. Es ist Seine Gerechtigkeit, die mir durch die Rechtfertigung gehört. Ich verleugne und verwerfe alles Vertrauen in meine eigene Gerechtigkeit, die nur wie ein drekkiger Lumpen ist. Ich bitte Dich, mich davon zu reinigen, wann immer ich mich auf meine eigene Frömmigkeit verlassen habe und sogar meinte, dies wäre von Dir akzeptiert. Ich stelle die Gerechtigkeit meines Herrn direkt gegen Satans Werk. Ich möchte Dir meinen Wunsch bringen, heute in Gerechtigkeit vor Gott zu leben. Durch den Glauben eigne ich mir die Gerechtigkeit Christi an und lade Ihn ein, in Seiner Heiligkeit in mein Leben heute zu kommen, so daß ich Seine Gerechtigkeit in dem ganzen Umfeld des täglichen Lebens erfahren kann. Ich verlasse mich auf die Gerechtigkeit meines Herrn als meinen Schutz. Ich weiß, daß Satan sich vor der Gerechtigkeit Gottes zurückziehen muß.

Danke, HERR, für die Schuhe des Friedens, die Du mir gegeben hast. Ich will, daß meine Füße auf dem sicheren Fels des Friedens stehen, den Du mir erwirkt hast. Ich beanspruche den Frieden mit Gott, der mir gehört durch die Rechtfertigung. Ich möchte, daß der Friede Gottes meine Gefühle und Gedanken berührt durch Gebet und Heiligung (Phil.4,6). Danke, daß, wenn ich im Gehorsam Dir gegenüber lebe, der Gott des Friedens mir verheißt, mit mir zu gehen (Phil.4,9), und daß Du, als der Gott des Friedens, den Satan unter meine Füße treten wirst (Röm.16,20). Ich will diese gute Nachricht des Friedens all denen mitteilen, die Dein Geist heute in mein Leben und mit meinem Zeugnis in Berührung bringt. Danke, daß Du mir nicht einen Geist der Furcht, sondern der Liebe und Kraft und der Besonnenheit gegeben hast (2.Tim.1,7). Danke, daß Satan gegen Deinen Frieden nicht bestehen kann.

Mit Eifer erhebe ich den Schild des Glaubens gegen alle feurigen Pfeile, die Satan und sein Heer gegen mich schießen. Ich erkenne, daß Du mein Schild bist, und in Deiner Fleischwerdung und Kreuzigung die Pfeile Satans auf Dich genommen hast, die ich verdient habe. Durch Glauben verlasse ich mich auf Dich, daß Du mich schützt von oben und unten, von rechts und links, vor mir und hinter mir, daß ich verteidigt werde, umgeben werde von Dir, so daß Satan es in keiner Weise schafft, mich zu verletzen und zu behindern, heute Deinen Willen zu tun. Ich bin bereit, daß jeder feurige Pfeil Satans mich treffen darf, wenn Du es willst, daß er mich berührt; und ich werde dies sehen als ein reinigendes Feuer, welches Du zuläßt zu meiner Reinigung und Herrlichkeit (1.Pet,1,6-7).

Danke HERR, daß Du ein vollkommener und perfekter Schild bist, und Satan mich nicht antasten kann außerhalb Deines souveränen Willens.

Ich weiß, daß mein Verstand in besonderem Maß ein Ziel für Satans Verführungspläne ist. Ich nehme von Dir den Helm des Heils in Empfang. Ich bedecke meine Sinne, meine Gedanken, mit Deiner Errettung. Ich weiß, daß der Herr Jesus Christus mein Heil ist. Ich bedecke meinen Kopf schützend mit Ihm. Ich bitte Ihn mit Seiner Gesinnung in mir zu sein. Laß mich Seine Gedanken denken, Seine Liebe und Erbarmen meine Gefühle prägen, und laß mich Seinen Willen erkennen und in allen Dingen von Ihm geführt sein. Laß meine Seele sich konzentrieren auf das fortschreitende, tägliche, rettende Werk meines Herrn in mir und durch mein Leben. Möge das Heil meines Herrn alle satanischen Gedanken treffen und überwinden, die in meinen Verstand kommen wollen.

Mit Freuden halte ich das Schwert des Geistes fest, welches das Wort Gottes ist. Ich bekräftige, daß Dein Wort das vertrauenswürdige, unfehlbare Wort Gottes ist. Ich habe gewählt, Ihm zu glauben und in Seiner Wahrheit und Kraft zu leben. Gewähre mir die Liebe zu Deinem Wort, die vom Heiligen Geist kommt. Vergib mir und reinige mich von der Sünde, Dein Wort vernachlässigt zu haben. Befähige mich, es auswendig zu lernen und über Seine Wahrheit nachzudenken. Gewähre mir ein geübtes Erinnerungsvermögen an Dein Wort und viel Geschicklichkeit, es gegen alle raffinierten Angriffe Satans zu gebrauchen, ganz so, wie mein Herr Jesus Christus das Wort gegen Satan angewendet hat. Lehre mich, es nicht nur zu meiner Verteidigung gegen Satan zu benutzen, sondern auch, um Deine Verheißungen geltend zu machen und das Schwert gegen Satan kräftig zu führen, um ihn zu besiegen, ihn zurückzudrängen, den von ihm beanspruchten Boden wegzunehmen und große Siege für meinen Gott durch Dein Wort zu gewinnen. Danke, daß Satan sich zurückziehen muß, wenn Dein Wort gegen ihn angewandt wird.

Danke, lieber HERR, für das Gebet. Hilf mir meine geistlichen Waffen gut geölt zu halten durch Gebet. Ich möchte jederzeit mit einer Tiefe und Intensität beten, so wie der Heilige Geist mich leitet. Ich lehne jegliches fleischliche Beten als Sünde ab. Ich vertraue dem Heiligen Geist, daß er mich geistlich stärkt und für und durch mich Fürbitte einlegt. Gewähre mir starkes, demütiges Flehen und eine Last für andere Heilige aus Gottes Familie, die mit Seinem Blut gewaschen sind. Befähige mich, ihre Nöte zu sehen und ihnen durch Gebet beizustehen, wenn der Feind sie attackiert. All diese Bitten, Fürbitte und das Lob bringe ich vor den wahren und lebendigen Gott in dem Namen und dem würdigen Verdienst meines Herrn Jesus Christus. Amen.

Das Anlegen der Waffenrüstung im Gebet mag kürzer oder sogar noch viel ausgeweiteter sein als in diesem Beispielgebet. Das Wichtige ist, daß du deine Rüstung anlegst. Erachte es als lebensnotwendig und eigne dir das an, was unser Herr dir zu deinem Sieg und Schutz angeboten hat. Wie tragisch und herzzerreißend ist es, wenn man schwankende und taumelnde Gläubige unter Satans Anläufen sieht, mit nur wenig Hoffnung auf Sieg. Der Sieg liegt längst bereit. Es bleibt uns nur, ihn offensiv zu nutzen und ihn nicht passiv für wahr zu halten.

6

SEI BESONNEN UND FÜRCHTE DICH NICHT

> »Denn Gott hat uns nicht einen Geist der Furchtsamkeit gegeben, sondern der Kraft und der Liebe und der Besonnenheit« (2.Tim.1,7).

»Unter Inanspruchnahme meiner ganzen Vollmacht über dich durch meine Einheit mit dem Herrn Jesus Christus, befehle ich dir, zu offenbaren, wie es dir gelungen ist, im Leben dieser Person Macht zu erlangen. Ich halte das Blut Christi gegen dich und befehle dir, es mir zu sagen.«

»Sie hat Angst. Wir machten ihr Angst. Sie ist nun voller Angst.«

»Ist das die Grundlage, daß du gegen dieses Kind Gottes arbeiten darfst? Darfst du sie quälen und dieses zerstörerische Werk in ihr tun wegen der Angst?«

»Ja, sie hat ständig Angst, und wir arbeiten durch ihre Angst.«

Dieses Gespräch ist wiedergegeben, so gut wie ich mich erinnern kann und auf Grund von Notizen einer offensiven Auseinandersetzung mit Mächten der Finsternis, die das Leben einer Gläubigen plagten. Durch ihre Ermächtigung war die Antwort dieser geistigen Feinde klar und deutlich. Indem sie sich auf den Sieg unseres Herrn Jesus Christus berief, wurde sie von den hartnäckigen Plagen befreit.

Angst ist nicht aus Gott. Der Heilige Geist ist nicht jemand, der uns furchtsam macht, sondern er gibt uns geistliche Kraft, ein Herz voller Liebe und einen klaren und gesunden Verstand.

Angst kommt von einem anderen Geist. Satan und seine Dämonen produzieren schnell Furcht. Der Apostel Petrus ruft uns auf: »*Seid nüchtern, wacht! Euer Widersacher, der Teufel, geht umher wie ein brüllender Löwe und sucht, wen er verschlingen könne. Dem widersteht standhaft durch den Glauben,...*« (1.Petr.5,8-9a).

Das Brüllen des Königs der Tiere ist ein schrecklicher und Angst machender Laut, besonders dann, wenn du selbst verschlungen werden sollst. Ein alter Löwe begibt sich oft auf die eine Seite einer Herde und brüllt lautstark; er versetzt so die Herde in Angst und bringt sie dazu, den jüngeren Löwen entgegenzulaufen, die bereits im Hinterhalt liegen und hervorspringen, das Opfer zu töten. Satan brüllt, damit er uns vielleicht Angst machen kann. Furcht ist das Gegenteil von Glauben. Angst gibt Satan einen außergewöhnlichen Vorteil gegen uns. Furcht macht starr und lähmt unsere Wachsamkeit und hat die Kraft, uns vor Schreck einzufrieren. Das Brüllen des Löwen kann sogar einige der Herde, an die er sich heranschleicht, so lähmen, daß sie zu leichten Opfern werden. Das gleiche gilt für Gläubige, die der Satan verschlingen will. Wenn er Furcht in uns produzieren kann, sind wir eine leichte Beute für ihn. Christen irren sehr, wenn sie das Thema des geistlichen Kampfes wegen der furchteinflößenden Kraft Satans umgehen.

Es ist zu meine Erfahrung geworden, immer wieder die folgende, sehr erschütternde Behauptung über den Kampf gegen Satan zu hören: »Sofern du nicht einen besonderen Angriff Satans gegen dich ausmachen kannst, ist es das Beste, jede aktive Untersuchung über Satan und sein Wirken zu vermeiden, weil man sonst unter die besondere ständige Belästigung von Satan und seinem Reich gerät.« Es bedrückt mich sehr, solch eine Aussage zu hören, da sie offensichtlich auf Furcht basiert.

Demnach wäre Satan so furchterregend und stark, daß wir ihn wegen der persönlichen Kosten für uns besser nicht herausfordern sollten.

Satan ist ein Feind, der respektiert und verstanden werden muß, was sein von Gott Geschaffen-sein und seine von Gott erlaubte Stellung und Macht angeht; aber wir dürfen ihn nicht fürchten. Dennoch Angst zu haben, zeugt von einer mangelhaften Würdigung der Person und des Wirkens unseres Herrn Jesus Christus. Der Sieg Christi über Satan ist vollkommen und total. Der Mensch, der sich den Sieg, den Christus errungen und uns zur Verfügung gestellt hat, aneignet und anwendet, der wird einen begnadeten, von Gott geschaffenen Mut erlangen, der seinen inneren Menschen stabilisiert.

Es ist eine völlig menschliche und natürliche Reaktion des Menschen, das Unbekannte zu fürchten. So ist es ein gefährlicher Fehler für einen Gläubigen, sich selbst in Unwissenheit über Satans Person und seine Werke zu halten. Wenn dieser Feind, mit dem wir es persönlich so oft im Kampf zu tun haben, für uns irgendeine geheimnisvolle, schlimme, schreckliche Kraft bleibt, vor der wir uns fürchten müssen, ihr zu widerstehen, dann sind wir in der Tat in einem großen Nachteil. Aus biblischer Sicht sollten wir soviel wie möglich über Satans Taktiken und Methoden gegen uns wissen. Wir müssen auch die biblische Basis unseres Sieges über Satan und seine Welt der Finsternis kennen.

So wie es bestimmte Weisen gibt, durch die das Fleisch uns zur Sünde verführt, und so wie die Welt darauf aus ist, uns in die Anpassung zu zwingen, so gibt es Wege, durch die Satan uns versucht, damit wir rebellieren und den Willen Gottes in unserem Leben verpassen.

Satan versucht, diese drei mächtigen Feinde zu einer Angriffsweise zu koordinieren, die unsere Übereinstimmung mit dem Willen Gottes vereiteln und endgültig zerstören soll. Darüber hinausgehend versucht er sogar, uns zu bloßen Schachfiguren zu machen, die Satans Willen und Pläne ausführen. 2.Korinther 2,11 erinnert uns, daß wir nicht über Satans Schliche unwissend sein dürfen.

Laßt uns einige der mehr offensichtlichen Anschläge Satans gegen uns näher betrachten. Das Wort nennt ihn den Widersacher (Sach.3,1; 1.Pet.5,8). Dies bedeutet, daß er ein ständiger Gegner ist, der uns in unaufhörlicher Opposition reizt.

Eine der äußerst subtilen Angriffsmethoden ist es, uns dahin zu bringen, unabhängig von Gott zu handeln und auf Grund von Entscheidungen zu handeln, die im Gegensatz zu Gottes Willen stehen. Dies wird deutlich in der ersten Versuchung des Menschen im Garten Eden. Das Geniale an der Versuchung Evas in 1. Mose 3 war die Aussicht, daß sie so weise würden wie Gott und von Gott unabhängig seien, wenn sie von der verbotenen Frucht essen würden. Bei dieser Versuchung weckte er Zweifel an Gottes Wort: »Hat Gott wirklich gesagt?« Er bezweifelte Gottes Güte: »Will Gott dir etwas vorenthalten, das gut für dich wäre?« Er hinterfragte Gottes Wahrhaftigkeit: »Du wirst nicht sterben«, verkündigte er. »Gott hat dich angelogen.« Er hinterfragte auch Gottes Motive: »Gott will nicht, daß ihr so weise seid wie er.« Er versuchte die Weisheit des Menschen auf Gottes Ebene zu heben: »Du wirst so weise werden wie Gott.«

Wenn Entscheidungen anstehen, wird Satan immer gleich anwesend sein, um uns dahin zu bringen, sie unabhängig von Gottes Willen zu fällen. Er wird alles ihm mögliche tun, uns in jeder Sache zu verführen, unabhängig von Gottes Führung oder unabhängig von Seinem Wort, seinem niedergeschriebenen Willen, zu handeln. Alle Zeiten von Entscheidungen im Leben eines Menschen sind von größter Wichtigkeit. Solche Zeiten müssen ins Gebet getaucht sein. Entscheidungen müssen gefällt werden, die keine Kompromißregelung auf Kosten biblischer Grundsätze und die Vertrauen in die Leitung des Heiligen Geistes erkennen lassen.

Weiterhin versucht Satan uns, daß wir lügen oder Lügen Glauben schenken. In Johannes 8,44 nennt der Herr Jesus Christus den Satan einen Lügner und den Vater derselben. Er will ständig den Gläubigen zur Lüge versuchen, indem er selbst lügt oder ihr glaubt. Ananias und Saphira kamen durch dieses gegen sie gerichtete Werk Satans zu Fall; ». . .*Satan hat dein Herz erfüllt, daß du den Heiligen Geist belogen hast. . .*« (Apg.5,3).

Satan und seine Dämonen sind schreckliche Lügner. Alles was sie sagen und tun ist auf dem Fundament der Lüge gebaut. Selbst wenn er die Wahrheit spricht, ist seine Motivation zu lügen und zu betrügen. In der Versuchung des Herrn Jesus in der Wüste zitierte er die Wahrheit des Wortes, aber die falsche Anwendung war Betrug und Lüge. Kein Wunder also, daß Paulus im Kontext vom geistlichen Kampf und im Zusammenhang mit der Warnung, dem Teufel keinen Raum zu geben, schreibt: »*Deshalb legt die Lüge ab und redet Wahrheit, ein jeder mit seinem Nächsten, denn wir sind untereinander Glieder*« (Eph.4,25). Lügen ist die spezielle satanische Versuchung, gegen Gott und Mensch zu sündigen.

Auch in seiner Rolle als Ankläger versucht Satan uns (Offb.12,10). Er ist ein unermüdlicher Gegner in seiner Anstrengung, uns unter falsche Schuld und Selbstverdammung zu bringen. Er liebt es, uns von beiden Seiten gleichzeitig in die Zange zu nehmen. Wenn ihm dies gelingt, so lebt er nur gemäß seinem Ruf als Zerstörer. Er mag nichts lieber, als schmutzige, böse Gedanken und Wünsche in den Verstand der Gläubigen hineinzubringen, um sie dann mit Anklagen zu quälen. »Was für ein Christ bist du, daß du solche schlechten Gedanken hast?« Dies ist eine der wirksamsten und gängigsten Angriffsmethoden gegen aufrichtige Gläubige. Wie vorsichtig müssen Gläubige sein beim Anklagen und Verurteilen von anderen Christen! In diese Falle zu gehen bedeutet, sich in besonderem Maße dem Werk Satans als dem Verkläger der Brüder anzuschließen.

Satan kämpft gegen uns durch schwierige Umstände und physische Gewaltanwendung und durch den Versuch, uns zu töten. Johannes 8,44 nennt Satan einen Mörder. In der Erfahrung von Hiob mit den Versuchungen Satans war der Kern des Angriffs auf seinen Leib und auf alles, was er besaß, gerichtet. Dieser Feind würde uns von allem berauben, was wir besitzen und uns dann ermorden, wenn Gott ihn nicht daran hindern würde.

Satan versucht uns, anderen Menschen nicht zu vergeben (2.Kor.2,10-11). Ein unversöhnlicher Charakter ist in besonderer Weise satanisch und gibt Satan einen Vorteil gegen uns. Viele aufrichtige Gläubige fallen in diese Schlinge Satans.

Satan versucht, uns mit Hochmut und Prahlerei zu erfüllen (1.Tim.3,6). Sich hochmütig zu erheben bedeutet, unter das Verdammungsurteil des Teufels zu fallen. Sich selbst zu erhöhen, Anerkennung und Lob für unsere menschlichen Fähigkeiten zu suchen, ist eine sehr erfolgreiche Versuchung Satans.

Indem Satan uns dazu bringt, seiner Versuchung nachzugeben, bezweckt er damit immer, uns wenn möglich noch tiefer unter seine Kontrolle und Herrschaft zu bringen. Es gibt einige ernüchternde Aussagen der Heiligen Schrift darüber, wie Satan Raum bei Christen besetzt halten kann. Wir müssen solche Warnungen der Schrift ernstnehmen. Hüten wir uns davor, vom Satan übervorteilt zu werden (2.Kor.2,10-11), vor der ernüchternden Möglichkeit, dem Urteil des Teufels zu verfallen (1.Tim.3,6), und laßt uns die Androhung einer Gefangenschaft ernstnehmen, wenn man in die Schlinge des Teufels fällt und zu seinem Willen von ihm gefangengenommen wird (2.Tim.2,26).

Kann ein Kind Gottes dämonisch besessen sein?

Dies alles läßt die Frage aufkommen, wieweit ein Christ unter die Kontrolle und Herrschaft Satans kommen kann. Es bleibt die beunruhigende Frage, ob ein Christ richtig dämonisch besessen sein kann. Wir wollen diese Frage aus biblischer Sicht betrachten. Ich kenne keinen mehr furchteinflößenden Gedanken für viele Christen als nur die kleinste Andeutung, daß ein Christ besessen sein könnte von irgendwelchen Dämonen. Es gibt eine heftige Kontroverse in bestimmten christlichen Gruppen über diese Frage, die sogar die Gemeinschaft zwischen Christen und Gemeinden zu zerreißen droht. Es ist sehr tragisch! Satan liebt nichts mehr, als daß es eine heiße Kontroverse über seine Arbeit gibt. Sicherlich steht er daneben und lacht, während die Auseinandersetzung für ihn die Arbeit macht.

Es gibt verschiedene Ebenen von Problemen, die Gläubige mit Satan und seiner Welt der Finsternis haben können. Die verschiedenen Intensitätsgrade, mit denen wir kämpfen, sind sehr offensichtlich. Vielleicht ist dies der beste Weg, darüber nachzudenken, wieviel ein Christ durch das Wirken des Feindes erleiden kann. Dies festhaltend wollen wir auf den Kampf des Gläubigen zu sprechen kommen, indem wir verschiedene Ebenen des Kampfes berücksichtigen.

1. Dämonischer Druck

Wie wir schon zuvor sagten, werden alle Gläubigen von Satans Heeren angegriffen. Wir sind eine Zielscheibe für ihn, um uns, wo es immer möglich ist, zu behindern, uns zu widerstehen, zu verletzen und zu zerstören. Von außerhalb unserer Person her können diese Kräfte uns sehr nahe kommen, um uns ihre Versuchungen in unser Bewußtsein zu injizieren, unsere Emotionen zu reizen, unseren Willen zu lähmen und zu beeinflussen und uns körperlich zu quälen. Hiob hatte sehr massive Schläge von Satans Heer auszuhalten, und diese kamen alle von außen.

Alle Christen müssen diesen satanischen oder dämonischen Druck in unterschiedlichem Grad erdulden. Dieser Druck kann so intensiv und so groß sein, daß man fast verzweifeln könnte. Es verlangt die Anwendung aller unserer geistlichen Mittel, um auch diesem drückenden Angriff zu widerstehen (Eph.6,13). Geistlicher Sieg über Satan erfordert vollen Einsatz unseres Sieges in Christus, ungeachtet der Intensität der Auseinandersetzung, in der wir uns befinden.

2. Dämonischer Zwang

Sorgfalt muß hier geübt werden bei der Definition der Ausdrücke. Dämonischer Zwang meinte traditionellerweise das unkontrollierte Beschäftigtsein der betroffenen Person mit dämonischen Mächten oder Phänomenen. Diese dämonische Tätigkeit nimmt oft die Aufmerksamkeit und das Verlangen des Betroffenen in Anspruch und durchzieht ihre Beschäftigung in einer zwanghaften Weise. Es ist etwas weniger als die völlige Hingabe oder Eigentumsnahme, aber ein Schritt in diese Richtung. Ein Christ, der aus freien Stücken eine offenkundige Neugierde zum Okkultismus entwickelt hat, oder anderweitig durch seine schlechten Gewohnheiten an Satan ständig Boden verloren hat, mag sich als jemand wiederfinden, der im traditionellen Sinne unter dämonischem Zwang steht. Doch sollte die Aufmerksamkeit auf einen noch stärkeren Grad des Angriffs gelenkt werden, der heute unter Gläubigen normal geworden ist. Dieser ist dem Wesen nach zwanghaft, aber unterscheidet sich vom traditionellen Konzept des dämonischen Zwanges dadurch, daß er seitens des Gläubigen nicht notwendigerweise durch Sünde oder Verlust an Herrschaft über sich selbst hervorgerufen sein muß.

Es gibt für hingegebene Gläubige offenbar eine Ebene der Konfrontation mit Satans Heeren, die über den gewöhnlichen Druck im Kampf mit Satans Mächten weit hinausgeht. Halten wir fest, daß das Wort »Zwang« hier gebraucht wird, um einen intensiveren Grad von dämonischen Attacken zu beschreiben, die von allen Gläubigen erfahren werden können. Ein Beispiel aus dem Neuen Testament zu diesem intensiveren Grad des Kampfes des Gläubigen finden wir im Leben des Apostels Paulus; er erwähnt ihn in 2. Korinther 12,7-10:

> »Darum, damit ich mich nicht überhebe, wurde mir ein Dorn für das Fleisch gegeben, ein Engel Satans, daß er mich mit Fäusten schlage, damit ich mich nicht überhebe. Um dessentwillen habe ich dreimal den Herrn angerufen, daß er von mir ablassen möge. Und er hat zu mir gesagt: ›Meine Gnade genügt dir, denn meine Kraft kommt in Schwachheit zur Vollendung.‹ Sehr gerne will ich mich nun vielmehr meiner Schwachheiten rühmen, damit die Kraft Christi bei mir wohne. Deshalb habe ich Wohlgefallen an Schwachheiten, an Mißhandlungen, an Nöten, an Verfolgungen, an Ängsten um Christi willen; denn wenn ich schwach bin, dann bin ich stark.«

Dieser Abschnitt gibt uns einen besonders guten Einblick in unseren Kampf gegen Satan und in Gottes souveränes Ziel, wenn er diese Angriffe zulässt.

Der Apostel war wunderbar von Gott gesegnet worden. Er hatte eine Entrückung in die Herrlichkeit erleben dürfen, die so transzendent und unübertrefflich war, daß er nicht darüber sprechen konnte. Eine von Gottes schwierigsten Aufgaben mit jedem von uns ist, von Ihm so bereitet zu werden, daß wir gesegnet werden können. Stolz bläst uns so schnell auf, daß wir schon bald unbrauchbar für Gottes Werk sind und Züchtigung brauchen. Dieses intensive bzw. zwingende Wesen von Satans Boten läßt in keinem Fall darauf schließen, daß der Apostel eine unbereinigte Sünde in seinem Leben hatte, oder in irgendeiner anderen Weise im Begriff war, Böses zu tun. Grundsätzlich ist es richtig, daß eine zunehmende Heftigkeit der Machenschaften Satans gegen uns das Ergebnis einer solchen unbereinigten Sünde sein kann; aber im Falle des Paulus lag eine souveräne Absicht Gottes in der Erlaubnis an Satan, ihn zu plagen und zu zwingen.

Unser Herr kümmerte sich um jede Versuchung des Hochmuts bei Paulus, indem er gerade soviel Seines heiligen Schutzes zur Seite nahm, daß es dem Engel Satans erlaubt wurde, Paulus durch eine Art »Dorn im Fleisch« massiv zu bedrängen. Das Leiden, bzw. die Zwingherrschaft in dieser Sache, war von solcher Härte und so schlimm, daß Paulus den HERRN dreimal inständig bat, diesen Engel Satans aus seinem Leben wegzunehmen. Die Antwort vom HERRN kam in der Form einer zur inneren Ruhe bringenden Verheißung des HERRN, daß Seine Gnade ausreiche und daß Gottes Kraft in unserer eigenen Schwachheit vollkommen werde. Dieser wunderbare Abschnitt bietet viel Trost für jeden, der eine schwierige Zeit des harten Kampfes gegen Satan durchmacht. Wir müssen erkennen, daß Gottes souveräne Ziele für das Leben des Gläubigen auch während Satans schlimmster Angriffe Gültigkeit haben. Er verwirklicht Seinen Willen in unserem Leben, auch wenn es nach außen so scheint, als ob Satan gewinnen würde.

Der klare Beweis wird in diesem Bericht erbracht, daß dieser ständige, heftig hämmernde Kampf gegen Satan weit über die normale Auseinandersetzung ging, die Paulus sehr gut kannte. Es war ein dauerndes, ständig nagendes Problem auf einem bestimmten Gebiet und lag auf einer intensiveren Ebene der Konfrontation mit Satan.

*3. Dämonische Besessenheit
besser: Dämonisierung*

Die dritte Ebene ist die Frage der dämonischen Besessenheit. Kann ein Gläubiger Dämonen haben oder können Dämonen wirklich in die Person (Körper, Seele oder Geist) eindringen und ihn kontrollieren? Diese Frage bedarf einer sorgfältigen Betrachtung der biblischen Perspektive der sogenannten dämonischen »Besessenheit«. Zuerst müssen wir beachten, daß das Wort Besessenheit kein Begriff der Originalsprache ist, obwohl es in unserem

Sprachgebrauch vorkommt. Im griechischen Sprachgebrauch werden solche Menschen »Dämonisierte« genannt, oder es wird gesagt, »sie haben einen Dämon«.

Es ist offensichtlich, daß diese Menschen, die Jesus und auch die Apostel befreiten, Dämonen in sich hatten. Sie sprachen durch den Mund der geplagten Person, und es wurde ihnen befohlen, herauszukommen. Solch eine besessene Person ist von einer bösen Geistmacht kontrolliert und diese wirkt gemäß ihres Willens in diesem Menschen. Die Person ist nicht sie selbst. Ein anderes Wesen übt sein Besitzrecht in ihr aus.

Dämonisierte Ungläubige

Viel wird zur Zeit über dieses Thema geschrieben. Viele Bücher evangelikaler Autoren liefern ausführliche Illustrationen und Beispiele von der Tatsache, daß Menschen von Dämonen erobert wurden. Solche Bücher müssen sorgfältig und mit Gebet gelesen werden. Wo in die gespenstischen Details von Séancen und Satansmessen gegangen wird, sollten solche Bücher vermieden werden. Neugierde auf das Böse ist niemals gut. Der Apostel Paulus sagte deutlich, daß einige Dinge zu böse sind, als daß man sie erwähnen sollte. Sie sollten besser ungesagt und ungelesen bleiben (Eph.5,12). Wir müssen sehr vorsichtig sein, daß nicht bereits die pure Neugierde, hinter diese Dinge zu schauen, dem Satan einen Vorteil gegen uns gibt.

Die willentliche Dämonisierung. Diese Art von Problem ist ein sich verschlimmernder und todernster, gefährlicher Zustand. Mehr und mehr Menschen interessieren sich heute aktiv für die okkulte Welt. Sie wollen von Geistmächten erobert werden, damit sie Séancen halten, Flüche aussprechen, Hexen werden, oder andere übernatürliche Zustände erlangen können. Viele von denen, die sich auf eine solche Art menschlicher Tragödie einlassen, sind sich bewußt, daß sie von dämonischen, satanischen Mächten kontrolliert und besessen sind. Sie wollen eine übersinnliche Erfahrung von Satan, da sie denken, daß es ihnen Kraft, Macht über Menschen oder irgend etwas anderes gibt, was sie nach ihren Wertvorstellungen für gut erachten. Einige wollen sogar sogenannte »Gute Geister« haben, die sie befähigen, »Weiße Magie« oder gute Taten für die Menschheit ausführen zu können. Aber egal, ob es weiße oder schwarze Magie ist, es kommt alles von dem gleichen Betrüger und führt zur Bindung an Satan.

Die unfreiwillige Dämonisierung. Sowohl aus dem täglichen Leben, als auch aus der Bibel wird klar, daß viele Menschen unfreiwillig besessen werden können. Einige sind noch kleine Kinder, wie Markus 9,21 beweist, als ein Dämon in ein Kind einfuhr, das der hilfesuchende Vater zum Herrn Jesus brachte. Viele andere leiden schrecklich durch diese grausamen, bösen Mächte Satans.

Sie sehnen sich danach, frei zu werden, und ihre Familien wollen ihnen helfen.

Wie kommt diese unfreiwillige Knechtschaft zustande? Niemand von uns kann alle Antworten zu solch einer tiefschürfenden Frage kennen; aber hier möchte ich einige Möglichkeiten nennen. Ein Entstehungsweg ist, wenn eine Person an Satan Boden verliert durch absichtliches, wenn auch unwissendes Tummeln in verschiedenen Bereichen der Sünde. Jede Beschäftigung mit dem Okkulten ist in besonderem Maße gefährlich. Dies ist wahrscheinlich der Grund, warum im Alten Testament der Herr die Todesstrafe für diejenigen anordnete, die sich mit Zauberei und Hexerei beschäftigten. Bitte beachte diese Worte, um dich fernzuhalten von allem, was mit dem Okkulten zu tun hat. Ouija Boards, Party Séancen, Levitationen, Tarot Karten, Wahrsagerei, Teesatzlesen und ähnliches sind keine Gaukelei, um sich zur Belustigung damit zu beschäftigen. Diese Dinge gehören in Satans Reich, und man muß sie vermeiden. Ich habe nun lange genug Erfahrung in der Seelsorge an solchen Menschen, die von Satan geplagt werden, um zu wissen, daß sogar ein völlig unbekümmerter Umgang mit dem Okkulten verheerende Folgen haben kann. Drogenmißbrauch, Trunkenheit, sexuelle Zügellosigkeit und Lügen sind andere Sünden der menschlichen Verderbtheit, die ein Leben öffnen können für eine außergewöhnliche satanische Eroberung.

Das, was manchmal als Übertragung bezeichnet wird, ist eine andere Möglichkeit der unfreiwilligen dämonischen Besessenheit von Ungläubigen. Dämonische Mächte wollen in Familien und Ahnenreihen der Blutslinie bleiben. Ein Vorfahre, der Satan Anrechte über sich gegeben hat, schadet nicht nur sich selbst, sondern öffnet auch die Tür für schwerwiegende Schäden an seinen Kindern, Enkeln und noch weiter hinunter in der Linie. Diese Grundlage einer Übertragung würde die Erklärung dafür liefern, daß kleine Kinder diesen gewaltsamen Eingriff der Finsternismächte erleiden müssen.

Der Gläubige und die Dämonisierung

Ich bin überzeugt, daß kein Gläubiger in dem gleichen Sinne von einem bösen Geist besessen sein kann, wie ein Ungläubiger. Ich lehne diesen Terminus grundsätzlich ab, wenn das Problem von Gläubigen mit den Mächten der Finsternis angesprochen wird. Ein Gläubiger kann in bestimmten Bereichen seines Wesens gequält oder sogar beherrscht werden, aber er kann niemals von Satan zu eigen genommen oder völlig beherrscht sein, wie das bei einem Ungläubigen der Fall sein kann.

In dem Augenblick, wenn ein Mensch gläubig wird, bewirkt der Heilige Geist die Geburt seines Geistes. »*Was aus dem Fleisch gebo-*

ren ist, ist Fleisch, und was aus dem Geist geboren ist, ist Geist« (Joh.3,6). Der Geist des Christen ist neugeboren, neugeschaffen, in Besitz genommen und versiegelt durch den Heiligen Geist. Das gleiche wird nicht von dem Rest des menschlichen Wesens genossen. Der Geist des Menschen, nun neugeboren, wird nun das einzigartige Zentrum des Heiligen Geistes zur Kontrolle und zur Arbeit in dem Menschen.[6] Ich glaube nicht, daß irgendein böser Geist den Geist des Gläubigen besetzen kann. Das Werk der Neugeburt und die versiegelnde Gegenwart des Heiligen Geistes in dem Geist des Menschen scheint irgendwelche Anwesenheit von bösen Geistern, die diesen Teil des Menschen beherrschen könnten, auszuschließen. Ich weiß, daß diejenigen, die eine dichotomische (zwei Aspekte) Anschauung des menschlichen Wesens haben, diese Erklärung nicht akzeptieren können. Es half mir aber sehr, auch diese tiefste Ebene des Kampfes des Gläubigen gegen Satan zu verstehen.

Die Seele des Gläubigen, die seinen Verstand, seinen Willen und seine Gefühle umfaßt, befindet sich im Prozeß der Umgestaltung durch das Wachstum in der Gnade und dem zur Reife bringenden Werk der Fülle des Heiligen Geistes in seinem Leben (Röm.12,1-21). Die Neuschaffung und Neugeburt des Geistes des Menschen ist ein augenblickliches Wunder, das in dem Moment stattfindet, in dem der Mensch zum Glauben kommt. Wie ich es verstehe, wird der Geist in dem Augenblick der Bekehrung eines Menschen neugeboren, wie er es immer bleiben wird. Seine vollständige Umgestaltung nach Seele und Leib in das Bild Christi jedoch, ist ein lebenslanger Prozeß und wird erst dann abgeschlossen sein, wenn er seinen auferstandenen, verherrlichten Leib empfängt. Die Umgestaltung bedarf der Einbeziehung und aktiven Mitwirkung seines Verstandes, seines Willens, seiner Gefühle und seines Körpers. Die Verbindung des Glaubens an Gottes Vorsorge und Vorgehensweisen mit der Unterordnung unter den Heiligen Geist, ist die Voraussetzung für den fortlaufenden Prozeß der Umgestaltung.

Auf diesem Bereich unserer eigenen Verantwortung, in Christus zu wachsen, konzentriert sich Satans Aktivität gegen uns. Wenn ich einer Lüge Satans glaube und mich dementsprechend verhalte, so gebe ich Satan Raum in mir. Wenn ich einem fleischlichen Sündenproblem nachgebe und dabei versage, meinen Sieg über das Fleisch festzumachen, so gebe ich Satan Raum. Dieser Feind versucht uns immer mit dem Ziel, Anrechte gegen uns zu gewinnen, was dann bedeutet, daß wir mit unserem Verstand, oder Willen oder Gefühlen, oder mit allen dreien, Gottes Wahrheit wi-

---

6 Eine hilfreiche Studie über die einzigartige Beziehung des Geistes des Gläubigen zu seiner Seele und seinem Leib findet man in Watchman Nee, Der geistliche Christ (Schwengeler Verlag, Berneck, Schweiz)

derstanden haben und Satans Lügen nachgefolgt sind. Der Betrug mag so subtil sein, daß es wie eine unbewußte Sache erscheint. Dies ist, als ob du die Tür deines Lebens öffnest und den Dieb, der dich berauben und verletzten will, hereinläßt und ihm ein Zimmer deines Lebens anbietest (Eph.4,27). Satans Arbeiter werden dann versuchen, noch mehr Helfer hereinzuholen, um in bestimmten Bereichen zu diktieren, wie du zu fühlen, zu denken oder zu handeln hast. Sie werden sogar versuchen, diese Bereiche durch Verführungen zu erweitern und dadurch, daß dein Wille es mehr und mehr zuläßt, von ihnen ersetzt zu werden. Sie sind wirkliche Geistwesen, die selbst Verstand, Willen und Gefühle haben. Sie wollen dich dazu bringen, mit ihren Emotionen zu fühlen, ihre Gedanken zu denken, und daß dein Wille ausführt, was sie wollen. Sie werden es so schlau einfädeln, daß es fast unmöglich sein wird, deinen eigenen Verstand, Willen oder Gefühle von den ihrigen zu trennen.

Während ich Menschen half, freizuwerden von starker dämonischer Bedrückung, konnte ich sehen, wie sie sich radikal veränderten, nachdem solche diktierenden Mächte verjagt wurden zu dem vom Herrn Jesus Christus bestimmten Ort. Die Gedanken, die ihren Verstand quälten, verschwanden. Die Gefühle, die ihre Emotionen durchwogten, sind nicht mehr vorhanden. Der Wille, der ihren Willen beherrschte, ist gebrochen. Der so befreite Gläubige erfreut sich einer neuen Freiheit, um sich selbst nun der Herrschaft und dem Werk der Fülle des Heiligen Geistes unterzuordnen.

Am besten läßt sich dieses Problem beschreiben, indem es als die intensivste Form von dämonischer Quälerei, unter der ein Christ leiden kann, aufgefaßt wird. Der einzige Weg, solch ein massives Problem zu lösen, ist, die Waffen unseres Kampfes direkt gegen diese Eindringlinge zu richten und sie zu zwingen, sich zu entfernen. Manchmal reicht der offensive Gebrauch des Gebets, die Anwendung der Lehren des Wortes Gottes, das Lob des HERRN und der aktive Einsatz von all dem, was wir in Christus haben, aus, um die Stellungen irgendeiner dieser dämonischen Bedrückung und deren Diktat zu brechen. Ein anderes Mal ist eine offene Herausforderung und die Inanspruchnahme der Autorität über solche eingedrungenen Mächte nötig. Die Methoden des geistlichen Kampfes gegen das Reich der Finsternis werden in späteren Kapiteln behandelt. Der Grund unserer Betrachtung an dieser Stelle ist es zu erkennen, daß die dämonischen Heere Satans Christen so sehr bedrängen können bis dahin, daß sie sogar den Leib verletzen, ihnen bestimmte Einstellungen in ihren Verstand diktieren, bestimmte Gefühle hervorrufen und bestimmte Willensäußerungen eingeben können, die alle Satans Werk sind. Dies »Besessenheit« zu nennen, ist nach meinem Urteil unweise und übersieht den Unterschied zwischen den Leiden eines Gläubigen, verursacht durch Satan, und einem besessenen Ungläubigen, der Satan zu eigen ist und von ihm völlig kontrolliert wird.

Trotzdem müssen wir uns vergegenwärtigen, daß dieser Feind, Satan genannt, großen Vorteil gegen uns Gläubige gewinnen kann. Dieser Vorteil im Kampf kann nur zerbrochen werden durch den offensiven Einsatz der Waffen unseres Krieges gegen einen Feind, der uns, wie wir zugeben müssen, auf jedem preisgegebenen Gebiet beherrscht.

Ein Bericht aus meinem eigenen Dienst soll eine praktische Anwendung dieser Wahrheit illustrieren. Dies Ereignis fand vor einigen Jahren statt, als Gott mich in ein tieferes Verständnis des Kampfes gegen Satan führte. Mein Telefon schellte ungefähr um 2 Uhr in der Nacht.

»Hallo. Sie kennen mich nicht, und ich kenne Sie nicht, aber ich weiß, wofür Sie und ihre Gemeinde stehen. Es sei denn, Sie können mir helfen, sonst bin ich entschlossen, heute Nacht mit allem Schluß zu machen. Ich verstehe nicht, warum ich sie angerufen habe. Ich habe sehr viel getrunken, um Mut zu bekommen, mich selbst zu töten.«

Weil ich ein ernstes Problem und die akute Selbstmordgefahr sah, fragte ich ihn, ob er vielleicht darüber sprechen wolle, was ihn so sehr schmerze, daß er bereit sei, sein Leben zu beenden.

»Das würde nicht helfen«, sagte er. »Niemand kann mir bei solch einem Problem helfen. Ich war schon in der Behandlung von mehreren bekannten Psychiatern. Ich bin ein wiedergeborener Christ. Ich habe schon viel versucht, mein Problem zu überwinden, und was habe ich nicht alles versucht, aber es war nutzlos. Ich war in der Seelsorge von mehreren Pastoren und christlichen Seelsorgern, aber niemand kann jemandem mit meinem Problem helfen.«

»Würden Sie mir vielleicht trotzdem Ihr Problem mitteilen?« versuchte ich es noch einmal.

»Nein, es würde nicht helfen. Ich möchte nur wissen: Wenn ich mir das Leben nehme, werde ich dann immer noch in den Himmel kommen? Ich kann nicht mehr dagegen kämpfen! Ich kann nicht mehr mit dieser Schuld leben; und ich hasse es, ich hasse es! Ich habe eine führende Stellung, und wenn meine Mitarbeiter dies erführen, würde ich in Ungnade entlassen werden. Ich habe viel gebetet, und es hat nicht geholfen.«

Ich antwortete mit Zitaten aus der Schrift und mit Worten, die ihm Gottes Verständnis und Vergebungsbereitschaft und Seine Hilfe, wenn wir uns ernsthaft nach Ihm ausstrecken, zusicherten. Mit innerem Gebet und einem behutsamen Ton in der Stimme fragte ich ihn dann: »Haben Sie jemals daran gedacht, daß diese Bindung vielleicht dämonischen Ursprungs ist?«

Am anderen Ende der Leitung war es für einige Augenblicke ganz still. Später erzählte er mir, daß eine Welle von Wut in ihm aufwallte und wieder abebbte, als ich dies sagte; aber tief in seinem Inneren glimmte der erste Funke Hoffnung seit Jahren wieder auf.

»Aber ich bin ein Christ,« protestierte er. »Es können keine Dämonen sein, oder doch?«

Ich erklärte ihm, daß ich mir nicht sicher sei, aber aus meiner begrenzten Erfahrung denke ich, es könne der Fall sein. Ich betete mit ihm und band alle satanischen Mächte, die versuchten, ihn zu zerstören. Obwohl er es ablehnte, mir seinen Namen zu nennen, schlug ich ihm vor, mich am nächsten Tag anzurufen. Er tat es, und ich konnte ihn beraten. Das Problem zeigte viele Symptome dämonischer Aktivität. Zu dieser Zeit war ich noch nicht bereit, dieses Problem allein anzupacken und sandte ihn zu einem Freund von mir, der schon Sieg über solche Beschwerden von Dämonen erfahren hatte. Vier böse Mächte offenbarten ihre Anwesenheit. Eine davon hatte den Namen des Problems des Mannes. Der Name einer anderen bösen Macht war Selbstmord. Diesen Mächten wurde geboten zu verschwinden und in den Abgrund zu gehen, was sie auch taten. Eine wunderbare Befreiung von seinem Problem war die Folge, und ein ganz neues Leben eröffnete sich ihm, das er nun mit seiner Frau und Familie genießt.

Es gibt Sieg über alle Feinde, mit denen wir es zu tun haben; ein Sieg in unserem Herrn Jesus Christus. Laßt uns diesen festhalten und darin stehen und leben.

7

OBJEKTIVE LEHRE HAT NOCH IMMER IHREN PLATZ

*»Alle Schrift ist von Gott eingegeben und nützlich zur Lehre, zur Überführung, zur Zurechtweisung, zur Unterweisung in der Gerechtigkeit, damit der Mensch Gottes vollkommen sei, zu jedem guten Werk völlig zugerüstet«
(2.Tim.3,16-17).*

Kürzlich rief mich ein Mann an, der Mitglied einer mir befreundeten Gemeinde unserer Stadt ist. Er hatte seinen Pastor, einen sehr guten Freund von mir besucht, um mit ihm über seine Probleme zu sprechen. Der verwies ihn an mich. Seine Geschichte ist typisch für eine wachsende Zahl von Gläubigen. Vor seiner Bekehrung war sein Leben eine sündhafte Tragödie, ein ständiges Versagen. Experimente mit Drogen, sexuelle Zügellosigkeit und Teilnahme an verschiedenen okkulten Praktiken waren alle Teil seines weltlichen Lebens gewesen. Als er dann Christus als seinen Herrn und Retter gefunden hatte, kam große Freude, Befreiung und Sinnerfüllung in sein Leben und in seine Familie. Es ist schön zu sehen, wie die rettende Gnade unseres Herrn das Leben von so vielen verändert, die so tief in die Laster der Sünde gelockt worden sind.

Nach seiner Bekehrung bekam er aber geistliche Probleme, mit denen er nicht mehr fertig wurde. Zwanghafte, explosive Jähzornausbrüche gegen die, die er liebte, lästernde Gedanken gegen Gott und andere Menschen, waren die für ihn auffälligsten Probleme, die er mir mitteilte. Er versuchte alles mögliche, aber es schien, als sei er völlig unfähig, diese Probleme zu lösen. Er mußte mit ansehen wie seine Familie darunter litt und sein christliches Zeugnis völlig ohne einen Hinweis auf den Sieg Christi war. Durch die Predigten seines Pastors erkannte er, daß seine Probleme dämonischen Ursprungs und damit ein satanischer Angriff sein konnte. Verzweifelt fragte er: »Was soll ich denn jetzt machen?«

Diese Frage stellen sich heute unzählige Gläubige. Es muß eine praktische Antwort auf diese lebensnotwendige Frage geben. Es ist für einen Gläubigen demoralisierend und beängstigend, wenn er seine Niederlage durch Satans Angriffe erkennt, ohne zu wissen, was er dagegen tun kann. Das Ziel dieses und der nachfolgenden Kapitel ist es, praktische Schritte im Kampf gegen Satan aufzuzeigen. Die treue Anwendung des Sieges, den der Herr Jesus Christus für uns erkauft und erstritten hat, wird Satan immer besiegen.

Die Grundlage für jeden Sieg des Gläubigen über Satan ist die absolute Wahrheit biblischer Lehre. In dem Bericht über Seine Versuchung in der Wüste, bietet uns unser Herr den Schlüssel, Satan zu besiegen, wenn er oder seine Dämonen uns angreifen. Jedes Mal, wenn Satan Ihn versuchte oder eine Aussage des Wortes falsch gebrauchte, antwortete unser Herr: »*Es steht geschrieben*«, und zitierte und wendete dann korrekt die Wahrheit Gottes an (siehe Math.4,1-11).

Es ist sehr wichtig zu erkennen, daß Satan vor nichts zurückweicht, außer vor der absoluten Wahrheit und den Tatsachen des Wortes Gottes. Wie wir schon erwähnten, ist es für Satan kein Problem, unsere Emotionen, Wünsche und Pläne in den Griff zu bekommen. Mit meinem ganzen Herzen mag ich den HERRN lieben und Ihm dienen wollen, aber ich werde in all meiner Ernsthaftigkeit versagen, wenn ich nicht die Wahrheit Gottes gegen Satan und zu meiner eigenen Stärke einsetze. Diese Wahrheit zu erkennen, ist vielleicht das wichtigste der einzelnen Mittel, um im Kampf gegen Satan zu bestehen.

Es ist nicht genug, die gesunde Lehre nur zu kennen. Ich muß sie in meinem täglichen Leben gebrauchen und anwenden. Jede einzelne Wahrheit des Wortes Gottes ist uns gegeben worden nicht nur, daß wir sie kennen sollen, sondern zum Gebrauch zur Herrlichkeit Gottes und für unseren Sieg. Das ist es, was Paulus in 2.Timotheus 3,16-17 wirklich meint.

Wie gebrauche ich nun die gesunde Wahrheit des Wortes Gottes? Unser Glaube ist ein lebendiger, im Leben erfahrbarer Glaube, der in unseren täglichen Belangen ausgelebt werden muß. Es nützt mir reichlich wenig, in meiner Erfahrung zu wissen, daß ich durch Glauben gerechtfertigt worden bin, wenn ich diese Wahrheit nicht zur Verherrlichung Gottes gebrauche und mich im Sieg bewege.

Eine der besten Möglichkeiten, gesunde biblische Lehre anzuwenden, ist, was ich »das Beten gesunder Lehre« nenne. Die Erkenntnis dieser Wahrheit führte in meinem eigenen Leben dahin, daß ich viel Zeit in meinen Gebeten dafür aufbringe, die mächtigen Lehren von Gottes Wort in Anspruch zu nehmen und anzuwenden. Seitdem Gott mir die Augen geöffnet hat für den offensiven Gebrauch der Lehre in meinem Gebetsleben und in meinem Alltag, ist mir mein Sieg in Christus in meinem Leben sehr zum Nutzen und sehr ausgeweitet worden.

Das Beten gesunder Lehre ist eine Gebetspraxis, bei der die objektive, absolute Wahrheit des Wortes Gottes angewendet wird als die Hoffnung und Grundlage unserer Gebetslast. Es gefällt Gott, daß wir Sein Wort zu Ihm zurückbeten, indem wir Seine wesentlichen Eigenschaften, Seine Verheißungen und Sein Erlösungswerk uns zu eigen machen, und zwar als Fundament unseres Glaubens. So wird er dann unser Gebet erhören. Es ist auffällig, daß viele Gebete, wie zum Beispiel aus den Psalmen, aus subjektiven Gefühlen, dem menschlichen Versagen und den emotionalen Bedürfnissen des Beters entspringen. Die Hoffnung und die Lösung der Gebetslast aber, liegt immer bei der objektiven Souveränität des Charakters Gottes und Seiner Eigenschaften, die in Seinem Wort geoffenbart sind (siehe Ps.51; 86; 102). Die Hoffnung auf die Lösung subjektiver Probleme und die Erfüllung von Bedürfnissen muß immer auf der Anwendung von Gottes objektiver Wahrheit, die auf diese Probleme zutrifft, gegründet sein.

Jeder, der mit Menschen arbeitet, die durch schlimme dämonische Probleme gequält werden, weiß, daß es lebenswichtig ist, Gottes Wahrheit in rechter Weise gegen die dämonischen Kräfte zu gebrauchen.

Vor kurzer Zeit bemühte ich mich, einem jungen Mann zu helfen, von dämonischen Mächten frei zu werden, die sein Leben zerstörten. Ich befand mich in der direkten Auseinandersetzung mit einem fauchenden, grausamen, groben und vulgären Dämon, der den Familiennamen des Mannes angenommen hatte. Diese böse Macht war sehr geschwätzig. Ständig bedrohte und beleidigte er mich, den jungen Mann und eine andere Person, die mit mir in dieser Konfrontation zusammenarbeitete. Nachdem ich ihm seine Anrechte gegen den Mann abgenommen hatte, gebot ich ihm anhaltend zu verschwinden und dorthin zu gehen, wohin der Herr Jesus Christus ihn schicken würde. Er weigerte sich hartnäckig zu gehen. Ich fuhr fort, die Wahrheit Gottes ihm entgegenzuhalten; aber obwohl er geschwächt wurde, wehrte er sich immer noch aufzugeben. Wir kamen alle an den Punkt der Erschöpfung, als ich mich schließlich auf die Verheißung unseres HERRN berief, »*Wo zwei oder drei in meinem Namen versammelt sind, da bin ich mitten unter ihnen.*« (Math.18,20). Nachdem ich diesen Vers zitiert hatte, sagte ich: »Dies ist die Wahrheit Gottes. Der Herr Jesus Christus ist hier. Lieber Heiland, dieser böse Geist beleidigt Dich, und er beleidigt auch uns, Deine Diener. Gegen unseren Befehl weigert er sich zu gehen. Ich bitte Dich nun in Deiner Gegenwart, daß Du Deine heilige Hand gegen ihn erhebst und ihn dahin sendest, wohin Du ihn zwingst zu gehen.« Sofort danach kam ein lauter Schrei aus dem Mund des jungen Mannes, und er wurde augenblicklich von dieser zerstörenden Macht befreit. Was ich hiermit betonen möchte ist, daß die ganze harte Arbeit mit aller Ernsthaftigkeit und Mühe nicht ausgereicht hat. Nur die gegen den Feind angewandte absolute Wahrheit Gottes wurde ihm zu stark.

Es wird mehr in Kapitel neun über den mutigen Widerstand gegen das Eindringen von Finsternis in das Leben der Gläubigen gesagt werden. Ich berichtete von diesem Erlebnis, um die überaus große Wichtigkeit der Anwendung der gesunden Lehre gegen Satan zu illustrieren.

Das Beten gesunder Lehre sollte einen großen Teil unserer täglichen Gebetszeit in Anspruch nehmen. Es sollte im Lob, beim Bitten und Fürbitten gebraucht werden. Hierin liegt eine der größten Kostbarkeiten, die Gott für unser Gebetsleben bereitet hat. Untersuche einmal das »Vater Unser« und andere Gebete, die für uns im Worte Gottes überliefert sind, um zu sehen, wieviel dogmatische Wahrheit, wieviel gesunde Lehre in diesen Gebeten enthalten ist. Es ist traurig zu sehen, wie oft sich das typische Gebet um abgedroschene Phrasen und emotionale Wünsche und Vorstellungen dreht. Wie wenig scheint der durchschnittliche Christ davon zu wissen, seine Bitten, sein Lob und Fürbitten auf die wunderbaren offenbarten Wahrheiten Gottes zu gründen.

Da es das Ziel dieses Buches ist, praktische Hilfen zu geben, möchte ich hier etwas aufschreiben, was ich als ein Beispiel eines Gebetes gesunder Lehre bezeichnen würde. Jeder Gläubige muß gemäß seiner Persönlichkeit und Gaben seine eigene Weise finden, aber ich hoffe, daß der praktische Nutzen der Lehre in diesem niedergeschriebenen Gebet deutlich wird.

Ein Gebet gesunder Lehre

*Lieber Herr und Himmlischer Vater. Demütig nahe ich mich Dir, dem **Gott und Vater unseres Herrn Jesus Christus**, dem Gott Abrahams, Isaaks und Jakobs, dem Gott der Verheißung, der Hoffnung, der Liebe und der Gnade. Ich trete vor Dich in dem Verdienst, der Heiligkeit und der Gerechtigkeit des Herrn Jesus Christus. Ich eigne mir durch den Glauben den gesegneten Dienst des Heiligen Geistes an, der für mich eintritt und in mir während dieser Gebetszeit betet. Ich will nur im Geist beten.*

*Ich preise Dich, daß ich mit dem Herrn Jesus Christus vereint bin mit Seinem ganzen Leben und Werk. Durch Glauben möchte ich heute an dem Sieg teilhaben, der in der **Fleischwerdung Deines Sohnes** verborgen ist. Ich mache mir durch den Glauben den Sieg zu eigen, den Er für mich errungen hat, als Er ein sündloses und vollkommenes Leben als Mensch geführt hat. Ich nehme Seine Vollkommenheit und Sein heiliges Leben für mich in Anspruch. Ich lade Ihn heute ein, Seinen Sieg in mir auszuleben. Danke, **Herr Jesus Christus**, daß Du alle Versuchungen erfahren hast, die auch ich erlebe, und doch hast Du niemals gesündigt. Danke, daß Du in Deiner Fleischwerdung alle Versuchungen und Angriffe überwunden hast, die Satan und sein Reich gegen Dich gerichtet hatten. Ich nehme Deinen Sieg über Satan als den meinigen heute in Anspruch.*

*Durch den Glauben begebe ich mich in das mächtige Werk der **Kreuzigung meines Herrn**. Danke, daß durch das Blut Je-*

su Christi nicht nur die Reinigung von der Strafe und der Schuld meiner Sünde geschieht, sondern ich auch immer wieder gereinigt werde, was mir erlaubt, mit Dir Gemeinschaft zu haben. Danke, daß Satans Werk durch das Werk des Kreuzes zunichte gemacht wird. Mit meinem ganzen Willen und durch den Glauben richte ich das ganze Werk meines Herrn, geschehen auf Golgatha, gegen Satans Taten in meinem Leben. Ich will nur das annehmen in meinem Leben, was durch das Kreuz Christi kommt. Ich habe gewählt, dem alten Menschen abzusterben. Ich halte ihn für gestorben mit Christus am Kreuz. Schenke mir die Erkenntnis und die Weisheit, es zu sehen, wann immer der alte Mensch versucht, seine Aktivitäten in mir wieder zu beleben.

Durch den Glauben begebe ich mich in die völlige Kraft und Autorität der **Auferstehung meines Herrn**. Ich wünsche, mich in der Neuheit des Lebens zu bewegen, die ich durch die Auferstehung meines Herrn habe. Leite mich immer mehr in ein tieferes Verständnis der Auferstehungskraft. Ich stelle die mächtige Wahrheit der Tatsache des Sieges meines Herrn über das Grab gegen die Taten Satans gegen Deinen Willen und Plan in meinem Leben. Der Feind ist in meinem Leben besiegt, weil ich mit dem Herrn Jesus Christus in dem Sieg Seiner Auferstehung verbunden bin.

Durch den Glauben mache ich mir heute meine Einheit mit dem Herrn Jesus Christus in **Seiner Himmelfahrt** zu eigen. Ich freue mich, daß mein Herr öffentlich Seinen Sieg über die Fürsten und Gewaltigen zur Schau stellte, als er durch das Gebiet des Fürsten der Gewalt in der Luft hindurchfuhr in die Herrlichkeit. Ich freue mich, daß Er jetzt siegreich weit über alle Fürstentümer und Gewalten gesetzt ist, und daß auch ich mit Ihm dorthin versetzt bin. Wegen meiner Einheit mit meinem Erlöser bestehe ich gegenüber dem Feind auf meiner ganzen Autorität und meine Position des Sieges über Satan und sein Reich der Finsternis.

Durch den Glauben empfange ich den Gewinn und den Segen meiner Einheit mit Christus in **Seiner Verherrlichung**. Ich freue mich über meine Entscheidung, Ihm als meinem Hirten zu gehorchen. Ich bitte Dich, mich heute auf Deinem Weg zu führen. Du bist mein großer Hohepriester. Ich eigne mir heute Dein Werk in mir an. Danke, Herr Jesus Christus, daß Du für mich eintrittst und mein Fürsprecher vor dem Himmlischen Vater bist. Danke, daß Du über mich wachst und mich führst, damit Satan keinen Vorteil gegen mich gewinnen kann. Gewähre mir die Weisheit, alle Betrügereien und Versuchungen des Teufels zu erkennen.

Durch den Glauben bitte ich **die Person des Heiligen Geistes**, die Fülle Seiner Person und das Werk meines Herrn in alle Bereiche meines Wesens zu bringen. Ich bitte den Heiligen

Geist, zu Seiner Kontrolle meinen Verstand, meinen Willen und meine Gefühle zu füllen. Ich bestimme für Ihn alle Teile meines ganzen Wesens zur Unterordnung unter die Herrschaft des Christus. Ich stelle meinen Körper, mit allen seinen Gliedern und seinen Trieben unter die Kontrolle des Heiligen Geistes, damit Er ihn umgestalte. Ich wünsche, daß Er meinen Geist befähigt, in der Gemeinschaft mit dem Vater, dem Sohn und dem Heiligen Geist den ganzen Tag hindurch zu leben. Ich bringe Dir, Himmlischer Vater, dieses Gebet im Namen des Herrn Jesus Christus mit Danksagung. Amen.

Ich schließe dieses beispielhafte Gebet hier, im Vertrauen darauf, daß klar geworden ist, was Beten gesunder Lehre heißt. Weitere Anwendung von Lehre im Gebet wird im nächsten Kapitel ausgeführt. Ich hoffe, daß du die große Möglichkeit für dich in der Anbetung und im Lob Gottes siehst, die in solchen Gebeten liegt. Auch wirst du Einsicht über die Wichtigkeit des Sieges über Satan gewonnen haben.

Als ich noch ein junger Pastor war, starb ein mir bekannter Mann. Er war in seinem Leben ein Obdachloser gewesen, der in Abfalleimern nach Essen, Altkleidern oder irgend etwas anderem von Wert suchte. Teils lebte er in einer Tiefgarage, und die übrige Zeit fiel er seinem Bruder zur Last. Eines Tages erlitt er einen plötzlichen Herzanfall, und nach kurzer Zeit im Krankenhaus starb er. Nach seinem Tode wurde entdeckt, daß dieser Mann über hunderttausend Dollar an verschiedenen Orten versteckt hielt. Er besaß einigen Reichtum, und er war frei, ihn zu genießen, aber es gelang ihm nicht.

Gläubige haben auch eine unermeßliche Quelle des Reichtums in der Gnade und den Gaben, die ihnen in dem Herrn Jesus Christus gegeben worden sind. Diese wertvolle Tatsache gehört uns. Sie ist uns unveränderlich und ewig in Christus zu eigen gemacht worden. Kraft, Stellung, Autorität, völliger Sieg über Satans Welt sind unser. Es bleibt uns nur, an unseren Verheißungen und an unserer Stellung festzuhalten und sie ständig und effektiv gegen das Werk des Teufels einzusetzen und Gottes ganzen Willen und Ziel durchzusetzen; denn ER hat uns gerettet.

Der Sieg des Gläubigen über Satan ist vollständig, wenn er die großen Wahrheiten Gottes gebraucht, ihn zu besiegen. Gottes Wort kann niemals versagen.

Vier aktive Wege des Sieges

Wir wollen den Weg des Sieges über Satan zusammenfassen. Das Wort zeigt uns vier aktive Wege, mit denen wir verantwortlich sind, Satans Werk gegen uns zu überwinden. Wir wollen sie hier zusammenstellen, um zu sehen, wie entscheidend sie mit der gesunden Lehre verbunden sind.

1. »Widersteht dem Teufel«

Zuerst müssen wir dem Bösen widerstehen (Jak.4,7; 1.Pet.5,8-9). Satan zu widerstehen bedeutet, daß wir uns bewußt Gott unterordnen und uns fest im Glauben gegen Satan und alle seine gegen uns gerichteten Taten aufmachen. Dies bedeutet einfach ein ständiges, unbeirrbares Aufrichten der großen Wahrheiten des Glaubens gegen Satan. Es ist nicht unberechtigt, sondern sehr biblisch, daß du dich direkt gegen Satan wendest, indem du ihm mit der lehrhaften Wahrheit unseres Glaubens widerstehst. Richte dich folgendermaßen gegen ihn, wenn du gegen ihn Krieg führst:

»Satan, Ich widerstehe dir und allen deinen Helfern in der Person und der Kraft des Herrn Jesus Christus. Ich unterstelle mich der Herrschaft und der Kontrolle des Herrn Jesus, und Ich bringe die Macht der Fleischwerdung meines HERRN, Seiner Kreuzigung, Seiner Auferstehung, Seiner Himmelfahrt, Seiner Verherrlichung und Seines zweiten Kommens direkt gegen dich und gegen alles, was du gegen mich versuchst zu tun. Ich halte an meiner Einheit mit dem Herrn Jesus Christus fest, und Ich widerstehe dir und Ich zwinge dich, vor der Wahrheit Gottes zu fliehen.«

2. »Seid erfüllt mit dem Heiligen Geist«

Das zweite wichtige Mittel, über Satan zu siegen, ist, mit dem Heiligen Geist erfüllt zu sein. Die Grundlage des Sieges des Gläubigen schließt die aktive Arbeit des gesegneten Trösters in unserem Leben mit ein. In Lukas 4,1, wo unser Herr hinausgeführt wird in die überaus große Wüstenschlacht, wird uns mitgeteilt, daß Er mit dem Heiligen Geist erfüllt war. In Seinem Menschsein zeigt uns unser Herr den Weg zu unserem Sieg über Satan. Die Fülle des Heiligen Geistes ist absolut notwendig für eine Befreiung und einen dauerhaften Sieg.

3. »Überwinde um des Blutes Christi willen«

Ein besonderer Weg, Satan zu besiegen, wird uns in Offenbarung 12,11 beschrieben: »*Und sie haben ihn überwunden, um des Blutes des Lammes und um des Wortes ihres Zeugnissen willen...*«.

Hebräer 2,14b-15 erklärt: »*...um durch den Tod den zunichte zu machen, der die Macht des Todes hat, das ist den Teufel; und um alle die zu befreien, die durch Todesfurcht das ganze Leben hindurch der Knechtschaft unterworfen waren.*«

Der Tod des Christus und besonders das vergossene Blut auf Golgatha stellt eine vernichtende Niederlage für Satan dar. Durch das Wort unseres Zeugnisses bringen wir das Blut des Christus direkt gegen Satan, und so überwinden wir ihn. Offensiv gesprochene Worte bezüglich unseres Glaubens an den Tod Christi und an Sein für uns vergossenes Blut, sind mächtige Waffen, brauchbar in unserem Krieg.

4. »Legt die ganze Waffenrüstung Gottes an«

Das vierte Mittel unseres Sieges ist das Anlegen der Rüstung des Christen. Dies haben wir schon erwähnt, aber man muß deren tägliche Wichtigkeit immer wieder betonen; wir müssen täglich unsere Waffen gegen Satan zusammenbringen. Im zweiten Teil des Buches werden wir im Detail darauf eingehen. In den vorherigen Kapiteln haben wir die Vorgehensweisen untersucht, mit denen die Welt, das Fleisch und der Teufel uns angreifen. Auch haben wir die biblischen Antworten beleuchtet, welche die Niederlage eines jeden Feindes bewirken. Es ist wohl klar, daß es eine Überschneidung der Strategien und Zusammenarbeit zwischen diesen Feinden gibt. Satans Aktivitäten stacheln die Arbeit und die Intensität des Fleisches und des Weltsystems an. Das Potential der Bosheit und die ausgelebte Bosheit der verdorbenen Natur des Menschen ist immer vorhanden, aber Satan weiß sie für seine Ziele einzusetzen.

Woher kommen meine geistlichen Probleme?

Eine Frage ist jetzt wichtig. Wie kann ich nun erkennen, ob meine Probleme Versuchungen der Welt, des Fleisches oder des Teufels sind? Wie kann ich wissen, ob mein Problem über das Fleischliche hinausgeht und ein dämonisches Problem geworden ist? Wie kann ich erkennen, ob mein Problem mehr ist als nur eine Versuchung der Welt, und mich satanische Kräfte unter Zwänge setzen?

Die Antwort darauf steht wieder auf dem Fundament der gesunden Lehre. Wenn ich ehrlich daran arbeite, die fleischlichen Sünden durch die bisher besprochenen biblischen Maßnahmen zu besiegen, aber ohne Erfolg bleibe; wenn ich spüre, wie eine weltliche Versuchung mich überwindet, obwohl ich offensiv den mir bereitgestellten Sieg über die Welt dagegen eingesetzt habe, muß ich darüber nachdenken, ob mein Problem durch eine dämonische Festung in mir zustande gekommen ist, die ich erst zerbrechen muß.

Geistlicher Kampf umfaßt einen ständigen, aktiven und offensiven Kampf gegen alle drei Feinde. Ich muß versuchen zu verstehen, mit welchem Feind ich es zu tun habe, damit ich Gottes Hilfsmittel gegen diesen Feind einsetzen kann. Es ist nicht gut, seine eigene fleischliche Verderbtheit auf die Welt oder sogar auf den Satan abzuschieben. Die Wahrheit verlangt es, den Tatsachen objektiv ins Auge zu schauen, worauf dann die subjektive Anwendung von Gottes Wahrheit in der jeweiligen Situation erfolgen muß. Jeder Sieg beruht auf der Wahrheit Gottes. Ich darf mich nicht auf Siegesgefühle verlassen. Ich darf nicht eindrucksvollen Spielchen vertrauen. Mein Sieg ruht allein auf dem »dies sagt der HERR«. Gesunde Lehre ist absolut notwendig für einen siegreichen geistlichen Kampf gegen Satan.

Himmlischer Vater, ich freue mich über die unveränderbare, vollkommene Wahrheit Deines Wortes. In Deiner Gnade bewahre mich davor, einfach nur den Buchstaben der Wahrheit und die gesunde Lehre zu kennen. Laß die Wahrheit in meinen Geist einziehen, laß sie meinen Verstand kontrollieren, laß sie meine Emotionen stabilisieren und stärken. Ich bin entschlossen, Deine Wahrheit offensiv anzuwenden und ganz abhängig zu sein von ihrer Macht, um alle meine Feinde zu besiegen. Durch das Werk des Heiligen Geistes, der für mich eintritt und in dem Namen meines Herrn Jesus Christus, danke ich Dir, daß Du meine Bitten hörst. Amen.

8

KÄMPFERISCHES GEBET WIRD SIEGEN!

»*Denn, obwohl wir im Fleisch wandeln, kämpfen wir nicht nach dem Fleisch; denn die Waffen unseres Kampfes sind nicht fleischlich, sondern mächtig für Gott zur Zerstörung von Festungen; so zerstören wir Vernünfteleien und jede Höhe, die sich gegen die Erkenntnis Gottes erhebt, und nehmen jeden Gedanken gefangen unter den Gehorsam Christi, ...« (2.Kor.10,3- 5)*

Die »Gute Nachricht« überträgt dies mit lebendigen, anschaulichen Worten in das heutige Deutsch: »*Natürlich bin ich ein Mensch, aber ich kämpfe nicht auf menschliche Art. Ich benutze in meinem Kampf keine menschlichen Waffen, sondern die mächtigen Waffen Gottes. Mit ihnen zerstöre ich feindliche Befestigungen: ich widerlege falsche Argumente und reiße den Hochmut nieder, der sich gegen die Erkenntnis Gottes auflehnt. Jeden Anschlag auf die Wahrheit nehme ich gefangen und unterstelle ihn dem Befehl Christi.*«

Ein Gläubiger, der die enorme Kraft der geistlichen Waffen voll erfaßt hat und Abschnitte wie diese verstanden hat, wird neue Freude am Gebet erleben. Unser Glaube findet im Gebet das wichtigste Mittel, sich zum Ausdruck zu bringen. Gebet ist das hauptsächliche Mittel, durch das wir den Sieg, der uns über die Fürsten und Mächte der Finsternis gegeben ist, in Kraft setzen und uns zu eigen machen. Die mächtigen Hilfsquellen des Gebets müssen aber in dem Leben der meisten Gläubigen erst noch entdeckt werden.

Gott gab mir ein neues Verständnis von Gebet und dem wunderbaren Werk Seines Geistes in mein Herz, während in Chicago ein Prozeß gegen sieben Verbrecher lief. Die Ereignisse dieses langen, fast schon berüchtigten Prozesses machten Schlagzeilen in Chicago und in ganz Amerika. Eines Tages hörte ich die Nachrichten, während ich nach Chicago zu einem Besuch in ein Krankenhaus fuhr. Der Sprecher erklärte, daß einer der bekanntesten der sieben Angeklagten mit einer Lungenentzündung ins Krankenhaus gebracht worden war. Es war eigenartig; es war genau das Krankenhaus, welches ich gerade besuchen wollte. Ich stieg aus meinem Auto und fragte mich, wo er sich wohl in diesem riesigen Gebäudekomplex befinden würde.

Ich machte meinen Besuch, las mit dem Kranken in der Bibel und betete, bevor ich ihn verließ. Als ich gerade gehen wollte, sagte er zu mir: »Wir haben eine Berühmtheit auf der anderen Seite des Ganges liegen. Herr Soundso ist hier mit einer Lungenentzündung.« Wir schwätzten noch ein bißchen darüber, dann ging ich fort, ohne weiter darüber nachzudenken. Als ich auf den Fahrstuhl wartete, bewegte plötzlich der Geist Gottes mein Herz. Ich bekam den starken Eindruck, der HERR wollte, daß ich mit diesem berüchtigten Angeklagten über Gottes Liebe zu ihm sprechen sollte. Schnell verwarf ich diese Idee als Überanstrengung meiner Fantasie. Trotzdem, während der Aufzug nach unten fuhr, hatte ich wiederum diesen starken Eindruck umzukehren und diesem Mann zu sagen, daß Gott ihn liebt und ihm ein neues Leben in Christus geben möchte. Wieder verleugnete ich diesen Eindruck und dachte, daß dies wohl meine eigene Idee sei.

Ich ging durch die Eingangshalle zu meinem Auto, als der Heilige Geist mich zum dritten Mal anrührte. Dieses Mal war die Anweisung unmißverständlich klar. Der HERR will, daß ich diesem Mann berichten sollte, daß Gott ihn liebt. Eine Verweigerung von mir, jetzt zu gehen, wäre eine schwere Beleidigung des Heiligen Geistes gewesen. Große Angst kam über meine Seele. Es liegt mir nicht, so einen bekannten, ja berüchtigten Menschen zu besuchen, um ihm zu sagen, daß Gott ihn liebt. Doch ich erlaubte mir keine Bedenkzeit und antwortete sofort: »Ja, HERR, ich werde gehen; aber Du mußt die Tür öffnen und mir die Worte geben, die ich sagen soll.« So ging ich zurück durch die Halle und auf die Etage, woher ich gerade gekommen war. Während ich auf die Station ging, fragte ich mich, was ich wohl der Oberschwester sagen solle. Als sie mich nach dem Grund meines Besuches fragte, erzählte ich ihr die Geschichte, die du gerade gelesen hast. Sie sah mich mit verwirrter Erstauntheit an und wußte nicht, was sie sagen sollte. Sie wollte mich gerade fortschicken, als ein Arzt, der zugehört hatte, sagte: »Einen Moment, Schwester. Ich gehe und frage ihn, ob er mit diesem Pastor sprechen will.«

Nach kurzer Zeit kam er zurück und sagte: »Er bittet Sie, in zehn Minuten zu kommen, wenn der Rechtsanwalt gegangen ist.« Ich war sehr froh über diese Wartezeit. Schnell lief ich zu dem Zimmer meines christlichen Freundes und bat ihn zu beten. Auch beeilte ich mich, meine Frau anzurufen, daß sie beten solle und noch andere dazu auffordern solle.

Die zehn Minuten waren schnell vorüber, und ich ging in das Zimmer des Mannes. Nachdem ich mich vorgestellt hatte, fragte ich mich nur: »Was soll ich denn jetzt sagen?« Da übernahm der HERR die Angelegenheit. In wunderbarster Weise führte mich unser Herr, und ich konnte mit ihm für dreißig Minuten über Gottes Liebe, Barmherzigkeit und Kraft zur Veränderung in Jesus Christus, unserem Herrn, sprechen. Sein Herz war so verhärtet, und er war geistlich so blind, wie es schlimmer nicht sein konnte; aber dennoch dankte er mir, und als ich gehen wollte, bat er mich noch, für diesen Prozeß zu beten.

Diese Erfahrung bewegte mich noch sehr, während ich nach Hause fuhr. Der liebende Versuch Gottes, einen so verhärteten, rebellischen Mann zu erreichen, rührte mich zu Tränen. Seit diesem Erlebnis veranlaßte Gott mich oft, für diesen Mann zu beten. Ich glaube, daß Gott diesen Mann retten will. Während ich dies schreibe, ist der Name dieses Mannes wieder in den Schlagzeilen, da er mal wieder in schlimmer Weise das Gesetz übertreten hat. Im Glauben sehe ich aber eine andere Schlagzeile, die eines Tages von seiner dramatischen Bekehrung zu Jesus Christus berichten wird. Vorausschauend sehe ich einen Zeugen Christi als Ergebnis einer Bekehrung, ähnlich der des Apostel Paulus.

Kämpferische Fürbitte für einen Verblendeten

Diese Geschichte soll als Hintergrund dienen, um jetzt das Beispiel eines offensiven Gebetes im geistlichen Kampf besser verstehen zu können. Dieses Beispiel eines Kampfgebetes soll viele Gläubige zu einer ähnlichen Art von Fürbitte leiten, so daß sie gehorsam für alle die beten, für die es der Heilige Geist von ihnen will.

Geliebter Himmlischer Vater, im Namen unseres Herrn Jesus Christus bringe ich Dir im Gebet ... Ich bitte den Heiligen Geist, mich zu leiten, damit ich im Geist bete, so wie Du es mir aufgetragen hast. Ich danke Dir, daß Deine souveräne Herrschaft auch über ... ist. Ich danke Dir, daß Du ihm eine Führungspersönlichkeit und Fähigkeiten gegeben hast, Probleme anzupacken. Im Namen des Herrn Jesus Christus und als ein Priester Gottes bitte ich um Barmherzigkeit und Vergebung für die Sünden von ..., durch die er Dich betrübt hat. Ich berufe mich darauf, daß das Blut des Christus ausreicht, die ganze Strafe, die er für seine Sünden verdient hat, von ihm zu nehmen. Ich fordere den Lebensraum zurück, den er Satan überlassen hat, indem er dem Betrug des Feindes geglaubt hat. Im Namen des Herrn Jesus Christus widerstehe ich allen satanischen Aktivitäten, die ... binden sollen, um ihn in geistlicher Blindheit und Finsternis zu halten. Ich gebrauche meine Autorität, die mir in der Einheit mit dem Herrn Jesus Christus gegeben worden ist, um die Festungen des Reiches der Finsternis gegen ... niederzureißen. Ich zerschlage, breche und zerstöre alle die Pläne, die gegen den Verstand, den Willen, die Gefühle und den Körper von ... gerichtet sind. Ich zerstöre im Gebet die geistliche Blindheit und Taubheit, die Satan auf ihn gebracht hat. Ich lade den Heiligen Geist ein, ihn in der Fülle Seiner Kraft von seiner Sünde zu überführen, ihn zur Buße zu leiten, damit er zum Glauben an den Herrn Jesus Christus, als seinen Retter, kommen kann. Ich will ihn schützen mit dem Blut des Herrn Jesus Christus, und ich breche die Macht Satans, ihn für die Wahrheit Gottes blind zu machen.

Im Glauben, daß Dein Heiliger Geist mich führt, nehme ich im Namen des Herrn Jesus Christus... für Dich in Anspruch, und ich danke Dir, daß Du mein Gebet erhörst. Mit Freuden lege ich Dir im Namen unseres Herrn Jesus Christus dieses Gebet vor, weil Sein vollendetes Werk mich dazu würdig gemacht hat. Amen.

Offensives Kampfgebet dieser Art ist heute in der Fürbitte dringendste Notwendigkeit. Es gibt viele Menschen um uns herum, die wie wir einst, obwohl diese zusätzlich berüchtigte Sünder sein mögen, auch zu der anderen Herde gehören, von der HERR gesagt hat, daß er sie zu sich bringen wird (siehe Joh.10,16). Die Bereitschaft, auf diese Weise offensiv zu beten, ist ein mächtiges und wirksames Mittel, sie zur Freiheit zu bringen. Es ist ein aufregender und frohmachender Dienst, im Kampf die Festungen niederzureißen und zu sehen, wie der Heilige Geist die blindmachenden Mächte der Finsternis zerbricht.

Diese Art von offensivem Kampfgebet hat fast keine Grenzen der Anwendung, um Satans Kraft zu besiegen, Rebellen zu fangen und sie zu solchen Menschen zu verändern, deren Herzen Christus gehorchen wollen (vgl.2.Kor.10,5). Hier möchte ich nun einige praktische Anwendungsmöglichkeiten dieser Wahrheit vorstellen.

Fürbitte der Eltern für ihre rebellischen Kinder

Viele liebe christliche Eltern haben ein gebrochenes Herz wegen ihrer rebellischen, in Sünde verstrickten Kinder, die anscheinend durch Satan gebunden sind. Es wird viel gebetet, indem die Enttäuschung und ihr gebrochenes Herz dem HERRN hingelegt werden, aber allzu oft werden die Prinzipien des geistlichen Kampfes nicht angewandt. Ich könnte von zahllosen Beispielen freudiger Ergebnisse durch solch ein Beten berichten.

Gehen wir davon aus, daß Du einen rebellischen Sohn hast, der sich weit von Gott entfernt hat. Er nimmt Drogen, lebt in Unmoral und in jeder Form von Verderbtheit. Wie kann man 2.Korinther 10,3-5 in dieser Not einsetzen? Laß mich einen praktischen Vorschlag für ein Gebet machen, das ich christlichen Eltern ans Herz gelegt hatte, die dann als Ergebnis eines solchen Gebetes miterlebten, wie ihr Sohn sich Christus zuwandte.

Ich beuge mich vor dem Himmlischen Vater, um für meinen Sohn... einzutreten. Ich bringe ihn vor Dich in dem Namen des

Herrn Jesus Christus. Ich danke Dir, daß Du ... geliebt hast mit Deiner Liebe, die auf Golgatha sichtbar geworden ist. Ich danke Dir, daß Du ihn uns gegeben hast, um ihn zu lieben und in Christus großzuziehen. Ich bitte Dich, uns zu vergeben, wo wir versagt haben, ihn den Weg zu leiten, den er hätte gehen sollen. Ich danke Dir, daß Du souverän bist und Du sogar die Tiefen der Sünden, an die er nun gebunden ist, zu Deiner Herrlichkeit gebrauchen kannst. Ich preise Dich für diese große Not, denn sie demütigt mein Herz vor Dir.

Ich akzeptiere meine Stellung »stark zu sein durch Gott, die Festungen der Sünde niederzureißen«, und so setze ich das Werk des Herrn Jesus Christus direkt gegen die Mächte der Finsternis ein, die ... blenden und binden. Ich bete, daß der Sieg unseres HERRN in Seiner Fleischwerdung, Seiner Kreuzigung, Seiner Auferstehung, Seiner Himmelfahrt und Seiner Verherrlichung direkt gegen die ganze Macht Satans im Leben von ... gesetzt wird. Ich binde alle Mächte der Finsternis, die ... zerstören und löse ihn von seinen Bindungen im Namen unseres Herrn Jesus Christus. Ich lade den Heiligen Geist ein, das Herz von ... zu bewegen und ihn von seiner Sünde, von der Gerechtigkeit und dem kommenden Gericht zu überführen. In meinem priesterlichen Dienst bekenne ich Dir die Sünden von ... und flehe Dich an, Mitleid und Barmherzigkeit ihm zuteil werden zu lassen. Ich bekenne Dir seine Sehnsucht nach allen Arten von fleischlichen Sünden, die Satan solch einen Platz in seinem Leben gaben. Ich bitte Dich inständig, daß das Blut des Christus gegen die Bosheit von ... eingesetzt wird und warte auf den Heiligen Geist, daß Er ihn zur Buße, zum Glauben und zum Leben in dem Herrn Jesus Christus bringt. In dem Namen des Herrn Jesus Christus weihe ich ihn durch Glauben für ein Leben, das hingegeben dem wahren und lebendigen Gott dient. Amen.

Kämpferisches Gebet gegen die Schikanen des Bösen in meinem Leben

Satan wird alles versuchen, um den Gläubigen von dem Kampfgebet fernzuhalten. Eine sehr intelligente Studentin kam eines Tages zu mir, um mit mir über einige sie sehr bedrückende Probleme zu sprechen. Sie erzählte mir von schrecklichen Träumen, die sie durchzustehen hatte, von zwanghaften Handlungen, schmutzigen Gedanken und anderen Gewohnheiten, die ihr verhaßt waren. Sie klärte mich auch über ihre frühere Verwicklung in den Okkultismus auf. Je mehr sie mir von ihrer Geschichte erzählte, desto mehr konnte ich die Bindung und die zusammengeballte Kraft von Satans Angriff erkennen.

Die junge Frau war seit ungefähr einem Jahr gläubig. Nach ihrer Bekehrung, hatten sich zunächst die beschriebenen Symptome sehr gebessert. Mit der Zeit kam sie dann langsam wieder in fleischliche und weltliche Sünden hinein. Nun aber schien es, als ob ihre Probleme eher noch schlimmer geworden waren, als es vor ihrer Bekehrung der Fall war. Sie glaubte, ihren Verstand zu verlieren. Sorgfältig und allmählich führte ich sie in ein Studium des Wortes Gottes über die Person und die Wirksamkeit Satans. Es ist nicht ungewöhnlich, daß jemand, der unter dämonischen Angriffen leidet, vor diesem Thema große Angst hat. So muß man sehr vorsichtig und unter Gebet versuchen, ihm den Sieg des Gläubigen in Christus über Satan klarzumachen. Wenn du in das Thema hineinpolterst, wird er sich, obwohl du ihm doch helfen möchtest, zurückziehen, und der Feind wird deine guten Absichten benutzen, um daraus Furcht zu produzieren. Für Einige wird jeder Gedanke, daß ihr Problem vielleicht mit dämonischen Mächten zu tun haben könnte, wie eine persönliche Beleidigung aufgenommen werden.

Diese Studentin aber konnte die Wahrheit des Wortes über das Thema des geistlichen Kampfes problemlos aufnehmen. Eine ihrer Maßnahmen des Kampfes gegen die sie quälenden Mächte der Finsternis war offensives Kampfgebet. Ich übertrug ihr als Verantwortung, einmal am Tag das »Kampfgebet« zu lesen, so wie es im Anhang abgedruckt ist. Mein Ziel war es, ihr zu helfen, sich die Wahrheiten von Gottes Wort zu eigen zu machen und diese dann gegen ihre Feinde einzusetzen. Sie war eine gewissenhafte und treue Seelsorgesuchende. Vor unseren täglichen Gesprächen ging sie dieses Kampfgebet durch. Zuerst schaffte sie nur die Hälfte, was für sie eine halbe Stunde Anstrengung bedeutete. Normalerweise kann man das ganze Gebet laut in acht Minuten lesen. Der Angriff der Finsternismächte gegen sie war so intensiv, daß sie es kaum schaffte zu lesen. Schwindelgefühl, Konzentrationsstörungen, schwarze Punkte vor ihren Augen und andere physische und emotionale Angriffe fluteten ständig über sie. Dieser Kampf schien sie aber nur noch fester in ihrem Entschluß zu machen, frei zu werden. Je mehr sie ihre Waffen des Kampfes gebrauchte, desto schwächer wurden die Angriffe. Endlich konnte sie das Gebet genausogut durchgehen wie jeder andere auch.

Ich berichte von dieser jungen Frau, um zu zeigen, wie wichtig offensives Gebet für das eigene geistliche Leben ist. Es ist wichtig, daß wir mutig und direkt die Waffen unseres Kampfes zu unserer eigenen Stärkung und zur Überwindung des Feindes einsetzen. Der Apostel Paulus erwartet von uns, daß wir ohne Unterlaß beten sollen. Es ist so wichtig, um den Einflüssen dämonischer Angriffe und Versuchungen widerstehen zu können.

Ein Gläubiger erzählte mir von gräßlichen Mordgedanken, die sich ständig in seinen Verstand hineindrängten. Jedesmal, wenn er ein Messer in der Küche sah, kam der Drang in seine Gedanken, es zu nehmen und seine geliebten Angehörigen zu erstechen. Große Schuldgefühle und Angst nahmen überhand. »Was für ein Mensch bin ich, daß ich solche Gedanken habe? Wie sündhaft und schmutzig kann ein Mann sein? Ich werde bestimmt noch meinen Verstand verlieren!« Wie schrecklich ist die Qual so eines Menschen, der auf diese Weise versucht wird! Als er das kämpfende Gebet kennenlernte, kam für ihn der Sieg sehr schnell. Ich zeige ihnen hier das Gebet, was ich ihm vorschlug zu gebrauchen, indem er es leise Gott sagen sollte, immer wenn solche Gedanken aufstiegen.

Himmlischer Vater, in dem Namen des Herrn Jesus Christus weise ich diese Mordgedanken von mir zurück. Ich weiß, daß sie von dem kommen, den Du den Mörder von Anfang an genannt hast. Ich wende meine Einheit mit dem Herrn Jesus Christus und mit Seinem vergossenen Blut direkt gegen die Kraft Satans, die diese Gedanken produziert. Ich befehle ihm, mich zu verlassen. Ich unterstelle meinen Verstand, meinen Willen und meine Gefühle nur dem Heiligen Geist in dem Namen des Herrn Jesus Christus. Amen.

Ein Gebet dieser Art sollte immer parat sein, um sofort offensiv zum Angriff gegen irgendeinen Boten Satans überzugehen; gegen jeden bösen Geist, der es wagt, unser Leben zu beeinflussen.

Kämpferisches Gebet für meine Ehe

Einer der stärksten Angriffe des Reiches der Finsternis wird heute gegen die Ehe und die Familie gerichtet. Ich glaube, daß offensives Gebet notwendig ist, um eine harmonisch gute Ehe gemäß des Willens Gottes zu bauen. Wenn Satans Reich Eheleute davon abhalten kann, einander zu lieben, so wird er nicht nur sie selbst ruinieren, sondern auch das Leben ihrer Kinder zerstören. Das Größte, was Eltern tun können, ist ihrem Kind ein Zuhause zu geben, wo Mutter und Vater einander lieben mit der wunderbaren, reifen Liebe, die von Gott kommt. Eheleute sollten täglich darum bitten, daß Gott ihre Ehe segnen möge. Am besten ist es, wenn beide Ehepartner zusammen beten, aber sogar wenn nur ein Partner betet, ist es eine mächtige Waffe gegen Satans Angriffe. Wenn ein Paar zu mir in die Eheberatung kommt, ist die erste Aufgabe, die sie bewältigen müssen, daß sie anfangen, zusammen zu beten. Wenn sie zusammen beten, dann weiß ich, daß sie Hilfe bekommen werden. Wenn sie es nicht tun, so weiß ich, daß die Stützen ihrer Ehe weiterhin zusammenbrechen werden, soviel Eheberatung sie auch bekommen mögen. Der Grund dafür ist folgender: Wenn ein Paar zur Beratung kommt, heißt dies normalerweise, daß schon ein sehr langer Kampf vorausgegangen ist. Satan wurde dabei schon viel Raum zur Wirksamkeit gegeben, und eine Gesundung ist nur dann möglich, wenn unser geistlicher Sieg im Herrn Jesus in die Tat umgesetzt wird. Ich möchte hier einmal Grundzüge eines Gebetes für ein Ehepaar in Schwierigkeiten aufzeigen.

Geliebter Himmlischer Vater, ich danke Dir für Deinen vollkommenen Plan für unsere Ehe. Ich weiß, daß eine Ehe, die sich in Deinem Willen und Segen befindet, erfüllend und wunderschön ist. Im Namen des Herrn Jesus Christus bringe ich unsere Ehe vor Dich, damit Du sie ganz zu dem machst, wozu Du sie haben willst. Bitte vergib mir meine Sünden, ich habe in meiner Ehe versagt. (Hier solltest du die Sünden genauer in einem Bekenntnis vor Ihn bringen.) In dem Namen des Herrn Jesus Christus reiße ich alle Festungen Satans nieder, die er aufgebaut hat, um unsere Ehe zu zerstören. In dem Namen des Herrn Jesus Christus, breche ich alle bösen Verbindungen, die Satan und seine bösen Geister zwischen uns geschaffen haben. Ich will nur die Bindungen akzeptieren, die durch Dich und den Heiligen Geist gegründet worden sind. Ich bitte den Heiligen Geist, mich zu befähigen... (Name des Ehepartners) so zu begegnen, daß ich ihre/seine Bedürfnisse stillen kann. Ich ordne Dir unseren Umgang miteinander unter, damit er Dir wohlgefällt. Ich ordne Dir unsere leibliche Gemeinschaft unter, daß sie von Dir gesegnet werden kann. Ich ordne Dir unsere Liebe unter, daß Du sie wachsen und reifen lassen kannst. Ich will in der Ehe die Fülle Deines vollkommenen Willens erkennen und erfahren. Öffne mir die Augen, damit ich alles das erkennen kann, worin ich verblendet worden bin. Öffne die Augen von..., damit er/sie Satans Verführung ihm/ihr gegenüber erkennt. Mache aus unserer Gemeinschaft die christuszentrierte und gesegnete Verbindung, die Du in Deinem vollkommenen Plan vorgesehen hast. Ich bitte dies mit Danksagung in dem Namen des Herrn Jesus Christus. Amen.

Kämpferische Fürbitte für die Bekehrung eines geliebten Menschen

Es gibt Zeiten, in denen es sehr wichtig ist, für eine andere Person in offensivem Gebet einzutreten. Dies ist, was Fürbitte eigentlich bedeutet. Wir verwenden uns stellvertretend für einen anderen. Was kannst du für jemand tun, der stark gebunden ist, und der seine Not nicht erkennt oder nur wenig Willen oder Fähigkeit zeigt, frei zu werden? Stellvertretendes Kampfgebet einzusetzen, kann den Zwang des Feindes in seinem Leben brechen.

Diese Form des Gebetes ist besonders effektiv, wenn es von einem der leidenden Person sehr Nahestehenden ausgeführt wird. Es gibt viele Beispiele in der Bibel, wo für die, die man liebt, vor dem HERRN eingetreten wird. Der HERR half den Leidenden als eine direkte Antwort auf die Fürbitte (z.B. Math. 17,14-21).

Nehmen wir an, du hast einen Freund, bei dem Symptome von möglicher dämonischer Bindung zu sehen sind, aber dennoch zeigt er kein Verlangen, sich zu ändern oder sich helfen zu lassen. Du aber fühlst dich vom HERRN geführt, ihm zu helfen. Was kannst du tun? Bringe ihn zu Christus, genauso wie es die Menschen in den Tagen des irdischen Dienstes unseres Herrn taten. Du kannst ihn nicht physisch zum Herrn Jesus Christus bringen, aber du kannst ihn in andauerndem, kämpfenden Fürbittegebet vor den HERRN bringen. Auch auf das Risiko hin, mich zu wiederholen, möchte ich noch ein Beispiel eines Kampfgebetes für solch einen Freund hier niederschreiben.

Himmlischer Vater, ich bringe jemanden vor dich und den Herrn Jesus Christus, der mir und Dir sehr nahe steht, . . . Ich bin zu der Überzeugung gelangt, daß Satan ihn blendet und mit schrecklichen Banden bindet. Er ist nun in einem Zustand, in dem er allein nicht zu Dir kommen kann oder will, um Dich um Hilfe zu bitten. Fürbittend stehe ich für ihn vor Deinem Thron ein. Ich verlasse mich auf die Person des Heiligen Geistes, daß Er mich leite, damit ich in Weisheit, Kraft und Verständnis beten kann.

Im Namen des Herrn Jesus Christus löse ich . . . von dieser schrecklichen Bindung der Mächte der Finsternis. Ich binde alle Mächte der Finsternis, die sich aufgemacht haben, ihn zu zerstören. Ich binde sie im Namen des Herrn Jesus Christus und verbiete ihnen zu wirken. Ich binde alle Mächte der Depression, die . . . von uns isolieren wollen und ihn in dem Grab der Verzweiflung gefangen halten wollen. Ich bitte, daß die Kraft der Person und das Werk des Herrn Jesus Christus direkt auf . . . zu seiner Stärkung und Hilfe wirkt. Ich bringe die mächtige Kraft der Fleischwerdung, der Kreuzigung, der Auferstehung, der Himmelfahrt und der Verherrlichung meines HERRN direkt gegen alle Gewalten der Finsternis, die versuchen . . . zu zerstören. Ich bitte den Heiligen Geist, das ganze mächtige Werk des Herrn Jesus Christus direkt gegen alle die Finsternismächte durchzusetzen, die gegen . . . im Kampf sind.

Ich bitte Dich, Himmlischer Vater, daß Du die Augen von . . . öffnest, damit er versteht. Entferne alle Blindheit und geistliche Taubheit aus seinem Herzen. Als ein Priester Gottes in dem Leben von . . . bitte ich um Deine Barmherzigkeit gegenüber seiner Sünde, seinem Versagen und seiner Rebellion. Ich weihe sein ganzes Leben dem Herrn Jesus Christus zu gehorsamer Liebe und gehorsamen Dienst. Möge der Geist des lebendigen Gottes Sein mächtiges Werk an . . . vollbringen, um ihm die Gnade der Buße zu gewähren und ihn vollständig freizumachen von allem, was ihn bindet.

Im Namen des Herrn Jesus Christus danke ich Dir, daß Du

mich erhörst. Gewähre mir durch die Gnade Ausdauer und Treue in meiner Fürbitte für ..., damit Du durch seine Befreiung verherrlicht wirst. Amen.

Offensives Gebet ist der mächtigste Teil des effektiven geistlichen Kampfes eines Gläubigen. Möge uns unser Herr ein neues Verständnis von dessen Wichtigkeit und Nützlichkeit beim Kämpfen des guten Kampfes gewähren. Ein sehr faszinierendes Ergebnis wird ein Studium der großen Gebete der Bibel bringen, wo man sehen kann, wie offensiv für andere eingetreten wird. Es ist offensichtlich, daß einige dieser Gebete für Menschen vor Gottes Thron gebracht wurden, die unfähig oder unwillig waren zu beten. Nehemia bekennt offensiv die Sünden der Kinder Israel (Neh.1,6-7). Daniel begibt sich in harte Gebetsarbeit für sein Volk in Daniel 9, als er die Sünden derer bekennt, die er vor Gott liebt. Abraham flehte für Lot in Sodom, dessen gerechte Seele durch die Sünden der Stadt gequält wurden. Der Apostel Paulus veröffentlicht seine Gebete für die, die er liebt, in seinen Briefen. Mose fleht um Gottes Barmherzigkeit stellvertretend für das unwürdige und rebellische Volk, welches er führte, und Gott erhörte ihn und schonte das Volk. Was für ein Vorrecht, im Kampfgebet für andere einzutreten, sogar für die, die keinen Wunsch haben, für sich selbst zu beten, aber trotzdem den Vorteil und die Früchte ernten, wenn wir beten.

9

MUTIGE KONFRONTATION IST NÖTIG

»Und er fragte ihn:› Was ist dein Name?‹ Und er spricht zu ihm: ›Legion ist mein Name, denn wir sind viele‹«
(Markus 5,9).

Dieser Vers zeigt, daß unser Herr böse Geister mutig angegriffen hat und forderte, daß sie ihr böses Werk im Leben der Menschen offenbarten. Sie mußten Seinen Befehlen gehorchen, und indem sie dies taten, anerkannten sie Seine uneingeschränkte Autorität über sie.

Gläubige, vereinigt mit dem Herrn Jesus Christus in Seiner ganzen Person und Seinem Werk, können die gleiche Vollmacht in Anspruch nehmen und gebrauchen, die auch unser Herr gegen die bösen Geister einsetzte. J.A. MacMillan erklärt in seinem Buch »The Authority of the Believer« die Prinzipien der Autorität des Gläubigen, wie sie im Epheserbrief ausgeführt sind. Es ist eine der besten Erläuterungen zu diesem Thema, die ich je gelesen habe. MacMillan schreibt:

> »Es ist nun schon mehrmals in dieser Abhandlung hervorgehoben worden, daß die Autorität, von der wir sprechen, jedem Gläubigen zuteil wird. Es ist keine besondere Gabe, die aufgrund von Gebet verliehen wird, sondern sie ist das ererbte Recht des Kindes Gottes, weil es schon mit Christus zur Rechten des Vaters erhöht ist. Es hat durch die reiche Barmherzigkeit Gottes Anrecht am Thron des HERRN bekommen, was alle Privilegien und Verantwortungen mit einschließt.
>
> Diese Erhöhung geschah grundsätzlich bei der Auferstehung des HERRN, und weil nun der Gläubige mit IHM eins ist. Die Erhöhung kommt vollständig aus der Weisheit und Gnade des Vaters. Wir klettern nicht die himmlischen Stufen durch einen Akt des Glaubens oder durch unsere Hingabe hinauf. Unsere Aufgabe ist es nur, ganz einfach die Tatsache unserer Stellung zu erkennen und unseren Platz in demütiger Annahme einzunehmen, damit Gott alle Herrlichkeit und Ehre erhält.«[7]

---

7   J.A. MacMillan, The Authority of the Believer (Harrisburg; Christian Pubns.) Seiten 13-14

Die direkte Auseinandersetzung mit einem dämonischen Geist

Die Autorität des Gläubigen ist wahrhaftig eine gesicherte Tatsache. Gott, unser himmlischer Vater, hat es so eingerichtet; unser Herr Jesus Christus hat sie so verkündigt; und das Werk des Heiligen Geistes setzt sie durch. Was dem Gläubigen bleibt ist, sich gemäß dieser kraftvollen Wahrheit zu verhalten.

Schon zu lange haben die Gläubigen der westlichen Welt eine tragische Unbesonnenheit in dem mutigen Gebrauch ihrer Autorität in Christus gezeigt. Sogar Christus hingegebene Pastoren und christliche Führungspersönlichkeiten haben sich in die Linien derer eingereiht, die beschlossen haben, sich vor jeder Konfrontation mit dämonischen Mächten zurückzuhalten. Die Folgen sind erschreckend. Jeder Mensch, der Probleme mit Dämonen hat, wird einfach ignoriert oder sogar abgeschoben, so daß sie die Hilfe, die ihnen von unserem Herrn Jesus Christus verheißen ist, nicht bekommen können.

Wenn ich nun dieses »heiße Eisen« anspreche, ist mir wohl bewußt, daß Furcht, Unsicherheit und Abneigung bei den meisten evangelikalen Gläubigen aufkommt, sich auf irgendeine direkte Konfrontation mit Dämonen einzulassen. Die Exzesse und der Extremismus der sogenannten Glaubensheiler auf diesem Gebiet ist jedem wohlbekannt. Die Meisten von uns wollen mit solchem Extremismus nicht in Verbindung gebracht werden. Einige von uns fürchten, daß das Urteil der evangelikalen Christen wie ein Fallbeil auf uns niederfällt, wenn wir uns auf ein Gebiet wagen, das im evangelikalen Spektrum als unsicher betrachtet wird. Aber der wohl hauptsächliche Grund, warum biblisch gesunde Gläubige eine Konfrontation mit Dämonen vermeiden, ist die Furcht vor dem Unbekannten. Wir wissen einfach nicht, was wir tun oder wie wir bei einer Machtprobe mit der Finsternis vorgehen müssen. Das Ziel dieses Kapitels ist, etwas von dieser Furcht zu nehmen. Auch vertraue ich darauf, daß Gott Gläubige berufen wird, die große Bedeutung des Gebrauchs ihrer Autorität in Christus zu sehen.

Ich möchte meine persönliche Verbundenheit mit denen zum Ausdruck bringen, die möglicherweise schlimme satanische und dämonische Angriffe erleben, indem ich von den Folgen einer Konfrontation mit der Finsternis, die in meiner eigenen Familie passierte, berichte. Wenn ich nun diese Erfahrung weitergebe vertraue ich im Gebet darauf, daß es etwas von der Furcht vernichten kann und nach vorne schauenden Glauben in vielen Herzen entzünden wird.

Wie ich schon oft in diesem Buch erwähnte, stehen wir alle in harten Kämpfen gegen die Mächte der Finsternis (Eph.6,10-18). Manchmal können sie uns sehr nahe kommen, und sie haben die größte Kraft, wenn sie unsere Kinder bedrängen können. Ich habe es immer wieder erlebt, daß christliche Eltern es völlig abgelehnt haben, in Betracht zu ziehen, daß ihre Kinder vielleicht von Mächten der Finsternis bedrängt sein könnten. Sie würden so einen Gedanken als einen Rückfall in die finsteren Ängste des Heidentums interpretieren. Sie wissen zwar nicht genau wie und warum, aber sie sind sich absolut sicher, daß ihre Kinder völlig sicher sind vor irgendeiner Beeinflussung durch Dämonen. Ich weiß, wovon ich spreche, denn ich selbst war ein Teil der so denkenden evangelikalen Welt. Das Eingeständnis, daß mein Kind Krebs hat oder, daß es vielleicht geisteskrank ist, wäre einfacher gewesen, als in Betracht zu ziehen, daß es durch dämonische Quälereien in solche Schwierigkeiten geraten sein könnte. Ich danke Gott, daß dies nicht mehr so ist. Unsere Familie betrachtet nun diese Erfahrung, über die ich noch berichten werde, als eine der größten Ereignisse in unserem Hause. Unser Wachstum in der Gnade und unsere Freude über den Sieg, den wir in unserem Herrn haben, ist nun durch diese Erfahrung in einer Tiefe verwurzelt, die wir vorher nicht kannten.

Vor einigen Jahren wurde unsere jüngste Tochter periodisch von schwer zu definierenden Ängsten bedrängt. Übelkeit und Darmentzündungssymptome begleiteten diese Angstanfälle. Als sie elf Jahre alt wurde, häuften sich die Anfälle immer mehr und hielten über eine längere Zeit an. Eine sehr genaue medizinische Untersuchung brachte keine Klarheit über ein physisches Problem, das der Grund für Kolitis und Übelkeit hätte sein können. Der Verlauf der Schwierigkeiten folgte immer mehr einem bestimmten Muster. Jede Nacht, wenn sie ins Bett gehen sollte, zeigten sich die Symptome. Schreckliche Angst überflutete sie, die Übelkeit war so stark, daß sie darauf bestand, einen Eimer an ihrem Bett zu behalten, falls sie sich in der Nacht übergeben müßte. Die Symptome der Kolitis plagten sie ständig bei ihrem Bemühen einzuschlafen. Ihre Tränen und Ängste bereiteten uns als Familie große Sorgen. Die medizinische Wissenschaft schien keine Antwort zu haben. Die Möglichkeit einer psychologischen Behandlung wurde uns vorgeschlagen, da es vielleicht eine psychosomatische Krankheit hätte sein können.

Gerade in dieser Zeit gab der Herr mir neue Einsichten über die große Bedeutung des offensiven Gebetes. Das Wort Gottes wurde diesbezüglich in meinem Leben lebendig. Ich begann, mich zu fragen, ob das Problem meiner Tochter vielleicht dämonischen Ursprungs sein könnte. Ich besprach dies mit meiner Frau, und zusammen begannen wir um göttliche Weisheit zu beten, ob dies das eigentliche Problem sei.

Es widerstrebte mir, diese Möglichkeit meiner Tochter zu sagen, da vielleicht ihre Furcht dadurch nur noch vergrößert würde. Heute weiß ich, was für einen schlechten Dienst ich ihr damit getan habe. Als ihr dann die Wahrheit mitgeteilt wurde, reagierte sie sehr positiv, und es wurde eine ihrer größten Erfahrungen in ihrem Leben, die sie reifen ließ.

Durch die Macht des Gebetes erkannten wir die Realität der dämonischen Bedrängung. Viele Male ging ich in das Zimmer meiner Tochter und kniete an ihrem Bett, wenn sie wieder in großer Not war. Ich nahm ihre zitternde, feuchte Hand und begann leise ungefähr so zu beten:

»Geliebter Himmlischer Vater, ich bringe im Gebet meine geliebte Tochter zu Deinem Thron. Durch die Person und das Werk des Herrn Jesus Christus lege ich sie vor Dich als einen Menschen, den Du angenommen hast. Der gesegnete Heilige Geist möge uns jetzt während des Gebetes überschatten und uns befähigen, im Geist zu beten. Ich zwinge alle Mächte der Finsternis, die versuchen, Judy anzugreifen und zu bedrängen, vor dem wahren und lebendigen Gott Rechenschaft darüber abzulegen. Ich richte Judys Einheit mit dem mächtigen Sieg des Herrn Jesus Christus direkt gegen die Mächte. Ich binde im Namen des Herrn Jesus Christus alle Mächte der Finsternis, die den Körper und die Seele meiner Tochter verletzen. Ich löse sie von diesen Angriffen und erbitte inständig, daß die Kraft des reinen Blutes des Herrn Jesus Christus für sie wirksam wird. Als ihr Vater und als ein Priester Gottes werde ich meine ganze geistliche Autorität gegen die Mächte der Finsternis durchsetzen. Durch Deine Gnade erleben wir dies. Sie hat Sinn und Zweck in Deinem souveränen Willen. Lehre Judy und uns durch diese Leiden. In dem Namen des Herrn Jesus Christus. Amen.«

Während ich wiederholte Male in dieser Weise betete, flauten die Symptome ab und verschwanden dann vollständig. Sie konnte dann schlafen gehen und ausgeruht und erfrischt erwachen und einen neuen Tag in Angriff nehmen. Heute bin ich ziemlich sicher, daß ihr Problem ein dämonisches war, und ich intensivierte sehr meine eigenen Fürbittegebete in einer Weise, wie sie in dem vorigen Kapitel ausgeführt wurde. Das Ergebnis des Rückzuges des Feindes war zunächst befriedigend, aber es war nicht von langer Dauer. Es sah sogar so aus, als ob die Stärke der Angriffe später zunahm. Seit dieser Zeit habe ich gelernt, daß dies ein gutes Zeichen ist. Es geschehen normalerweise zwei Dinge, wenn man für ein bestimmtes Problem offensiv zu beten beginnt. Beide sind gut. Manchmal, wenn das Leiden nicht schwer ist, sieht man sofort ein positives Ergebnis, und größere Freiheit ist gewonnen. Zum Anderen wird der Angriff für eine bestimmte Zeit sogar stärker werden. Dies ist das Zurückschlagen des Feindes, um uns von dem Entschluß abzubringen, die Lösung in der Freude über unseren Sieg in Christus zu suchen.

Meine Hoffnung war es nun, daß meine Tochter allein durch mein Fürbittegebet befreit werden könnte. Da sie noch sehr jung war, wollte ich keine offene Auseinandersetzung mit den Mächten der Finsternis provozieren, die in meine Tochter eingedrungen waren. Dennoch, als ich die zunehmende Anstrengung des Feindes sah, meine Tochter zu Schaden zu bringen, fragte ich mich, ob der Herr von mir will, daß ich in Zusammenarbeit mit meiner Tochter dem Feind direkt gegenübertreten sollte. Sie wußte von meinem Dienst, anderen zu helfen und hatte oft für die Nöte der Leidenden gebetet. Vorsichtig begann ich, Judy meine Gedanken mitzuteilen, daß ihre Angst und ihre physischen Probleme vielleicht dämonisch sein könnten. Zu meiner Freude entdeckte ich, daß sie dies schon längst in Betracht gezogen hatte und schon selbst dagegen betete. Ich erklärte ihr, daß unser Herr vielleicht ein Ziel damit verfolge, wenn ich mutig diese Mächte herausfordern und ihnen gebieten würde, Judy für immer zu verlassen. Sie hoffte, daß es vielleicht nicht nötig sei, aber sie war mit mir einig, darüber zu beten.

Die Krise kam eines Nachts, als ich mit Judy allein zu Hause war. Der Rest der Familie war verreist, und wir beide hatten miteinander einen schönen Tag verbracht. Als es dann darum ging, zu Bett zu gehen, war sie wieder unter großer Bedrängnis. Angst überkam sie, die Übelkeit war besonders stark, und ihr Darm machte ihr größte Probleme. Jetzt reichte es uns. Ich fragte sie, ob sie bereit wäre, mir zu erlauben, direkt gegen diese quälenden Mächte vorzugehen. Sie selbst war auch vorbereitet. Da es das Ziel dieses Buches ist, ein Handbuch zum Einstieg in den geistlichen Kampf anzubieten, möchte ich so genau wie ich mich erinnern kann von meinem Vorgehen und den Ergebnissen berichten.

Wir gingen nach unten, wo wir ungestört von jeder Ablenkung und dem Telefon waren. Ich las verschiedene Abschnitte aus Gottes Wort, die über unseren großen Sieg und die Macht unseres Herrn über Satans Reich sprechen. Judy betete dann, indem sie ihr Leben und ihr ganzes Wesen in die Hände ihres Herrn und Retters gab. Ich betete dann intensiv kämpfend, so wie ich es schon in den vorigen Kapiteln über dogmatisches und offensives Gebet ausgeführt habe. Während ich diesmal so betete, erlebte Judy intensive Reaktionen. Sie beschrieb es als eine verschwommene Wahrnehmung, als ob der Raum sich drehte. Alles, was sie betrachtete, war in Größe und Aussehen verändert.

Jetzt begann ich, den Mächten der Finsternis, die sie plagten, zu befehlen, sich zu offenbaren. Ich rief sie aus dem Unterbewußtsein meiner Tochter in ihr Oberbewußtsein und befahl ihnen, meine Fragen zu beantworten. Hier ist ein Beispiel, wie dies vor sich geht:

»In dem Namen des Herrn Jesus Christus befehle ich Satan und allen bösen Geistern, die keine spezielle Aufgabe gegen Judy haben, sie nun zu verlassen. Ich widerstehe dir fest im Glauben und befehle dir in der Autorität von Gottes Wort, sie zu verlassen. Wir erlauben keine Störung oder Beeinflussung unseres Kampfes gegen die bestimmten Mächte der Finsternis, die Judy quälen. Ich befehle allen Mächten der Finsternis, daß sie gebunden zur Seite gehen müssen. Du darfst nicht mehr wirken. Du darfst sie in keiner

Weise mehr verletzen. Es gibt nur noch eine Einbahnstraße; heraus aus dem Leben von Judy und dorthin, wohin der Herr Jesus Christus dich schickt. Du darfst nie wieder zurückkehren, um Judy zu quälen. Ich rufe dich in das Oberbewußtsein von Judy. Du mußt durch ihren Verstand meine Fragen deutlich beantworten. Du darfst nicht anders sprechen. Ich will mich nicht mit dir unterhalten, sondern du sollst nur meine Fragen beantworten. Ich befehle der obersten Macht der Finsternis, welche die Angst, die Übelkeit und die damit zusammenhängenden Probleme verursachen, daß sie zum Vorschein kommen muß. Ich ziehe dich im Namen des Herrn Jesus Christus zur Rechenschaft. Wie heißt du?«

Während dieser Zeit war Judy starken Gefühlen von Übelkeit und Bedrückung und Wahrnehmungsstörungen ausgesetzt. Wenn sie sehr stark wurden, dann befahl ich den Mächten, sie loszulassen und sofort empfand sie Erleichterung. Nach einiger Zeit, als wir weiterhin so den Feinden wie oben beschrieben befahlen, konnten wir die Namen der Hierarchie herausbekommen, die abgestellt war, um Judy zu zerstören und damit meinen Dienst anzugreifen. Einige Namen waren identisch mit den schon beschriebenen Symptomen. Angst war der Chef der Hierarchie; unter ihm waren Arbeitskräfte wie Übelkeit, Kolon, Zerstörer und Verführer.

Endlich, als ich nun dachte, daß die Mächte der Finsternis sich völlig preisgegeben haben, konnte ich von ihnen verlangen, meine Tochter nun zu verlassen.

»Im Namen des Herrn Jesus Christus binde ich euch alle zusammen. Ich binde an »Angst« alle verborgenen Stellvertreter oder unbekannten Dämonen, die unter ihm arbeiten. Wenn »Angst« geht, muß sein ganzes Reich mitgehen. Du darfst Judy nicht schaden, wenn du sie verläßt. Ich befehle dir, dorthin zu gehen, wohin der Herr Jesus Christus dich sendet. Ich befehle dir jetzt zu gehen. Im Namen des Herrn Jesus Christus verschwinde jetzt in den Abgrund, der für dich bereitet ist.«

Nachdem wir eine Zeitlang so gearbeitet hatten, gab es eine wunderbare Befreiung. Die Wahrnehmungsstörungen hörten auf, und Judy weinte leise. Dann bat ich den Heiligen Geist zu kommen und mit Seiner Fülle, Seinem Frieden und Seiner Freude ihr in ihrem Leben beizustehen. Wir sangen unserem Herrn einige Lieder der Freude und des Dankes. Groß war der Sieg unseres Gottes. Wir mußten noch einige Male gegen andere Hierarchien zusammenarbeiten und kämpfen, aber Sieg und Befreiung kamen sofort. Die Angst, die Übelkeit und die anderen Symptome verschwanden völlig. Diese Erfahrung wurde zu einer der gesegnetsten in unserem ganzen Leben. Judy hatte gelernt, die Wahrheit Gottes gegen den Feind in einer wunderbaren Weise im Gebet einzusetzen. Ich schätze ihre Gebete für mich höher, als die aller anderen, die ich kenne. Durch diese Erfahrung in unserer Familie wurde für uns die Güte Gottes sehr groß sichtbar .

Dies ist nur eine von vielen solcher direkten kämpferischen Auseinandersetzungen, die ich, um Menschen zu helfen, gegen den Feind unserer Seelen geführt habe. Judy wollte gerne, daß ich ihre Erfahrung in diesem Buch berichten sollte. Sie möchte damit anderen helfen, die unter Bedrückung und Angriffen leiden, aber nicht wissen, was sie dagegen tun können. Wir haben diesen Zusammenstoß mit dem Feind hier ausgeführt, um ein Beispiel aus unserem eigenen geistlichen Kampf zu geben, damit andere Gläubige in ihrem geistlichen Kampf ermutigt werden.

Achtung: Kriegsgeschehen!

Ich muß aber einige Warnungen geben, daß nicht jemand sorglos in eine mutige Auseinandersetzung mit dem Feind hineinrutscht. Der Seelsorger darf nicht anmaßend oder leichtfertig mit diesen Dingen umgehen. Solch ein offener Kampf muß immer mit einer tiefen und völligen Hingabe an die Herrschaft von Jesus Christus verbunden sein. Um diesen Kampf zu führen, muß vorher ein sorgfältiges Studium der biblischen Lehre über unseren Sieg gemacht worden sein. Das Auswendiglernen von Teilen der Bibel sollte uns eine Gewohnheit werden, damit wir das Schwert des Geistes immer gebrauchen können. Die fauchenden, bösen Geister werden alles versuchen, um dich während einer geistlichen Auseinandersetzung einzuschüchtern und zu verängstigen. Ihre Tricks und Verführungen sind sehr unterschiedlich und zahlreich. Völlige Bindung an den Heiligen Geist und an den Sieg Christi allein reicht aus, um hindurchzusehen durch diese Verwirrung, hin auf unseren Sieg.

In einer direkten geistlichen Auseinandersetzung gegen den Feind darf man auf keinen Fall mit einem Menschen zusammenarbeiten, der sich nicht mit seinem ganzen Willen der Herrschaft von Jesus Christus ausgeliefert hat. Der Herr warnt uns an verschiedenen Stellen der Bibel davor. Der ehemals Kranke, der von unserem Herrn geheilt worden ist, wird von Jesus gewarnt: »*Siehe, du bist gesund geworden; sündige nicht mehr, damit dir nichts Ärgeres widerfahre*« (Joh.5,14).

Matthäus und Lukas berichten beide ernüchternd von Warnungen unseres Herrn; »*Wenn der unreine Geist von dem Menschen ausgefahren ist, so durchwandert er dürre Orte und sucht Ruhe; und da er sie nicht findet, spricht er: Ich will in mein Haus zurückkehren, von wo ich ausgegangen bin. Und wenn er kommt, findet er es gekehrt und geschmückt. Dann geht er hin und nimmt sieben andere Geister mit, schlimmer als er selbst, und sie gehen hinein und wohnen dort; und das Ende jenes Menschen wird ärger als der Anfang*« (Luk. 11,24-26; siehe auch Math-12,43-45).

Diese Verse erinnern uns, daß wir es mit einem Feind zu tun haben, der keine Späße macht. Er ist erbarmungslos, ein Feind, der strategisch vorgeht. Er gibt niemals auf. Wenn jemand nur frei von dämonischer Bedrückung werden will, aber dann versäumt, sein Leben mit dem Wort und der Fülle des Heiligen Geistes auszufüllen, wird er sich schon bald größeren Problemen gegenübergestellt sehen, als er sie vor der Konfrontation hatte.

Geistlicher Kampf ist keine leichtfertige Angelegenheit. Es erfordert die persönliche Aneignung unseres ganzen Sieges im Herrn Jesus Christus und unsere tägliche, enge Verbundenheit mit Ihm. Sünden des Fleisches dürfen niemals toleriert oder leichtfertig abgetan werden. Eine weltliche Gesinnung gehört nicht in das Leben eines Gläubigen. Christen, die mit den oft wiederholten Ermahnungen des Wortes leichtfertig umgehen, werden sich selbst als leichte Beute von Satans hinterlistigen Methoden wiederfinden. Vielleicht finden sie es sogar schwer, sich selbst einzugestehen, daß sie von Satan gebunden sind, aber der Feind wird erbarmungslos an ihnen dranbleiben. Er benutzt jede Gelegenheit, die wir ihm bieten, um gegen die Gläubigen Boden zu gewinnen und einzudringen, damit er uns bedrücken und raffiniert binden kann.

Ich würde demütig sagen, daß in dieser Zeit niemand im direkten Angriff gegen den Feind ein vollkommener Experte ist. In dem Moment, wo er sich als solcher sieht, wird er schnell gedemütigt werden. Unsere einzige Grundlage des Sieges über diese Mächte ist unsere Einheit mit dem Herrn Jesus Christus und der Dienst des Heiligen Geistes. Fast jedes Mal, wenn man in eine Auseinandersetzung mit der Finsternis gerät, ist man völlig unsicher, was als nächstes zu tun ist. Die Mächte der Finsternis sind nicht kalkulierbar und sehr schlau. Um Weisheit zu erlangen ist es notwendig, ständig vom Heiligen Geist abhängig zu sein.

Es gibt einige Regeln, die im direkten Kampf mit der Finsternis unbedingt beachtet werden sollten.

Versuche niemals, neugierig Informationen zu sammeln und erlaube keinem bösen Geist, dir freiwillig Informationen zukommen zu lassen, die über deinen Befehl hinausgehen. Die Kommunikation mit ihnen dient nur zum Brechen ihrer Macht und um ihnen zu befehlen, daß sie die jeweilige Person verlassen müssen. Alle andere Unterhaltung mit ihnen grenzt an das, was von der Bibel als Spiritismus verdammt wird.

Glaube niemals, was ein böser Geist gesagt hat, es sei denn, du hast es nachgeprüft. Sie sind eingefleischte Lügner, so wie ihr Chef der Satan. Befiehl, wenn du Informationen von ihnen erhalten hast, ungefähr so: »Wird diese Antwort als Wahrheit vor dem Thron des wahren und lebendigen Gott bestehen?«

Habe niemals Angst vor der Drohung, dir oder deiner Familie zu schaden. Es ist gut, 1.Johannes 5,18b zu gebrauchen:

»Wir wissen, daß jeder, der aus Gott geboren ist, nicht sündigt; sondern der aus Gott Geborene bewahrt ihn, und der Böse tastet ihn nicht an.«

Sie werden dich oft bedrohen, daß sie dich töten oder die, die du liebst zerstören wollen. Unser Schutz ist der HERR, und sie können uns nicht schaden, wenn der HERR uns beschützt.

Denke nicht, daß ein einzelner Sieg das Ende des Krieges bedeutet. Diejenigen, welche von großen Problemen durch die Finsternis heimgesucht werden, müssen die Notwendigkeit erkennen, sehr eng bei dem Herrn Jesus zu bleiben. Wenn eine Hierarchie keine Macht mehr gegen dich hat, so könnte sich noch eine andere, die keine Beziehung zu der ersten hatte, offenbaren.

Baue nicht auf die direkte Konfrontation als hauptsächliches Mittel zum Sieg über den Feind. Der aktive Gebrauch der Lehre, Kampfgebet, Auswendiglernen von Bibelteilen und ein Leben zum Lobe Gottes sind wesentlich.

Lege täglich die ganze Waffenrüstung Gottes an, nimm deine Einheit mit Christus in Anspruch und lebe in der Fülle des Heiligen Geistes.

Erkämpfe allen Raum zurück, den Satan durch sorglose, willentliche Sünden des Fleisches gegeben worden ist. Ein einfaches Gebet des Glaubens kann dies erreichen.

»In dem Namen des Herrn Jesus Christus, nehme ich von Satan das Anrecht gegen mich zurück, das er erhalten hat, als ich meinen Chef angelogen habe. Ich bekenne dies als Sünde gegen meinen HERRN und bitte Dich, mich durch das Blut des Christus zu reinigen.«

Dies sollte für jeden zur Gewohnheit werden, der dich um Hilfe ersucht.

Binde alle Mächte der Finsternis, die unter einem bösen Geist wirken, an den Obersten und befiehl, daß alle mitgehen müssen, wenn er den Menschen verläßt.

Zwinge den bösen Geist zuzugeben, daß du die uneingeschränkte Autorität über ihn hast, weil du mit Christus über alle Fürstentümer und Gewalten gesetzt worden bist (Eph.1,21;2,6). Sie hassen es, dies zuzugeben, weil es ihre Kraft schwächt; aber bestehe darauf auf Grund des Wortes Gottes.

Zwinge sie zuzugeben, daß, wenn du ihnen befiehlst zu gehen, sie auch dahin gehen müssen, wohin Christus sie senden wird.

Verlange, wenn die böse Macht sich in verschiedene Teile aufgespalten hat, daß sie wieder zu einem einzigen Geist werden.

Sei vorbereitet, daß die bösen Mächte den Menschen, mit dem du gerade arbeitest, in irgendeiner Weise verletzen wollen. Plötzliche körperliche Schmerzen, starke Kopfschmerzen, Würgegefühle und ähnliches werden oft eingesetzt. Befiehl im Namen des Herrn Jesus Christus der Macht, indem du dieses Symptom nennst, daß sie sofort von ihrem Angriff ablassen muß.

Zum Schluß dieses Kapitels möchte ich noch davor warnen, daß wir nicht alle physischen und emotionalen Schwierigkeiten als dämonisch bezeichnen.

Kurt Kochs Buch »Okkultismus und Befreiung« Teil 2 gibt uns einige sorgfältige Beurteilungsgrundlagen, um zu entscheiden, was dämonischen Ursprungs und was reine physische und emotionale Probleme sind, die andere Ursachen haben.[8] Es ist wichtig zu wissen, daß unser Sieg in Christus vollständig über alle Bereiche von Satans Reich ist. Trotzdem ist es genauso wichtig, Satan nicht das zuzuweisen, was er nicht verursacht hat. Den Feind für etwas verantwortlich zu machen, woran er gar nicht beteiligt ist, bedeutet letztlich, ihm Ehre zu geben, die ihm nicht gebührt.

---

[8] Kurt Koch, Seelsorge und Okkultismus (Brunnen Verlag, 1982)

10

KAMPFANSAGE GEGEN SATANS BEHINDERUNG DER ERWECKUNG

»Stelle uns wieder her, Gott unseres Heils, und mache deinem Unwillen gegen uns ein Ende! Willst du uns ewig zürnen? Willst du deinen Zorn währen lassen von Geschlecht zu Geschlecht? Willst du uns nicht wieder beleben, daß dein Volk sich in dir freue?« (Ps.85,5-7)

Schon viele Jahre hat mir der HERR das Gebet für eine Erweckung auf mein Herz gelegt. Ich weiß, daß viele Gläubige diese Last mit mir teilen. Wir sehen immer mehr Hinweise darauf, daß die einzige Hoffnung für unsere Nation und die Welt eine Erweckung ist. Die himmelschreiende Bosheit in unserer Zeit kann nur noch gestoppt werden durch Gottes schreckliches Gericht oder durch ein mächtiges Eingreifen von Gottes Geist, der tiefe Buße und Glauben an Gott bewirkt.

Wir können heute viele Hinweise von Gottes Handeln erkennen. Er bietet uns den reichen Schatz seiner Gnade an. Er segnet und ehrt verschiedene missionarische Bewegungen mit ihrer großen Betonung auf persönliche Evangelisation und auf einem mit Gottes Geist erfüllten Leben. Große stadt- und sogar landesweite Evangelisationen erreichen viele. In den USA erfreuen sich bibeltreue örtliche Gemeinden, die offensive evangelistische Programme verfolgen, guten Wachstums inmitten von einem Meer von Bosheit, das unsere Zeit charakterisiert. Christliche Universitäten, die die biblischen Lebensprinzipien betonen, wachsen phänomenal in Amerika. Hunderttausende besuchen Seminare über die christliche Familie, Ehe und andere Themen. Die charismatische Bewegung ist, trotz ihrer potentiell gefährlichen Überbetonung von übernatürlichen Erfahrungen und Emotionen und trotz ihrer Rücksichtslosigkeit im Bezug auf die Wichtigkeit der biblischen Lehre, gebraucht worden, um viele zum rettenden Glauben an den Herrn Jesus Christus zu führen.

Trotz aller dieser guten Anzeichen von Gottes Gnade ist die Erweckung bisher noch nicht gekommen. Gerade während der Zeit des schnellen Wachstums einiger dieser Bewegungen, schreitet doch die moralische Dekadenz der Gesellschaft, die Drogenseuche, Gewaltkriminalität und Mord, sowie die allgemeine Zunahme an Sünden und Korruption ungehindert weiter fort. Unzählige Gläubige leben konform mit der Welt, apathisch und gleichgültig gegenüber dem Wirken Christi. Es hat keine Erweckung gegeben.

Keine Erweckung ohne Kampf gegen Satan

Vor einigen Jahren betete ich frühmorgens wieder einmal, wobei ich in unserem Kirchengebäude umherging. Während ich den HERRN anflehte, Erweckung über dieses notleidende Land und die Welt auszugießen, erfuhr ich eine ungewöhnliche Kraft und Befähigung durch den Heiligen Geist in diesem Gebet; und plötzlich traf der HERR mein Herz, so daß ich erkannte: **Bevor eine Erweckung kommen kann, muß es eine direkte Auseinandersetzung mit dem Satan geben.** Im ersten Moment war ich sehr verwirrt, so daß ich aufhörte zu beten. Ich wunderte mich, was dies bedeuten sollte.

In dem geschäftigen Leben eines Pastors vergaß ich diese Erfahrung bald wieder. Nach einiger Zeit übernahm ich eine andere Gemeinde. Nachdem ich mich in meinem neuen Verantwortungsbereich zurechtgefunden hatte, legte sich die Last für eine Erweckung wieder schwer auf mein Herz.

Ein anderes Mal, während ich wieder frühmorgens im Gemeindehaus umhergehend betete, wurde das Gebet um Erweckung ungewöhnlich intensiv und tiefgehend. Wieder war da dieses plötzliche Wissen vom HERRN, daß, bevor eine Erweckung eintreten kann, es zuerst einen mächtigen Kampf mit Satan geben wird. Ich war genauso verwirrt und überrascht wie beim ersten Mal. Dieses Mal jedoch setzte ich mein Gebet fort. Ich betete ungefähr so: »Ja, Herr, aber ich weiß nicht was dies bedeuten wird. Ich weiß nur sehr wenig über Satan oder sein Reich. Ich kenne niemanden, der genügend Bescheid weiß und dabei in seiner Lehre gesund ist. Wenn Du jemanden hast, der mich darüber unterrichten kann, was Du mich wissen lassen willst, so bin ich bereit zu lernen.«

Nur wenige Tage später begann der HERR durch eine Reihe von Ereignissen mir das Thema des geistlichen Kampfes nahe zu bringen. Es ist ein Gebiet, auf dem man ständig weiter wächst und dazulernt.

Damals erkannte ich, wie wichtig geistlicher Kampf auf dem Gebiet der Erweckung ist. Kampf ist sowohl nötig, damit der Segen der Erweckung kommt als auch, damit die Frucht von jedem großen Wirken Gottes bleiben kann. Satan haßt das Nachdenken über Erweckung mehr als irgendeine andere Gebetslast der Gemeinde. Erweckungen haben das Reich der Finsternis mehr erschüttert und es zum Rückzug gezwungen, als irgendein anderes Ereignis es vermochte. Satan wird alles tun, um eine Erweckung aufzuhalten. Wenn sie aber auftreten sollte, wird er sofort anfangen, die Erweckungsbewegung zu korrumpieren, um lebendige

Gläubige von dem mächtigen Wirken des Geistes Gottes abzuspalten.

Wir finden ein Beispiel dafür in der Bibel, als zu Pfingsten Gottes Geist Seine große Wirksamkeit entfaltete. Durch Verfolgungen und die innere Korruption von Ananias und Saphira arbeitete der Feind hart, um die Arbeit des Heiligen Geistes zu unterdrücken und zu zerstören. Eines der Ziele des Paulus, weshalb er der Gemeinde von Ephesus schrieb, war, daß sie, ganz und gar in der ersten Liebe für den HERRN brennend, den geistlichen Kampf und seine Bedeutung in der beständigen Erweckung kennenlernen sollen.

Um die Jahrhundertwende wogte eine mächtige Erweckung durch Wales. Es bereitet eine große Freude, über dieses heilige Wirken Gottes zu lesen. Die Erweckung war geprägt von innerem Zerbruch der Menschen, die tiefe Buße für ihre Sünden taten, durch große Wogen von Lob Gottes, die manchmal über Tage und Nächte andauerten und durch Evangelisationen, zu denen ganze Dörfer und Stadtteile in die Kirchen strömten. Jedoch fast gleichzeitig begann, Satan gegen dieses große Werk der Gnade zu arbeiten.

J.C. Metcalfe schrieb das Vorwort zu der gekürzten Auflage von »War on the Saints«. Er sagte:

> »Eine Gegenwirkung der walisischen Erweckung zu Beginn dieses Jahrhunderts war der Aufstieg einer Anzahl von extremen Kulten, die oft eine Rückkehr zu »den Praktiken von Pfingsten« betonten. Mrs. Penn-Lewis war Zeuge von vielen Begebenheiten der Erweckung. Sie sah klar die Gefahr der fanatischen Lehren. In Zusammenarbeit mit Mr. Evan Roberts, der eine herausragende Rolle in der Erweckung innehatte, schrieb sie »War On The Saints«. In diesem Buch wurden die extremen und unausgewogenen Lehren und Praktiken als ein Werk der eindringenden Heere böser Geister kategorisch gebrandmarkt. Das Wort ›Verführung‹ ist wohl das Schlüsselwort dieses Buches, ein Terminus, der in völliger Harmonie mit den Erkenntnissen von John Wesley und Dr. Henson ist.«[9]

Dieses Buch ist ein Klassiker über Satans Krieg gegen die Gläubigen. Es ist interessant zu bemerken, daß dieses Buch geschrieben worden ist, als die Erweckung schon anfing, unter dem geschickten Werk Satans zu wanken und ihren Schwung zu verlieren drohte. Wie nötig ist es doch für uns, die wir uns nach Erweckung seh-

---

9 War on the Saints, Editor: Jessie Penn-Lewis (Ft. Washington, Pa. Christian Literature Crusade, 1964) Seite VII

nen, daß wir solch ein Buch lesen und das Wort studieren, um zu wissen, wie man den Satan bekämpft, ehe eine Erweckung kommt.

Satan ist der große Nachahmer. Wenn er als ein Engel des Lichtes kommt, ist er sehr schwierig auszumachen. Der Herr Jesus warnte: »*Denn es werden falsche Christi und falsche Propheten aufstehen und werden große Zeichen und Wunder tun, um so, wenn möglich, auch die Auserwählten zu verführen. Siehe, ich habe es euch vorhergesagt*« (Math.24,24-25).

Halte die Balance!

In einer Erweckung oder in anderen geistlichen Bewegungen besteht die Tendenz, alles Übernatürliche als von Gott kommend zu akzeptieren. Diese Haltung ist, gemäß den Warnungen unseres Herrn, sehr gefährlich. Dies ist der Grund, warum das Wort Gottes die Gläubigen aufruft, die Geister mit Sorgfalt zu prüfen, um das zu messen und zu beurteilen, was gut zu sein scheint. Wie wir bereits sagten, wird der Heilige Geist nicht beleidigt, wenn wir die Geister prüfen. Er selbst hat uns dazu aufgefordert. Dies ist einer der Gründe, warum ich mir über einige Teile der charismatischen Bewegung sehr viele Sorgen mache; sie legen starke Betonung auf die Taufe mit dem Geist und auf die Erfahrung der Zungenrede. Einen Geist der Vorsicht kann man selten bei den Befürwortern der charismatischen Gaben hören. Lukas 11,11-13 und Matthäus 7,9-11 werden oft gebraucht, um zu beweisen, daß es keine Gefahr der Verführung durch böse Geister gäbe, wenn man um den Heiligen Geist und die guten Gaben Gottes bittet. Aber man vergißt, daß derselbe HERR, den man um Seinen Geist bittet, uns drängt, die Geister zu prüfen und nicht jedem Geist zu glauben. Wenn ich eine Erfahrung suche, die keine gesunde biblische Grundlage hat, dann öffne ich mein Leben betrügerischen Geistern, die als Engel des Lichts erscheinen.

Meine größte Sorge ist, daß eine der schlimmsten Bedrohungen für eine echte vom Heiligen Geist gesandte Erweckung die aktuelle Verbreitung der charismatischen Bewegung sein kann; mit all ihrer Betonung auf Erfahrungen und ihrem Desinteresse an objektiver, lehrmäßiger Wahrheit. Ich sage dies im Wissen, daß Gott in Seiner souveränen Gnade und Liebe durch diese Bewegung arbeitet, um viele Menschen zu Christus zu bringen. Der Apostel Paulus erkennt die Tatsache der Souveränität des HERRN an, der wirkt und Frucht schafft, immer wenn Christus gepredigt wird; auch wenn die, die predigen, in ihrem Leben zu Extremen neigen (siehe Phil.1,14-18). Der HERR gebraucht die charismatische Bewegung mit ihrem emotionalen Feuer als einen Tadel für die Kälte und Sturheit von einigen von uns, die nur lauwarmen Eifer zeigen, obwohl sie in der Lehre gesund sind.

Erweckung, die Bestand haben soll, muß charakterisiert sein

durch genaues Studium der Bibel und durch absolute Loyalität gegenüber der vollkommenen Wahrheit des Wortes Gottes. Im Licht der Wahrheit des Wortes Gottes muß jede Erfahrung gemessen und verstanden werden. Irrtum, der immer im Gegensatz zu Gottes Wort steht, muß zurückgewiesen, abgelehnt und aus dem Leben und der Praxis entfernt werden. Andernfalls wird Satan eindringen und einen Vorteil gegen den Gläubigen erringen. Ich habe viele Freunde, die brennende Befürworter der charismatischen Bewegung sind, und die nicht die Gefahren sehen, auf die ich versuche, aufmerksam zu machen. Ich möchte diese hier ausgedrückte Warnung nicht als eine allgemeine Verdammung der gesamten Bewegung oder ihrer einzelnen Befürworter verstanden wissen. Ich habe aber zu viele bedrückte und gequälte Menschen betreut, die ihr Leben durch die Suche nach übernatürlichen Erfahrungen dämonischen Mächten geöffnet haben, als daß ich nicht Alarm schlagen müßte.

Ungeachtet, wie man zu dem charismatischen Phänomen steht, sehen dennoch alle wahren Gläubigen die dringende Notwendigkeit einer Erweckung. Meiner Meinung nach wird es dann zu einer Erweckung kommen, wenn der Heilige Geist mit großer Macht Gläubige bewegt, deren Herzen vorbereitet worden sind durch Buße, Gebet und erwartungsvolles Ausharren auf Gott. Der Heilige Geist berührt den Gläubigen zuerst mit Seinem reinigenden Feuer und Seinem Hauch von Kraft, indem er sein Herz mit überfließender Anbetung, Freude und Demut vor dem wahren und lebendigen Gott erfüllt. Die Segnungen der Erweckung werden dann unaufhaltsam überfließen und die Welt erfassen, was für die Verlorenen tiefe Sündenerkenntnis und Buße vor Gott bedeuten wird.

Dürfen wir Erweckung von Gott erwarten?

Ich verstehe Erweckung als etwas, was Gott in Seiner Gnade schenkt. Es bedeutet, daß Gott mit Seiner Kraft und Heiligkeit sich uns nähert, bis daß Sünde äußerst sündig wird und Sünder vor Gott gebrochen sind. Erweckung ist die Gnade, die durch die Fleischwerdung, das Kreuz, die Auferstehung des Christus und das Kommen des Heiligen Geistes plötzlich und überaus stark über uns kommt. Es bedeutet, daß ganze Gebiete, ja sogar ganze Nationen unter das mächtige Wirken und die Sündenüberführung durch Gott kommen. Gott bewegt es in Seinem übernatürlichen Eingreifen und stoppt den Menschen auf seiner Tauchfahrt nach unten.

Erweckung sollte von jedem Gläubigen heute die dringende Bitte an Gott sein. Einige sagen, daß wir dem zweiten Kommen Christi zu nahe wären, um eine Erweckung zu erwarten. Die Zeit des Abfalls sei über uns, so sagen sie, und wir könnten nur noch eine

Entwicklung zu Schlechterem erwarten, während wir mit letzter Kraft noch bis zum Ende ausharren müßten. Solch eine Ansicht muß aber mit der Verheißung unseres Herrn, Erweckung zu schenken in die Balance gebracht werden. In diesem Zeitalter der Gnade ist die Frucht der Erweckung immer gemäß Gottes Willen und Plan. Niemals will Gott, daß Seine Gemeinde apathisch und kraftlos ist.

Sogar der Gemeinde von Laodicea ist von unserem Herrn in Offenbarung 3 eine Erweckung angeboten worden. Nachdem Er sie für ihre geistliche Lauheit tadelte und sie ermahnte zu erkennen, »*daß du elend und bemitleidenswert und arm und blind und bloß bist*«, bietet Er ihr Erweckung an. In den Versen 18-20 lesen wir, »*ich rate dir, von mir im Feuer geläutertes Gold zu kaufen, damit du reich wirst; und weiße Kleider, damit du bekleidet wirst und die Schande deiner Blöße nicht offenbar werde; und Augensalbe, deine Augen zu salben, damit du siehst. Ich überführe und züchtige alle, die ich liebe. Sei nun eifrig und tu Buße! Siehe, ich stehe an der Tür und klopfe an; wenn jemand meine Stimme hört und die Tür öffnet, zu dem werde ich hineingehen und mit ihm essen und er mit mir.*«

Kampf für Erweckung beinhaltet den offensiven Gebrauch von allem, was wir in Christus haben. Es bedeutet, daß ich mit den Waffen, die schon beschrieben wurden, ernsthaft gegen mein Fleisch Krieg führe. Es heißt, daß ich die Welt überwinde durch meine Einheit mit Christus und den völligen Einsatz meines Glaubens. Es erfordert den offensiven Gebrauch der Waffen unseres Kampfes gegen Satan und die Inanspruchnahme unserer von Gott gegebenen Macht, um die dämonischen Festungen niederzureißen. Noch einmal möchte ich ein Muster eines Kampfgebetes für Erweckung zum Studium und zum Gebrauch hier niederschreiben.

Gebetskampf für Erweckung

Himmlischer Vater, ich preise Deinen Namen für die Gnade, die mir durch den Herrn Jesus Christus zuteil wurde. Ich freue mich über den Sieg, den Du mir gegeben hast, um die Sünde und das Versagen zu überwinden. Ich komme vor Dich, um Sünden zu bekennen und um Dein Erbarmen wegen meiner eigenen Sünden zu erflehen, aber auch wegen den Sünden der anderen Gläubigen und den Sünden unserer Nation. Unser Volk steht vor Dir und verdient Deinen Zorn und Dein Gericht. Ich bekenne die Sünden der Gläubigen; die Sünden der Lauheit, der Faulheit und der Weltliebe. Ich bekenne vor Dir die Bosheit unserer Gesellschaft; sie verdient Dein Gericht. Ich stehe vor Dir, um Buße zu tun für den schrecklichen Angriff gegen Dich, der sich zeigt durch die Drogenseuche, den Alkoholismus, die moralische Verderbtheit, z.B. in der Unterhaltungsindustrie, den An-

stieg der Kriminalität und den Mangel an ethisch hochstehenden Charakteren in der Führung unseres Landes. Ich bitte um Vergebung und Erbarmen für die theologischen Sünden des Liberalismus und der zu oft überharten, bitteren Kritiksucht und des streitsüchtigen Geistes des Fundamentalismus. Ich bin mit Dir betrübt über die schreckliche Zunahme des Interesses an Okkultismus und der unverhohlenen Anbetung Satans durch böse, verführte Menschen. Bitte richte diese Nation doch nicht mit dem Zorn und dem Grimm, der über Sodom kam, sondern mit einem mächtigen Ausgießen der Erkenntnis von Sünde. Mögen doch Sünder unter der Last ihrer Schuld stöhnen bis sie wie damals zu Pfingsten ausrufen: »Was sollen wir tun?«

Ich preise Deinen heiligen Namen, daß es durch die Person und das Werk des Herrn Jesus Christus ein ausreichendes Maß der Gnade gibt, um unser Flehen zu beantworten. Ich bitte Dich, lieber Herr Jesus, daß Du Dein Blut des Kreuzestodes und die Kraft Deiner Auferstehung gegen die boshaften Sünden und gegen die Rebellion gegen Gott in den Herzen der Menschen einsetzt. Ich warte auf den Heiligen Geist, daß er uns führen, vorbereiten und uns alle zur Erweckung bringen möge.

Ich erkenne, daß Satan und sein Reich der Finsternis, über das er herrscht, sich zusammengerottet und mit ruhelosem Eifer Pläne gegen die Erweckung geschmiedet haben. Satan hat sein Reich sorgfältig aufgebaut, um allem zu widerstehen, was heilig und gut ist.

In dem Namen des Herrn Jesus Christus zerschlage ich und reiße alle Festungen nieder, die Satan aufgerichtet hat, um eine Erweckung zu verhindern. Ich bete, daß der mächtige Sieg des Kreuzes und der Auferstehung des Herrn Jesus Christus direkt gegen Satans Plan, eine Erweckung zu behindern, angewandt wird. Ich reiße die religiöse Verbohrtheit nieder, die so viele geblendet und gebunden hat. Ich reiße seine Festungen der Gebetslosigkeit und der Nachlässigkeit im Umgang mit Gottes Wort nieder. Ich fordere für den Herrn Jesus Christus die Anrechte zurück, die Satan für sich in Anspruch nimmt, um Erweckung zu verhindern. Ich halte fest, daß alle Pläne Satans vollständig besiegt werden durch das Kreuz und die Auferstehung meines Herrn Jesus Christus. Ich reiße Satans Pläne nieder, die Erweckung zu verdrehen wenn sie kommt. Ich bitte, daß der Heilige Geist den Führungspersönlichkeiten der Erweckung Weisheit und Erkenntnis schenkt und all denen, die Du zur Leitung auserwählt hast. Möge diese Erweckung, für die ich bete, größer sein als alle, die vorher da gewesen sind. Sie möge dazu dienen, die Gemeinde zu reinigen und sie für das Kommen unseres HERRN vorzubereiten. Ich bitte, daß viele Menschen aus allen Teilen der Erde zu Deiner Herde gesammelt werden.

Geliebter Herr Jesus Christus, Du hast uns eingeladen, zu Dir zu kommen und von Dir zu kaufen, was wir für eine Erweckung nötig haben. Gib uns das Gold, das bewährt ist im Feuer der Prüfung, die Du in Deiner souveränen Macht herbeiführst. Gib uns die weißen Gewänder Deiner Reinheit, indem Du Dein Leben in uns lebst. Gewähre uns die Augensalbe des Heiligen Geistes, damit wir gesalbt werden, um geistliche Wahrheit zu sehen, sie zu bewahren und sie in die Praxis umzusetzen. Ich öffne die Tür für Deine Herrschaft, lieber Heiland. Ich lade Dich ein, zu mir persönlich zu kommen und meine Gemeinde zu besuchen. Bitte sei unser souveräner Herr, damit wir mit Dir in der Tiefe Deiner Liebe Gemeinschaft haben. Ich bitte dies alles und bringe es vor Dich mit Dankbarkeit über den Verdienst und die Würde des Herrn Jesus Christus. Amen.

Betest du Kampfgebete dieser Art für eine Erweckung? Möge Gott alle unsere Herzen dazu bewegen.

11

GEISTLICHER KAMPF DURCH GEISTLICHE EINHEIT

»Seid gleichgesinnt gegeneinander; sinnt nicht auf hohe Dinge, sondern haltet euch zu den Niedrigen; seid nicht klug bei euch selbst« (Röm.12,16).

Während ich an diesem Buch arbeite, sitze ich an einem offenen Kamin. Ich versuchte fleißig, das Feuer in Gang zu halten, indem ich sowohl Kaminkohle, als auch Reisig verwendete. Das Reisig verbrannte jedoch zu schnell. Daraufhin machte ich eine Entdeckung, die auf den geistlichen Kampf übertragen werden kann. Nachdem ich mit etwas Draht den Reisig zu einem festen Bündel zusammengeschnürt hatte, stellte ich fest, daß es viel langsamer verbrannte, fast wie ein großer Holzscheit. Die verzehrende Kraft des Feuers ist viel mehr eingeschränkt, wenn die Zweige fest zusammengebunden bleiben.

Zum geistlichen Kampf muß deshalb etwas gesagt werden über die lebensnotwendige Einheit, die Verbundenheit des Leibes Christi. Es wurde immer wieder betont, daß der Sieg des Gläubigen in seiner Einheit mit dem Herrn Jesus Christus liegt, der unseren Sieg erstritten hat. Es ist aber auch wichtig zu sehen, daß, indem wir mit Christus vereint sind, wir auch mit allen Gliedern des Leibes Christi vereint sind. *»Denn wie der Leib einer ist und viele Glieder hat, alle Glieder des Leibes aber, obgleich viele, ein Leib sind: so auch der Christus. Denn in einem Geist sind wir alle zu einem Leib getauft worden, es seien Juden oder Griechen, es seien Sklaven oder Freie, und sind alle mit einem Geist getränkt worden«* (1.Kor.12,12-13). *». . .so sind wir, die vielen, ein Leib in Christus, einzeln aber Glieder voneinander«* (Röm.12,5).

Diese Verse sind sehr wichtig für uns. Sie stehen für viele Aussagen der Bibel, die uns daran erinnern, daß Gläubige als eine Einheit handeln müssen, als ein Leib in Übereinstimmung und Abhängigkeit von einander. Wenn Gläubige eng miteinander verbunden bleiben und eng mit ihrem Haupt, Christus, verbunden sind, dann können uns die verzehrenden Feuer Satans nur wenig anhaben. Ein kleines Zweiglein, das versucht, allein durchzukommen, wird mit Sicherheit sehr bald in Flammen aufgehen.

Bei meinem Einsatz zur Befreiung von Menschen, die von zerstörerischen dämonischen Angriffen geplagt werden, habe ich mich oft danach gesehnt, daß eine große Zahl von Gläubigen sich durch Fürbittegebet und Ermutigung ernsthaft mit uns in dem Kampf einsmacht. Es ist nicht ungewöhnlich, daß ein angefochtener Mensch verzweifelt versucht, sein Problem vor seinen geistlichen Freunden geheimzuhalten. Er fürchtet, für einen Geisteskranken gehalten zu werden, von dem man sich fernhalten muß und über den hinter seinem Rücken gesprochen wird. Zu oft mußte ich zugeben, daß er vielleicht recht haben wird. Ich kenne viele aufrichtige Christen, die jede Art von ernstzunehmenden offensiven Kampf gegen den Teufel und sein Reich als Extremismus bezeichnen würden, von dem man sich fernhalten müsse. Durch Gottes Gnade und Liebe und durch treues Lehren des Wortes Gottes muß sich diese Situation in der Christenheit irgendwie ändern. Gläubige müssen anfangen, wieder zu erkennen, wie nötig, ja lebensnotwendig sie einander brauchen. Wir müssen die Wahrheit, daß wir zusammen im Kampf stehen, ausleben.

»Aber Gott hat den Leib zusammengefügt und dabei dem Mangelhafteren größere Ehre gegeben, damit keine Spaltung im Leib sei, sondern die Glieder dieselbe Sorge füreinander hätten. Und wenn ein Glied leidet, so leiden alle Glieder mit; oder wenn ein Glied verherrlicht wird, so freuen sich alle Glieder mit« (1.Kor.12,24-26).

Es ist faszinierend zu sehen, daß die wichtigen Passagen über geistlichen Kampf nicht einfach an Individuen geschrieben worden sind, sondern an Gemeinden, an organisierte Gemeinschaften von Gläubigen. Der vielleicht wichtigste Abschnitt in der Bibel über geistlichen Kampf, Epheser 6,10-18, endet mit der Ermahnung. *»und wachet* **hierzu** *in allem Anhalten und Flehen für alle Heiligen...«* (6,18b). Der Apostel geht weiter, indem er um anhaltendes Gebet für sich selbst bittet, so wie er die Gemeinde oft schon an seine Gebete für sie erinnert hatte.

Aus eigener Erfahrung und auch aus der Lehre des Wortes Gottes habe ich gesehen, wie stark die geistliche Kraft einer einmütigen Gruppe von Gläubigen ist. Es gibt immer wieder Zeiten, wo nur mit wenig Fortschritt eine Seele von quälenden dämonischen Mächten befreit werden kann. Die Bitte um Gebet von einigen ernstzunehmenden Gläubigen, die von der Wirklichkeit eines solchen Kampfes etwas wissen, ändert dann die Situation beim nächsten Treffen vollständig. Der Feind wird schon bald dahin gebracht, wohin der Herr Jesus Christus ihn haben will.

Es ist meine große Sorge, daß nicht ein Buch dieser Art den Leib Christi zerteilt. Einige werden mit Eifer die Konzepte, die in diesem Buch ausgeführt wurden, ergreifen. Andere werden vielleicht denken, daß es zu extrem ist. Ich möchte beide Positionen warnen, nicht vorschnell einander zu richten oder zu kritisieren. Wir müssen uns ständig daran erinnern, daß wir Glieder am Leib Christi sind und einander brauchen. Das Gebet, das Studium von Gottes Wort und Vertrauen auf das Wirken des Heiligen Geistes werden uns anspornen, vorwärts zu gehen und uns fest zusammenhalten. *»Befleißigt euch, die Einheit des Geistes zu bewahren durch das Band des Friedens«* (Eph.4,3).

Wir sollten uns niemals als Meister auf dem Gebiet des geistlichen Kampfes betrachten. In dem Augenblick, in dem wir uns dafür halten, werden wir Opfer unseres Feindes. Nur völlig demütige Abhängigkeit vom Herrn Jesus Christus kann unseren Sieg sichern. Das Thema des Kampfes mit Satan und seinem Reich soll dich niemals von der Einheit mit den Gläubigen trennen.

Als Gläubige gehen wir dem Ende aller Dinge entgegen. Das Kommen unseres Herrn scheint sehr nahe zu sein. Der Nahe Osten ist immer noch voller Spannung. Rußland befindet sich im Schwebezustand und könnte sich schon bald gegen Israel in Bewegung setzen. Der souveräne Plan Gottes bewegt alles auf den Abschluß zu. Nur wenige Gelehrte der biblischen Prophetie haben daran Zweifel.

Dies bedeutet, daß die Gläubigen, die eins geworden sind, im Gebrauch ihrer Waffen des Kampfes zunehmend schlagkräftiger sein müssen. Die Frontlinien werden noch aggressiver von dem Feind unserer Seelen aufgebaut werden. Er beeinflußt offener die Angelegenheiten der Menschen. Er plant, seine Schlinge enger zu ziehen und die Welt immer fester in den Griff zu bekommen. Er bewegt das Weltsystem zu der Machtergreifung seines »idealen Menschen«, der dann als Antichrist regieren wird. Gläubige, untereinander verbunden und gebunden an Christus, sind die einzige wirkliche Bedrohung dieses Weltsystems. Er wird sein Äußerstes geben, uns zu trennen und zu besiegen. Er wird versuchen, die Anziehungskraft der Welt auf unser Fleisch stärker als je zuvor werden zu lassen. Er wird seine Dämonen gegen uns anrücken lassen in einer Massivität, der wir noch nie begegnet sind (1.Tim.4,1). Wir müssen für die Schlacht vorbereitet sein. Dies ist der Grund, warum ich versucht habe, einiges von dem weiterzugeben, was der Herr mir über unseren Kampf gezeigt hat. Die Tage der Halbherzigkeit im geistlichen Kampf sind vorüber. Nur wenn der vereinte Leib in den schon errungenen Sieg eintritt und ihn auch offensiv zur Wirkung kommen läßt, dann können wir bestehen. Diejenigen, die sich von dem Leib Christi und von dem Herrn Jesus Christus zurückziehen, werden eine schmerzhafte geistliche Niederlage erleiden. Durch Gottes Gnade und bewahrende Kraft werden sie errettet werden und in die Freuden des Himmels eintreten; aber sie werden die riesige Freude verpassen, den Krieg gewonnen zu haben. Demütig dränge ich jeden Leser mit diesen Worten, daß er einen guten Kampf kämpft und den Leib Christi liebt, so wie unser Herr ihn liebt.

In dem Maße, wie die Zeichen des Kommens unseres Herrn sich vermehren und die Intensität des Kampfes zunimmt, rückt auch eine andere Tatsache näher. Die Tatsache nämlich, daß unser Kampf bald ein Ende haben wird. Der Herr Jesus Christus kommt bald »mit dem eisernen Stab«. Für die Erlösten ist dies das Signal des Finales unseres Kampfes mit dem Fleisch. Wenn er kommt, wird der Kampf des Gläubigen mit seinem Fleisch plötzlich zu Ende sein. Denn »*wir werden nicht alle entschlafen, wir werden aber alle verwandelt werden, in einem Nu, in einem Augenblick, bei der letzten Posaune;...*« (1.Kor.15,51-52). »*...danach werden wir, die Lebenden, die übrigbleiben, zugleich mit ihnen entrückt werden in Wolken dem Herrn entgegen in die Luft; und so werden wir allezeit beim Herrn sein*« (1.Thess.4,17). Wir werden zwar einen Leib haben, aber verherrlicht sein. Und die alte Natur, die wir jetzt noch so gut kennen, wird spurlos verschwunden sein in den Fluten unseres verherrlichten, gerechten Standes. Unser Feind, das Fleisch, wird nicht mehr sein.

Das Kommen des Herrn Jesus Christus wird auch den Kampf mit der Welt, so wie wir ihn jetzt noch kennen, beenden. Unser Herr wird in Gerechtigkeit und Frieden auf der Erde regieren. Satans Herrschaft wird zu Ende sein. Die Weltordnung wird unter der absoluten, souveränen Herrschaft des gerechten Königs stehen. Die, die mit Ihm regieren, werden die gesamte Gemeinschaft der verherrlichten Heiligen sein. Beim Kommen unseres Herrn und dessen Kraft wird das Weltsystem gerichtet werden; der verlängerte Arm des Fleisches des Menschen und die Verführung Satans wird für alle Ewigkeit nicht mehr sein (Math.25,31-34).

Unser Kampf gegen den Teufel wird auch mit dem Kommen unseres Herrn beendet werden. Satan und alle seine Mächte werden für tausend Jahre in einem bodenlosen Abgrund gebunden werden (Offb.20,1-6). Satan wird es niemals erlaubt werden, sein abscheuliches Werk in die Herrschaft unseres Herrn hineinzumischen.

Als Glieder am Leib Christi müssen wir heute zum Abschluß bringen, was jene ersten Glieder des Leibes in der Intensität ihres Kampfes ausführten. Unsere Schlacht verspricht, genauso glühend zu werden, wie es die Kämpfe damals waren. Wir brauchen die gleiche Verbundenheit und das gleiche Einssein, das gleiche Überzeugtsein vom Sieg, den gleichen mutigen Gebrauch unserer Waffen, die gleiche furchtlose Zusicherung unseres Besitzes und das gleiche Bewußtsein, daß es bald vorüber sein wird und wir zu Hause sein und unseren Lohn genießen werden. Wir »*erwarten die glückselige Hoffnung und Erscheinung der Herrlichkeit unseres großen Gottes und Heilandes Jesus Christus*« (Tit.2,13). »*Der diese Dinge bezeugt, spricht: Ja, ich komme bald. Amen, komm Herr Jesus*« (Offb.22,20).

ZWEITER TEIL
ÜBERWINDE DEN TODFEIND

12

SATAN IST NICHT UNBESIEGBAR

Es waren acht schöne Monate, in denen eine liebenswürdige junge Frau in unserem Haus wohnte. Sie war 22 Jahre alt und schon seit 5 Jahren heroinabhängig. Bevor sie zu uns kam, mußte Sandy sich einer Entziehungskur in einem Gefängniskrankenhaus unterziehen. Nun begann sie in der beschützten Atmosphäre einer christlichen Familie aufzublühen. Sie war wie eine Blume, die sich jetzt entfalten wollte. Frei von Drogen begann sich für sie eine völlig neue Welt zu eröffnen, und sie nahm wahr, was sie in ihrer Abhängigkeit alles verpaßt hatte. Sie freute sich, zur Gemeinde zu gehen. Sie legte sogar ein Glaubensbekenntnis ab, um Jesus Christus als ihren Heiland zu empfangen. Ihre Arbeit als Pflegehelferin machte ihr große Freude, was jeder sah, der sie beobachtete, wie sie die alten Patienten tröstete und ihnen half. Ihre Begabung als talentierte Pianistin kehrte zurück. Alles sah hoffnungsvoll und ermutigend aus.

Alles ging gut, bis einer ihrer alten Freunde herausfand, wo sie sich aufhielt. Er lud sie ein, an der Hochzeitsfeier seiner Schwester teilzunehmen. Nur ungern gaben wir ihrem Drängen nach und ließen sie gehen. Später erzählte sie uns, daß sie in dieser Nacht wieder zurück »auf die Drogenstraße« kam. Obwohl wir sie sehr liebten, kam aber bald schon der Punkt, wo wir ihr sagen mußten: »Entweder lebst du in den Ordnungen unserer Familie oder du mußt gehen.«

An dem Abend, als sie sich entschlossen hatte zu gehen, sprachen wir mit ihr über das Bekenntnis ihres Glaubens. Mit ungewöhnlich klarem Verstand zeigte sie an ihren Kopf und sagte: »Ich habe es hier oben gehabt, Pastor Bubeck, aber«, sie zeigte auf ihr Herz, »es kam niemals hier unten an, so daß es ehrlich gemeint wäre.« Für uns war es ein trauriger Abend, als wir zusahen, wie sie in dem neuen Auto, das ihr Vater ihr geholfen hatte zu kaufen, davonfuhr. In diesem Moment schien Satan so stark und wir so schwach zu sein. Einige Monate später mußte ich ihre Beerdigung durchführen. Sie starb an einer Überdosis Rauschgift. Ob sie sich diese selbst gesetzt hatte oder ob es mit Gewalt geschah, weiß niemand. Satan ist wirklich sehr mächtig.

Die mächtige Liebe Christi

Aber es gibt auch eine hellere Seite dieser Geschichte. Während der Monate, nachdem Sandy uns verlassen hatte, hat unsere Familie niemals aufgehört, für sie zu beten. Wir hatten oft mit ihr telefoniert und uns getroffen und manchmal konnten wir ihr auch aus einer Klemme helfen. Immer wieder sagte sie uns, daß sie uns liebt.

An einem Augusttag klingelte das Telefon in meinem Büro. Unsere älteste Tochter Rhonda sagte, daß Sandy vor dem Pfarrhaus stehe und mich sprechen wolle. Ich ließ alles stehen und liegen, um schnell nach Hause zu kommen.

Ich war nicht auf das vorbereitet, was ich sah. Sandy war gerade ohne sich abzumelden aus einem Krankenhaus weggegangen, wo sie wegen einer Überdosis behandelt wurde. Ihre schönen langen schwarzen Haare waren von einem zornigen Freund abgeschnitten worden. Ihr Gesicht war nur noch eine ausgemergelte Kopie von dem einst so hübschen Mädchen, das in unserem Hause gelebt hatte. Sie litt nicht nur wegen der Überdosis, sondern auch an einem Leberleiden. Ihre Kleidung war schmutzig und zerrissen. Ich nahm sie in meine Arme und fing an zu weinen. Meine Geste der Liebe schien ihr Herz zu brechen, und sie schluchzte und schluchzte an meiner Schulter ihren Schmerz heraus.

Als wir fähig waren zu sprechen, sagte ich zu ihr: »Sandy, du weißt doch, daß du bald sterben mußt, wenn du so weiter lebst?« Sie schaute mich einen Moment an, und wieder füllten sich ihre Augen mit Tränen. Wir sprachen über ihr Eingeständnis, daß ihr früheres Glaubensbekenntnis nur eine Zustimmung ihres Verstandes war und nicht ihr Herzensglaube. Wir betrachteten gemeinsam viele Bibelabschnitte um zu sehen, daß ewige Hoffnung nur für die da ist, die zuerst mit ganzem Herzen zum HERRN kommen. Sie muß freiwillig ihre Sünden aufgeben wollen und Buße tun. Sie muß den Entschluß fassen, von der Macht der Sünde und den Drogen wirklich frei zu werden und bereit zu sein zu glauben, daß der Herr Jesus Christus sie von allen ihren Sünden retten kann.

Eine schreckliche Schlacht begann. Satans Gewaltherrschaft über sie war bedrohend, und ich mußte mit ganzem Einsatz kämpfen. Manchmal schien sie sich zu verhärten und sogar darüber lachen zu wollen. Öfters wurde sie einfach abgeschaltet. Während solcher Augenblicke betete ich laut für sie: »Im Namen des Herrn Jesus Christus binde ich Satan, daß er nicht stören darf, wenn Sandy den Herrn Jesus Christus kennenlernt.« Ich lud den Heiligen Geist ein, Sandy davon zu überzeugen, daß sie von ihren Sünden gerettet werden muß. »Herr Jesus Christus, öffne ihr die Augen, damit sie sieht, wie sehr Du sie liebst!«

Immer wieder versicherte ich Sandy, daß niemand für sie die Entscheidung fällen könne. Sie selbst müsse Christus persönlich einladen, in ihr Leben und Herz zu kommen, um ihre Seele zu retten. Ich hatte mir vorgenommen, es ihr nicht einfach zu machen. Ich bot ihr keine Hilfe an, das Gebet des Sünders zu sprechen, wie ich es bei ihrem früheren Glaubensbekenntnis getan hatte. Ich erklärte ihr, daß es von ihrem Herzen kommen müsse. Sie mußte ihr Herz in der Buße vor Gott ausschütten und den Herrn Jesus Christus bitten, in ihr Leben zu kommen, um sie von allen ihren Sünden zu reinigen.

Das Ringen ging noch eine Weile weiter. Mal sah es so aus, als wenn sie ganz nahe dran war, sich für Christus zu entscheiden, und im nächsten Moment wollte sie es wieder auf eine andere Gelegenheit verschieben. Schließlich betete ich für sie ein Gebet gesunder Lehre und nahm das vollbrachte Werk Christi gegen Satan in Anspruch und bat unseren Herrn inständig, um seine gnädige Liebe zu Sandy.

Der Augenblick des Sieges kam. Ohne daß ich sie dazu bewegen mußte, ging Sandy auf ihre Knie und betete. Aus dem tiefsten Inneren ihrer Seele kamen Worte der Reue über ihre Sünde und der Liebe zu Christus, wie ich es selten gehört habe. Sie bekannte ihre Sehnsucht nach dem Herrn Jesus Christus, daß er in ihr Leben eintreten und sie von ihren Sünden befreien möge. Die Tränen flossen ungehemmt, nicht nur von ihren Augen, sondern auch von den meinen. Als sie ihr Gebet abgeschlossen hatte, betete ich wieder, daß der HERR sie von allen Bindungen Satans und von jeder dämonischen Macht befreien möge, die an ihrem Anspruch in Sandys Leben festhielten.

Sandy kniete auf dem Boden unseres Wohnzimmers, ihr Gesicht war auf dem Teppich in ihren Händen verborgen. Als ich für ihre Befreiung betete, begann sie ungewöhnlich stark zu husten und zu würgen, als wollte sie irgendein unsichtbares Gift ausbrechen. Die Mächte der Finsternis, die so lange über sie solche massive Herrschaft ausgeübt hatten, waren dabei, sie zu verlassen. Es war so, als ob Welle auf Welle sie verlassen mußte, jedes Mal erschütterte das Husten und Würgen ihren Körper schmerzhaft. Sandy schien nicht wirklich zu verstehen, was mit ihr geschah, aber sie wußte, daß es gut war. Ich betete weiter, daß der HERR ihr Leben von allen Mächten der Finsternis reinigen und Sandy völlig befreien möge.

Als Sandy sich dann endlich wieder aufsetzte, erhellte ein strahlendes Lächeln ihr ganzes Gesicht. Sie sah schön und friedevoll aus. Der Glanz des Himmels schien durch alle Schrammen der Sünde hindurch.

»Ich kann es nicht glauben!« sagte sie. »Ich habe mich noch nie innerlich so sauber gefühlt. Jesus Christus liebt mich wirklich. Ich kann es kaum glauben. Es ist wirklich an mir geschehen!« Ja, Satan ist mächtig, aber er ist nicht allmächtig. Wieder einmal war die furchtbare Versklavung eines menschlichen Lebens zerbrochen worden.

Wenn ich heute an diesen Tag zurückdenke, könnte ich meinen, mich an diesem Punkt sehr geirrt zu haben. Sandy wollte zu ihren Eltern gehen und ihnen erzählen, was geschehen war. Wir ließen sie gehen. Sie berichtete ihren Eltern von ihrer Entscheidung und sagte: »Mama und Papa, ihr braucht euch meinetwegen niemals mehr Sorgen zu machen. Selbst, wenn ich heute Nacht sterben müßte, weiß ich, ich würde in den Himmel gehen.«

Was danach geschah, werden wir niemals vollständig erfahren. Sie sagte ihrem Vater, daß sie einige »sehr böse« Menschen der Polizei überliefern wollte. Er ist überzeugt, daß diese »sehr bösen« Menschen dieses »neue« Mädchen nicht aushalten konnten und ihr mit Gewalt eine Überdosis verpassten. Niemand weiß es genau, aber unsere einzige Freude ist, daß wir keinen Zweifel daran haben, daß Sandy nun zu Hause beim HERRN ist. Satan ist stark, aber er ist nicht unbesiegbar. Kampfgebet hat eines der am schrecklichsten ruinierten Leben zu Christus hindurchgebracht. Bei dem Beerdigungsgottesdienst wurde der Sieg Christi verkündigt. Ich berichtete vor der versammelten großen Menge an Familienmitgliedern und Freunden von dem Zeugnis ihrer Bekehrung. Viele von ihnen waren nicht gläubig und wurden vom Gottesdienst sehr bewegt.

Unterschätze nicht den Feind!

Jedes Mal, wenn von dem Feind in der Bibel berichtet wird, ist dort eine Aura von ungewöhnlicher Macht, die dieses gefallene geschaffene Wesen umgibt. Die Bibel scheint anzudeuten, daß Gott niemals ein stärkeres Wesen als Satan geschaffen hat. Sogar der Erzengel Michael, einer der heiligen Engel Gottes, versuchte sich nicht, in direkter Auseinandersetzung mit Satan zu messen (siehe Judas 9). Michael berief sich auf den HERRN, um Satan zu strafen. Satans furchtbare Kraft kann man auch in den Berichten der Evangelien über die Versuchung Jesu sehen. Niemand kann über diese Auseinandersetzung in der Wüste lesen, ohne ernüchtert die Kraft und die Position dieses Erzfeindes Gottes und seines Reiches respektieren zu müssen. Trotzdem ist es dringend notwendig zu wissen, daß Satan nicht unbesiegbar ist! Er ist immer nur der »Zweite«. Er ist eine einfache Kreatur und in keinem Vergleich zu dem Schöpfer!

Manchmal mag die Schlacht sehr heiß werden, und wir könnten meinen, daß Satan gewinnt. Daniel muß so empfunden haben, als er 21 Tage auf eine Antwort seines Herzensgebetes warten mußte (siehe Daniel 10). Er berichtet uns, daß er während dieser Zeit wehklagte. Als Ausdruck seines tiefen Glaubens an Gott fastete er und schränkte sich in vielen Bereichen ein.

Daniels Gebet erreichte den Himmel schon am allerersten Tag, aber die Antwort verzögerte sich, da ein mächtiger Fürst des persischen Königreiches dem heiligen Engel im Wege stand, der mit Gottes Antwort zu Daniel unterwegs war. Nur weil Daniel weiterbetete und fastete, konnte der Engel nach 21 Tagen kommen (Dan.10,1-15). Was wäre gewesen, wenn Daniel Satan für zu stark gehalten hätte, um eine Antwort auf seine Frage erwarten zu können? Vielleicht wäre der Botschafter Gottes niemals gekommen.

Geben wir zu früh auf und verpassen so die Antworten auf unsere Gebete? Christus könnte eines Tages die Antwort auf diese Frage offenbaren, aber diese sollten wir als Herausforderung betrachten, was uns dazu bewegt, mit treuer Zähigkeit weiterzubeten. Satan ist nicht unbesiegbar, aber wir können und sollten es sein. Es ist der Wille des HERRN, daß wir mit allem ausgerüstet sind, um den Willen des HERRN auszuführen.

Satans Taktik

Wie verlogen ist doch Satan, wenn er versucht, uns zu überzeugen, daß er für uns zu stark ist. Ein junger Mann rief mich an wegen des Kampfes, den er mit Satans Reich hatte. Er war ein Athlet und körperlich und intellektuell sehr stark. Trotzdem wurde er von zahllosen Schikanen dämonischer Kräfte geplagt. Sie quälten ihn mit belästigenden psychischen Wahrnehmungen und manchmal beherrschten sie seine Zunge, so daß er wie eine Schlange zischte. Wenn solche Dinge geschahen, schien es, als ob er sich selbst nicht helfen konnte.

Ich versuchte, so gut ich das per Telefon konnte, ihm die Prinzipien des geistlichen Kampfes zu erklären und schickte ihm Materialien zu diesem Thema. Es schien für eine Zeit zu helfen, aber dann nahmen scheinbar die Quälereien zu. Neulich rief er mich wieder an. Wie er mir am Telefon von seinem Kampf berichtete, übermittelte er mir eine Botschaft der Verzweiflung und Hoffnungslosigkeit. Ich konnte dies in Anbetracht seines schon lange andauernden Kampfes verstehen, aber ich wußte, daß er aus seiner Verzweiflung aufgeschreckt werden mußte.

Nachdem ich ihn einige Zeit über seine Kämpfe und seine Niederlagen berichten ließ, sagte ich zu ihm: »Ich glaube, daß nach all dem, was Sie gesagt haben, Satan wohl wirklich stärker ist als Gott. Er hat Sie fest in seiner Hand, und Sie wollen aufgeben, weil es keine Hoffnung mehr gibt.«

Die Antwort kam prompt und wie erwartet. Er verstand, was ich damit sagen wollte. »Ist es das, was ich in Wirklichkeit sage?« antwortete er. »Ich bin in die Falle getreten, mir selbst einzureden, daß ich besiegt bin. Pastor, beten Sie für mich.« Wir beteten per Telefon miteinander. Während ich betete, versuchten die Mächte der Finsternis, die Kontrolle über ihn zu bekommen, aber wir setzten unser Gebet fort und drückten unsere Freude über unsere Stellung in dem Sieg des Christus aus. Ihre Kraft war gebrochen. Er wurde wieder fähig, den HERRN für seinen Kampf zu preisen; sogar für die Niederlagen, die er erlitten hatte, und er freute sich über die Absicht des HERRN mit dieser andauernden Schlacht.

Eine Frau rief mich an und erzählte mir von ihren Schwierigkeiten im geistlichen Kampf. Als ich versuchte, ihr die Prinzipien des offensiven geistlichen Kampfes nahezubringen, versicherte sie mir, daß sie das alles schon über mehrere Jahre angewandt hatte. Sie bestand darauf, daß ihre Situation einzigartig und besonders schwierig sei; es ginge über alles das hinaus, was bisher erfahren wurde. Sie würde meine ganz besondere Aufmerksamkeit nötig haben, bevor sie wieder hoffen könne, frei zu werden, weil Satan eine solche starke Festung in ihrem Leben innehabe. Das Geheimnis der Stärke des Feindes in ihrem Leben war, daß sie ihm die Rolle des Unbesiegbaren in ihrem Leben übertragen hatte, und er nahm sie nur zu gerne an.

Wenn wir dies tun, sind wir in einem Teufelskreis der Niederlagen eingeschlossen. Wir können nicht gewinnen, weil wir uns einreden, wir werden nicht gewinnen. So eine Person sucht bei einem Menschen Hilfe, der nicht der »unbesiegbaren« Stärke Satans untertan ist. Aber sogar seine geistlichen Geschwister sind hilflos, wenn er sich nicht von der Lüge lossagt, an die er glaubt. Satan ist nicht unbesiegbar! Er ist ein besiegter Feind. Jeder scheinbare Sieg, den er in unserem Leben hat, ist nur vorübergehend. *»Aber in diesem allen sind wir mehr als Überwinder durch den, der uns geliebt hat«* (Röm.8,37).

Satan will, daß wir ihn anbeten. Er nahm den Herrn Jesus mit sich auf einen hohen Berg und zeigte ihm *»alle Reiche der Welt und ihre Herrlichkeit und spricht zu ihm: Dies alles will ich dir geben, wenn du niederfallen und mich anbeten willst«* (Math.4,8-9). Wenn er es wagte, den sündlosen Sohn Gottes dahin zu verführen, ihn anzubeten, dann wird er alle seine niederträchtigen Tricks mit dem gleichen Ziel gegen uns gebrauchen.

Nur sehr selten ist er so unverfroren, daß er versucht, dich tatsächlich zum Niederknien und zum Anbeten zu bringen, zumindest nicht gleich am Anfang. Er ist viel raffinierter. Er wird lediglich versuchen, seine Kraft in deiner Vorstellung als groß darzustellen, bis zu dem Punkt, an dem du denkst, seiner Listigkeit hilflos ausgeliefert zu sein. Da angekommen ist er dann was dich betrifft ein unbesiegbarer Feind. Wenn du in diese Falle hineingerätst, dann gibst du Satan eine Ehre, die eine Art von Anbetung ist, eine Anbetung zusammengesetzt aus Furcht und Unterwerfung.

Als ich ein junger Mann war, hatte mein Vater manchmal drei oder mehr reinrassige Bullen in seiner Herde. Es war unvermeidbar, daß einer dieser Bullen im Kampf beweisen mußte, daß er der Boß sei. Wenn dies dann einmal klar war, dann geben ihm die Besiegten das Recht zu herrschen und fordern seine Autorität nicht mehr heraus. Dies illustriert, was Satan mit uns versucht. Wenn er uns einmal oder auch mehrmals besiegen konnte, dann versucht er einfach, sein Recht zur Herrschaft festzuschreiben. Er will, daß die Gläubigen die Tatsache akzeptieren, daß er stärker sei als sie und daß er der Boß sei. Wenn wir dann diese Täuschung akzeptieren, dann hat er uns psychologisch besiegt; das soll im Leben eines Christen nicht so sein.

Durch fleischliche Erfahrungen irregeführt

Es gibt Zeiten, da sieht es so aus, als ob Erfahrungen der Wahrheit trotzen. Eine Frau aus Kanada behauptete, treu die Prinzipien des Kampfes, die im ersten Teil dieses Buches ausgeführt sind, angewendet zu haben. »Ich habe alles getan«, sagte sie, »aber es hat bei mir nicht geholfen. Ich habe gesunde Lehre gebetet, habe das Wort gelesen und auswendig gelernt. Ich habe beständig und offensiv dem Teufel und den Dämonen widerstanden, aber immer noch werde ich von ihnen schikaniert.« Sie war entmutigt, besiegt und suchte verzweifelt nach einer schnellen Lösung. Sie klagte, daß niemand in ihrer Nähe Interesse zu haben schien, ihr zu helfen. Ihre Erfahrung mit dem Kampf war eine direkte Herausforderung der Wahrheit Gottes. Sie war so niedergeschlagen, daß sie noch nicht einmal mehr eine Gemeinde besuchte.

Als wir miteinander sprachen, fragte ich sie, ob sie jemals ihrem Herrn für den Kampf gedankt habe. Ich fragte weiter, ob sie jemals gebetet habe, daß der Herr alles was Er will sie durch diese andauernden Kämpfe lehren möge. Sie bekannte, daß sie dieses noch nie getan habe. Es war ihre innere Einstellung gewesen, daß dieser Kampf gegen das Reich Satans so schlimm sei, daß Gott nur ihren sofortigen und völligen Sieg über die Feinde wollen konnte. Als sie einsah, daß Gott sie trotz der Kämpfe und sogar mitten in den größten Niederlagen vielleicht Stabilität und Treue lehren will, da wurde ihr eine völlig neue Aussicht eröffnet.

Wir sprachen über ihr Versäumnis, in eine Gemeinde zu gehen und Gemeinschaft mit dem Leib Christi zu haben, was einer Anerkennung von Satans Sieg gleichkommt. Das kämpfende Beten aufzugeben und zu behaupten, daß bei ihr die Prinzipien des geistlichen Kampfes nichts bewirken würden, war für Satan ein Sieg. Sie mußte sich auf die Wahrheit gründen, und sie durfte ihrer Erfahrung mit dem Kampf nicht erlauben, sie davon wegzuziehen.

Gerade dies betont der Apostel Paulus ständig in seinen wunderbaren lehrmäßigen Ermahnungen in Römer 5 und 6. Wir müssen uns auf die Wahrheit gründen und dürfen subjektiven Erfahrungen nicht erlauben, die absolute Wahrheit herauszufordern. Nur wenn wir an der Wahrheit festhalten, dann werden auch die subjektiven Erfahrungen mit der Wahrheit in Übereinstimmung kommen. Subjektive Erfahrungen dürfen niemals als gültiger Beweis für geistliche Wahrheit dienen. Das offenbarte Wort Gottes begründet die Wahrheit.

In Römer 6,5-10 legt der Apostel Paulus die Wahrheit dar, daß jeder Gläubige mit Christus in Seinem völligen Sieg über die Sünde, Tod und Satan vereint ist. Dies ist unverrückbare Wahrheit, worauf jeder Gläubige verpflichtet ist zu bauen. Sünde und Satan können nicht über eine für sie tote Person regieren.

Die Sünde kann nicht einen Menschen beherrschen oder versklaven, wenn dieser nun »*lebendig ist dem Herrn*«, da er mit Christus in Seiner Auferweckung vereinigt ist. Dies ist die ewige, unveränderbare Tatsache, die wir festhalten müssen, ungeachtet unserer Erfahrungen.

Satan ficht unermüdlich die Wahrheit an. Er will alle Quälgeister, die er zum Appell antreten lassen kann, in deine Erfahrungen hineinbringen, damit du denken sollst, daß bei dir nichts hilft. Immer wieder versucht er, dir durch deine Erfahrungen zu sagen, daß die Sünde zu stark ist, und daß er dein Leben regieren kann und will.

Was ist die Antwort des Paulus auf einen solchen Angriff? »*So auch ihr, haltet euch der Sünde für tot, Gott aber lebend in Christus Jesus. So herrsche nun nicht die Sünde in eurem sterblichen Leib, daß er seinen Lüsten gehorche*« (Röm.6,11-12). Diese Herausforderung des Paulus wird uns wiederholt in ähnlichen lehrmäßigen Abschnitten mitgeteilt. Wir müssen uns auf die Wahrheit gründen. Unsere Verantwortung ist es, die Tatsache zu bestätigen, daß wir in unserem Leben »tot« sind für die Herrschaft der Sünde, des Todes und des Satan.

Was wir leben, »*leben wir Gott*«. Unser Herr regiert. Unsere Verantwortung ist es, »*nicht die Sünde regieren zu lassen*«. Sünde und Satan können nur herrschen wenn wir es zulassen. Wir lassen ihn regieren, wenn wir den Satz »bei mir hilft nichts« als Tatsache akzeptieren, oder wenn wir es versäumen, »uns zu versammeln«, weil wir den Kampf als zu schwer empfunden haben. In dem Augenblick, wenn wir wegen unserer Erfahrung im Kampf und wegen unseren Niederlagen Satan die Rolle des Unbesiegbaren in unserem Leben übertragen, dann gestatten wir ihm zu herrschen. Der Sieg kommt, weil wir uns unseres Sieges durch unseren Herrn Jesus Christus gewiß sind.

Es gibt keine Situation, in der der Gläubige sich einbunkern und eingestehen muß, durch die Macht und Geschicklichkeit Satans besiegt worden zu sein. Die Gemeinde von Laodicea ist dafür ein Beispiel. Die Gemeinschaft dieser Gläubigen erlag Satans Verführung. Sie wurde von geistlicher Lauheit beherrscht. Diese Gemeinde empfand sich selbst als sehr fähig und geistlich siegreich. Sie sagten: »*Ich bin reich, ich bin reich geworden und ich brauche nichts.*« Sie waren so von Satans Verführung geblendet, daß sie nicht erkannten, daß sie »*die Elende und bemitleidenswert und arm und blind und bloß«* waren (Offb.3,17). Obwohl diese Menschen völlig betrogen wurden, bietet der Herr Jesus ihnen freien Zugang zu Seinem Sieg.

»Ich rate dir, von mir im Feuer geläutertes Gold zu kaufen, damit du reich wirst; und weiße Kleider, damit du bekleidet wirst und die Schande deiner Blöße nicht offenbar werde; und Augensalbe, deine Augen zu salben, damit du siehst. Ich überführe und züchtige alle, die ich liebe. Sei nun eifrig und tu Buße! Siehe, ich stehe an der Tür und klopfe an; wenn jemand meine Stimme hört und die Tür öffnet, zu dem werde ich hineingehen und mit ihm essen, und er mit mir.« (Offb.3,18-20)

Dieses wunderbare Angebot und diese Gewißheit gilt für jeden Gläubigen. Wie weit der Satan auch vorangekommen ist, uns zu betrügen und zu kontrollieren, wir können Gold, geläutert in dem reinigenden Feuer, erhalten, so wie auch weiße, reine Gewänder, und heilende Salbe, zur Heilung unserer geistlichen Blindheit. Enge, vertrauliche, herzliche Gemeinschaft mit Christus liegt bereit, in Anspruch genommen zu werden. Satan ist nicht unbesiegbar, denn Christus ist der Herr aller Herren; und der Gläubige ist unbesiegbar in IHM.

Ein Gebet des Sieges

Geliebter Himmlischer Vater, ich preise Dich, daß Satan ein besiegter Feind ist. Ich freue mich, daß seine Niederlage durch den Herrn Jesus Christus in Seinem sündlosen Leben, Seinem Sterben, Seinem Begräbnis, Seiner Auferstehung und Seiner Himmelfahrt in die Herrlichkeit erstritten worden ist. Ich freue mich auf den Tag, an dem der Herr Jesus Christus regieren wird, während Satan in dem bodenlosen Abgrund gebunden werden wird. Ich weiß, Satan wird danach endgültig in den Feuersee geworfen werden, der für ihn und seine Engel vorbereitet ist. Ich freue mich, daß Du mir heute, in meiner Einheit mit dem Herrn Jesus Christus, völligen Sieg über Satan gegeben hast.

Offensiv stelle ich mich in meinen Sieg und nehme meinen Platz ein als einer, der durch IHN mehr ist als ein Eroberer, durch IHN, der mich geliebt hat. Ich werde nicht mehr zulassen, von Satan besiegt zu werden, auf keinem Gebiet meines Lebens. Er darf nicht und wird nicht über mich herrschen. Ich bin mit Christus seiner Herrschaft abgestorben. Ich halte fest, daß die Gnade und Barmherzigkeit Gottes in allen Bereichen meines Lebens durch meine Einheit mit dem Herrn Jesus Christus regiert. Gewähre mir die Gnade, Deinen Sieg festzuhalten, auch wenn die Erfahrungen meines Lebens etwas anderes zu sagen scheinen.

Ich danke Dir für diese Kämpfe und für alles, was Du in Deiner Weisheit und Vorherbestimmung in meinem Leben erreichen willst. Ich nehme den Kampf an und freue mich über Deine gute Absicht damit. Willig akzeptiere ich es, und ich möchte davon profitieren, daß Du in Deiner Absicht Satans Reich an mich herangelassen hast.

Ich weise alle Ziele Satans zurück. Durch den Sieg meines HERRN und Heilandes wende ich mich resolut und stark gegen Satan auf Grund der Gewißheit meines Sieges. Im Vertrauen schaue ich auf Dich, lieber Herr Jesus Christus. Wenn Dein Ziel, das Du mit diesen Prüfungen hast, erfüllt ist, dann wird alles in dem Nebel der vergessenen Schlachten und besiegten Feinde versinken. Durch den kostbaren Namen des Herrn Jesus Christus wird es so sein. Amen.

13

BETRACHTE DIE DINGE AUS GOTTES SICHT

Vor allen Dingen müssen sich Gläubige durch einen Glauben aufbauen, der sie als Gewinner auszeichnet. Dies ist von grundlegender Bedeutung. Alles was darunter ist, gibt Satan einen verheerenden Vorteil.

Trainer Bear Bryant wurde schon zu seinen Lebzeiten eine American-Football-Legende. Vor allem ist er als ein Sieger in Erinnerung. Am Ende seiner achtunddreißigsten Saison hatte er sechs nationale Meisterschaften gewonnen und mehr Siege errungen, als irgendeiner seiner Kollegen in der Geschichte des American-Football.

Victor Gold schreibt anerkennend über die Karriere von Bryant: »Wie andere echten Legenden der Südstaaten war er ein Bauernjunge. ›Wenn ich nicht Football gefunden hätte, wäre ich hinter dem Maultier geblieben wie mein Vater. Aber ich sage dir eins. Ich hätte die geradeste Furche von ganz Arkansas gepflügt.‹«[10]

Jemand fragte ihn: »Betrachten Sie sich als ein Erfinder neuer Techniken?«

»Nein« antwortete er. »Ich bin einfach nichts anderes als ein Gewinner.« Die siegreiche Karriere und die Lebensphilosophie von Bear Bryant hat auch den Gläubigen etwas Wichtiges zu sagen. Auch wir müssen wissen, daß wir durch den Sieg der Gnade und der Erlösung nichts anderes sind als Sieger.

Habakuk lebte in einer Zeit, die der unsrigen sehr ähnlich war. Moralische und geistliche Dekadenz trat überall in Gewalt und Ungerechtigkeit zutage. In seinen Gebeten klagte er: »*Wie lange, HERR, rufe ich schon um Hilfe, und du hörst nicht! Wie lange schreie ich zu dir: Gewalttat! Doch du rettest nicht? Warum läßt du mich Unrecht sehen und schaust dem Verderben zu, so daß Verwüstung und Gewalttat vor mir sind, Streit entsteht und Zank sich erhebt?*« (Hab.1,2-3).

Ein Prophet unserer Tage könnte die gleiche Klage erheben, wenn er die jetzige Weltsituation betrachtet. Satans Programm ist eine Kakophonie von Gewalt, Unrecht und Brutalität. Viel versprechend, hält Satan nur wenig. Je mehr er mit Wucht auf die

---

10 aus 1983 National Review, Inc. 150 East 35 St. New York, NY 10016.

Welt einschlägt, desto mehr kommen erschreckende und chaotische Dinge in das Leben der Einzelnen und auch in die ganze Gesellschaft hinein. Satan ist ein Usurpator. Er versucht, seine Macht ohne Recht mit Gewalt zu halten. Darum ist es wichtig, die biblische und rechtliche Grundlage unserer Autorität zu kennen, wenn wir im Beschuß von Satans Reich liegen.

Deine Rechte

Sehr enge Freunde von uns mußten durch einige sehr dunkle Tage gehen. Ohne eine offensichtliche medizinische Erklärung ergriffen epilepsieartige Anfälle die Ehefrau; diese kamen besonders nachts. Die Ärzte glaubten, daß es irgendeine Art von Phobie war, die aber in dieser Form neu für sie wäre. Psychologen erklärten, daß die Anfälle durch verdrängten Ärger entstünden. Unsere Freunde erklärten mir ihr Problem, als wir über mögliche geistliche Hintergründe ihrer Leidenszeit sprachen.

Es schien Gründe für eine dämonische Ursache dieser Anfälle zu geben. Aber es ist ratsam, sehr vorsichtig in so einer schwierigen emotionalen Situation zu sein. Einfache und vorschnelle Antworten können nicht nur unfair, sondern auch gefährlich sein. Aber durch Beobachtung und durch meine Erfahrung kam ich zu dem Schluß, daß diese Anfälle eine dämonische Ursache haben könnten. Satan kann sehr schlau die menschlichen Schwächen intensivieren. Er will jedes Problem, das durch menschliche Schwächen entsteht, übergroß machen. Psychische Probleme, die für uns sonst eher einfach zu bewältigen sind, können uns fast vernichten, wenn Satan sie intensiviert.

Wir sprachen über die Möglichkeit von Satans Einmischung. Die Anfälle waren nicht nur schmerzhaft, sondern ängstigten auch sehr. Sorgfältig besprachen wir die biblische Autorität des Gläubigen, die er hat, um Satan das Herrschaftsrecht abzusprechen. Aus Römer 6 sahen sie ihr Privileg und ihre Verantwortung, nicht die Sünde in ihrem sterblichen Leib herrschen zu lassen und auch nicht dessen Lüsten zu gehorchen (siehe Röm.6,12).

Eine genaue Vorgehensweise wurde geplant. Das nächste Mal, wenn der Anfall sie ergreifen würde, sollten sie sofort jeder Art von satanischer Einmischung widerstehen, indem sie Satan verbieten sollten, sie zu beherrschen. Wir sprachen darüber, wie der Ehemann seiner Frau zur Hilfe kommen kann, indem er jeden Geist der Finsternis, der hinter den Anfällen steckt, herausfordert. Er sollte sagen: »Im Namen des Herrn Jesus Christus und durch die Erlösungskraft Seines Blutes widerstehe ich jedem Geist der Finsternis, der versucht, einen Anfall bei meiner Frau auszulösen. Ich verbiete es dir. Ich befehle dir, unsere Gegenwart zu verlassen und dahin zu gehen, wohin der Herr Jesus Christus dich senden wird.« Es war dem Ehemann klar, daß er solange darauf bestehen müßte, bis der Anfall in sich zusammenbrechen würde. Seine Frau wurde ermutigt, das Beste zu geben, indem sie die Kampfansage ihres Mannes gegen Satan wiederholen sollte.

Als nun unsere Freunde diese Strategie in die Tat umsetzten, verschwanden die Anfälle völlig. In diesem Falle waren tatsächlich Dämonen an dem Problem beteiligt und versuchten, menschliche Schwächen zu intensivieren.

Unser gerissener Feind wird alles versuchen, um uns unter seine Herrschaft zu bekommen. Wenn er uns überzeugen kann, daß unsere Probleme nicht von ihm herkommen, dann kann er seine Arbeit fortsetzen. Es ist nie klug, dem Teufel die Schuld für alle unsere Schwierigkeiten zuzuschieben, aber genauso unweise ist es, die Möglichkeit seiner Einmischung zu schnell einfach zur Seite zu schieben.

Ich will an einem Beispiel erklären, wie wichtig es ist, unsere biblischen Rechte zu kennen, wenn wir den Eroberungsanstrengungen Satans widerstehen wollen. Stell dir vor: Eines Tages klingelt es an der Tür, und du öffnest. Ein großer, starker Mann steht davor, schiebt dich furchtlos zur Seite und geht hinein, bevor du etwas dagegen tun kannst. Seine turmhohe Gestalt und seine zwingende Stimme überwältigen dich. Er fühlt sich gleich wie zu Hause und nimmt alles in Besitz. Du versuchst herauszufinden, warum er da ist, aber er weicht aus, indem er sagt, er sei dein Freund und möchte sich nachbarschaftlich verhalten.

Der Hausherr ist nun des Eindringlings müde und erklärt ihm, daß die Familie es jetzt für gut befindet, wenn er sie verlassen würde, denn sie wollen jetzt zu Abend essen. Aber der dicke Kerl sagt: »Oh, dies ist eine gute Idee. Wann essen wir?«

Von dem frechen Eindringling ganz erstaunt, aber die Größe des starken Mannes respektierend, zögert der Herr des Hauses, ihn hinauszuschmeißen. Das Essen wird aufgetragen, und der Dicke ißt davon das meiste. Nach dem Essen schiebt er seine Masse ins Wohnzimmer und bestimmt die Unterhaltung. Der Familie wird dies zunehmend ungemütlich, aber die Größe des Mannes, seine durchdringenden Augen und seine laute Stimme schüchtern alle ein.

Endlich schlägt Papa vor, da es ja spät geworden ist, daß der Mann doch nun vielleicht das Haus verlassen möchte, bevor man zu Bett geht. Der Dicke lacht und sagt, daß er auch müde sei; er habe beschlossen zu bleiben und im Eheschlafzimmer zu schlafen. Zu diesem Zeitpunkt sind nun alle außer sich, aber was können sie tun? Ein Schlag mit seiner kräftigen Hand würde sie alle auslöschen. Er geht einfach in ihr Schlafzimmer und nimmt es in Besitz. Er ist zu groß, um ihn rauszuschmeißen. Eingeschüchtert sind sie gezwungen, ihn im Hause bleiben zu lassen.

Dieses Beispiel ist absurd. Es ist einfach undenkbar, könnte das geschehen? Stark oder nicht, der Mann muß gehen. Er ist ein Eindringling und ein Usurpator. Er hat kein Recht hineinzukommen und zu bleiben. Was können wir tun, um ihn loszuwerden?

Wenn wir klug sind, rufen wir die Polizei an und zwingen ihn zu gehen. Er mag zu stark sein, als daß wir ihn herauswerfen könnten, aber die Autorität des Gesetzes und der Regierung sind auf unserer Seite. Auch wenn dafür die ganze Armee benötigt würde; das Recht und die Autorität des Staates werden ihm nicht erlauben zu bleiben. Wir müssen jedoch die Aktion gegen ihn auslösen. Unsere Bitte bringt ihn nicht dazu zu gehen. Drohungen lassen ihn wegen seiner Stärke und Größe nur lachen. Wir selbst können gegen seine Stärke nichts ausrichten. Er würde für immer bleiben, wenn wir versäumten, uns an die rechtlichen Autoritäten zu wenden.

Satan ist so ein Feind. Nur arbeitet er mehr im Verborgenen, aber es beschreibt gut, wie er gegen Christen wirkt. Epheser 4,27 warnt uns, dem Teufel keinen Raum zu geben. Er drängt sich in unser Leben, dort hat er kein Recht zu sein. Er versucht, uns davon zu überzeugen, daß unsere Schwächen, die sich in unseren Sünden und unserem Versagen zeigen, ihm dieses Recht dazu verleihen. Wenn wir dann erst einmal die Tür geöffnet haben, indem wir einer bestimmten Sünde nachgaben, wird er darauf bestehen, daß er so lange bleiben kann, wie er es will. Eingeschüchtert durch seine Kraft und belastet mit der Schuld unserer Sünden schlußfolgern wir ängstlich, daß er vielleicht nach alledem das Recht dazu haben könnte.

Wir sprechen nicht davon, daß ein Christ völlig von Satan in Besitz genommen wird. Der Apostel Paulus war sicher nicht vom Satan besessen, aber es war möglich, daß er schweres Leiden und eine Art von dämonischer Bedrückung erleiden konnte, die ihm schwer zu schaffen machte.

»Denn wenn ich mich rühmen will, werde ich doch nicht töricht sein, denn ich werde die Wahrheit sagen. Ich enthalte mich aber dessen, damit nicht jemand höher von mir denke, als was er an mir sieht oder was er von mir hört, auch wegen der Überschwenglichkeit der Offenbarungen. Darum, damit ich mich nicht überhebe, wurde mir ein Dorn für das Fleisch gegeben, ein Engel Satans, daß er mich mit Fäusten schlage, damit ich mich nicht überhebe. Um dessentwillen habe ich dreimal den Herrn angerufen, daß er von mir ablassen möge. Und er hat zu mir gesagt: ›Meine Gnade genügt dir, denn meine Kraft kommt in Schwachheit zur Vollendung.‹ Sehr gerne will ich mich nun vielmehr meiner Schwachheiten rühmen, damit die Kraft Christi bei mir wohne.« (2.Kor.12,6-9)

Hier sind zwei wichtige Lektionen aus den Erfahrungen des Paulus zu lernen. Das Wichtigste ist immer, Satans Eindringen in unser Leben zu bekämpfen.

Paulus wußte, daß Satan keine rechtliche Grundlage besaß, einen störenden Einfluß in seinem Leben zu haben. Paulus war ganz im Recht, »*dem Teufel zu widerstehen*«, so daß Satan »*von ihm fliehen*« mußte. Er hatte alle Autorität, alle Rechte des geistlichen Gesetzes, darauf zu beharren, daß die von Dämonen verursachten Leiden ihn verlassen müssen. Die ganze Autorität seiner Einheit mit Christus, seinem Heiland, und mit dessen vollbrachtem Werk gehörte ihm. Satan hatte keinen rechtlichen Anspruch auf Paulus. Genausowenig hat er einen rechtlichen Anspruch auf einen anderen Gläubigen. Dies ist das Herzstück der Botschaft von dem vollbrachten Werk des Christus. Hebräer 2,14-15 faßt dies für uns zusammen: »*Weil nun die Kinder Blutes und Fleisches teilhaftig sind, hat auch er in gleicher Weise daran Anteil gehabt, um durch den Tod den zunichte zu machen, der die Macht des Todes hat, das ist den Teufel und um alle die zu befreien, die durch Todesfurcht das ganze Leben hindurch der Knechtschaft unterworfen waren.*« Das Werk des Herrn Jesus Christus befreit uns rechtlich und vollkommen von den Ansprüchen Satans.

Doch da gibt es noch eine andere wichtige Lektion aus der Erfahrung von Paulus zu lernen. Wir müssen unserem Herrn erlauben, souverän zu sein. Für Paulus wäre es in diesem Fall eine Beleidigung seines Herrn gewesen, auf seine »gesetzlichen« Rechte zu beharren. In Seiner Souveränität hatte der HERR ein Ziel damit, dem Satan zu erlauben, den Apostel zu quälen. Dies ist ein gutes Beispiel für eines der lebensnotwendigen Prinzipien des geistlichen Kampfes. In unserem Kampf muß unser HERR immer der Erste und Wichtigste bleiben. Sogar in der direkten Auseinandersetzung mit dem Satan haben wir es in erster Linie mit Gott zu tun. Er hat ein Ziel mit unseren Kämpfen gegen die Mächte der Finsternis, das zu unserem Guten und zu Seiner Herrlichkeit dienen soll.

Diese Tatsache ist nirgendwo deutlicher, als in dem alttestamentlichen Bericht von Hiob. Alle Schwierigkeiten, Schmerzen und Qualen des Hiob sind von Satan verursacht worden. Trotzdem hielt Hiob alle seine Aufmerksamkeit auf seinen Herrn gerichtet, während er sich durch alle diese schrecklichen Leiden hindurchkämpfte.

Hiob kannte ein sehr wichtiges Prinzip, wie ein gerechter Mann mit dem Teufel umgeht. Er wußte, daß sein Herr eine souveräne Absicht mit diesen Leiden hatte. Es war das gleiche Bewußtsein, wie Paulus es hatte, was er akzeptierte und sich dessen freute. Wenn wir gegen Satan und die Mächte der Finsternis kämpfen, müssen wir zwei wichtige Dimensionen im Auge behalten. Erstens, wir müssen unsere ganze Autorität, die wir wegen unserer Einheit mit Christus haben, kennen, eine Autorität, dem Satan zu widerstehen und ihn aus unserer Gegenwart zu drängen. Dennoch müssen wir gleichzeitig bereit sein, das souveräne Ziel unseres Herrn zu akzeptieren, daß wir die Erfahrung des Kampfes machen sollen, ja auch dann, wenn es ein langer Krieg sein sollte.

Oft fordere ich Menschen auf, die intensiven Kampf mit Satan erleben, zwei Dinge zu sagen. Das erste drückt positiven Glauben an den HERRN aus: »*In dem Namen des Herrn Jesus Christus akzeptiere ich jede Absicht, die mein HERR damit verfolgt, daß er mich diesen heißen Kampf gegen Satan erleben läßt. Ich möchte die Frucht daraus gewinnen und möchte alles lernen, was der Herr mir mit dieser Schlacht zeigen will.*« Das zweite ist die Ablehnung der Absichten Satans damit. »*In dem Namen des Herrn Jesus Christus und durch die Kraft Seines Blutes widerstehe ich jedem Ziel Satans und seines Reiches, das er dadurch zu erreichen trachtet, indem er mir diese Leiden zufügt. Ich befehle jedem bösen Geist, der hinter diesen Leiden steht, meine Gegenwart zu verlassen und dahin zu gehen, wohin der Herr Jesus ihn senden wird!*«

Manchmal, wenn wir vom Feind gequält werden, dann haben wir nur noch einen Gedanken, daß dies bald zu Ende gehen solle. Wie oft haben mich Menschen angerufen, die eine schnelle Formel für eine sofortige Befreiung wollten. Es ist schmerzhaft und schwer, aber für solche Leidenden absolut nötig, sich daran zu erinnern, daß man nicht die Souveränität des HERRN aus dem Blick verlieren soll. Manchmal ist es der Plan des HERRN, Menschen sofort zu befreien, aber in anderen Fällen ist ein langer Kampf Sein souveräner Plan für diesen Menschen. An unserem Herrn zu kleben ist immer das höchste Ziel im geistlichen Kampf. Sein Wille muß ausgeführt werden und nicht unserer. Oft wachsen wir in den schmerzhaftesten Erfahrungen des Lebens am meisten.

Obwohl ich keine Möglichkeit mehr habe, die Quelle anzugeben, kann ich mich an eine Geschichte erinnern, die von dem bekannten anglikanischen Bischof von Uganda, Festo Kivengere, berichtet wurde. Während der Herrschaft von Idi Amin über Uganda wurden viele Menschen wegen kleinsten tatsächlichen oder nur vermuteten Delikten gegen die Regierung hingerichtet. Viele solcher Ermordeten waren Christen von Uganda.

Als ein Gläubiger an einen Baum zur Exekution durch Erschießen gebunden wurde, bat er, zu seinen Henkern sprechen zu dürfen. Ihnen direkt in die Augen schauend erklärte er mit fester Stimme: »Ich liebe euch, und ich liebe mein Land! Wenn ich nun sterbe, möchte ich für euch singen.« Er lächelte, als die Worte seines Liedes aus seinem Mund mit ruhiger Gewißheit erschallten: »Aus meinen Fesseln, Sorgen und Nacht, Jesus ich komme, Jesus ich komme.« Während er so sang, drückten seine Henker ab, und er starb; aber er starb als ein unüberwindlicher Christ. Er war »mehr als ein Überwinder«. Er war nichts anderes als ein Sieger.

Als ich Pastor in Süd-Kalifornien war, erreichte mich ein herzzerbrechender Bericht über einen tragischen Unfall, an dem einer meiner engsten Freunde beteiligt war. Tim und ich waren für fast zwölf Jahre in der gleichen Stadt in einem anderen Bundesstaat zusammen Pastoren gewesen. Wir wurden gute Freunde, während wir in derselben Denomination alle Freuden und Lasten teilten. Wir waren Gebetspartner. Es war für mich ein Schock, von diesem Unfall zu hören. Ein betrunkener Fahrer schleuderte über die durchgezogene Linie und raste frontal in das kleine Auto, welches Tim fuhr. Seine Frau wurde auf der Stelle getötet und Tim lebensgefährlich verletzt.

Ich konnte förmlich Tims Sorgen und Schmerzen fühlen. Als ich mich auf den Weg zur Intensivstation des Krankenhauses machte, fragte ich mich, was ich wohl sagen könnte. Was kann ich einem sagen, der so viel Leid trägt und selbst von so vielen Sorgen und physischen Schmerzen zerschlagen ist? Tim liebte seine Frau sehr. Sie waren ein leuchtendes Beispiel einer christlichen Ehe gewesen.

Als ich an Tims Bett trat, sah ich all die lebenserhaltenden Maschinen. Die anwesende Schwester erklärte mir Tims schrecklichen Zustand und bat mich, den Besuch kurz zu machen. Tränen füllten meine Augen als Tims Augen mich anblickten. Indem ich versuchte, meine Gefühle zu beherrschen, nahm ich seine unverletzte Hand in die meine. »Tim«, konnte ich endlich sagen, »ich leide mit dir, und ich liebe dich als meinen Bruder.« Obwohl er nicht mit seiner Stimme sprechen konnte, sprachen seine Augen und sein Gesichtsausdruck um so mehr. Der Funke des Glaubens und dieses zuversichtliche Lächeln, das ich so gut kannte, grüßten mich immer noch. Irgend etwas leuchtete von innen her aus ihm heraus. Es war wie ein leuchtendes Feuer. Ich war gekommen, um Tim einige wenige Verheißungen aus der Schrift zu sagen, meine Zuwendung ihm gegenüber zu bezeugen und für ihn kurz zu beten. Aber in diesem Moment diente der Heilige Geist mir gerade jetzt durch sein Leben. Er wirkte durch diese Tragödie hindurch; Tim war »mehr als ein Überwinder.« Er erfuhr, was es heißt, unüberwindlich zu sein. Ich verließ ihn, innerlich wissend, daß er wiederhergestellt werden und sein Leben weiterhin ein Beispiel der Stärke von Gottes unüberwindlichem Volk darstellen wird. Auch er war nichts anderes als ein Sieger.

Der Apostel Paulus läßt den Epheserbrief darin gipfeln, daß er vier Schlüssel zur Stärke aufzeigt, die Gläubige befähigen, immer Sieger zu bleiben. Egal, wie heiß die Schlacht auch werden mag; egal, wie stark der Druck Satans auf uns lastet; egal, ob es menschlich gesehen unmöglich erscheint, wir werden triumphieren, wenn wir das nutzen, was Gott uns bereitet hat.

Vier Schlüssel zum Sieg über Satan

Diese vier Schlüssel sind:
 1. die Einheit des Gläubigen mit Christus,
 2. die Person des Heiligen Geistes,

3. die ganze Waffenrüstung Gottes und
4. die Vollständigkeit des Gebetes.

Wir werden jeden einzelnen Punkt in den nachfolgenden Kapiteln genauer betrachten, aber es scheint sehr notwendig zu sein, sie schon jetzt in unserem Denken zu verankern.

»Schließlich: Werdet stark in dem Herrn« (Eph.6,10a). Unsere Stärke und Gewißheit des Sieges konzentriert sich auf unser »in dem Herrn« bleiben. Unser unzertrennbares Band mit allen Aspekten Seiner Person und Seines Werkes gibt uns die Gewißheit, nichts anderes als Sieger zu sein. *»Schließlich: Werdet stark... in der Macht seiner Stärke«* (Eph.6,10b). So wie die erste Aussage von der ganzen Person und dem Werk des Herrn Jesus Christus spricht, so spricht der zweite Teil über die ganze Person und Werk des Heiligen Geistes. Die letzten Worte des Herrn Jesus Christus zu Seinen Jüngern konzentrieren sich auf die Quelle der Kraft im Leben der Gläubigen. *»Aber ihr werdet Kraft empfangen, wenn der Heilige Geist auf euch gekommen ist«* (Apg.1,8). Durch den Heiligen Geist erleben wir *»die Kraft seiner Stärke.«* Wir sollten unbedingt verstehen, wie wir uns die Person und das Werk des Heiligen Geistes in unserem Kampf zu eigen machen können.

Der dritte Schlüssel ist der Gebrauch der ganzen Waffenrüstung Gottes, sowohl für unseren Schutz als auch für unser Vorwärtskommen.

»Zieht die ganze Waffenrüstung Gottes an, damit ihr gegen die Listen des Teufels bestehen könnt« (Eph.6,11). Jeder Teil der Rüstung hat eine einzigartige und strategische Bedeutung in der Sicherung und dem Fortdauern des Sieges des Gläubigen. Durch ihr ganzes Leben hindurch werden sich siegreiche Gläubige einer wachsenden Liebe zu ihrer Waffenrüstung erfreuen. Wir müssen uns mit unseren Waffen vertraut machen.

Der vierte Schlüssel ist von ganz besonderer Bedeutung, da er das Mittel bleibt, durch das der Gläubige alle anderen drei anwenden kann. *»Mit allem Gebet und Flehen betet zu jeder Zeit im Geist, und wachet hierzu in allem Anhalten und Flehen für alle Heiligen...«* (Eph.6,18)). Ich kenne kein anderes Mittel zur Aneignung der Einheit mit Christus als das Gebet allein. Die Person und das Werk des Heiligen Geistes in unserem täglichen Leben sind mit unserem Gebet so verbunden wie die Luft mit unserem Atem. Der Heilige Geist zwingt uns Seine Herrschaft und Kraft in unserem Leben nicht auf. Er wartet bis er eingeladen wird, um Seine mächtige Kraft an uns zu demonstrieren. Der Einsatz von Gebet ist absolut notwendig, damit man seine eigene Waffenrüstung anlegen kann. Wir werden den vollständigen Gebrauch des Gebetes noch eingehender studieren müssen und besonders dessen notwendige Rolle zur Sicherung der Tatsache, daß der Gläubige Sieger bleiben kann.

Gott soll im Mittelpunkt bleiben

Geliebter Himmlischer Vater, hilf mir, alle Dinge in der Perspektive Deiner Souveränität zu halten. Gewähre mir die Weisheit, daß die Hitze der Schlacht nicht ein Beweis meiner Niederlage ist. Hilf mir, Dir zu danken und Dich zu preisen für Deine Absichten mit jeder einzelnen Phase des Kampfes. Ich widerstehe allen Zielen Satans mit seinem Angriff gegen mich, aber ich nehme Deinen souveränen Plan und Deine Absicht an. Ich danke Dir für das, was Du tust, indem Du Satans Reich erlaubst, gegen mich Krieg zu führen. Gebrauche die Schlacht, um meinen Glauben zu läutern, zu vertiefen, zur Reife zu bringen, zu demütigen und aufzubauen.

Gewähre mir die Einsicht und das Verständnis, meinen Sieg zu erkennen. Ich wünsche, daß die Wurzeln meiner Gewißheit des Sieges tief in den entscheidenden Lehren Deines Wortes gegründet werden. Ich möchte mich selbst als unüberwindlich stark betrachten durch meine Einheit mit Christus, durch meine Einheit mit der Person und dem Werk des Heiligen Geistes und durch die Vollkommenheit Deiner für mich bereiteten Waffenrüstung und dem alles entscheidenden Gebet. Lehre mich, wie mein Sieg in meinem praktischen täglichen Leben angewendet werden kann. Dies alles bitte ich in dem Namen meines Herrn Jesus Christus. Amen.

14

DIE EINHEIT DES GLÄUBIGEN MIT CHRISTUS

»Schließlich: Werdet stark im Herrn und in der Macht seiner Stärke.« (Eph.6,10)

Dies ist ein Befehl, ausgegeben von einem kampferprobten Mann, dem Apostel Paulus. Es ist ein starkes Wort vom Heiligen Geist, den Glaubenssoldaten gegeben, die es mit einem mächtigen Feind zu tun haben. Was ist dies für ein Befehl! Der griechische Imperativ bezeichnet ein Gebot, welches es unbedingt einzuhalten gilt. Die geistliche Tragweite ist offensichtlich. Wir sind dazu bestimmt, in unserem Kampf unbesiegbar zu sein. Wir sollten uns mit nichts Geringerem zufrieden geben.

Nachdem Paulus uns in Römer 8 die erhabene Stellung des Gläubigen offenbarte, er ist vorherbestimmt, berufen, gerechtfertigt und verherrlicht, verkündigt er dramatisch die unüberwindliche Stärke des Gläubigen im Kampf: *»Was sollen wir hierzu sagen? Wenn Gott für uns ist, wer gegen uns?«* (Röm.8,31). Die Antwort, die er von uns erwartet, ist ein Siegesruf: *»Absolut niemand!«* Nicht einmal Satan selbst kann erfolgreich gegen Gläubige auftreten, die ihre Grundlage des Sieges kennen. Ein paar Verse weiter bestätigt Paulus noch einmal die Sicherheit des Sieges:

»Aber in diesem allen sind wir mehr als Überwinder durch den, der uns geliebt hat. Denn ich bin überzeugt, daß weder Tod noch Leben, weder Engel noch Gewalten, weder Gegenwärtiges noch Zukünftiges, noch Mächte, weder Höhe noch Tiefe, noch irgendein anderes Geschöpf uns wird scheiden können von der Liebe Gottes, die in Christus Jesus ist, unserem Herrn.« (Röm.8,37-39).

Kein Wunder, daß im Wissen seiner ihm verliehenen Stärke dieser Mann sagen konnte: *»Alles vermag ich in dem, der mich kräftigt«* (Phil.4,13). Er wußte, daß er im Kampf unbesiegbar war. Alles, was dem Willen Gottes für sein Leben im Wege stand, mußte zur Seite weichen: Satan, Dämonen und jede andere Macht.

Es ist eine notwendige Voraussetzung zu effektivem Kampfgebet zu wissen, daß wir geistlich unüberwindbar sind, wenn wir

Gottes Willen für unser Leben erfüllen. Satan ist ein sehr erfolgreicher Lügner. Er läßt keine raffinierten Tricks aus, um zu versuchen, Gläubige einzuschüchtern und sie davon zu überreden, daß sie schwach sind. Satan will uns dazu bringen, daß wir denken, wir wären seiner furchtbaren Macht schutzlos ausgeliefert. Sofern wir nicht die biblische Grundlage unserer unbesiegbaren Stellung kennen wird er zweifelsohne Erfolg haben, uns einzureden, daß wir gegen seine Angriffe keine Chance haben.

Vor einigen Monaten kam ein Mann zu mir, der in einem massiven Kampf gegen die Mächte der Finsternis stand. Sie hatten ihn über viele Jahre auf verschiedenste Weise gequält. Er hatte oft schreckliche Träume voll sadistischer Gewalt und ekelhaften Sexorgien. In den Stunden seines Wachseins hörte er grausame Stimmen, die ihn drängten, scheußliche Taten zu begehen, die seinen sensiblen wiedergeborenen Geist in Aufruhr brachten. Manchmal litt er auch an physischen Schmerzen, die, wie es schien, von Mächten der Finsternis verursacht wurden. Psychiatrische Behandlung und Seelsorge haben ihn nicht von diesen Qualen befreien können.

Als er bei mir Seelsorge suchte, schlug ich ihm vor, offensiv diesen Angriffen auf der Grundlage seiner eigenen geistlichen Autorität als Gläubiger zu widerstehen. Der Gläubige muß furchtlos und offensiv den Angriffen widerstehen, indem er etwa so vorgeht:

»*Im Namen des Herrn Jesus Christus, erhebe ich mich gegen die Mächte der Finsternis, die diese Stimmen hervorbringen, die mich zu diesen schrecklichen Taten verführen wollen.* (Du solltest auf jeden Fall genau die Taten und Symptome, die du erleidest, benennen.) *Ich erhebe mich gegen dich in der Kraft meiner Einheit mit dem Herrn Jesus Christus. Durch sein wunderbares Blut widerstehe ich dir. Ich binde an dich dein ganzes Reich.* (Böse Geister sind ähnlich einer militärischen Organisation mit Führern und Befehlsempfängern strukturiert.) *Ich binde dich, daß du nicht mehr wirken kannst, und ich befehle dir und deinem Reich, mich zu verlassen und dahin zu gehen, wohin der Herr Jesus dich schicken wird.*«

Als ich dem Mann zum ersten Mal diese Vorgehensweise vorschlug, antwortete er mir: »Oh, ich traue mich nicht, dies zu tun. Satan könnte mich niederknüppeln. Geistlich bin ich nicht sehr stark, und ich denke nicht, daß ich es je wagen würde, so gegen Satan zu reden.«

Dies ist ein klassisches Beispiel, wie Satan uns dazu bringt, seinen Lügen zu glauben. Dieser Mann hatte ein unangemessenes Verständnis seiner Stellung, wie die Bibel sie beschreibt. Er wußte nichts von seiner wirklichen Autorität. Er erkannte nicht seine Position, stark und unbesiegbar zu sein. Durch Studium des Wortes

Gottes und geduldige Ermunterung wurde er schließlich fähig, seinen Sieg für sich in Anspruch zu nehmen. Als er dies dann in Angriff nahm, begann sein Problem auch sofort zu verschwinden.

Es ist wichtig, daß das Erkennen unserer Unbesiegbarkeit auf der zuverlässigen Wahrheit des Wortes Gottes ruht. Unsere Autorität muß eine biblische Grundlage besitzen. Tollkühnheit, die aus einem verkehrten Glauben kommt, wird nicht nur viele Schlachten verlieren, sondern ist auch sehr gefährlich. Der Kampf, dem wir uns gegenübersehen, ist nicht etwas Geringes. Wenn wir darüber sprechen, unbesiegbar und fähig zu sein, Satans Reich zu überwinden, dann soll uns dieses Wissen nicht zur Sorglosigkeit verleiten. Unser Sieg über Satans Reich bedeutet nicht, daß seine Kraft dann letztlich nur unbedeutend wäre. Wir müssen uns immer wieder daran erinnern, daß Satans Kraft nur hinter der Kraft Gottes zurückbleibt. Judas 8 und 9 warnt uns, die Kraft unseres Feindes niemals zu unterschätzen.

Die sieben Söhne von Skevas, des jüdischen Hohenpriesters, mußten diese Lektion sehr schmerzhaft erlernen. Während Paulus in Ephesus war versuchten diese Eindringlinge, eine Formel von Paulus zu gebrauchen, ohne die Wahrheit dahinter zu kennen. Als sie so mit bösen Geistern umzugehen versuchten, sagten sie: *»Ich beschwöre euch bei dem Jesus, den Paulus predigt!«* (Apg.19,13) Das Ergebnis war für sie sehr schmerzhaft. *»Der böse Geist aber antwortete und sprach zu ihnen: Jesus kenne ich, und von Paulus weiß ich. Aber ihr, wer seid ihr? Und der Mensch, in dem der böse Geist war, sprang auf sie los und bezwang sie miteinander und überwältigte sie, so daß sie nackt und verwundet aus jenem Haus entflohen«* (Apg.19,15-16).

Mut in Christus

Der Gläubige braucht Mut. Er darf keine Furcht haben; dennoch muß er sicher sein, daß sein Mut auf dem beruht, was ihn wirklich unbesiegbar macht. Epheser 6,10 sagt: *»Werdet stark im Herrn!«* Dieser kleine Ausdruck *im Herrn* ist einer der wichtigsten, den es zu verstehen gilt. Er ist der Eckstein zu der Erkenntnis unserer Unbesiegbarkeit im geistlichen Kampf.

Die Ausdrücke *»im Herrn«*, *»in Christus«*, oder gleichbedeutende Begriffe erscheinen allein im Epheserbrief mehr als vierzig Mal. Solche Wiederholungen machen uns deutlich, daß es nicht nur ein bloßes Klischee ist. Jeder Christ ist untrennbar mit dem Herrn Jesus Christus verbunden. Durch Gott sind wir eins gemacht worden mit Seiner Person und Seinem Werk. Christi Werk gehört rechtmäßig zu jedem Gläubigen durch das Recht der innigen Verbundenheit. 2.Korinther 5,17 sagt klar und deutlich: *»Daher, wenn jemand in Christus ist, so ist er eine neue Schöpfung; das Alte ist vergangen, siehe, Neues ist geworden.«* *»In Christus«* zu sein, ist eine dogmatische Tatsache, eine absolute Wahrheit, die dem Gläubigen eine neue Stellung gewährt. Die alte Knechtschaft und die Furcht vor Satan ist gebrochen worden. Der ganze Sieg Christi ist unser geworden.

Was bedeutet es, »*in Christus*« zu sein? Was hat es mit dieser Aussage auf sich, eine Beziehung zu haben, die uns unüberwindlich stark macht? Wie können wir diese Wahrheit im Kampfgebet nutzen? Wie kann dies unseren Widerstand gegen Satan siegreich machen?

Zuerst heißt »*in Christus*« zu sein, daß wir in dem mächtigen *Sieg des Namens des Herrn Jesus Christus* sind. Was für eine große Quelle der Kraft zum Sieg repräsentiert Sein Name. Philipper 2,9-11 vermittelt uns etwas von der Kraft, die wir in Seinem Namen haben.

»Darum hat Gott ihn auch hoch erhoben und ihm den Namen verliehen, der über jeden Namen ist, damit in dem Namen Jesu jedes Knie sich beuge, der Himmlischen und Irdischen und Unterirdischen, und jede Zunge bekenne, daß Jesus Christus Herr ist, zur Ehre Gottes, des Vaters.«

Sein Name ist über alle Namen. Dies spricht von einem Stand der Sicherheit und der unüberwindlichen Stärke. »*Jedes Knie soll sich beugen*« in Unterordnung unter die Kraft dieses Namens. Satan selbst und sein ganzes Reich sind mit eingeschlossen.

Es ist wichtig, täglich die Sicherheit und die Stärke Seines Namens über dein persönliches Leben im Gebet zu erheben, auch über deine Familie und den Ruf Gottes für dein Leben. In dem Namen des Herrn Jesus Christus sind wir stark und unüberwindlich.

»In Christus« zu sein bedeutet auch, daß wir vereint sind mit Christus in Seinem ganzen Sieg, den Er durch Sein Erlösungswerk errungen hat. In dem Augenblick der Bekehrung nimmt Gott den Gläubigen in den Sieg Christi mit hinein, den Er durch die *Fleischwerdung* erlangt hat. Eine der erstaunlichsten Wahrheiten über das Erlösungswerk Christi ist, daß in der Person des Christus, Gott Selbst Mensch geworden ist. Das Menschsein des Christus bleibt eines der großen Wunder der Ewigkeit. Er war in der Gestalt des Fleisches einer von uns, damit unser Herr Jesus Christus unsere Erlösung und die vollständige Niederlage des Reiches der Finsternis erringen konnte (Heb.2,14-15).

1.Johannes 4,2-3 erklärt: *»Hieran erkennt ihr den Geist Gottes: Jeder Geist, der Jesus Christus, im Fleisch gekommen, bekennt, ist aus Gott; und jeder Geist, der nicht Jesus bekennt, ist nicht aus Gott; und dies ist der Geist des Antichrists, von dem ihr gehört habt, daß er komme, und jetzt ist er schon in der Welt.«*

Die Wahrheit, daß Gott in der Person des Christus in die Welt gekommen ist; die Wahrheit, daß Gott in Christus ist, daß Gott

Selbst Mensch wurde, ist die größte Niederlage und die schlimmste Bedrohung für Satans Reich. Johannes teilt uns mit, daß diese Wahrheit so bedrohend und so vernichtend für das Reich der Finsternis ist, daß gefallene Geschöpfe nicht freiwillig zugeben werden, daß Jesus Christus als wahrer Mensch zu uns gekommen ist.

Durch unsere Einheit mit Christus in Seiner Fleischwerdung gehört uns der Sieg über Satan. Dies wird von denen erfahren, die sich diese mächtige Wahrheit aneignen und gegen den Feind einsetzen. Kannst du erkennen, wie vernichtend es für deinen Todfeind ist, wenn du die Wahrheit deiner Einheit mit Christus in Seiner Fleischwerdung gegen ihn und sein Reich einsetzt? Während wir noch hier auf dieser Erde leben ist unsere Hoffnung auf die tägliche Güte und den Segen Gottes für uns in einzigartiger Weise an die Wahrheit geknüpft, daß wir in die vollkommene Würde des Christus in Seinem Menschsein mit hineingenommen sind. Er führte ein menschliches Leben, das immer der größten Segnungen Gottes *würdig* war. Obwohl Er in jeder Form versucht wurde, blieb Er ohne Sünde. Er lebte ständig in der Gemeinschaft mit dem Himmlischen Vater, immer vollkommen heilig und würdig, das beste von Gott zu empfangen. So wie wir nun in dieser Welt leben, so gehört uns Sein *würdiges* Leben. Es ist unser Leben. Gott sieht uns in Ihm. Wir erwarten nicht Tag für Tag Gottes vielfältige Segnungen, weil wir ein vollkommenes Leben führen. Nein, wir erwarten Seine Segnungen, weil unser fleischgewordener Erretter ein vollkommen würdiges Leben lebte, und wir *»in Christus sind.«*

»In Christus« zu sein bedeutet auch, in dem Werk und dem Sieg zu sein, der durch Seinen Tod errungen wurde. Die Leiden und der Tod unseres Herrn Jesus Christus sind gleichermaßen lebensnotwendig für unsere unbesiegbare Stellung im kämpferischen Gebet. »*Weil nun die Kinder Blutes und Fleisches teilhaftig sind, hat auch er in gleicher Weise daran Anteil gehabt, um durch den Tod den zunichte zu machen, der die Macht des Todes hat, das ist den Teufel, und um alle die zu befreien, die durch Todesfurcht das ganze Leben hindurch der Knechtschaft unterworfen waren.*« (Hebr.2,14+15)

In Seinem Erlösungsplan stellt Gott die Gläubigen in den Tod des Christus mit allen Aspekten Seines vollständigen Sieges über unsere Feinde. Für uns bleibt nur das offensive Festhalten an dieser Einheit mit Christus in Seinem Tod und sie als Teil unserer Verantwortung im siegreichen geistlichen Kampf anzuwenden. Dies wird uns in Abschnitten der Bibel wie zum Beispiel in Römer 6,11-12 vermittelt: »*So auch ihr, haltet euch der Sünde für tot, Gott aber lebend in Christus Jesus. So herrsche nun nicht die Sünde in eurem sterblichen Leib, daß er seinen Lüsten gehorche;...*« Allein die Tatsache, daß es uns geboten ist, die Sünde nicht in unserem sterblichen Leibe herrschen zu lassen, ist ein Beweis, daß sogar Gläubige dieses Problem haben können. Wenn Gläubige sich ihre Einheit mit Christus in Seinem Tod nicht zu eigen machen und dies nicht anwenden, dann wird die Sünde in allen ihren verschiedenen Ausdrucksformen regieren. Es ist unsere Verantwortung, uns immer wieder klar zu machen: Wir sind tot gegenüber der Herrschaft der Sünde. Wir sind mit Christus in Seinem Tod vereinigt. Auf Grund dieser dogmatischen Wahrheit sind wir für die Herrschaft der Sünde tot, aber lebendig für Gottes Herrschaft.

Das Kreuz und das Blut unseres Heilands sind eine große Bedrohung für Satans Reich. Im Kreuz machte Jesus Christus Satans ganzes Reich zunichte. Wenn nun Gläubige offensiv den Tod des Christus zur Anwendung bringen, für sich, für ihre Familien und für ihren Dienst dann werden auch sie mit Christus in Seinem Tod unüberwindlich werden. »*. . . als er die Gewalten und die Mächte völlig entwaffnet hatte, stellte er sie öffentlich bloß. In ihm hielt er über sie einen Triumph.*« (Kol.2,15).

»In Christus« zu sein, bedeutet einen noch größeren Sieg, da wir auch in Seiner *Auferstehung* sind. Die gleiche mächtige Kraft, die unseren Herrn Jesus Christus aus dem Grabe auferweckte, gehört auch uns. Es ist nicht ungewöhnlich, daß Paulus, lange nachdem er gläubig geworden war, den Philippern schrieb: »*. . .um ihn und die Kraft seiner Auferstehung und die Gemeinschaft seiner Leiden zu erkennen, indem ich seinem Tod gleichgestaltet werde, ob ich irgendwie hingelangen möge zur Auferstehung aus den Toten*« (Phil.3,10-11). »In dem Herrn« zu sein bedeutet, diese mächtige Kraft der Auferstehung ist uns zu eigen, damit wir sie kennen und sie zu unserer Unbesiegbarkeit in unserem geistlichen Kampf gebrauchen.

»In Christus« zu sein hat noch eine weitere Auswirkung, da wir mit Christus in die Himmelswelt versetzt sind. »*Er hat uns mitauferweckt und mitsitzen lassen in der Himmelswelt in Christus Jesus*« (Eph.2,6). Nach Seiner Auferstehung hat Gott Jesus »*zu seiner Rechten in der Himmelswelt gesetzt, hoch über jede Gewalt und Macht und Kraft und Herrschaft und jeden Namen, der nicht nur in diesem Zeitalter, sondern auch in dem zukünftigen genannt werden wird. Und alles hat er seinen Füßen unterworfen und ihn als Haupt über alles der Gemeinde gegeben, die sein Leib ist, die Fülle dessen, der alles in allen erfüllt*« (Eph.1,20-23).

Die Himmelfahrt des Christus in die Herrlichkeit war die Besiegelung Seines vollendeten Triumphes, eine Darstellung Seines alles entscheidenden Sieges »*weit über alle Herrschaft und Gewalt.*« Mit Christus dort hineinversetzt zu sein, ist ein Aspekt unseres Standes »in Christus«, der unsere Autorität in unserem Herrn demonstriert, um dem Teufel zu widerstehen und ihn zu besiegen. Wir sind mit Christus vereint in Seiner völligen Autorität und Seiner Demonstration der Auferstehungskraft durch Seine Himmelfahrt.

Ein abschließender Gedanke darf nicht vergessen werden. Stark und unüberwindlich »in dem Herrn« zu sein heißt, daß wir die Wahrheit kennen und nutzen, daß wir mit Christus in Seiner wachsamen Herrschaft über Seine Gemeinde verbunden sind. Er ist das Haupt. Er ist unser großer Hohepriester und der verherrlichte Hirte Seiner Schafe. Wie wundervoll ist die Gewißheit, daß wir mit unserem lebendigen Heiland, der Seine Gemeinde baut, vereint sind: »*Ich will dich nicht versäumen noch verlassen‹, so daß wir zuversichtlich sagen können: ›Der Herr ist mein Helfer, ich will mich nicht fürchten.*« (Hebr.13,5-6)

Viel steckt in diesem Ausdruck »in Christus« und »in dem Herrn«, was uns hilft zu verstehen, daß es Gottes Wille für uns ist, unüberwindlich stark zu sein. Satans Brüllen braucht uns niemals zu erschrecken, wenn wir »in Christus« sind.

Eine Frau berichtete mir eine eindrucksvolle Geschichte, die die Natur unseres offensiv geführten, unbesiegbaren Kampfes verdeutlicht.

In ihrer Jugend ist sie auf einer guten Bibelschule gewesen, wo sie eine feste Grundlage an Bibelwissen erhielt. Später, als sie ihre Kinder großzog, mußte sie zugeben, daß ihr Glaube mehr eine Gewohnheit geworden war als eine lebendige, tägliche Gemeinschaft mit Jesus. Obwohl sie aktives Mitglied in einer die Bibel predigende Gemeinde war, fehlte ihr doch eine innige, beständige Beziehung zu ihrem HERRN. Sie wurde ein »institutionalisierter« Christ. Solch ein gewohnheitsmäßiges Christentum führt oft ins Unglück, wie es bei ihr der Fall war.

Ihre Beziehung zu ihrem Ehemann ließ viel zu wünschen übrig. Ihre drei jugendlichen Kinder rutschten ins Unheil ab. Ihr ältester Sohn war hoffnungslos in der Drogenszene gefangen und trieb ziellos dahin. Ihre jugendliche Tochter hatte eine Affäre mit einem verheirateten Mann und lehnte alle Warnungen vor den Gefahren und der Tragik so eines Lebens ab. Ihr jüngster Sohn war zwar noch in der Schule, aber bewegte sich schon auf demselben Weg wie sein älterer Bruder. Diese christliche Mutter war verzweifelt und wußte nicht mehr was sie tun konnte, um Hilfe in der Not für sich und ihre Familie zu erhalten.

Eines Tages rief sie mich an, um mir zu sagen, daß sie den ersten Teil dieses vorliegenden Buches gelesen habe. Die Herausforderung, die gesunde Lehre zu beten, hatte ihr Herz berührt. Sie übte solches Gebet bezüglich ihres Heimes und ihrer Kinder. Fünf Monate später rief sie mich an, um mir von den Resultaten zu berichten.

Ihr ältester Sohn hatte sich von den Drogen losgesagt und plante, nun eine Bibelschule zu besuchen. Ihre Tochter hatte die Beziehung zu dem verheirateten Mann beendet und stand kurz vor der Verlobung mit einem engagierten Christen. Ihr jüngster Sohn hatte sein Bekenntnis zu Jesus erneuert und nimmt nun aktiv an der Leitung seiner Jugendgruppe in der Gemeinde teil. Voll Freude teilte sie mir noch andere erstaunliche geistliche Resultate mit, die Gott in ihr Leben und ihre Familie gebracht hat. Obwohl das Beten von gesunder Lehre nicht immer solche dramatischen Veränderungen herbeiführt, wollte ich doch davon berichten, da es ein sehr deutliches Zeugnis des erfahrbaren Nutzens der geistlichen Sicht ist, daß wir unüberwindlich in unserem Kampfgebet sind. Den Sieg des Christus auf unser persönliches Leben, auf unsere Familien und auf unsere speziellen Bereiche unseres geistlichen Dienstes auszurichten, wird immer besonderen Lohn ernten. Bevor ich dieses Kapitel schließe, möchte ich dir noch ein Gebet mitgeben, daß sich auf unsere Beziehung »in Christus« konzentriert.

Unsere Einheit mit Christus in Anspruch nehmen.

Geliebter Himmlischer Vater, ich preise Deinen Namen. Ich habe erkannt, daß es Dein Wille ist, daß ich in meinem geistlichen Kampf unüberwindlich stark bin. Ich preise Dich, Herr, daß Du mich »in Christus« hineinversetzt hast. Durch Glauben möchte ich meinen Wunsch äußern, in dem Schutz und dem Segen des mächtigen Namens des Herrn Jesus Christus zu leben. Ich bitte, daß die allmächtige Kraft Seines Namens über meiner Familie und meinem Dienst sei, in den Du mich gerufen hast. Ich richte im Gebet den Namen des Herrn Jesus Christus gegen Satan und die Absichten seines ganzen Reiches, Gottes Plan für mein Leben zu behindern.

Jetzt konzentriere ich mein Gebet auf meine Einheit mit Christus in Seiner Fleischwerdung. Ich bekenne voll Freude, daß Jesus Christus in das menschliche Fleisch gekommen ist, um den Sieg für mich zu erringen. Ich setze in diesem Gebet alle Triumphe des Herrn Jesus, die Er in Seinem irdischen Leben errungen hatte, gegen Satans raffinierte Versuchungen und betrügerischen Verführungen. Ich bete, daß die Siege Seiner Fleischwerdung wirksam werden in allen Bereichen meines Lebens und Dienstes.

Ich preise Dich für das Kreuz und den Tod des Herrn Jesus Christus. Ich möchte, daß der Segen Seines Todes in meinem Leben, meiner Familie und meinem Dienst sichtbar wird. Ich halte fest, daß mein Sterben mit Christus die Kontrolle und Herrschaft über Sünde und Tod hat und Satan selbst besiegen kann. Ich will, daß das vergossene Blut des Christus gegen alles was Satan tut gerichtet wird, der mich behindern will.

Ich hungere danach, tiefer zu verstehen, was es bedeutet, die Kraft Seiner Auferstehung zu erfahren. Genauso wie ich wünsche, tot zu sein für die Herrschaft der Sünde, so sehne ich mich danach, im Einklang mit der Tatsache zu leben, daß ich nun durch die Kraft der Auferstehung für Gott lebendig bin. In der mächtigen Kraft, die den Herrn Jesus Christus von den Toten auferweckt hat, befähige mich bitte, in der Neuheit des Lebens zu leben, welches mir gegeben ist.

Himmlischer Vater, es wird für mich immer ein Wunder bleiben, daß Du mich mit Christus in die Himmelswelt versetzt hast, weit über alle Fürstentümer und Gewalten. Demütig gebrauche ich die Autorität meiner Einheit mit der Himmelfahrt des Christus, um alle Pläne Satans niederzureißen, die er gegen mich persönlich, die er gegen meine Familie und die er gegen Gottes Plan für mein Leben aufgebaut hat.

Danke, Herr Jesus Christus, daß Du in Deiner verherrlichten Position zur Rechten des Vaters Deine Gemeinde leitest und Deine Schafe weidest. Mit meinem ganzen Willen ordne ich mich Deiner Herrschaft über mein Leben und meinen Dienst unter. Ich bekenne mich dazu, daß alles, was in meinem Leben, meinem Zuhause und meinem Dienst gut ist, durch Deine Herrschaft und Deine gnädigen Segnungen zu mir gekommen ist.

Durch Glauben mache ich mir das unüberwindliche Recht zu eigen, stark und siegreich in Deiner vollkommenen Errettung zu sein. Ich lehne es ab, entmutigt zu werden. Ich weise alle Gefühle zurück, durch die ich mich als Verlierer fühle. Ich wähle als jemand zu leben, der ein siegreicher Überwinder ist, durch Jesus Christus meinen HERRN. In dem Namen meines Herrn Jesus Christus bete ich mit Danksagung. Amen.

15

DIE PERSON DES HEILIGEN GEISTES UND SEINE GÖTTLICHE MACHT

> »Seht nun genau zu, wie ihr wandelt, nicht als Unweise, sondern als Weise. Kauft die gelegene Zeit aus, denn die Tage sind böse. Darum seid nicht töricht, sondern versteht, was der Wille des Herrn ist. Und berauscht euch nicht mit Wein, worin Ausschweifung ist, sondern werdet voll Geist, indem ihr zueinander in Psalmen und Lobliedern und geistlichen Liedern redet und dem Herrn in eurem Herzen singt und spielt. Sagt allezeit für alles dem Gott und Vater Dank im Namen unseres Herrn Jesus Christus!« (Eph.5,15-20)
> »Schließlich: Werdet stark... in der Macht seiner Stärke.« (Eph.6,10)

Mehrere Biographen von D.L.Moody berichten von einer Begebenheit, die ein bedeutender Wendepunkt in seinem fruchtbaren Dienst für Gott wurde. Moody hatte schon seit mehreren Jahren gepredigt. Als Gründer und Leiter, einer der am schnellsten wachsenden und effektivsten Sonntagsschulen in Chicago war er als Redner stark gefragt. Sein Dienst erregte sogar die Aufmerksamkeit und Neugier von Abraham Lincoln, der darauf bestand, Mr.Moodys Sonntagsschule während einer seiner Besuche von Chicago kennenzulernen. Moodys Einfluß und Dienst wuchs beständig, aber er hatte eine Schwäche, die erkannt werden mußte.

Nach einer Evangelisationsversammlung von Mr.Moody kamen zwei Damen hinter die Rednerbühne, um mit ihm zu sprechen. »Wir haben für sie gebetet,« sagten sie und deuteten damit an, wie wichtig sie das Gebet für sein Leben und seinen Dienst sahen. Diese offene Aussage verärgerte Moody. »Warum beten sie nicht für die Menschen?« fragte er ziemlich schroff.

»Weil Sie die Kraft des Heiligen Geistes brauchen,« antworteten sie.

Aufgebracht erwiderte Moody: »*Ich* brauche die Kraft?«

Aber die zwei Damen nahmen den Auftrag vom HERRN an zu beten, daß Mr.Moody mit der Kraft des Heiligen Geistes ausgerüstet wird. Sie saßen regelmäßig in den ersten Reihen seiner Veranstaltungen. Es war offensichtlich, daß sie viel beteten. Zuerst fühlte sich Mr.Moody belästigt, dann aber begann sein aufrichtiges Herz positiv zu antworten. Vor langer Zeit war es auch das Flehen seines Herzen gewesen, mit Kraft ausgestattet zu werden. Häufig sammelte er ein Gruppe um sich, um mit ihnen einen halben Tag zu beten. Er wollte mit ihnen um die Ausrüstung mit dem Geist »vor Gott seufzen und weinen«.

Dann geschah etwas Einzigartiges in einem New Yorker Hotelzimmer. Moodys autorisierte Biographie von William Moody, seinem Sohn, zitiert ihn wie folgt:

»Ich flehte die ganze Zeit, daß Gott mich mit Seinem Geist erfüllen möge. Dann, eines Tages in der Stadt New York, oh, was für ein Tag ich kann ihn nicht beschreiben, und selten rede ich darüber; es ist eine fast zu heilige Erfahrung, um sie zu erwähnen: Paulus hatte ein Erlebnis, von dem er über vierzehn Jahre lang nicht sprach.

Das einzige, was ich sagen kann, ist, daß Gott sich Selbst mir offenbarte, und ich erlebte solch eine übergroße Erfahrung Seiner Liebe, daß ich Ihn bitten mußte, Seine Hand wieder von mir zu nehmen.

Ich predigte weiter. Die Predigten hatten sich nicht verändert. Ich brachte keine neuen Wahrheiten, und doch bekehrten sich Hunderte. Ich möchte nun nicht wieder in die Zeit vor dieser gesegneten Erfahrung zurückversetzt werden, wenn du mir auch die ganze Welt dafür geben würdest es wäre nur ein bißchen Staub auf der Waage.« [11]

Ein anderer Biograph erklärt:

»Gott schien, auf eine mächtige Weise die Gebete dieser beiden Frauen beantwortet zu haben; denn zu dieser Zeit veränderte sich sein Leben beachtlich, von einem jungen, irgendwie wie ein Hahn daherschreitenden stolzen Prediger zu einem demütigen, weichen und sanftmütigen Prediger, der still, aber reichlich, die unwiderstehliche Lehre von Gottes großer Gnade für die Menschen überall darlegte, so wie sie in der Bibel offenbart ist.« [12]

Als er der Person und dem Wirken des Heiligen Geistes Raum in seinem Leben gab, hatte dies sofort tiefgreifende Veränderungen in dem Dienst von Mr. Moody zur Folge. Er fand neue Kraft und Effektivität, um Menschen aus den Bindungen Satans herauszureißen. Walter Knight schreibt über die entstandene Frucht einer von Moodys Versammlungen in London. Dort predigte er einmal zu 5000 Menschen. Viele waren überzeugte Atheisten, Agnostiker und Frei-

---

[11] Willian R. Moody, Life of D.L. Moody (Kilmarnock, Scotland: John Ritchie, n.d.) S.66
[12] Harry J. Albus, A treasury of Dwight L. Moody (Grand Rapids: Eerdmans, 1949) S.35

denker. Unglaube war derart in Mode in jenen Tagen, daß besondere Clubs in ganz London organisiert wurden, die die Gemeinschaft derer fördern sollten, die den Glauben verworfen hatten. Sie kamen zu den Versammlungen von Moody mit zynischen Gedanken und Gesten der Verachtung. Moody war versucht, von diesen gebildeten, spottenden Skeptikern eingeschüchtert zu werden, aber stattdessen nahm er für sich die mächtige Kraft des Heiligen Geistes in Anspruch. Er predigte das Wort Gottes mit großem Freimut und Überzeugungskraft.

Knight zitiert Moodys eigene Beurteilung dieser Ergebnisse:
»Augenblicklich kam der Heilige Geist über diese Feinde des Herrn Jesus Christus. Mehr als fünfhundert von ihnen standen auf. Unter Tränen riefen sie ›Ich will! Ich will zu Christus kommen!‹ Schnell wurde die Versammlung beendet, damit die persönliche Arbeit beginnen konnte. Von diesem Abend an bis zum Ende der Woche wurden fast zweitausend Männer aus den Reihen Satans zur Armee des HERRN gewonnen. Der dauerhafte Charakter dessen, was da stattfand, bewies sich darin, daß ihre atheistischen Clubs geschlossen wurden!«[13]

D.L.Moody wurde einer der stärksten Verfechter der Notwendigkeit der Gegenwart der Person und des Wirkens des Heiligen Geistes im Leben der Gläubigen. Er wußte davon, wie dramatisch groß der eigene Sieg über die Sünde und über Satan für den sein konnte, der mit der mächtigen Kraft des Heiligen Geistes erfüllt ist. Sorgfältig vermied er die Exzesse, die bei einigen charakteristisch wurden, die den Dienst des Heiligen Geistes falsch verstanden. Dennoch war Mr.Moody immer bereit, die Wahrheit zu verkündigen, daß Gläubige mit dem Heiligen Geist erfüllt sein müssen. Die vielen Tausenden, die durch sein evangelistisches Predigen für Christus gewonnen wurden, sind das Resultat der Bevollmächtigung des Geistes. Die Erweckungsversammlungen, die sich manchmal über Wochen hinweg zu den abendlichen Predigten von Mr.Moody trafen, sind ein Zeugnis dieser Kraft.

Erfüllt zu sein mit der Kraft des Heiligen Geistes bleibt das Zentrum jedes geistlichen Sieges und Dienstes. Die große Bedeutung, die die Bibel der Lehre vom Heiligen Geist gibt, ist zweifellos der Grund dafür, daß so viel Verwirrung unter den Gläubigen über dieses Thema herrscht. Beide, der rationale Intellektualismus und der exzessive Emotionalismus wollen den Christen den wunderbaren Dienst des Heiligen Geistes aus ihrem Leben rauben. Das Reich der Finsternis tut alles was es kann, um die Person und das Wirken des Heiligen Geistes aus der Praxis des Gläubigen herauszuhalten.

---

13 Walter B. Knight, Knight's Illustrations for Today (Chicago: Moody Press, 1970) S.150

Die gefährliche Sucht nach spiritistischen Erscheinungen

Einerseits erkennen Christen das Problem des exzessiven Emotionalismus, das im Zusammenhang mit der Person des Heiligen Geistes auftreten kann. Der Schwerpunkt liegt zu oft darauf, von Erfahrungen und spiritistischen Erscheinungen zu leben, durch die dämonische Mächte immer sofort bereit sind zu wirken. Dr.Merrill Unger dokumentierte in seinem Buch »What Demons Can do to Saints« mehrere solcher Fälle. Ein Beispiel wurde ihm von der Frau eines Baptistenpastors in Kansas zugetragen. Sie schrieb ihm, daß sie sich im Alter von zehn Jahren bekehrt habe und berichtete dann über die schrecklichen Bindungen an dämonische Mächte, in die sie gefallen war. Im Folgenden möchte ich ihren Bericht weitergeben:

»In den folgenden zwanzig Jahren empfand ich öfter ein großes Verlangen, den Herrn besser kennenzulernen. Da ich Sein Wort noch nicht gründlich genug kannte, konnte ich die Lehre Gottes von der Erfüllung mit dem Heiligen Geist und dem Gebot, im Geist zu wandeln, noch nicht in ihrer Einfachheit erfassen.

1967 gab mir ein Freund ein Buch über die Zungenrede. Mein geistliches Leben war damals auf dem Tiefstpunkt angelangt, und ich suchte intensiv nach Gott. Ich wußte, daß ich erlöst worden bin, aber es schien in meiner Seele eine Leere zu sein.

Nachdem ich dieses Buch gelesen hatte, begann ich zu glauben, daß die Erfahrung der Zungenrede notwendig wäre, um die geistliche Leere zu füllen.

Während des Jahres 1973 wurde ich krank. Der Wunsch nach engerer Gemeinschaft mit dem Herrn und nach dem Empfang von Gottes Kraft in meinem Leben, wurde intensiver als je zuvor. Ich las mehrere Bücher über Zungenrede..., und ich fing an, Menschen zu suchen, die diese Erfahrung hatten.

Mein Ehemann, ein Baptistenpastor und ein Lehrer des Wortes Gottes, erklärte die Aussagen der Bibel über dieses Thema; aber mein Denken war festgelegt, daß die Zungenrede der letztgültige und einzig wahre Beweis sei, daß man geistererfüllt ist.

Ich nahm Kontakt auf mit einem charismatischen Baptistenpastor, und er legte mir die Hände auf, was mir eine äußerst ekstatische Erfahrung einbrachte... Sie war zweifelsohne übernatürlich. Nie zuvor hatte ich so ein wundervolles Gefühl erlebt es war zu andersartig, als daß es nur psychologisch gewesen sein könnte. Ich fühlte die Gewißheit, daß niemand je so glücklich, so zufrieden und so erfüllt mit Freude gewesen sei, wie ich es war.

Die Zungenrede kam nicht über mich durch das Auflegen der Hände, aber ich fuhr fort, darum zu bitten. Zwei Monate später kamen die »Zungen«, begleitet von ungewöhnlichen Ereignissen.

Jeder Tag war ein neues und wunderbares Erlebnis. Gebete wurden in wunderbarer Weise beantwortet und immer im Namen von Jesus. Eine der größten Verführungen sind »andere Jesus-Geister«, die nicht Jesus Christus als Retter und Herrn bekennen (1.Joh.4,2; 2:Kor.11,4).

Zu jener Zeit konnte mich niemand davon überzeugen, daß Satan Ereignisse dieser Art produzieren kann, obwohl das Wort Gottes warnt, daß er »der Fürst der Macht in der Luft« ist (Eph.2,2).

In der Woche, als die Zungenrede über mich kam, traten komische Gefühle in meinem Körper auf. Mein Wille konnte diese Gefühle nicht kontrollieren, und ich tat nichts, um sie bewußt zu produzieren.

Einige dieser Manifestationen waren obszön und ich war dadurch sehr verwirrt, da sie immer nach der Zungenrede auftraten, von der ich annahm, daß sie doch von dem Heiligen Geist geschaffen war.

Die Zungenrede war neu und aufregend, und ich gebrauchte sie zunächst häufig. Ich wußte, daß die physischen Erscheinungen dämonisch waren, aber ich dachte, daß Satan versuchte, diese wunderbare Erfahrung des Heiligen Geistes zunichte zu machen.

Wegen der Zungenrede war ich mit Herrlichkeit erfüllt, aber gleichzeitig wurde ich durch das ständig vorherrschende Böse gequält. Ich ging immer wieder zu meinen charismatischen Freunden, um mir helfen zu lassen. Jedes Mal legte man mir die Hände auf und befahl Satan, mich in Ruhe zu lassen.

Obwohl die physischen Manifestationen mich niemals ganz verließen, empfand ich für einige Tage eine Befreiung von der Bedrückung meines Bewußtseins.

Ich bat um mehr Zungenrede, um tiefer in diese Erfahrung einzudringen und versuchte damit, von Satan wegzukommen. Nach jedem Zungenerlebnis, wenn die Herrlichkeit aus der »Höhe« vorüber war, war die Gegenwart des Bösen stärker als zuvor.

Oftmals schien der ganze Raum mit Bösem erfüllt zu sein. Mehrere Monate, nachdem ich die Zungenrede empfangen hatte, und ich dann täglich zwischen Herrlichkeit und Elend hin und her gerissen wurde, sprach eine beständige, leise Stimme klar zu mir, daß diese Zungenrede eine Form der Satansanbetung sei. Da ich überzeugt war, daß sie das Werk des Heiligen Geistes war, wurde ich davon sehr erschreckt, obwohl dieser Verdacht schon länger in mir aufgestiegen war.

Immer mehr davon überzeugt, von Satan beherrscht zu sein, faßte ich den Entschluß, ihm zu widerstehen. Unbeschreibliche Marter folgte. Stimmen redeten zu mir über abscheulichste Dinge, die man sich nicht vorstellen kann.

Schreckliche Verdächtigungen über meinen Ehemann und über liebe christliche Freunde nahmen mich gefangen. Fürchterliche Träume und Alpdrücken traten auf. Stimmen sagten, daß ich sterben müßte, da ich korrupt geworden sei, und Gott mich niemals mehr gebrauchen wollte.

Manchmal, wenn mich die Angst überkam, meinen Verstand und mein Leben zu verlieren, verzweifelte ich, und dann gab ich mich der Zungenrede hin, die aus mir hervorsprudelte. Große Erleichterung folgte jedesmal, bis daß ich mich einem weiteren Erlebnis der Zungenrede verweigerte.

Sehr oft rief ich den Herrn an und stellte mich unter das Blut Christi. Doch jedes Mal wurde ich dabei in meiner Qual auf den Boden geworfen. Vierzehn Monate, nachdem ich die Zungenrede empfangen hatte, war ich so weit, mein Leben aufzugeben.

Als einen letzten Hilfeschrei rief ich einen lieben Kollegen meines Mannes an, der als Pastor etwas von diesen satanischen Werken unter Gottes Volk wußte. Über drei Monate arbeitete und betete er mit meinem Mann und mir. Andere Pastoren beteten mit uns, manchmal über Stunden.

In dieser Zeit sahen wir die Kraft des auferstandenen Christus, die in eindrucksvoller Weise gegen den Feind sichtbar wurde.

Obwohl ich mich in meiner Unwissenheit dem Einfluß von bösen Mächten von Satan hingegeben hatte, zog mich doch der Herr in Seiner Liebe immer mehr aus der Falle des Feindes.

Es war ein langer Weg zurück aus dem Herrschaftsbereich der Finsternis, in dem ich so tief verstrickt war; aber die Gnade des Herrn Jesus Christus reichte aus, meiner Not abzuhelfen.

Dies ist kein Schuldspruch oder eine Anklage an die, die in Zungen reden. Ich bezeuge nur, was meine persönliche Erfahrung war; als ein Ergebnis der Verderbtheit meines Ich's fiel ich von der aufrichtigen Hingabe an Christus ab (2.Kor.11,3).

Ich habe viele Freunde in Pfingstgemeinden und in der charismatischen Bewegung, die dem Herrn Jesus Christus dienen möchten. Viele von ihnen predigen das wahre Evangelium der Erlösung. Einige von ihnen wurden mir sehr lieb in den Zeiten großer Bedrückung und hatten einen ernsthaften Wunsch, mir zu helfen und mich zu ermutigen.«[14]

---

14 Merrill F. Unger, What Demons Can Do to Saints (Chicago: Moody Press, 1977), Seiten 81-84

Dieser Bericht drückt eine Seite der Gefahr aus. Es gibt noch eine andere. Toter, kalter, unbiblischer Intellektualismus, bezüglich der Person und des Werkes des Heiligen Geistes gibt Satan einen gleichermaßen großen Vorteil gegen uns. Das sogenannte »institutionalisierte Christentum« ist in den letzten Jahren sehr unter Beschuß gekommen. Wenn geistliche Anbetung auf eine leblose, unpersönliche Zeremonie reduziert wird, dann ist es kein Wunder, daß Menschen woanders nach Freude für ihr Leben suchen. Im Gegensatz zu dem trockenen Institutionalismus, der oft die moderne Anbetung charakterisiert, sieht Satans Programm sehr verlockend aus.

Eine ausgewogene Sicht der Geistesfülle

Fast alle schlimmen Irrtümer, die die christliche Kirche gespalten und behindert haben, können auf einen Mangel an Ausgewogenheit zurückgeführt werden. Es gibt viele offensichtlich paradoxe Wahrheiten in der Schrift, die eines ausgewogenen Verständnisses bedürfen, das diese Spannung im Glauben erfasst. Die Souveränität Gottes und der freie Wille des Menschen ist ein solcher Fall. Prädestination und die Lehre von der Erwählung sind wunderbare dogmatische Wahrheiten. Dennoch, wenn wir dazu die Lehre der Bibel ignorieren, daß der Mensch die Möglichkeit der Wahl und die Verantwortung zur Entscheidung hat, dann werden wir unvermeidbar in große Schwierigkeiten hineingeraten. Das Wort Gottes betont gleichermaßen beide Lehren. Ausgewogenheit ist der Schlüssel, damit das Wirken des Heiligen Geistes in Seinem fruchtbringenden Sieg erkannt werden kann.

Die sieben Dienste des Heiligen Geistes

Der Dienst des Heiligen Geistes an dem Gläubigen hat, gemäß der biblischen Lehre, mindestens sieben Aspekte. Ausgewogenheit ist notwendig, um diese Dienste in einer der Wahrheit gemäßen Perspektive zu halten. Übermäßige Betonung eines der Dienste des Heiligen Geistes zu Lasten der anderen, wird die Ausgewogenheit zerstören. Der Feind beschäftigt uns mit Nebensächlichkeiten, die unsere Zeit rauben und uns vom Eigentlichen ablenken. Wenn wir uns aber täglich die Kraft des Heiligen Geistes zu eigen machen, dann ist es hilfreich, die einzigartigen sieben Dienste des Heiligen Geistes vor Augen zu haben.

1. Der Dienst der Überführung

> *»Doch ich sage euch die Wahrheit: Es ist euch nützlich, daß ich weggehe, denn wenn ich nicht weggehe, wird der Beistand nicht zu euch kommen; wenn ich aber hingehe, werde ich ihn zu euch*

senden. Und wenn er gekommen ist, wird er die Welt überführen von Sünde und von Gerechtigkeit und von Gericht. Von Sünde, weil sie nicht an mich glauben; von Gerechtigkeit aber, weil ich zum Vater gehe und ihr mich nicht mehr seht; von Gericht aber, weil der Fürst dieser Welt gerichtet ist.« (Joh.16,7-11)

Der Dienst der Überführung durch den Heiligen Geist hat seine Auswirkung in unserem Leben hauptsächlich, bevor wir Jesus Christus als unseren Herrn und Heiland erkannt haben. Der Herr Jesus erklärte den murrenden Juden in Johannes 6,44:: »*Niemand kann zu mir kommen, wenn nicht der Vater, der mich gesandt hat, ihn zieht; und ich werde ihn auferwecken am letzten Tag.*« Der Himmlische Vater zieht uns zu sich durch den Heiligen Geist, indem er uns von unserer Sünde überführt, von Gottes Gerechtigkeit und von der Gewißheit des zukünftigen Gerichtes. Obwohl ich erst acht Jahre alt war, als ich mich zu Christus bekehrte, kann ich mich noch sehr genau an das Wirken des Heiligen Geistes, mich zu überführen, erinnern. Ich wußte, daß ich voller Sünde war, und daß ich gerettet werden mußte. Am Pfingsttage, nachdem der Heilige Geist gekommen war und Petrus gepredigt hatte, war die Überführung der Menschen durch den Heiligen Geist mit Kraft gegenwärtig. »*Als sie aber das hörten, drang es ihnen durchs Herz, und sie sprachen zu Petrus und den anderen Aposteln: Was sollen wir tun, ihr Brüder?*« (Apg.2,37).

Der Heilige Geist nimmt das Wort Gottes und läßt es auf das Herz des Menschen wirken. Die Erkenntnis der Sündenfolge, über die Gerechtigkeit Gottes und die Verpflichtung aller, die das Gericht verdient haben, zur Rechenschaft Ihm gegenüber, werden durch den Heiligen Geist dem Herzen des Menschen nahegebracht. Dadurch können Ungläubige Christus als Herrn und Heiland erkennen. Dieser Dienst des Heiligen Geistes geschieht ständig in unserer Welt.

In einem anderen Sinne überführt der Heilige Geist aber auch Gläubige, wenn sie unbekannte Sünde in ihrem Leben haben. Es ist jedoch eine andere Art von Überführung. Es ist ein werbendes, liebendes Ansprechen unseres Himmlischen Vaters zu Seinen Kindern. Es konzentriert sich nicht auf das Gericht und den Zorn, sondern vielmehr auf die gebrochene Gemeinschaft und die Notwendigkeit, die Beziehung zu Gott wieder herzustellen (siehe 1.Joh.1; Hebr.12,1-15).

Leider sind viele der sogenannten Sündenerkenntnisse im Leben der Gläubigen falsche Schuldgefühle, die von dem »Ankläger der Brüder« auf sie geworfen wurden. Offenbarung 12 erwartet jenen Tag, an dem »*der Verkläger der Brüder hinabgeworfen ist, der sie Tag und Nacht vor unserem Gott verklagte. Und sie haben ihn überwunden, um des Blutes des Lammes und um des Wortes ihres Zeugnisses willen, und sie haben ihr Leben nicht geliebt bis zum Tod!*« (Offb.12,10-11).

Wir müssen die bösen Werke von Satans Reich verstehen, oder wir werden tragischerweise etwas dem Heiligen Geist zuschreiben, was in Wirklichkeit Satans Werk ist. Nur wenige Gläubige entkommen Satans schlauen Methoden, Schuld und Selbstverdammung auf sie zu werfen. Er und seine Helfer versuchen, das Selbstverständnis des Gläubigen durch Anschuldigungen zu zerstören. »Schau dich an!« kommt der Spott. »Du sagst, du seist ein Christ, trotzdem fühlst du Haß gegen Gott und Sein Wort. Was für eine Art Christ bist du denn? Du hast es verdient, gerichtet zu werden und zur Hölle zu gehen.« Solche Gedanken sollten als Werke Satans erkannt werden. Der Heilige Geist geht mit den Gläubigen nicht so um. Er wird unsere Taten des Ungehorsams aufdecken, aber nur, um uns zu helfen, die Vergebung und die Reinigung zu erkennen, die durch das Blut des Christus uns zur Verfügung steht. Sein Ziel ist es, wiederherzustellen und uns Gottes Liebe, Vergebung und erneuerte Gemeinschaft zuzusichern.

Man kann nicht deutlich genug davon sprechen, wie wichtig das Erkennen der Unterschiede zwischen dem liebevollen Arbeiten des Heiligen Geistes an dem Gläubigen und Satans anklagenden, zerstörerischen Taten sind. Beachte die folgenden Vergleiche:

Das Werk des Heiligen Geistes:	Das Werk des Satans:
1. ER will dir zeigen, daß du grenzenlos wertvoll und würdig für Gott bist, und Er deshalb wünscht, mit dir Gemeinschaft zu haben.	1. Er will dich davon überzeugen, daß du so schlecht bist, daß Gott nichts mehr mit dir zu tun haben will.
2. ER will dir zeigen, daß Vergebung und Zurechtbringung möglich ist, egal wie schlimm deine Sünde auch ist.	2. Er will dich überzeugen, daß es für dich keine Vergebung mehr gibt, und du die unvergebbare Sünde begangen hast.
3. ER gebraucht Gottes Wort, um dir Hoffnung und Gewißheit von Gottes Liebe und Vergebung zu geben.	3. Er benutzt Gottes Wort, aus dem Kontext gerissen, um dir weiszumachen, daß es für dich keine Hoffnung mehr gibt.
4. ER schafft Glauben, Hoffnung und Liebe in deinem Herzen und läßt dein Vertrauen und die Gewißheit deiner Erlösung wachsen.	4. Er schafft Verzweiflung, Zweifel, Unmut und Zorn gegen Gott, gegen Sein Wort und Seine Kinder. Du fühlst, daß niemand, der so schlecht ist wie du, jemals wirklich errettet sein kann.

Falsche Schuldgefühle sind eines der verbreitetsten Übel, die Gläubige heute bedrängen. Freiheit von solchen Gefühlen ist wunderbar und befreiend. »Sie können sich das gar nicht vorstellen, wie verändert mein Leben ist, nachdem ich von diesen falschen Schuldgefühlen frei wurde. Seit meiner Bekehrung bin ich von dem Bewußtsein der sündigen Wünsche meiner alten Natur geplagt worden. Ich habe mich so schuldig und verdammt gefühlt, immer dann, wenn diese Wünsche in mir hochkamen. Nun verstehe ich, daß diese Gefühle nur der Ausdruck dessen sind, was Gott über meine alte, sündliche Natur sagt. Jetzt bin ich fähig, dieses Verlangen zurückzuweisen, und nur noch selten empfinde ich dieses zerstörende, lähmende und selbstverdammende Schuldgefühl. Und wenn ich es spüre, weiß ich dagegen anzugehen.« Ein gläubiger Ingenieur gab mir vor kurzem dieses Zeugnis. Diese Art Zeugnis wünscht der Heilige Geist jedem Gläubigen zu geben.

2. Der Dienst der Innewohnung im Gläubigen

> *»Ihr aber seid nicht im Fleisch, sondern im Geist, wenn wirklich Gottes Geist in euch wohnt« (Röm.8,9).*

Dieser Text macht uns deutlich, daß der Heilige Geist in dem Augenblick der Erlösung kommt, um in dem Gläubigen zu wohnen. *»Was aus dem Fleisch geboren ist, das ist Fleisch, und was aus dem Geist geboren ist, ist Geist.« (Joh.3,6)* Der Heilige Geist wohnt von dem Moment der Wiedergeburt an in dem Geist des Gläubigen. Er ist real gegenwärtig. Er hat eine Wohnung innerhalb des Leibes des Gläubigen. *»Oder wißt ihr nicht, daß euer Leib ein Tempel des Heiligen Geistes in euch ist, den ihr von Gott habt, und daß ihr nicht euch selbst gehört? Denn ihr seid um einen Preis erkauft worden, verherrlicht nun Gott mit eurem Leib« (1.Kor.6,19-20).*

Diese Wahrheit zu verstehen, wird uns vor den Exzessen in der heutigen religiösen Szene bewahren. Wir brauchen nicht mehr vom Heiligen Geist, sondern wir haben Ihn lebend und wohnend in unserem eigenen Wesen. Es bleibt für uns nur, Seine Gegenwart zu erkennen und Seine Person und Sein Wirken in uns willkommen zu heißen. **Wir brauchen nicht mehr von Ihm; Er braucht mehr von uns.** Wir müssen täglich in Seine Person und Sein Wirken in uns einwilligen. D.L. Moodys Wunsch war nicht, den Heiligen Geist zu empfangen, sondern Seine Kraft, Seine Salbung für seinen Dienst. Wir werden dies genauer betrachten, wenn wir den Dienst des Heiligen Geistes, den Gläubigen zu erfüllen, zur Kenntnis nehmen.

Das Erkennen und Anwenden der innewohnenden Gegenwart des Heiligen Geistes hat viel mit dem Gelingen unseres Lebens als Christen zu tun. Weil Er in uns wohnt, können wir Ihn bitten, täglich in uns Früchte des Geistes zu produzieren. *»Die Frucht des Gei-*

stes aber ist: Liebe, Freude, Friede, Langmut, Freundlichkeit, Güte, Treue, Sanftmut, Enthaltsamkeit. Gegen diese ist das Gesetz nicht gerichtet.« (Gal.5,22-23) Das Hervorbringen dieser Frucht erfordert nicht eine neue Supererfahrung mit dem Heiligen Geist. Es ist eine Angelegenheit des Glaubens, der täglich auszuleben ist. Wenn die alte Natur versucht zu herrschen, indem sie einige ihrer Äußerungen, wie sie in Galater 5,19-21 erklärt sind, ausleben will, dann ist es unsere Verantwortung, daran festzuhalten, daß wir für ihre Herrschaft tot sind, und daß wir dann den Heiligen Geist bitten, Sein fruchtbares Werk in uns auszuführen.

Das Wohnen des Heiligen Geistes in uns ist auch der Grund dafür, daß wir erwarten können, Gottes Wort zu verstehen, wenn wir es lesen und darüber nachdenken. Darum sagt die Bibel:

> *»Was kein Auge gesehen und kein Ohr gehört hat und in keines Menschen Herz gekommen ist, was Gott denen bereitet hat, die ihn lieben. Uns aber hat Gott es geoffenbart durch den Geist, denn der Geist erforscht alles, auch die Tiefen Gottes. Denn wer von den Menschen weiß, was im Menschen ist, als nur der Geist des Menschen, der in ihm ist? So hat auch niemand erkannt, was in Gott ist, als nur der Geist Gottes. Wir aber haben nicht den Geist der Welt empfangen, sondern den Geist, der aus Gott ist, damit wir die Dinge kennen, die uns von Gott geschenkt sind.« (1.Kor.2,9-12)*

Dieser Aspekt des Heiligen Geistes wird oft das Erleuchten des Gläubigen durch Ihn genannt. Wenn wir uns auf den in uns wohnenden Geist Gottes verlassen während wir die Bibel studieren, dann wird Er uns Seine Wahrheit in unser Verständnis bringen. Darum ist es so wichtig, den Heiligen Geist zu bitten, uns Gottes Wahrheit erkennen zu lassen, wenn wir sie studieren und auswendig lernen.

Viel Nutzen fließt aus der Tatsache, daß der Heilige Geist in uns wohnt. Er ist bereit, uns zu heiligen, uns in der Gnade wachsen zu lassen, uns Seinen Frieden zu geben und uns zu befähigen, Liebe zu üben. Durch Seine innewohnende Gegenwart teilt Er die geistlichen Gaben aus, von denen Er jedem einzelnen Gläubigen geben will (Röm.12,1-8; 1.Kor.12; Eph.4,7-13).

3. Der Dienst der Taufe

> *»Denn wie der Leib einer ist und viele Glieder hat, alle Glieder des Leibes aber, obgleich viele, ein Leib sind: so auch der Christus. Denn in einem Geist sind wir alle zu einem Leib getauft worden, es seien Juden oder Griechen, es seien Sklaven oder Freie und sind alle mit einem Geist getränkt worden.« (1.Kor.12,12-13)*

Die Taufe »in dem Heiligen Geist« oder »mit dem Heiligen Geist« oder »durch den Heiligen Geist« ist eine Lehre, über die in den verschiedensten Gruppierungen der Gemeinde Christi gestritten wird. Einige beharren darauf, daß dieses Werk des Geistes nach der Erlösung kommt und von der Zungenrede begleitet ist. In 1. Korinther 12,13 wird die Taufe des Geistes als ein Werk des Heiligen Geistes beschrieben, das alle Gläubigen in den Leib Christi hineinbringt. Sein Leib wird in Epheser 5,22-33 als Seine Gemeinde beschrieben. Der Heilige Geist tauft jeden Gläubigen im Augenblick seiner Bekehrung in den Leib Christi hinein, also in die Gesamtheit aller wahren Gläubigen. Genauso wie es scheint, daß das Bekenntnis des Glaubens und die Wassertaufe die Voraussetzung zur Aufnahme in die örtliche Gemeinde des Neuen Testaments gewesen ist, so ist die Neugeburt, begleitet von der Taufe des Heiligen Geistes, das Mittel, durch das Gott uns in den Leib Christi hineinpflanzt. Unsere Bekehrung mag wohl von Gefühlen der Freude begleitet gewesen sein, die Taufe des Geistes benötigt aber keine Erfahrung der Hochstimmung. Wie die Rechtfertigung findet sie außerhalb unserer Erfahrung statt. Es ist ein wunderbarer Trost, sich bewußt zu machen, daß ich nicht danach suchen, seufzen und dafür kämpfen brauche, um von dem Heiligen Geist getauft zu werden. Dieses Werk des Heiligen Geistes vereint uns mit dem Herrn Jesus Christus und mit den anderen Gläubigen, sobald wir glauben.

4. Der Dienst der Versiegelung

> *»In ihm seid auch ihr, nachdem ihr das Wort der Wahrheit, das Evangelium eures Heils, gehört habt und gläubig geworden seid, versiegelt worden mit dem Heiligen Geist der Verheißung. Der ist das Unterpfand unseres Erbes, auf die Erlösung seines Eigentums zum Preise seiner Herrlichkeit.« (Eph.1,13-14)*

> *»Und betrübt nicht den Heiligen Geist Gottes, mit dem ihr versiegelt worden seid auf den Tag der Erlösung hin.« (Eph.4,30)*

> *»Der uns aber mit euch befestigt in Christus und uns gesalbt hat, ist Gott, der uns auch versiegelt und das Unterpfand des Geistes in unsere Herzen gegeben hat.« (2.Kor.1,21-22)*

Diese Texte erklären uns das göttliche Werk der Versiegelung, das sich außerhalb jeder Anstrengung oder jedes Kampfes unsererseits vollzieht. Wir sind für Gott versiegelt in dem Moment, in dem wir erlöst wurden.

Die Versiegelung des Heiligen Geistes garantiert uns die Bewahrung und die Sicherheit des ewigen Lebens. Satan und sein Reich werden ruhelos deine Gewißheit der Erlösung herausfordern. Er wird behaupten, daß du nicht gut genug bist, um es bis zum Himmel zu schaffen. Was für ein unbeschreiblicher Trost und immerwährendes Lob kommt zu uns, wenn wir wissen, daß das Siegel des Eigentums Gottes Sache ist. Es ist der Heilige Geist, der uns versiegelt bis zu dem Tag der vollkommenen Erlösung, indem er uns garantiert, daß er kommen wird. Die Sicherheit des Gläubigen beruht auf der ganzen Trinität Gottes. Der Vater hält uns fest in Seiner Hand: *»Mein Vater, der sie mir gegeben hat, ist größer als alle und niemand kann sie aus der Hand meines Vaters rauben«* (Joh.10,29).

Der Sohn versichert uns: *»Meine Schafe hören meine Stimme, und ich kenne sie, und sie folgen mir; und ich gebe ihnen ewiges Leben, und sie gehen nicht verloren in Ewigkeit; und niemand wird sie aus meiner Hand rauben.« (Joh.10,27-28)*

Der Heilige Geist versiegelt jeden einzelnen Gläubigen (Eph.1,13;4,30).

Meiner Ansicht nach ist die Heilsgewißheit des Gläubigen eine der wichtigsten biblischen Lehren. Wenn wir unsere Sicherheit tief verborgen in unserem Glauben verstanden haben, dann wird noch nicht einmal der Satan uns zum Zweifeln bringen können.

5. Der Dienst der Auferweckung

»Wenn aber der Geist dessen, der Jesus aus den Toten auferweckt hat, in euch wohnt, so wird er, der Christus Jesus aus den Toten auferweckt hat, auch eure sterblichen Leiber lebendig machen wegen seines in euch wohnenden Geistes.« (Röm.8,11)

»Gott aber, der reich ist an Barmherzigkeit, hat um seiner vielen Liebe willen, womit er uns geliebt hat, auch uns, die wir in den Vergehungen tot waren, mit dem Christus lebendig gemacht durch Gnade seid ihr errettet!« (Eph.2,4-5)

Lebendig machen bedeutet, Totes zum Leben zu bringen. Der Heilige Geist bewirkt dies für den Gläubigen. *»Auch euch hat er auferweckt, die ihr tot wart in eurem Vergehungen und Sünden, in denen ihr einst wandeltet gemäß dem Zeitlauf dieser Welt, gemäß dem Fürsten der Macht der Luft, des Geistes, der jetzt in den Söhnen des Ungehorsams wirkt.« (Eph.2,1-2)* Dieser Text macht uns zweifellos klar, daß, bevor Gott uns durch die Arbeit der Auferweckung des Heiligen Geistes zu geistlichem Leben brachte, der Herrscher des Reiches in der Luft, Satan, uns schrecklich gefangenhielt. Nachdem der Heilige Geist geistliches Leben in uns als Gläubige hineingelegt hat, sind wir von der Herrschaft des Satans befreit worden.

Die Auferweckungsarbeit des Heiligen Geistes hat drei Phasen. Wir wurden durch den Heiligen Geist auferweckt und zu geistlichem Leben gebracht an dem Tag, an dem wir zum ersten Mal glaubten. Wir sind jetzt auferweckt, wenn wir täglich in dem Geist wandeln und Sein Leben schaffendes Werk erfahren (Gal.6,16-26). Dann werden wir noch auferweckt werden an dem Tag der Wiederkunft des HERRN, wenn der Heilige Geist Sein verherrlichendes Werk an unseren sterblichen Leibern vollendet (Röm.8,11; siehe auch 1.Kor.15,42-58; Phil.3,21; 1.Thess.4,13-18).

Unsere Leiber brauchen die auferweckende Kraft des Heiligen Geistes, bevor sie fähig werden, in die Herrlichkeit des Himmels einzutreten. In Römer 6 nennt der Apostel Paulus den Leib »*den Leib der Sünde*«. »*...da wir dies erkennen, daß unser alter Mensch mitgekreuzigt worden ist, damit der Leib der Sünde abgetan sei, daß wir der Sünde nicht mehr dienen. Denn wer gestorben ist, ist freigesprochen von der Sünde.*« (Röm.6,6-7) Verse wie diese zeigen, daß die alte Natur immer noch die Kraft hat, über uns durch unsere menschlichen Leiber zu herrschen, die jetzt noch nicht auferweckt und verherrlicht worden sind. Der Leib befindet sich im Prozeß des Sterbens; Tod liegt auf ihm, aber in der Auferstehungskraft des Heiligen Geistes wird er eines Tages auferweckt werden. Dann werden wir verherrlichte, niemals mehr sterbende Leiber besitzen, so wie der Leib von Jesus Christus, als Er aus dem Grabe auferstand. »*Denn unser Bürgerrecht ist in den Himmeln, von woher wir auch den Herrn Jesus Christus als Heiland erwarten, der unseren Leib der Niedrigkeit umgestalten wird zur Gleichgestalt mit seinem Leib der Herrlichkeit, nach der wirksamen Kraft, mit der er vermag, auch alle Dinge sich zu unterwerfen.*« *(Phil.3,20-21)*

6. Der Dienst der Fürbitte

> »*Ebenso aber nimmt auch der Geist sich unserer Schwachheit an; denn wir wissen nicht, was wir bitten sollen, wie es sich gebührt, aber der Geist selbst verwendet sich für uns in unaussprechlichen Seufzern. Der aber die Herzen erforscht, weiß, was der Sinn des Geistes ist, denn er verwendet sich für Heilige Gott gemäß.*« *(Röm.8,26-27)*

> »*Mit allem Gebet und Flehen betet zu jeder Zeit im Geist, und wachet hierzu in allem Anhalten und Flehen für alle Heiligen*« *(Eph.6,18)*

> »*Ihr aber, Geliebte, erbaut euch auf eurem heiligsten Glauben, betet im Heiligen Geist.*« *(Judas 20)*

Solche Texte erinnern uns daran, daß wir Hilfe in unserem Gebet haben. Der Heilige Geist befähigt uns, »*im Heiligen Geist zu beten*«. Dies bedeutet, daß Er uns zur Seite steht und uns hilft, unsere Gebete auszusprechen. Es bedeutet aber auch, daß Er für uns betet, und Er unsere Bitten mit Seinen tiefen Seufzern vor den Thron der Gnade bringt, wenn wir auch völlig ruhig sein mögen, aber dennoch am Heiligen Geist hängen.

Gewiß hat jeder Gläubige die menschliche Gebrechlichkeit erfahren, die uns allen bekannt ist; eine Schwachheit, die das Beten schwierig macht. Manchmal, wenn wir den Heiligen Geist erwarten, so wird Er unseren Verstand und unsere Lippen befreien, um vor Gott unsere Sehnsucht nach Ihm ausdrücken zu können. Zu anderen Zeiten mögen wir nur einfach vor dem HERRN in Stille knien, wissend, daß der Heilige Geist unsere Bitten vor Gott bringt.

Zu sagen, daß »im Geist zu beten« den Gebrauch einer unbekannten Sprache erfordert, ist nicht richtig. Paulus erklärt in 1. Korinther 14,13-17, daß das Beten im Geist den Gebrauch des Verstandes beinhaltet. Die Gebete des Paulus für die Epheser (Eph.1,15-22; 3,14-19) und für die Gläubigen in Kolossä und Philippi waren Gebete im Geist. Im Geist zu beten bedeutet ganz einfach, daß wir durch die Herrschaft des Heiligen Geistes befähigt werden, gemäß Seines Wortes und Seines Willens zu beten. Er befähigt uns, in einer Weise zu beten und Fürbitte zu tun, wie wir dies nicht ohne Seine Hilfe tun könnten.

7. Der Dienst der Erfüllung

»Und als sie gebetet hatten, bewegte sich die Stätte, wo sie versammelt waren: und sie wurden alle mit dem Heiligen Geist erfüllt und redeten das Wort Gottes mit Freimütigkeit.« (Apg.4,31)

»Darum seid nicht töricht, sondern versteht, was der Wille des Herrn ist. Und berauscht euch nicht mit Wein, worin Ausschweifung ist, sondern werdet voll Geist.« (Eph.5,17-18)

Die Erfüllung des Gläubigen durch den Geist erlaubt dem Heiligen Geist, die Dinge zu vollbringen, um derer willen Er in uns wohnt. Durch die Fülle des Geistes wird der Gläubige mit Kraft ausgestattet, um im Sieg über die Welt, das Fleisch und den Teufel zu leben. Als ein Resultat der Fülle des Geistes wird unser Leben das sichtbar werden lassen, was Paulus »die Früchte des Geistes« nennt. Es ist die Qualität, die das irdische Leben unseres Herrn Jesus Christus charakterisierte. Das Erfülltsein mit dem Heiligen Geist stattet uns mit Kraft für den Dienst aus und befähigt uns, unsere geistlichen Gaben auszuüben.

Wenn wir unsere Stärke in »der Macht Seiner Stärke« finden wollen, ist es wichtig, daß wir jedoch ausgewogen bleiben, indem wir das ganze Betätigungsfeld der Person des Heiligen Geistes mit in Betracht ziehen.

Die Erfüllung durch den Heiligen Geist bringt viel Nutzen für das christliche Leben.

a) Ein innerer Gewinn

»Und berauscht euch nicht mit Wein,... sondern werdet voll Geist, indem ihr zueinander in Psalmen und Lobliedern und geistlichen Liedern redet und dem Herrn in eurem Herzen singt und spielt.« (Eph.5,18-19)

Diese Worte deuten auf einige wunderbare innere und wirklich menschliche Wohltaten für den Gläubigen hin, der das Erfülltsein mit dem Geist erfährt. Bibelausleger haben oft den Gegensatz zwischen der Fülle des Geistes und einem Trunkenen herausgestrichen. Nicht nur wird dieser Kontrast direkt in Epheser 5,18 erwähnt, sondern das erste Erfülltwerden mit dem Heiligen Geist, von dem in Apostelgeschichte 2 berichtet wird, wurde als eine Art Trunkenheit mißverstanden. *»Andere aber sagten spottend: Sie sind voll süßen Weines«* (Apg.2,13). Petrus antwortete auf ihr Mißverständnis, indem er sagte: *»Denn diese sind nicht trunken, wie ihr meint, denn es ist die dritte Stunde* (neun Uhr morgens) *des Tages, sondern dies ist es, was durch den Propheten Joel gesagt ist: ›Und es wird geschehen in den letzten Tagen, spricht Gott, daß ich von meinem Geist ausgießen werde auf alles Fleisch...«(Apg.2,15-17)*

Hier liegt ein wunderbares Versprechen für Menschen, die ihren Schwung durch Alkohol und Drogen zu bekommen suchten. Trunkenheit und Drogentrips sind Erfahrungen der Illusion. Sie schaffen eine Euphorie, die die Wirklichkeit nicht berührt. Ein Betrunkener ist beherrscht von einer Kraft, die seine Hemmungen löst; seine Schwierigkeiten scheinen verschwunden; er gewinnt einen Mut, daß er manchmal denkt, er könnte mit jedem fertigwerden. Das Tragische daran ist, daß die Euphorie nur eine kurze Zeit andauert. Er erwacht nach seinem »Trip«, nur um festzustellen, daß seine Schwierigkeiten noch schlimmer geworden sind. Vielleicht wurde er verhaftet, da er betrunken Auto gefahren ist, oder seine Frau hat ihn verlassen. Paulus warnt, daß die Euphorie durch Alkohol Ausschweifung schafft.

Gläubige haben etwas, was erfüllend ist und nicht illusionär. Es ist echt. Die Alternative ist das Erfülltsein durch den Heiligen Geist. Wenn Er die Herrschaft hat, wird der innere Gewinn der Liebe, der Freude und des Friedens vorherrschen (Gal.5,22). Wie Epheser 5,19 erklärt, kann der geisterfüllte Gläubige in seinem Herzen singen, um Gott zu loben. Die Folge ist eine innere Ruhe, die Frieden sogar in den schwierigsten Umständen schafft. Mir wurde einmal ein Betäubungsmittel zur Anästhesie für eine Operation verabreicht. Schnell wurde ich bewußtlos, aber während ich dann im Aufwachraum lag, erfuhr ich diese Euphorie, die manche durch Alkohol oder Drogen suchen. Durch das Betäubungsmittel erlebten mein Verstand und meine Emotionen eine großartige Ekstase. Alles war so angenehm, ich hatte so einen Frieden. Es schien, als würde ich ins Paradies treiben. Aber mit der Zeit wurde jedoch die Euphorie von der Empfindung des Schmerzes und der Beschwerden der Operation vertrieben. Die Euphorie war nicht wirklich; sie hatte nur die realen Schmerzen überdeckt. Dennoch, je mehr ich zu Bewußtsein kam, desto ruhiger wurde ich, und ich fühlte Trost in dem HERRN. Viele hatten für mich gebetet, und der Heilige Geist erfüllte mich mit einer Ruhe und Freude, die nicht die Schmerzen auslöschten, aber dennoch mitten in den Schwierigkeiten vorhanden waren. Dieser innere Gewinn braucht keine andere, zusätzliche Quelle als nur den Heiligen Geist selbst.

b) Ein himmlischer Gewinn

».. .und dem Herrn in eurem Herzen singt und spielt. Sagt allezeit für alles dem Gott und Vater Dank im Namen unseres Herrn Jesus Christus!« (Eph.5,19-20).

Das Erfülltsein mit dem Heiligen Geist bewirkt Anbetung voller Freude. Um diesen Worten zu gehorchen, müssen wir mit dem Heiligen Geist erfüllt sein. Loblieder der Dankbarkeit dem Himmlischen Vater gegenüber kommen ganz natürlich aus dem Herzen eines geisterfüllten Menschen. Wenn Lob, Anbetung und Dankbarkeit uns fremd erscheinen, müssen wir vom Heiligen Geist erfüllt werden.

Als ich in Chicago Pastor war, gab es eine kleine Erweckung in Pekin, im US Bundesstaat Illinois. Ralph und Lou Sutera hielten dort Versammlungen. Sie hatten schon die Erweckung geleitet, die nach Regina im kanadischen Saskatchewan in den frühen siebziger Jahren kam, als sie dort Versammlungen hatten. Eine Gemeinde wurde so sehr besucht, daß sie in ein größeres Gebäude umziehen mußten. Die Versammlungen wurden über einige Wochen hinausgeführt und beeinflußten das Leben von Hunderten von Gläubigen einschneidend, und viele Menschen wurden zu Christus gebracht.

Als wir hörten, was Gott tat, entschieden meine Frau und ich sie zu besuchen. Es war eine einzigartige Erfahrung, teilzuhaben an dem kraftvollen Wirken des Heiligen Geistes. Indem Gläubige miteinander und mit dem HERRN wieder ins Reine kamen, erfuhren sie ein neues Erfülltsein mit dem Geist. Wir werden das Singen und das Lob des HERRN und die Freude der Abendveranstaltungen nicht vergessen. Der Gottesdienst ging über fast vier Stunden, aber danach blieben die Menschen immer noch. Sie wollten nicht nach Hause gehen. Solch eine Erweckung veranschaulicht den himmlischen Gewinn der Fülle des Geistes. Es erlaubt den freien Fluß von Lob, Danksagung und Anbetung.

c) Ein äußerer Gewinn

Die Aufforderung im Epheserbrief, mit dem Heiligen Geist erfüllt zu werden, geht dem Teil des Briefes voraus, der sich mit den zwischenmenschlichen Beziehungen beschäftigt. Beziehungen zwischen Eheleuten, Kindern und Eltern, Arbeitnehmern und Arbeitgebern, so wie sie in Epheser 5,21-6,9 beschrieben werden, sind nur möglich durch den Dienst des Heiligen Geistes, wenn Er den Gläubigen erfüllt. Der Heilige Geist kann Menschen befähigen, ein dienstbereites Herz auszuleben, das Ehe, Familie und Arbeit harmonisch macht und Christus ehrt. Das geisterfüllte Leben bereitet den Gläubigen auch darauf vor, den Sieg über Satan und sein Reich in Anspruch zu nehmen (Eph.6,10-18). Wir werden dies in den folgenden Kapiteln noch näher betrachten.

Die Grundlagen, mit dem Heiligen Geist erfüllt zu werden
  »Werdet voll Geistes« (Eph.5,18).

Was sind die biblischen Grundvoraussetzungen für das, was die Bibel »erfüllt mit dem Geist« nennt? Was muß ich tun, um es zu erlangen? Wie kann die helfende, nützliche, Christus ehrende Fülle des Geistes mein sein?

Das Wort Gottes hat einen einfachen Weg. Wir sprechen nicht von Bedingungen, die nur von »Super-Heiligen« erfüllt werden können. Gott will, daß die Fülle des Geistes ein Teil des normalen, täglichen Lebens jedes Gläubigen ist. Was ist nötig, um diesen Aspekt des unüberwindlichen Lebens zu kennen?

1. Wiedergeburt - Finde die Neugeburt (Joh.3)

Es ist weise, unser Fundament zu betonen. Es mögen einige diese Worte lesen, die nie von oben her von neuem geboren worden sind. Wenn du sterben müßtest und vor Gott stündest, und Er zu dir sagen würde: »Warum sollte ich dich in meinen Himmel lassen?«, was wäre deine Antwort? Erlösung ewiges Leben ist Gottes freie Gabe, die du als persönlichen Besitz empfangen darfst. Die Erlösung wird dein werden in dem Moment, wo du dich danach im Glauben ausstreckst und das vollendete Werk des Herrn Jesus Christus als Bezahlung für deine Sünden in Anspruch nimmst.

> *»Er kam in das Seine, und die Seinen nahmen ihn nicht an; so viele ihn aber aufnahmen, denen gab er das Recht, Kinder Gottes zu werden, denen, die an seinen Namen glauben; die nicht aus Geblüt, noch aus dem Willen des Fleisches, noch aus dem Willen des Mannes, sondern aus Gott geboren sind.« (Joh.1,11-13).*

Ich besuchte kürzlich einen Geschäftsmann, der vor gut einem Monat Christus als seinen Erretter angenommen hatte. Don und seine Familie besuchten regelmäßig unsere Gemeinde, obwohl er kein Gläubiger war. Viel Gebet und Arbeit sind von der Gemeinde investiert worden, um ihn für Christus zu gewinnen. Seine Frau hatte über sieben Jahre für seine Errettung gebetet.

Als sie ihren Umzug in einen anderen Bundesstaat arrangierten, luden wir sie zu einem Abschiedsessen ein. Während des Abends konnten Don und ich alleine miteinander sprechen. Ich erwähnte, daß viele seiner Freunde hofften, er würde noch bevor sie umziehen, Jesus Christus als seinen persönlichen Herrn und Heiland annehmen. Dies öffnete die Tür zu einem Gespräch über ewige Dinge, und nach wenigen Minuten betete Don und lud Jesus Christus als seinen persönlichen Retter und Herrn in sein Leben ein.

Die Veränderung kam sofort und durchgreifend. Sofort teilte er die Freude über sein neues Leben seiner Frau mit, die sich während unseres Gespräches in einem anderen Raum befand. Am nächsten Sonntag, als er die Gemeinde und die Sonntagsschule besuchte, äußerte er, daß es so sei, als ob jemand für ihn das Licht angemacht hätte. Zum ersten Mal konnte er geistliche Wahrheit hören und verstehen was gesagt wurde. Mein letzter Besuch bestätigte sein angefangenes Wachstum. Wiederherstellung hatte stattgefunden. *»Daher, wenn jemand in Christus ist; so ist er eine neue Schöpfung; das Alte ist vergangen, siehe, Neues ist geworden.«* (2.Kor.5,17)

Ich wurde wieder daran erinnert, was es für ein wahrhaft verändernder Vorgang ist, Christus zu empfangen und den Heiligen Geist in sein Leben hereinzulassen. Hier beginnt geistlicher Sieg. Wenn du als mein Leser bisher noch nicht die Angelegenheit deiner persönlichen Errettung erledigt hast, so solltest du dies gerade jetzt tun. Unbesiegbares Leben resultiert niemals aus eigenen Anstrengungen oder dem bloßen Entschluß, ein neues Leben zu beginnen. Sieg ist, ein neues Leben dadurch zu erhalten, daß der Heilige Geist mein Leben wiederherstellt.

2. Sündenbeseitigung - Betrübe nicht den Geist

»Den Geist löscht nicht aus!« (1.Thess.5,19). *»Und betrübt nicht den Heiligen Geist Gottes, mit dem ihr versiegelt worden seid auf den Tag der Erlösung hin«* (Eph.4,30).

Lewis Sperry Chafer hat einen ganzen Band in seiner »Systematic Theology« der Person und dem Wirken des Heiligen Geistes gewidmet. Er schreibt 65 Seiten zu den »Bedingungen für ein Erfülltsein«. Fast seine ganze Abhandlung beschäftigt sich mit der Frage, wie wir den Heiligen Geist betrüben oder auslöschen. Dr.Chafer

schließt damit, daß das Erfülltwerden durch den Heiligen Geist nur an drei Bedingungen geknüpft ist:
1. *»Lösche den Heiligen Geist nicht aus«* (1.Thess.5,19),
2. *»Betrübe nicht den Heiligen Geist Gottes«* (Eph.4,30), und
3. *»Wandelt im Geist«* (Gal.5,16).

Den Geist zu betrüben, ist die Folge einer unbekannten Sünde im Leben des Gläubigen. Wir müssen uns darum mit einem zweifachen Problem auseinandersetzen: Wie kann ich vor dem Sündigen bewahrt werden, und wie kann ich das Heilmittel von Gott für mich anwenden, wenn Sünde schon in mein Leben gedrungen ist? Der Heilige Geist ist gegenwärtig, um uns bei der Lösung dieser beiden großen Probleme zu helfen. Wenn wir nicht Seine Person und Sein Werk wirksam sein lassen, um das Sündenproblem zu überwinden, dann betrüben wir Ihn. Wenn Er betrübt ist, werden wir nicht den Sieg und die Freude Seiner Fülle kennenlernen. Es ist lebenswichtig, daß wir unser Sündenproblem auf der Grundlage von Gottes Wort lösen. Das, was den Heiligen Geist betrübt, muß durch ein Bekenntnis mit einem zerbrochenen, reumütigen Herzen sofort entfernt werden. Das Geheimnis ist, so bald wie möglich Buße zu tun. In dem Augenblick wenn ein Gläubiger irgendein Betrübnis oder Befremdung des Heiligen Geistes erkennt, muß er sofort die Ursache bestimmen und das Heilmittel anwenden.

3. Hingabe – Sehne dich nach Gott

Den Geist auszulöschen bezieht sich auf den Widerstand oder die Ablehnung des Willens Gottes im Leben des Gläubigen. Hingabe an Gottes Plan erlaubt dem Heiligen Geist, uns zu erfüllen, um uns unüberwindlich stark zu machen. Unbesiegbar zu sein bedeutet, die Fähigkeit und die Kraft zu haben, Gottes Willen zu tun.

Hingabe beinhaltet die völlige Auslieferung an Gottes Ziele.

».. .stellt auch nicht eure Glieder der Sünde zu Verfügung als Werkzeuge der Ungerechtigkeit, sondern stellt euch selbst Gott zur Verfügung als Lebende aus den Toten und eure Glieder Gott zu Werkzeugen der Gerechtigkeit. . . . Ich rede menschlich, wegen der Schwachheit eures Fleisches. Denn wie ihr eure Glieder als Sklaven der Unreinheit und der Gesetzlosigkeit zur Gesetzlosigkeit zur Verfügung gestellt habt, so stellt jetzt eure Glieder zur Verfügung als Sklaven der Gerechtigkeit zur Heiligkeit.« (Röm.6,13.19)

Das Wirken des Heiligen Geistes ist sehr unterschiedlich zu dem der Geistwesen, über die Satan herrscht. Böse Geister versuchen, unser Leben durch Betrug und ihre zwingende Kraft zu beherrschen. (Eph.6,11-12) Satan will uns manipulieren und uns zwingen, seine Pläne auszuführen. Der Heilige Geist arbeitet nie so. Er respektiert unsere Menschenwürde und wirbt freundlich um uns, damit wir Gottes Willen gehorchen. Er will uns nicht zwingen, aber Er wünscht, daß wir freiwillig nachfolgen. Wir führen Gottes Willen nicht durch unsere eigene Kraft aus, sondern durch das übernatürliche Wirken des Heiligen Geistes in uns. Wir müssen uns allerdings dem Heiligen Geist hingeben, wobei wir von Ihm erwarten, daß Er den Willen Gottes in uns und durch uns ausübt. *»Ich ermahne euch nun, Brüder, durch die Erbarmungen Gottes, eure Leiber darzustellen als ein lebendiges, heiliges, Gott wohlgefälliges Opfer, was euer vernünftiger Gottesdienst ist.«* (Röm.12,1)

Wir müssen uns dem HERRN und Seinem Plan hingeben in jeder Lebenssituation, sogar, wenn sie schwer und schmerzhaft ist.

Eine der sehr ergreifenden Geschichten des Alten Testamentes berichtet von der Zeit, als König David mit seiner Familie vor dem Aufruhr, den sein eigener Sohn Absalom angezettelt hatte, fliehen mußte. (2.Samuel 16) Als David nach Bahurim kam, fing ein Mann aus der Familie des Saul mit dem Namen Schimi an, den König und seine Gesellschaft mit Steinen zu bewerfen. Während er seine Steine schleuderte, verfluchte er sogar David. *»Hinaus, hinaus, du Blutmensch, du Ruchloser! Der HERR hat die ganze Blutschuld am Haus Sauls, an dessen Stelle du König geworden bist, auf dich zurückgebracht, und der HERR hat das Königtum in die Hand deines Sohnes Absalom gegeben! Siehe, jetzt bist du in deinem Unglück, denn ein Blutmensch bist du!«* (2.Sam.16,7-8)

Einer von Davids Soldaten, Abischai, bat ihn um Erlaubnis, diese Schmach zu beenden: *»Laß mich herübergehen und ihm den Kopf abhauen!«* (2.Sam.16,9)

Davids Antwort auf Abischais Bitte könnte man so beschreiben: »Verletze ihn nicht. Ich kann Gott in seinen Worten hören. Der Herr spricht zu mir in allem, was hier geschieht.« Es ist für uns alle eine gute Lektion. Sogar in einer der schwierigsten Zeiten für David erkannte er, daß Gott in Seiner Souveränität diese Erfahrungen zu Davids Nutzen und zu Seiner eigenen Ehre gebrauchen will.

Jede Schlacht, die Satan gegen uns anzettelt, paßt irgendwie in Gottes souveränen Plan. Sogar wenn wir Satan widerstehen und seine Ziele ablehnen, dann müssen wir uns Gottes Lektionen und Absichten hingeben, der es zugelassen hat, daß wir uns in dieser Schlacht befinden. Auf Gottes Lehren nicht zu hören, verlängert immer die Schlacht. Hingabe sagt: »Herr, ich höre Dich in diesem Kampf. Ich möchte dadurch lernen. Ich gebe mich Dir hin in allem, was Du mich lehrst.«

4. Erwartung – Bekenne deinen Glauben

> *»Und als sie gebetet hatten, bewegte sich die Stätte, wo sie versammelt waren: und sie wurden alle mit dem Heiligen Geist erfüllt und redeten das Wort Gottes mit Freimütigkeit.« (Apg.4,31).*

Lewis S. Chafer schreibt:

»Gebet um das Erfülltwerden mit dem Heiligen Geist ist ein sehr großer Irrtum und zeigt, daß man die Stellung, die wir jetzt erlangt haben, nicht verstanden haben. Das Erfülltsein mit dem Geist erfordert nicht Gebet. Gott hält nicht Seinen Segen zurück, bis daß Er dazu bewegt worden ist oder bis einige Vorbehalte Seinerseits ausgeräumt worden sind. Er erwartet die erforderliche Änderung des Menschen.«[15]

Chafer betont, daß, obwohl einige diesen Eindruck erwecken, die Fülle des Geistes kein Ergebnis unserer Anstrengungen im Gebet ist. Das Erfülltsein mit dem Geist ist ein Resultat von Gottes Gabe der Liebe, die jedem Gläubigen zugänglich ist, wenn er dieser »sich in angemessener Weise anpaßt«. Natürlich sollte eine innere Haltung des Glaubens und der Erwartung des HERRN in angemessener Weise durch das Gebet ausgedrückt werden. Buße und das Verlangen nach dem Willen Gottes sollte auch Ausdruck im Gebet finden.

Apostelgeschichte 4,31 zeigt die Rolle, die bei der Erfüllung mit dem Geist das Gebet in dem Leben der ersten Christen spielte. Es ist völlig angemessen, unsere Erwartung der Erfüllung durch den Heiligen Geist im Gebet auszudrücken.

5. Beharrlichkeit – Wandel im Geist

»Die aber dem Christus Jesus angehören, haben das Fleisch samt den Leidenschaften und Begierden gekreuzigt. Wenn wir durch den Geist leben, so laßt uns durch den Geist wandeln. Laßt uns nicht nach eitler Ehre trachten, indem wir einander herausfordern, einander beneiden.« (Gal. 5,24-26)

Im Geist zu wandeln erfordert eine ständige Abhängigkeit vom Heiligen Geist. Wir irren gewaltig, wenn wir denken, wir wandeln im Geist durch unsere eigenen menschlichen Anstrengungen. Wir müssen eine innere Einstellung der Gewißheit und der Erwartung aufrechterhalten, daß Er den Wandel im Geist zur Realität werden lassen kann. »Im Geist wandeln« bedeutet, vollkommen an dem Heiligen Geist zu hängen, sich immer vergegenwärtigend, daß Er allein uns leiten und helfen kann und will.

Was für eine Freude ist es für Eltern, ihr kleines Kind laufen lernen zu sehen. Es ist aber auch immer eine Zeit von Schwierigkeiten und Irrtum. Es gibt viele Beulen und Mißerfolge, während man lernt, mit seinen beiden Beinen zu gehen. Aber wenn erst einmal

---

15 Lewis Sperry Chafer, Systematic Theology, vol. 4, Pneumatology (Dallas Seminary Press, 1981) S.232

diese Fähigkeit erlernt ist, wird das Gehen zu etwas, was man ohne nachzudenken tun kann.

Im Geist zu gehen, ist ähnlich. Wenn wir anfangs die Notwendigkeit dazu sehen und gehen wollen, so sind die ersten Schritte wackelig und schwierig. Wir sehen immer wieder, daß, wenn wir Gott mit unseren eigenen Anstrengungen dienen wollen, unsere eigene Leistung die Gnade beseitigt. Doch wenn wir fallen, so gilt immer noch die Vergebung und das Vorrecht, noch einmal neu anfangen zu dürfen. Wenn wir uns aber mehr an den geistbeherrschten Wandel gewöhnt haben, so können wir an uns sehen, daß wir uns in jeder Phase einer Erfahrung auf den Heiligen Geist verlassen.

Wenn wir lernen, im Geist zu leben, dann ist es besonders ratsam, jeden Tag mit einem Gebet der Erwartung zu beginnen, indem wir unseren Wunsch zum Ausdruck bringen, daß wir gerne die Leitung und Befähigung des Heiligen Geistes in jedem Augenblick und in jeder Situation dieses Tages erfahren wollen. Auch ist es hilfreich, jeden Abend unseren Bestand zu überschlagen, wenn wir mit Gebet den vergangenen Tag überdenken. Bringe Ihm Lob und Dankbarkeit für die Erfolge, die durch das Wirken des Geistes in dir bewirkt worden sind. Bekenne und tue Buße für die Situationen, in denen du dich auf deine eigene Kraft verlassen hast. Dies ist ein Prozeß, der bis an dein Lebensende andauern wird. Im Geist zu wandeln, erfordert eine tägliche Übung.

Ein Gebet zur Erfüllung mit dem Geist

Geliebter Himmlischer Vater, ich trete wiederum vor Dich durch die Person und das Werk des Herrn Jesus Christus. Ich wünsche, Deinem Willen gegenüber gehorsam zu sein, indem ich unüberwindlich stark bin durch die befähigende Kraft deines Heiligen Geistes. Ich preise Dich für Deine Güte, daß Du mir den Heiligen Geist zu meinem Nutzen und meiner Stärkung gegeben hast. Danke für den Tag, an dem der Heilige Geist mich von der Notwendigkeit überführte, daß ich errettet werden muß. Ich preise Dich, daß Du mich bereit machtest, mein Herz dem Herrn Jesus Christus und Seiner erlösenden Gnade zu öffnen. Ich erfreue mich der innewohnenden Gegenwart des Heiligen Geistes. Ich sehne mich danach, Seinen Frieden, Seinen Trost und Seine Erleuchtung meines Verstandes zu empfangen, damit ich fähig werde, Dein Wort zu verstehen. Ich freue mich sehr über die Sicherheit Deiner Versiegelung. Ich freue mich, daß ich durch das Taufen des Geistes in den Leib Christi aufgenommen und mit Ihm unzertrennlich verbunden worden bin. Ich preise Deinen Namen, daß mich der Heilige Geist geistlich lebendig gemacht hat, und daß Er meinen Leib am Tag der Auferstehung auferwecken wird.

Wenn ich bete, ist mir meine Hilfsbedürftigkeit immer mehr bewußt, daß der Heilige Geist in mir, durch mich und für mich eintreten muß. Ich bete, daß Du mir das Vorrecht gewährst, im Geist zu beten. Mögen meine Gedanken und Worte von Ihm gesteuert sein. Möge Er meine Bitten mit Seinem vollkommenen Verständnis Deines Willens vor Dich bringen.

Ich bejahe Deinen Plan und Deinen Willen, mich mit Deinem Heiligen Geist zu erfüllen. Vergib mir, wo ich Deinen Heiligen Geist durch meine Sünden betrübt habe. Befähige mich, mir den vollkommenen Sieg anzueignen. Den Sieg hast Du mir bereitet, um über Sünde und Versagen zu herrschen. Gewähre mir immer das Bewußtsein meiner Sünden, daß ich sie Dir schnell bekennen kann. Ich will nicht durch meinen Widerstand das Wirken des Heiligen Geistes auslöschen. Ich will mich völlig unter Deinen Willen und Plan für mein Leben beugen.

Hilf mir, jeden Augenblick die Dinge zu beachten, die Du mich über Dich Selbst und über Deinen Willen für mein Leben lehrst. Es ist mein ständiger Wunsch, im Geist zu wandeln. Ich bitte Dich, mich mit Seiner Kraft zu erfüllen, damit Du verherrlicht wirst durch die unüberwindliche Stärke, die Du mir gegeben hast, um Deinen Willen auszuüben. All dies bitte ich in dem Namen des Herrn Jesus Christus zu Deiner Ehre. Amen.

16

DIE GANZE WAFFENRÜSTUNG GOTTES: DER GÜRTEL DER WAHRHEIT

»So steht nun, eure Lenden umgürtet mit Wahrheit,«
(Eph. 6,14a).

Ich befand mich gerade in der Cafeteria einer christlichen Schule, als eine junge Frau mich etwas verschämt ansprach. »Sind sie Pastor Mark Bubeck?« fragte sie. Als ich bejahte, zog sie aus dem Stapel Bücher, den sie trug, eine alte Ausgabe von »Der Todfeind« hervor. Es war völlig zerlesen. Ich konnte mir nicht vorstellen, daß jemand mein Buch so lesen würde. »Ich trage dies Buch immer mit mir herum,« sagte sie. »Ich mußte ihnen einfach einmal danken, daß sie es geschrieben haben. Es war mir eine sehr große Hilfe.«

So hatte sie schnell meine Aufmerksamkeit erregt, und ich bat sie, mir ihre Geschichte zu erzählen. Sie berichtete, daß sie vor ihrer Bekehrung tief in die okkulte Welt der Seancen, Wahrsagerei und Hexerei verstrickt war. Durch Satans grausame Herrschaft mußte sie sehr viel leiden, aber durch Gottes liebende Vorherbestimmung fand sie den einzigen Ausweg. Sie empfing den Herrn Jesus Christus als ihren Heiland und wurde in Gottes Familie hineingeboren. Bald vernahm sie Gottes Ruf in den christlichen Dienst und bereitete sich in einer Bibelschule darauf vor, in den Missionarsdienst zu gehen.

Seit ihrer Bekehrung, aber dann noch im besonderen Maße, nachdem sie ihre Bibelschulausbildung begann, erlebte sie schreckliche Angriffe der Finsternismächte, die sie einst völlig kontrolliert hatten. Sie erzählte, daß, wenn immer diese Angriffe kamen, sie so plötzlich und so stark auftraten, daß diese junge Frau völlig entwaffnet zu sein schien. Sie verwirrten ihren Verstand und fügten ihr derart Schmerzen zu, daß sie nicht mehr denken konnte, nichts tun oder sagen konnte. Aber jedesmal, wenn sie ein Angriff erreichte, konnte sie soviel Besonnenheit bewahren, daß sie eines der Gebete der gesunden Lehre aus dem ersten Teil dieses Buches aufschlug und sie in ihrem Verstand aussprach, selbst wenn sie nicht mehr fähig war, das Gebet laut zu lesen. Wenn sie die gesunde Lehre betete, sich an ihren Herrn richtete und sich gegen den Feind wendete, so konnte sie die Kraft des Angriffs brechen. »Diese Angriffe kommen immer seltener und ich glaube nicht, daß es nun noch lange dauern wird, bis ich alles hinter mir habe,« erklärte sie mir.

Ein brutaler Feind

Als ich später über diese Begegnung nachdachte, sah ich, daß diese Situation ein gutes Beispiel für die erbarmungslosen und grausamen Angriffe Satans ist. Der erste Teil der Waffenrüstung des Gläubigen ist von besonderer Wichtigkeit; es ist der Gürtel, der deine Lenden umschließt. Satan ist ein Feind, der ständig bereit ist »unter die Gürtellinie zu schlagen.« Beim Boxen wie in jedem anderen Sport verbieten Anständigkeit und Fairneß, unter die Gürtellinie zu schlagen. Wenn jemand durch Zufall verletzt wurde, so wird seinem Gegner eine Strafe auferlegt. Viele von uns sind schon einmal im Sport verletzt worden und können sich daran erinnern, wie hilflos man sich in so einer Situation fühlt. Nur der brutalste Gegner wird bewußt unter die Gürtellinie schlagen.

Gerade so einen Feind haben wir. Satan macht uns seine Methoden recht schmackhaft. Das ist der Grund, warum so viele in die Welt des Spiritualismus hineingezogen werden. Die Fähigkeit, die Zukunft zu erkennen, besondere Kräfte zu erlangen, die andere nicht haben, die Möglichkeit, mit einem lieben Verstorbenen zu kommunizieren werden versprochen. Die reizvolle Wirkung von Satans Versprechen bewegt Menschen, Okkultbücher, esoterische Zeitschriften und pornographische oder pseudo-religiöse Literatur, voll von »Lehren der Dämonen«, zu kaufen. Satan kleidet sich zuerst sehr ansprechend, aber wenn er dich auf diese Weise gefangen hat, dann wirst du spüren, wie brutal er ist. *»Der Weg der Treulosen ist ihr Unglück.«* (Spr.13,15) *»Die aber in Üppigkeit lebt, ist lebendig tot«* (1.Tim.5,6).

Gläubige müssen wissen, daß sie einen grausamen Feind haben, der unter die Gürtellinie schlägt. Er wird alles ihm mögliche tun, um dich zusammenzuschlagen und mit zerstörerischen Schlägen auf deinen Kopf einzuhämmern. Wenn Gott mich nur etwas über geistlichen Kampf gelehrt hat dann das, daß Satan schrecklich grausam und skrupellos ist. Viele, die im Okkultismus gefangen sind, falls sie überleben, suchen einen Weg heraus; einfach nur deswegen, weil ihr Leiden so groß geworden ist, daß sie es nicht mehr länger aushalten.

Eine junge Frau rief mich an. Sie erfuhr starke emotionale und physische Schmerzen. Sie kam aus einer Mormonenfamilie und ist dann später in den Okkultismus gerutscht. Sie benutzte häufig das Ouja-Brett, aber als sie öfter sich widersprechende Antworten erhielt, ging sie zu einer Wahrsagerin, um sie um Rat zu fragen.

Zuerst lehnte es die Wahrsagerin ab, ihr die Handflächen zu lesen. Schließlich willigte sie ein, für sie die Tarotkarten zu lesen und fing an, die Zukunft des Mädchens zu beschreiben. Plötzlich mittendrin brach die Wahrsagerin ab, schob die Karten zur Seite und sagte: »Sie sollten so etwas nicht tun und ich sollte so etwas auch nicht tun.« Dann drehte sie sich um und nahm eine Ausgabe von »Der Todfeind« aus dem Regal und gab sie der jungen Frau. »Hier ist ein Buch für sie, das müssen sie lesen,« sagte sie. »Sie werden sonst in Probleme hineingeraten, von denen sie keine Ahnung haben.«

Wegen dieser Antwort schrieb diese junge Frau mich später an. Man kann nur mutmaßen, warum die Wahrsagerin so ein Buch in ihrem Besitz hatte. Ich wage zu sagen, daß sie selbst durch viele Seelenqualen zu gehen hat. Vielleicht hat ein Christ ihr dies Buch gegeben, um ihr zu helfen, einen Weg heraus zu finden.

Viele, die sich in Satans Bereich hineinbegeben haben, beschreiben die Leiden, die sie erleben, als absolut grausam und schrecklich stark. Wenn er sogar solches Leiden seinen eigenen Nachfolgern zufügt, wie viel grausamer würde er gegen die vorgehen, die Christus angehören, wenn sie nicht beschützt wären? Er würde dich zerstören, wenn er es dürfte.

Martin Luther sagt es in seinem Lied »mit Macht und viel List, sein grausam Rüstung ist, auf Erd ist nicht seins gleichen«. Ein Geheimnis der Macht Satans ist sein schlauer Gebrauch der Lüge. Vom Ende des Teufels sprechend, erklärt die Offenbarung 20,10: *»Und der Teufel, der sie verführte, wurde in den Feuer- und Schwefelsee geworfen, wo sowohl das Tier als auch der falsche Prophet ist; . . .«*

Die eigentliche Taktik in Satans Strategie ist, Menschen zu verführen. Der Herr Jesus Christus bestätigte dies in Johannes 8,44, als er die ungläubigen Pharisäer tadelte und ihnen sagte: *»Ihr seid aus dem Vater, dem Teufel, und die Begierden eures Vaters wollt ihr tun. Jener war ein Menschenmörder von Anfang an und stand nicht in der Wahrheit, weil keine Wahrheit in ihm ist. Wenn er die Lüge redet, so redet er aus seinem Eigenen, denn er ist ein Lügner und der Vater derselben.«*

Wann immer wir unter Satans Beschuß sind, können wir sicher sein, daß Lüge irgendwo mit im Spiel ist. Vielleicht sind wir verführt worden, und wir glauben eine Unwahrheit. Dies ist oft der Fall. Satans Brüllen überzeugt Gläubige, daß sie verwundbar sind anstatt siegreich, so daß sie der Furcht nachgeben und ihre Stellung der unüberwindlichen Stärke durch die Einheit mit Christus anzweifeln. Sie glauben der Lüge Satans, und auf diese Weise gewinnt er mehr Boden im Kampf gegen sie.

Es gibt keine wichtigere Waffe als die Wahrheit. Wir müssen täglich den HERRN bitten, uns zu zeigen, wo wir durch Satans Lügen Verführte sind. Es ist genauso lebenswichtig, den HERRN zu bitten, uns zu helfen, immer die Wahrheit zu reden und in der Wahrheit zu leben. Indem Paulus uns warnt, dem Teufel keinen Fuß in der Türe zu gestatten, ermahnt er uns: *»Deshalb legt die Lüge ab und ›redet*

Wahrheit, ein jeder mit seinem Nächsten‹, denn wir sind untereinander Glieder.« (Eph.4,25)

Im Gegensatz dazu, was die meisten von uns zugeben würden, ist die Sünde des Lügens recht häufig unter Gläubigen anzutreffen. Es kann auch eine sehr unauffällige Angelegenheit sein. Irreführende Aussagen, der willentliche Versuch, einen falschen Eindruck zu erwecken, Halbwahrheiten, sogenannte »Lügen mit gutem Motiv«, genauso wie direkte offene Lügen sind alle Teil von Satans Taktik, um Anrechte gegen sie zu bekommen.

Über Jahre hinweg unterlag ein bekennender Christ der Lüge. Manchmal erzählte er harmlose Lügen in ganz normalen Unterhaltungen, nur um seine Geschichten durch zusätzliche Ausschmückungen ein wenig besser klingen zu lassen. Gelegentlich erzählte er Fantasien als wahre Begebenheiten, um die Unterhaltung interessanter zu gestalten. Danach empfand er Schuld und bat den HERRN um Vergebung, aber wegen der äußeren Umstände war es oft für ihn unmöglich zurückzugehen und die Sache richtigzustellen. Auf diese Weise wurde es eine eingefleischte Gewohnheit, daß er anfing zu lügen, bevor er es überhaupt merkte, daß er wieder gefallen war. Endlich faßte er den verzweifelten Entschluß, von dieser sündigen Gewohnheit frei zu werden. Und so bat er den HERRN, ihm zu helfen es wahrzunehmen, wenn er im Begriff steht, eine Lüge zu erzählen noch bevor er damit angefangen hat. Der Herr erhörte sein Gebet, und Schritt für Schritt konnte er die Gewohnheit ablegen und allein die Wahrheit sprechen. Es war für sein Herz eine große Freude, vom Lügen frei zu sein. In diesem Sieg nahm er ein besonders starkes Anrecht dem Satan weg. Viele von uns können sich selbst in gewissem Grad in der Erfahrung dieses Mannes wiederfinden. Es ist Gottes offenbarte Wahrheit, die Satan besiegt, aber irgendeiner Verführung nachzugeben, gibt unserem Feind einen Vorteil gegen uns.

Vier Festungen der Wahrheit

Das Wort Gottes beschreibt uns vier starke Festungen der Wahrheit, die Teil des Gürtels der Wahrheit sind.

1.: *Der Herr Jesus Christus ist die Wahrheit in Person.*

»Jesus spricht zu ihm: Ich bin der Weg, und die Wahrheit und das Leben.« (Joh.14,6)

»Und das Wort wurde Fleisch und wohnte unter uns, und wir haben seine Herrlichkeit angeschaut, eine Herrlichkeit als eines Eingeborenen vom Vater, voller Gnade und Wahrheit.« (Joh.1,14)

Jesus Christus ist die wesensmäßige Verkörperung der absoluten Wahrheit. Er ist unser elementarer und völliger Schutz vor einer Invasion Satans und seines Reiches. Indem er die Gläubigen in Rom vor den Fallstricken der Sünde, vor der Welt, dem Fleisch und dem Teufel warnt, drängt der Apostel Paulus sie in Römer 13,14: »...*sondern zieht den Herrn Jesus Christus an.*«

Wenn wir nun die Waffenrüstung Gottes näher betrachten, so ist es nicht überraschend, daß jeder Teil der Rüstung aufs engste mit der Person und dem Werk des Christus verbunden ist. Wenn jemand die Waffenrüstung anlegt, so kleidet er sich in Wirklichkeit mit dem Schutz des Herrn Jesus Christus.

Vor seiner Bekehrung war John schrecklich in die Falle der Drogen geraten. Auch hatte er mit dem östlichen Mystizismus zu tun gehabt. Von dort ging er zur Hexerei über und dann sogar in die offene Anbetung Satans. Durch das geduldige und liebende Zeugnis eines seiner Bekannten, der Christ geworden war, lernte John, unter vielen schmerzhaften Schwierigkeiten, Christus als seinen persönlichen Herrn und Retter kennen. Menschen, die sich tief in den Herrschaftsbereich Satans verstricken, können nicht so einfach den Freiraum erhalten, um über den Weg der Erlösung nachzudenken. Seine Bekehrung war ein Beispiel von Gottes liebender Gnade.

Wie es oft der Fall ist, plagte ihn nach seiner Bekehrung der Satan mit schrecklichen Angriffen auf Körper und Seele. Während dieser Angriffe war er von Kopf bis Fuß gelähmt. Sobald er sich dann nicht mehr bewegen oder sprechen konnte, quälte Satan ihn dann mit Gedanken wie:»Du gehörst zu uns. Wir werden dich töten. Du wirst niemals frei werden. Du wirst niemals wieder arbeiten können. Gib lieber auf. Schau, wieviel Kraft wir haben. Dieser neue Glaube wird bei dir nichts bewirken.« Diese Schikane hielt an, bis er ohnmächtig wurde.

Er erlebte so lange keinen Sieg, bis er endlich anfing, in seinem Verstand zu widerstehen. Obwohl er weder sprechen noch sich bewegen konnte, konnte er dennoch denken. Offensiv wiederholte er diese Gedanken: »Ich ziehe den Herrn Jesus Christus an. Er ist die Wahrheit. Satan, du bist ein Lügner. In dem Namen des Herrn Jesus Christus, befehle ich dir, meinen Leib loszulassen. Ich gebe meinen Leib nur unter die Herrschaft des Herrn Jesus Christus, und ich bedecke mich mit dem Schutz, errungen durch Sein kostbares Blut.« Indem er auf diese Weise die Wahrheit gegen den Feind einsetzte, konnte er jedes Mal die Gewalt des Angriffs brechen und kurz danach war er von dem unmittelbaren Angriff wieder frei. Angewandte Wahrheit schützte und befreite ihn.

So ein extremer Fall läßt uns daran erinnern, daß sogar Satans stärkste Angriffe keine Mühe für den Einen sind, der die Wahrheit ist. Dennoch, durch eine offensive Tat muß der Gürtel der Wahrheit von jedem Gläubigen angelegt werden. D.M.Lloyd Jones erklärt in

seinem Buch »The Christian Soldier«, daß wir das Anlegen des Gürtels der Wahrheit nicht passiv verstehen dürfen.
»Wir sind es, die wir das tun müssen. Der Gürtel wird uns nicht angelegt, wir müssen ihn uns selbst anlegen; und wir haben ihn an der richtigen Stelle fest anzuziehen.«[16]
Objektive Wahrheit muß persönlich zu eigen gemacht werden. Darum mußte der junge Mann, den ich oben erwähnte, mit seinem Verstand offensiv handeln, so daß er unter diesen heftigen Angriffen seinen Sieg für sich in Anspruch nahm und ihn auf die aktuelle Situation anwandte. Siegreicher Kampf erfordert unser Handeln. Wir können nicht passiv bleiben und hoffen, jemand anders wird es für uns tun.

2.: *Das Wort Gottes ist das Wort der Wahrheit.*

Ein Argument für die Irrtumslosigkeit der Schrift ist ihr eigener oft wiederholter Anspruch, daß sie »das Wort der Wahrheit« ist. In 2.Timotheus 2,15 lesen wir: »*Strebe danach, dich Gott bewährt zur Verfügung zu stellen als einen Arbeiter, der sich nicht zu schämen hat, der das Wort der Wahrheit in gerader Richtung schneidet.*« Jakobus erinnert uns: »*Nach seinem Willen hat er uns durch das Wort der Wahrheit geboren, damit wir gewissermaßen eine Erstlingsfrucht seiner Geschöpfe seien.*« (Jak.1,18) Der Psalmist betet, »*damit ich meinem Lästerer ein Wort antworten kann. Denn ich vertraue auf dein Wort. Entziehe meinem Mund das Wort der Wahrheit nicht allzusehr! Denn ich hoffe auf deine Bestimmungen.*« (Ps. 119,42-43).

Es ist schwer, alle die direkten Aussagen oder Andeutungen in der Bibel zu zählen, wo sie es uns klar macht, daß sie das Wort der Wahrheit ist. Die Bibel ist in unserer Welt die letzte Autorität für Wahrheit. Die Schwierigkeiten in unserem persönlichen Leben, in unseren Gemeinden und die meisten der Probleme in der Welt kommen daher, daß man von der Autorität der Bibel abgerückt ist und sie nicht als unseren einzigen unfehlbaren Maßstab für Wahrheit anerkennt. Erfolgreicher geistlicher Kampf fängt bei dieser grundsätzlichen Frage an. Akzeptiere ich die Bibel als das Wort der Wahrheit, das wahre Wort Gottes, als die einzige und letzte Autorität über das, was wahr ist und was Irrtum ist? Akzeptiere ich die Schriften als Gottes Offenbarung? Bevor wir erfolgreich den Gürtel der Wahrheit anlegen können, müssen wir uns Gottes Wort mit dem Glauben eines Kindes nähern und zu Gott schauen, um von Seinem Wort göttliche Offenbarung zu erhalten. Wir müssen erkennen, daß »*die Welt durch die Weisheit Gott nicht erkannte*« (1.Kor.1,21), noch es jemals kann. Nie können wir uns auf menschli-

---

16 D.M. Lloyd Jones, The Christian Soldier (Grand Rapids: Baker Book House,n.d.) S.184

che Weisheit und die Fähigkeit der Logik verlassen, um die Wahrheit herauszufinden. Wahrheit kommt durch die Offenbarung Gottes. Dadurch können wir unsere Stellung erkennen; es steht im Wort geschrieben. Wir kämpfen damit gegen den Feind mit dem Wort der Wahrheit, der Bibel. Mit ihr können wir Versuchungen überwinden und können beurteilen, was Sünde ist; die Bibel offenbart es uns. Dadurch können wir mutig der Zukunft entgegensehen; wir haben das Wort der Wahrheit, Gottes Wort, das uns Christi vollständigen Sieg in der Zukunft offenbart.

3.: *Der Heilige Geist ist der Geist der Wahrheit.*

Der Heilige Geist ist derjenige, der uns erleuchtet und das Wort der Wahrheit unserem Verständnis aufschließt, damit wir daraus Nutzen ziehen. Dies wird in 1. Korinther 2,6-15 deutlich, wo es heißt, daß der natürliche Mensch, sich selbst überlassen, niemals das Wort der Wahrheit verstehen kann, da er nicht den Geist der Wahrheit hat, der das Wort seinem geistlichen Verständnis zugänglich macht.

»Uns aber hat Gott es geoffenbart durch den Geist, denn der Geist erforscht alles, auch die Tiefen Gottes. Denn wer von den Menschen weiß, was im Menschen ist, als nur der Geist des Menschen, der in ihm ist? So hat auch niemand erkannt, was in Gott ist, als nur der Geist Gottes. Wir aber haben nicht den Geist der Welt empfangen, sondern den Geist, der aus Gott ist, damit wir die Dinge kennen, die uns von Gott geschenkt sind.... Ein natürlicher Mensch aber nimmt nicht an, was des Geistes Gottes ist, denn es ist ihm eine Torheit, und er kann es nicht erkennen, weil es geistlich beurteilt wird.« (1.Kor.2,10-12.14)

Einige wichtige, praktische Wahrheiten müssen wir uns vergegenwärtigen, wenn wir den Heiligen Geist bitten, uns Gottes Wahrheit aufzuschließen. Zuerst müssen wir wissen, daß der Heilige Geist uns immer in Glaubensansichten, Taten und Motiven hineinführt, die vollkommen im Einklang mit dem Wort der Wahrheit, der Bibel und mit der Person der Wahrheit, dem Herrn Jesus Christus, sind. In diesen Tagen der Betonung von Erfahrungen und der sogenannten charismatischen Gaben muß dieser Punkt sehr deutlich gesagt werden. Diejenigen, die vom Heiligen Geist außerbiblische Offenbarungen erwarten und sie als Wahrheit annehmen, machen sich selbst von gefährlichen Irrtümern abhängig.

Ich hörte neulich von einer »geistlichen Führungspersönlichkeit«, der Heilige Geist habe ihr offenbart, daß sie sich von ihrem Ehemann scheiden lassen solle, damit sie frei sei, dem Herrn vollzeitig in ihren Veranstaltungen zu dienen. Dies paßt einfach nicht mit Abschnitten wie Epheser 5 und Titus 2,4-5 zusammen. Der Heilige Geist wird uns nicht dazu bringen, Sein inspiriertes Wort zu vergewaltigen.

Ein Mann, der die Gemeinde besuchte, deren Pastor ich früher war, erklärte, daß der Heilige Geist ihm die Gabe der Prophetie gegeben habe. Er wirkte strahlend mit seiner neuen Gabe und schien in der Freude des Herrn zu leben. Das Problem war, daß seine Prophetien öfter im direkten Widerspruch zu Gottes Wort waren. Er wurde von seinen Prophetien betrogen. Es ist kein Wunder, daß alles schließlich mit einer zerbrochenen Ehe und einem gebrochenen Herzen endete.

2.Petrus 1,20-21 stellt fest, »*indem ihr dies zuerst wißt, daß keine Weissagung der Schrift aus eigener Deutung geschieht. Denn niemals wurde eine Weissagung durch den Willen eines Menschen hervorgebracht, sondern von Gott her redeten Menschen, getrieben vom Heiligen Geist.*« Der Heilige Geist ist der Autor des Wortes der Wahrheit, und gewiß wird er uns nichts erzählen, etwas zu glauben oder zu tun, was im Gegensatz zu Gottes Wort ist, obwohl die raffinierten Verführungen des Satan dieses uns glauben machen wollen.

Wie wichtig ist es doch, den Heiligen Geist zu bitten, uns in die Wahrheit zu leiten, wenn wir im Wort Gottes lesen. Die Wahrheit unseres Herrn und die Wahrheit Seines Wortes wird uns immer beschützen. Bitte den Heiligen Geist, dich davor zu bewahren, in Bewegungen oder in extreme Anschauungen hineingezogen zu werden, die nicht mit Seiner Wahrheit übereinstimmen. Wenn wir den Schutz des Geistes der Wahrheit täglich in Anspruch nehmen, so wird er es tun, da dies Seine Aufgabe ist.

4. *Die Gemeinde ist die Säule und das Fundament der Wahrheit.*

Der Apostel Paulus lehrte Timotheus: »*Dies schreibe ich dir in der Hoffnung, bald zu dir zu kommen; wenn ich aber zögere, damit du weißt, wie man sich verhalten muß im Hause Gottes, das die Gemeinde des lebendigen Gottes ist der Pfeiler und die Grundfeste (Stütze) der Wahrheit*« (1.Tim.3,14-15).

Der örtlichen Gemeinde wird hier ein hoher Bedeutungsgrad in Gottes Plan gegeben. Eine örtliche Gemeinde wird »Haus Gottes« und »die Gemeinde des lebendigen Gottes« genannt. Jeder Gläubige sollte fest verbunden sein mit einer gesunden, bibelzentrierten, den Christus verherrlichenden örtlichen Gemeinde. Er muß sich den Ordnungen, der Kontrolle und der Ausgewogenheit, die Gott in Seiner Souveränität in die örtliche Gemeinde hineingelegt hat, unterordnen. Sehr oft hat der Herr in meinem Leben, auch als Pastor, die Gemeinde benutzt, mich vor manchem traurigen Irrtum zu bewahren. Viele Male konnte ich beobachten, wie der Dienst der örtlichen Gemeinde einen Gläubigen vor einer schlimmen Niederlage bewahrt hat. Wenn Gläubige sich gegenseitig übertreffen im Gebet, im Schützen und in der Ermutigung, muß der Feind sehr schnell fliehen. Halte dich an eine Gemeinde in deiner Nähe, ordne dich ihren Ordnungen unter, besuche ihre Veranstaltungen, und lasse dich im Wort unterweisen.

Satan haßt es, Gläubigen gegenüberzutreten, die den Gürtel der Wahrheit um ihre Lenden geschnallt haben. Hast du jemals eine Lüge sehr überzeugend erzählt und dann plötzlich kam die Wahrheit heraus? Dann stehst du da, gefangen in einer Lüge, völlig vernichtet. Der Gürtel der Wahrheit wirkt auf Satan und sein Reich in der gleichen Weise. Er vernichtet und besiegt ihn völlig. Der Gürtel zieht seine Verführung ans Licht, entlarvt seine Lügen als das, was sie sind und bricht die Kraft, die gegen dich gerichtet war.

Wie kann man umgürtet mit Wahrheit offensiv und fest stehen? Es geschieht durch Gebet. Das folgende Gebet ist gedacht als Richtschnur, wie man diesen lebenswichtigen Teil der Waffenrüstung in Anspruch nimmt.

Den Gürtel anlegen

Im Namen des Herrn Jesus Christus nehme ich für mich den Schutz des Gürtels der Wahrheit in Anspruch, den ich fest um meine Lenden geschnallt habe. Ich bete, daß der Schutz des Gürtels der Wahrheit über meinem persönlichen Leben, über meinem Zuhause, meiner Familie und über dem Dienst ist, den Gott mir zugewiesen hat. Ich gebrauche den Gürtel der Wahrheit direkt gegen Satan und sein Reich der Finsternis. Mit meinem ganzen Willen hänge ich mich an Ihn, der die Wahrheit ist, den Herrn Jesus Christus. Er ist meine Stärke und mein Schutz gegen alle Verführungen Satans. Ich wünsche, daß die Wahrheit des Wortes Gottes ständig mein Leben mehr und mehr durchdringt. Ich bete, daß die Wahrheit des Wortes Gottes mein Herz erfreut, immer wenn ich es studiere und auswendig lerne.

Vergib mir meine Sünde, nicht die Wahrheit gesagt zu haben. Zeige mir bitte alles, wo ich betrogen worden bin. Durch den Heiligen Geist der Wahrheit öffne meinem Verständnis die Schriften und lehre mich, sie praktisch in meinem Leben zu gebrauchen. Ich bitte den Heiligen Geist, mich zu warnen, bevor ich jemand betrüge. Er möge mich davor bewahren, Satans Lügen zu glauben. Danke, Herr, daß Du meine örtliche Gemeinde zu einer Säule und zu einem Fundament Deiner Wahrheit in meinem Leben gemacht hast. Hilf mir, an dem Gemeindeleben teilzuhaben, und schütze und hilf genauso wie mir auch den anderen Gemeindegliedern.

Ich erkenne, Herr Jesus Christus, daß ich, trotz Satans subtilen Verführungen, fähig bin, unüberwindlich stark zu sein und Deinen Willen zu tun, was die stabilisierende Kraft des Gürtels der Wahrheit erfordert. Danke, daß Du mir diesen Teil der Waffenrüstung überlassen hast. Ich nehme ihn dankbar an und möchte durch Deine Kraft ein immer tieferes Verständnis seines Schutzes gewinnen. Amen.

17

DIE GANZE WAFFENRÜSTUNG GOTTES: DER BRUSTPANZER DER GERECHTIGKEIT

»... angetan mit dem Brustpanzer der Gerechtigkeit« (Eph.6,14b)

»Und der HERR sah es, und es war böse in seinen Augen, daß es kein Recht gab. Er sah, daß kein Mann da war, und er wunderte sich, daß es keinen gab, der Fürbitte tat. Da half ihm sein Arm, und seine Gerechtigkeit, sie unterstützte ihn. Er zog Gerechtigkeit an wie einen Panzer und setzte den Helm des Heils auf sein Haupt, ...« (Jes.59,15b-17a)

Warren Wiersbe berichtet in seinem Buch »The Strategy of Satan« von einer wenig bekannten Figur des Alten Testaments, Josua, dem Hohenpriester. Josua war einer von vier Menschen des Alten Testamentes, die direkt mit dem Satan konfrontiert wurden (Sacharja 3). Die Geschichte erklärt ganz anschaulich, wie Satan versucht, an das Herz des Menschen zu kommen, dem Ort, an dem er am schlimmsten zu verletzen ist, wo sein Gewissen oder der Sinn für das Recht zu finden ist.

Das Herz ist ein Teil von uns, das oft Niederlagen erleidet. Ein Grund dafür ist, daß wir unser Versagen, unsere Sünden und Übertretungen, ständig vor Augen haben. Wenn wir uns auch nicht wegen einer Tatsünde schuldig fühlen, so sind wir gewiß einer Unterlassungssünde schuldig. Wer von uns kann behaupten, Gottes Maßstab zu entsprechen, Ihn zu lieben von ganzem Herzen, ganzem Verstand und mit ganzer Seele? Wer von uns kommt dem nur nahe, immer seinen Nächsten so zu lieben wie sich selbst? Dann sind da noch andere Unterlassungssünden, die so oft bei Gottes Kindern vorkommen: Vernachlässigung des Gebets, Oberflächlichkeit beim Studium von Gottes Wort, vergeudete Gelegenheiten, Freunden oder Kollegen ein Zeugnis von Christus zu sein oder zu vergessen, für jemanden zu beten, obwohl man es versprochen hat.

Die Zielscheibe Satans war das Herz Josuas, des Hohenpriesters, sein Gewissen, dieser Teil, der es ihm möglich macht, Gott zu antworten und Gott wohlzugefallen. Das Kapitel beginnt damit, daß Josua vor dem Engel Gottes steht und Satan »*stand zu seiner Rechten, um ihn anzuklagen.*« (Sach.3,1) Satans Waffe war die Anklage; sein Plan war es, Josua vor dem HERRN öffentlich einer Straftat anzuklagen. Satan will das Herz des Menschen zerstören.

Menschen anzuklagen, wenn sie sich Gott nähern wollen, ist eine der effektiven Waffen Satans gegen die Gläubigen. Unser Versagen liefert ihm viel Munition.

In Offenbarung 12 verkündet eine laute Stimme, daß der Teufel aus dem Himmel hinausgeworfen ist. »*...denn hinabgeworfen ist der Verkläger unserer Brüder, der sie Tag und Nacht vor unserem Gott verklagte.*« (Offb.12,10) Satan verklagt unsere Brüder. Tag und Nacht klagt er sie vor Gott an. Hast du noch nie gehört, wie er es gegen dich tut? »Wie kannst du von Gott irgendeine Hilfe erwarten? Sieh dir dies an! Schau dir alle deine Sünden an. Sieh, was du da nicht getan hast, obwohl du wußtest, dies wäre deine Pflicht gewesen.« Auf diese Weise geht es immer weiter. Er will dein Herz zerstören. Er will dir weismachen, daß du solch ein Versager bist, daß es keinen Zweck für dich hat weiterzumachen. »Wie kann Gott jemals so einen stümperhaften Christen wie dich gebrauchen?« Viele ernsthafte Christen werden gerade hier besiegt, vielleicht mehr als an irgendeinem anderen Punkt.

Der Brustpanzer der Waffenrüstung soll einen sehr verwundbaren Bereich schützen das Herz. In Sacharja 3, als der Hohepriester Josua unter starkem Beschuß und Anklage durch Satan stand, kam der Herr Selbst Josua zur Hilfe. »*Der HERR wird dich bedrohen, Satan! Ja der HERR, der Jerusalem erwählt hat, bedroht dich! Ist dieser nicht ein Holzscheit, das aus dem Feuer herausgerissen ist?*« (Sach.3,2)

Josua stand vor dem HERRN in »schmutzigen Kleidern«, die Josuas Gerechtigkeit repräsentierten, die Jesaja 64,5 so definiert: »*all unsere Gerechtigkeit ist wie ein beflecktes Kleid.*« Der Engel befahl denen, die vor Josua standen: »*Nehmt ihm die schmutzigen Kleider ab!*« (V.4) Sobald dies geschehen war, versicherte der Engel Josua: »*Sieh, ich habe deine Schuld von dir weggenommen und bekleide dich mit Feierkleidern.*« Auf Anweisung des HERRN wird Josua mit reinen, sauberen Gewändern bekleidet, die angemessen sind, um vor dem HERRN zu stehen. Dann wurde ihm gesagt, er soll in diesen sauberen, neuen Kleidern in der Stärke und dem Sieg des HERRN gehen. Indem er dies tat, wurde er ein Zeichen für den kommenden Diener Jahwes, den Sproß, unseren Messias (siehe Sach.3,6-10).

Diese Geschichte des Alten Testamentes ist eine passende Illustration für den Teil der Rüstung, die wir nun betrachten. Der Brustpanzer der Gerechtigkeit ist der einzige Schutz, den wir gegen Satans Angriff auf das Herz von Gottes Dienern haben. Der Brustpanzer des römischen Soldaten war für ihn von äußerster Wichtigkeit, da er die lebenswichtigen Organe zu schützen hatte. Unter dem Brustpanzer waren das Herz, die Lungen, Magen, Leber und Nieren des Soldaten verborgen. Eine Wunde durch das Schwert, den Speer oder Pfeil des Feindes an einer dieser Organe bedeutete fast immer den sofortigen Tod. Darum mußte der Brustpanzer besonders stabil sein und immer am richtigen Platz getragen werden.

Gerechtigkeit ist darum auch im Kampf des Gläubigen von besonders großer Wichtigkeit. Es gibt verschiedene Gründe für diese Tatsache. Eine dafür ist, daß die Gerechtigkeit Satan vollkommen besiegt. Gerechtigkeit ist alles, was Satan nicht ist. Er ist ungerecht, böse, hinterhältig, voller Finsternis (siehe Johannes 8,44; 13,2; 1.Joh.3,8). Gerechtigkeit besiegt Satan und schiebt ihn zur Seite.

Gerechtigkeit ist auch eines der Charaktermerkmale Gottes. Die Psalmen sind erfüllt von Aussagen wie *»mit Gerechtigkeit ist gefüllt deine Rechte«* (Ps.48,11); *»Gerecht bist du, HERR«* (Ps.119,137); *»Der HERR ist gerecht in allen seinen Wegen«* (Ps.145,17) und in Jeremia: *»Und dies wird sein Name sein, mit dem man ihn nennen wird: Der HERR, unsere Gerechtigkeit.«* (Jer.23,6)

Was ist der Brustpanzer der Gerechtigkeit?

Es ist die Gerechtigkeit unseres Herrn, die über uns und in uns hineingekommen ist, die uns beschützt.

Angerechnete Gerechtigkeit bedeutet, daß Gerechtigkeit mich gerechtfertigt hat als ich erlöst wurde. Gott der Vater bringt die Gerechtigkeit des Herrn Jesus, die Ihm zu eigen ist, auf mein Konto; sie wird mir angerechnet, auf mich gelegt durch einen rechtlichen Akt Gottes. Gott betrachtet mich nun als in Seine eigene Gerechtigkeit gehüllt. Der Apostel Paulus jubelt in dieser Gerechtigkeit mit den Worten:

> *»Ja wirklich, ich achte auch alles für Verlust um der unübertrefflichen Größe der Erkenntnis Christi Jesu, meines Herrn, willen, um dessentwillen ich alles eingebüßt habe und es für Dreck achte, damit ich Christus gewinne und in ihm erfunden werde indem ich nicht meine Gerechtigkeit habe, die aus dem Gesetz ist, sondern die durch den Glauben an Christus, die Gerechtigkeit aus Gott aufgrund des Glaubens«* (Phil.3,8-9).

Angerechnete Gerechtigkeit bedeutet, daß etwas, was einer Person (Christus) gehört, auf das Konto einer anderen (des Gläubigen) gebracht wird.

Wenn wir gerechtfertigt sind, findet ein wunderbarer Wechsel statt. In dem Augenblick, wenn der rettende Glaube kommt, nimmt Gott unsere Sünden und rechnet sie Christus zu; sie sind in Christus bestraft. Zur gleichen Zeit nimmt Gott die Gerechtigkeit Christi und rechnet sie zu unseren Gunsten an.

Den Brustpanzer der Gerechtigkeit anzulegen heißt, daß wir uns täglich erfrischen mit dem Bewußtsein dieser wunderbaren Wahrheit. Josua, der Hohepriester, war ein Bild dieser Wahrheit. Seine eigenen schmutzigen Gewänder wurden entfernt und neue Gewänder, rein und würdig für die Gegenwart des HERRN, wurden ihm angelegt.

Es gibt keinen stärkeren Schutz vor Satans Anklagen wegen unserer Unwürdigkeit, als diese Wahrheit der »angerechneten Gerechtigkeit« ständig in unserem Bewußtsein zu halten. Römer 8,1 muß eine uns bewußte, tägliche Sicherheit werden: »*Also gibt es jetzt keine Verdammnis für die, welche in Christus Jesus sind.*« Satan wird nicht weit kommen, uns weiter anzuklagen, wenn diese Wahrheit sicher in unseren Herzen verborgen ist und immer in unserem Verstand lebendig erhalten wird.

Gott legt in uns auch Seine Gerechtigkeit hinein. Die Puritaner nannten dies die *uns verliehene Gerechtigkeit*. Die verliehene Gerechtigkeit bezieht sich auf das, was Gott in mein Verhalten und in mein Leben hineingelegt hat. Es ist genauso vollständig von Gott wie die angerechnete Gerechtigkeit, aber sie befindet sich in dem Bereich meiner Erfahrung und ist nicht immer konstant und vollkommen. Manchmal handele ich geheiligt und gerecht, aber dann verhalte ich mich nicht so. Wirklich gerechte Taten kommen durch das Handeln Gottes: »*Denn Gott ist es, der in euch wirkt sowohl das Wollen als auch das Wirken zu seinem Wohlgefallen*« (Phil.2,13).

Paulus lehrt uns weiter: »*Wir aber, die dem Tag gehören, wollen nüchtern sein, angetan mit dem Brustpanzer des Glaubens und der Liebe*« (1.Thess.5,8). Eine oberflächliche Betrachtung mag uns zu dem Schluß führen, daß der Brustpanzer des Glaubens und der Liebe etwas anderes ist, als der Brustpanzer der Gerechtigkeit. Dies ist nicht der Fall. Glaube und Liebe sind die besten Auswirkungen der uns verliehenen Gerechtigkeit. Glaube und Liebe sind die in dem Leben des Gläubigen wirkende Gerechtigkeit.

Während wir den Brustpanzer der Gerechtigkeit anlegen, müssen wir die Wichtigkeit, sowohl unserer angerechneten, als auch der uns verliehenen Gerechtigkeit, anerkennen. Gott macht uns nicht nur gerecht, um vor Ihm zu stehen, sondern Er erwartet auch, daß gerechte Taten aus unserem gerechtfertigten Leben fließen. Gottes angerechnete Gerechtigkeit ist unser Brustpanzer zum Schutz im endgültigen Sinne, aber die uns gegebene Gerechtigkeit muß aus dieser Investition Gottes fließen.

Der Schutz des Brustpanzers

Der Brustpanzer der Gerechtigkeit bewahrt uns auf verschiedene Weise. Zunächst gibt er uns Zuversicht und Mut. Nur wenige Dinge sind entscheidender für den geistlichen Kampf als die Gewißheit. Satan klagt uns wegen unserer leider sehr offensichtlichen Fehler an. Wenn er seine Anklagen gegen uns schleudert, dann stärkt es das Herz zu wissen, daß des HERRN angerechnete Gerechtigkeit uns würdig macht und nicht unsere eigene. Zuversicht kommt auch aus dem Wissen, daß die uns erfüllende Gerechtigkeit, die Gott in uns hineingepflanzt hat, sich selbst durch Taten des Glaubens und der Liebe ausdrückt; Taten, die Gott verherrlichen. ». . .*und den neuen Menschen angezogen habt, der nach Gott geschaffen ist in wahrhaftiger Gerechtigkeit und Heiligkeit.*« (Eph.4,24)

Ein junger Mann rief mich an, um mir von seiner großen Sorge über seine Ehe zu berichten. Seine junge Frau hatte ihn aus ihrem Leben ausgeschlossen. Sie lehnte es ab, von jemanden Rat anzunehmen. Sie blieb dabei, daß es die einzige Lösung ihrer Probleme sei, wenn er sie verließe. Sie litt an einer schrecklichen inneren Bedrängung und Qual und konnte nur wenig schlafen. Beide waren gläubig, aber der Abstand zwischen beiden hatte sich zu einem riesigen Abgrund vergrößert. Ihre Enttäuschungen und Zorn waren teilweise so schlimm geworden, daß sie sich sogar geschlagen haben. Der Ankläger war sehr rege in dieser traurigen Beziehung. Der junge Mann gab zu, daß sein Anruf bei mir der letzte Rettungsversuch seinerseits sei. Obwohl er vollzeitig im Werk des HERRN stand, war er jetzt soweit, seine Frau zu verlassen.

Während wir über einige mögliche praktische Schritte sprachen, und ich ihm erklärte, warum er des Sieges Christi sicher sein könne, merkte ich, wie seine Zuversicht wuchs. Nach unserer Unterhaltung war er fest entschlossen, eine Zeit des Fastens und Betens zu beginnen. Zuversicht und Mut waren durch das Einflößen von Hoffnung und Glaube entstanden. Dies ist die Aufgabe des Brustpanzers der Gerechtigkeit.

Der Brustpanzer der Gerechtigkeit gibt uns auch die Möglichkeit, Selbstgerechtigkeit zurückzuweisen. Indem wir täglich den Brustpanzer der Gerechtigkeit in Anspruch nehmen, sollten wir uns auch von dem immer gegenwärtigen Verlangen lossagen, uns selbst auf die Schulter zu schlagen und zu sagen, »Was für ein feiner Kerl bin ich doch.«

Hiob erlebte eine der fürchterlichsten Auseinandersetzungen mit Satan, die in der Bibel niedergeschrieben sind. Einer der Gründe, warum Gott so ein andauerndes Leid durch die Prüfung Satans erlaubte, scheint wohl gewesen zu sein, daß Hiobs Selbstgerechtigkeit weggeläutert werden sollte. Als Hiob anfangs in den Dialog mit seinen Freunden trat, kam eine Idee immer wieder zum Vorschein: »Ich bin so gut und gerecht vor Gott, daß ich nicht verstehen kann, warum Gott dieses schlimme Leid in meinem Leben zuläßt.«

Eine feine, junge, christliche Frau meiner Gemeinde hatte längere Zeit einen sehr verzweifelten, manchmal sogar verbitterten Gesichtsausdruck. Ich war dankbar dafür, daß sie mich eines Tages um einen Gespächstermin bat. Als sie dann über ihre Nöte sprach, beschrieb sie einige tiefe und sehr qualvolle Enttäuschungen in ihrem Leben. Es waren harte Schläge, die sie gefühlsmäßig ruinierten. Sie ließ es zu, daß diese Enttäuschungen Zweifel über die Güte Gottes in ihrem Verstand produzieren durften. In einem Weinkrampf kam es dann heraus: »Gott hat kein Recht, mich so zu behandeln. Ich habe immer versucht, Ihn an erster Stelle zu setzen und mein Leben von Sünde rein zu halten. Es ist nicht gerecht, es ist einfach unfair.«

So sanft wie möglich versuchte ich ihr klarzumachen, daß sie eigentlich sagte: »Gott, Du hast kein Recht, mich so zu behandeln, weil ich so gut und nett bin.« Als sie dies einsah, lachte und weinte sie gleichzeitig. Jesaja 64,5 half ihr dann, Buße zu tun. *»Wir alle sind wie ein Unreiner geworden und alle unsere Gerechtigkeit wie ein beflecktes Kleid. Wir alle sind verwelkt wie das Laub welkt, und unsere Sünden trugen uns davon wie der Wind.«* Wir sprachen über die Tatsache, daß Gottes Güte zuverlässig ist, ob unsere Erfahrung dies bestätigt oder nicht. Güte ist der Kern Seines Wesens. Wenn unsere Erfahrung diese Wahrheit nicht zu bezeugen scheint, sollen wir Ihn trotzdem preisen.

Als ihr der Herr ihre Selbstgerechtigkeit klarmachte, folgte daraufhin ein wunderbares Gebet der Buße. Sie verließ mich an diesem Tage mit einem fröhlichen Gesichtsausdruck.

Der Brustpanzer der Gerechtigkeit ist dazu da, dies bei jedem Gläubigen zu tun. Er gibt uns die tägliche Gelegenheit, uns daran zu erinnern, daß die einzige Gerechtigkeit, die wir haben, aus dem besteht, was unser Herr uns angerechnet und in uns hineingelegt hat. Wenn Gott manchmal Verletzungen und Enttäuschungen zuläßt, haben wir die Möglichkeit, sie mit Freude anzunehmen. Jakobus lehrt uns: *»Achtet es für lauter Freude, meine Brüder, wenn ihr in mancherlei Versuchungen geratet, indem ihr erkennt, daß die Bewährung eures Glaubens Ausharren bewirkt. Das Ausharren aber soll ein vollkommenes Werk haben, damit ihr vollkommen und vollendet seid und in nichts Mangel habt«* (Jak.1,2-4). Wenn wir es uns gestatten, uns von den Prüfungen des HERRN, die Er zuläßt, zurückzuziehen, dann kann dies an einer Wurzel der Selbstgerechtigkeit liegen. Dann sagen auch wir: »Herr, ich bin zu gut, um so eine Behandlung verdient zu haben.« Wir dürfen aber dem HERRN sogar für die Schwierigkeiten des Kampfes danken.

Seiner eigenen Güte zu vertrauen, ist nicht nur wertlos, sondern öffnet uns auch für geistliche Gefahren. Durch Vertrauen auf die eigene Gerechtigkeit wird ein Ungläubiger von dem rettenden Glauben abgehalten. Es ist notwendig, seine eigene völlige Sündhaftigkeit zu erkennen, bevor das Herz für den rettenden Glauben empfänglich gemacht werden kann. Im Römerbrief zitiert der Apostel Paulus aus verschiedenen Stellen des Alten Testamentes, um uns unseren wahren Zustand klarzumachen.

»Was nun? Haben wir einen Vorzug? Durchaus nicht! Denn wir haben sowohl Juden als Griechen zuvor beschuldigt, daß sie alle unter der Sünde seien, wie geschrieben steht: ›Da ist kein Gerechter, auch nicht einer; da ist keiner, der verständig ist; da ist keiner,

der Gott sucht. Alle sind abgewichen, sie sind allesamt untauglich geworden; da ist keiner, der Buße tut, da ist auch nicht einer.‹ Ihr Schlund ist ein offenes Grab; mit ihren Zungen handelten sie trügerisch. ›Otterngift ist unter ihren Lippen. Ihr Mund ist voll Fluchens und Bitterkeit. Ihre Füße sind schnell, Blut zu vergießen; Verwüstung und Elend ist auf ihren Wegen, und den Weg des Friedens haben sie nicht erkannt. Es ist keine Furcht Gottes vor ihren Augen.‹« (Römer 3,9-17)

Diese Worte sollten wohl genügen, daß wir uns von unserer Selbstgerechtigkeit lossagen.

An seine eigene Güte zu glauben, ist dann genauso wertlos, nachdem wir gerettet worden sind. Es bleibt eine Beleidigung Gottes. Gott wird uns niemals effektiv gebrauchen, bis wir eingesehen haben, daß nur Seine Gerechtigkeit Wert hat.

Als Jesus auf der Erde lebte konnte Satan eins niemals antasten: Seine Gerechtigkeit. Der Hebräerbrief erklärt uns: »*Denn wir haben nicht einen Hohenpriester, der nicht Mitleid haben könnte mir unseren Schwachheiten, sondern der in allem in gleicher Weise wie wir versucht worden ist, doch ohne Sünde*« (Heb.4,15). Weder Satan noch Sünde konnte die Gerechtigkeit unseres Herrn antasten. Er wurde versucht, aber jede Versuchung wurde besiegt.

Es ist wichtig zu verstehen, daß Versuchung keine Sünde ist. Einige Christen werden ganz aufgeregt, wenn sie versucht werden. Ich kannte einen Mann, der fast sein ganzes Leben um dessentwillen ruinierte. Vor seiner Bekehrung lebte er ein sexuell sehr unreines Leben, und für eine Zeit danach wurde er nicht mehr durch etwas Unmoralisches belästigt. Vorher war es zwanghaft, und er war dankbar für den Beweis, »*das Alte ist vergangen, siehe Neues ist geworden.*« Jedoch nach einiger Zeit erlebte er immer wieder die alten, fleischlichen Begierden, die neu angestachelt wurden. Wenn er an einem Bücherladen, der Pornographie ausstellte, vorbeikam, wurde er versucht, es mitzunehmen. Diese Versuchungen verwirrten diesen Mann sehr. Er war sich sicher, daß er im Begriff war, wieder in sein altes Leben abzurutschen. Er folgerte, daß ein Mensch, der errettet und verändert worden ist, nicht mehr solche Versuchungen erleben dürfte. So fing er an zu meinen, daß, wenn die Gedanken da schon seien, es vielleicht auch nicht schlimmer sei, die Dinge auszuführen so wie früher.

Gerade in diesem kritischen Moment erklärte ihm ein Freund, daß Versuchungen, Böses zu tun, noch keine Sünden sind. Denn für Christus Selbst gilt, daß Er »*in allem in gleicher Weise wie wir versucht worden ist, doch ohne Sünde*« (Heb.4,15). Diese Erkenntnis erwies sich als ein großer Trost für diesen Bruder. Versuchung an sich beschmutzt noch nicht die Gerechtigkeit. Erst wenn wir uns mit der Versuchung einlassen und den Gegenstand der Versuchung begehren, dann wird Sünde in unser Leben eindringen.

Als wir gläubig wurden, wurde ein dreifacher Prozeß der Heiligung in Bewegung gesetzt. Erstens sind wir was unsere Stellung vor Gott betrifft sofort geheiligt (abgesondert) und gerecht gesprochen. Dies wird die angerechnete oder stellungsmäßige Heiligung genannt. Die Gerechtigkeit und Heiligkeit des Christus wird uns zu unseren Gunsten zugerechnet. Der Herr betrachtet uns als »Heilige«, obwohl wir im praktischen Leben nicht sehr »heilig« erscheinen mögen.

Heiligung ist aber auch ein Prozeß für das ganze Leben des Gläubigen. Als der Apostel Paulus seinen ersten Brief an die Thessalonicher beendete, drückt er seinen Wunsch diesbezüglich so aus: »*Er selbst aber, der Gott des Friedens, heilige euch völlig; und vollständig möge euer Geist und Seele und Leib untadelig bewahrt werden bei der Ankunft unseres Herrn Jesus Christus. Treu ist, der euch beruft; er wird es auch tun*« (1.Thess.5,23-24). Dieser Prozeß wird manchmal »das Wachsen in der Gnade« genannt und wird durch das Umsetzen des Wortes Gottes durch die Vermittlung des Heiligen Geistes bewirkt (Röm.15,16; 1.Kor.6,11; Phil.2,12; 1.Tim.4,4-8; 1.Pet.2,2-3).

Der Prozeß der Heiligung hört niemals auf und erreicht in diesem Leben nicht die Vollkommenheit. Darum müssen wir den Brustpanzer der Gerechtigkeit täglich in Anspruch nehmen. Wir alle müssen weiter wachsen gemäß des Maßstabes der Größe der Fülle des Christus, sowohl in unserem Handeln als auch in unserer Stellung (Eph.4,11-12; Kol.3,5.8.12-14).

Unsere völlige Heiligung wird dann eintreten, wenn unser Herr zurückkehrt. ». . .*wir wissen, daß wir, wenn es offenbar werden wird, ihm gleich sein werden, denn wir werden ihn sehen, wie er ist*« (1.Joh.3,2). In jenem Augenblick wird unsere Heiligung des Leibes, der Seele und des Geistes zur Vollendung kommen. Was Gott bei unserer Bekehrung anfing wird dann abgeschlossen sein.

Die Bedeutung, den Brustpanzer der Gerechtigkeit offensiv und aktiv anzulegen, kann im geistlichen Kampf nicht genug betont werden. Der Sieg der Gerechtigkeit unseres Herrn und die Niederlage, die sie Satan und seinem Reich zufügt, muß offensiv angewandt und darf nicht passiv vorausgesetzt werden. Dieser Sieg gehört uns, aber wir müssen ihn ergreifen.

Die Gefahr der Passivität

Ich versuchte, eine gläubige Frau zu motivieren, den aktiven, offensiven Kampf aufzunehmen. Sie erlebte schon einige Jahre schreckliche Dinge durch Satans Reich. Der Hintergrund von okkulten Praktiken und einem sehr sündigen Lebensstil hatte ihr Leben vor ihrer Bekehrung bestimmt. Die Schikanen und Quälereien Satans, die sie aushalten mußte, hatten sie ermüdet und ausgelaugt. Sie fühlte alles, nur keinen offensiven Mut. Passivität ist immer eine sehr gefährliche Situation, wenn es um geistliche Dinge geht. Sie erklärte mir: »Es ist der Kampf des HERRN. Wenn ich in diesem Kampf Sieg haben soll, dann muß dies der HERR machen.« Im geistlichen Krieg müssen wir, wegen der Tatsache unseres grundsätzlichen Sieges, vom HERRN abhängig bleiben, aber wir müssen auch an der Schlacht teilnehmen. Wir dürfen nicht passiv sein.

Stell dir vor, ein Soldat ist Teil der am besten ausgerüsteten Armee der Welt. Die modernsten Waffen, die stärksten Panzer, und die größten Raketen und Bomben stehen zu seiner Verfügung. Aber nehmen wir an, dieser Soldat geht hinaus, um gegen den Feind anzutreten und läßt sein Gewehr und die ganze Ausrüstung zurück. Was wird geschehen? Jemand, der viel weniger ausgerüstet ist, kann ihn ganz einfach niederschlagen. Den Schutz zu haben, ist nicht genug; er muß ihn gebrauchen.

Die Übertragung ist offensichtlich. Wir sind Teil von Gottes Armee. Wir haben die Ausdauer als gute Soldaten Christi. Wir sind mit allen Waffen ausgerüstet, die wir brauchen, um den Feind unserer Seelen und sein gesamtes Reich zu besiegen; aber wir müssen sie gebrauchen. Der Brustpanzer der Gerechtigkeit ist absolut lebensnotwendig. Wir müssen seinen Schutz täglich für uns in Anspruch nehmen und ihn offensiv gebrauchen, um dem Teufel zu widerstehen und ihn in die Flucht zu schlagen.

Lege dir den Brustpanzer an

Im Namen des Herrn Jesus Christus lege ich den Brustpanzer der Gerechtigkeit an. In diesem Augenblick weise ich jedes eventuelle Vertrauen auf meine eigene Gerechtigkeit zurück. Ich ergreife bereitwillig die Gerechtigkeit, die mir gehört durch den Glauben an den Herrn Jesus Christus. Ich erwarte allein vom Heiligen Geist, daß Er gerechte Taten, reine Gedanken und heilige Motive in meinem Leben hervorbringt. Ich erhöhe das gerechte Leben des Herrn Jesus Christus, um Satan und sein Reich zu besiegen. Mit Eifer bitte ich, daß der Herr Jesus Christus Seine Gerechtigkeit durch mich auslebt. Durch das kostbare Blut des Christus reinige mich von allen meinen Tatsünden und allen meinen Unterlassungssünden. Laß mich in einer heiligen und reinen Weise leben, die Gott ehrt und durch Jesus Christus, meinen Herrn, die Welt, das Fleisch und den Teufel besiegt. Amen.

18

DIE GANZE WAFFENRÜSTUNG GOTTES: DIE SCHUHE DES FRIEDENS

»...und beschuht an den Füßen mit der Bereitschaft zur Verkündigung des Evangeliums des Frieden.« (Eph.6,15)

»Frieden lasse ich euch, meinen Frieden gebe ich euch; nicht wie die Welt gibt, gebe ich euch. Euer Herz werde nicht bestürzt, sei auch nicht furchtsam.« (Joh.14,27)

Hast du jemals deinen inneren Frieden verloren? Dies bedeutet eine schlimme Zeit von Panik, Furcht und Qual. Eine dunkle Zeit meines Lebens lauert immer noch in meiner Erinnerung als eine der schrecklichsten Zeiten, die ich je erlebt habe. Es geschah in den ersten Jahren meiner Ehe. Ich war im zweiten Jahr meines Studiums, hatte alle Fächer belegt, arbeitete noch nebenbei, um uns zu versorgen, und doch hatten wir viele finanzielle Probleme. Es waren da auch noch einige nicht gelöste Konflikte in meinem geistlichen Leben, und sie bedrückten meine Seele mehr, als ich es wahrhaben wollte. Plötzlich, als Ergebnis einer kleinen Krise, schnappte etwas nach meinem emotionalen Gleichgewicht und Panik überflutete mich. Worte versagen, um die Finsternis und den Schrecken zu beschreiben, der über die Seele und den Geist des Menschen kommt, wenn Angst anfängt zu herrschen. Nur die, die schon durch so ein Tal gehen mußten, werden das Höllische dieser Erfahrung verstehen.

Eine ähnliche Erfahrung hatte Charles Haddon Spurgeon, nachdem er in der Surrey Gardens Music Hall gesprochen hatte. Die Halle war überfüllt mit mehr als 10.000 Menschen. Während Spurgeon zu ihnen sprach, schrie plötzlich jemand »Feuer« und verursachte eine wilde Flucht der Massen zu den Ausgängen. In dem folgenden Chaos wurden sieben Menschen zu Tode getrampelt und sehr viele schwer verletzt. Mr. Spurgeon versank in starke Depressionen. Er beschrieb die Krise mit folgenden Worten:

> Ich lehnte es ab, getröstet zu werden; Tränen waren meine Nahrung bei Tag und Alpträume bei Nacht. Ich fühlte mich wie ich es nie zuvor erlebt habe. Meine Gedanken waren alle wie schar-

fe Klingen, die mein Herz in Stücke schnitten, bis eine Art von Betäubung mir eine traurige Medizin wurde. Ich konnte ehrlich sagen, ich bin nicht verrückt; aber ich habe genug zu tragen, um verrückt zu werden, wenn ich mich nur dem in meinen Gedanken hingeben würde. Ich suchte und fand Einsamkeit, die mir angemessen schien. Ich konnte meine Verzweiflung den Blumen sagen, und der Tau konnte mit mir weinen. Hier lag mein Gemüt wie ein Wrack auf dem Sand, unfähig, sich normal zu bewegen. Ich war in einem fremden Land, und ich war ein Fremder darin. Meine Bibel, einst meine tägliche Speise, war nur eine Hand, die die Schleusen meiner Schmerzen öffnete. Gebet wurde mir nicht zum Balsam; eigentlich war meine Seele wie die eines kleinen Kindes, und ich konnte mich nicht aufraffen, um zu flehen. Zerbrochene Stücke, alles entzwei, meine Gedanken, die mir Gefäße der Freude gewesen waren, waren wie zersplittertes Glas, die stechenden und schneidenden Nöte meiner Pilgerreise.[17]

Gottes Diener sind nicht immun gegen große Schwierigkeiten. Zusätzlich zu meinem eigenen Trauma war da das Gefühl großer Angst und Erniedrigung, daß ich wohl einen »Nervenzusammenbruch« erleiden müsse. Für mich wäre dies das Schlimmste, was einem jungen Mann, der sich zum vollzeitlichen Dienst für den HERRN vorbereitet, überhaupt passieren kann. »Dies darf nicht sein. Ich hatte nie einen nervenschwachen Tag in meinem Leben gehabt. Wie kann ich jemals fähig sein, andere zu trösten und zu beraten, wenn mein eigenes Leben völlig auseinandergefallen ist?« Gedanken solcher Art waren ständig in mir. Um die Qual dieser Tage zu beschreiben, kann ich nur sagen: Ich verlor völlig meinen inneren Frieden. Meine Gebete, obwohl sie so nötig waren, schienen Gottes Ohren nicht erreichen zu können. Die Heilige Schrift, obwohl oft gelesen, war für meinen bedrängten Verstand und meine geplagten Gefühle wie tote Worte.

Während dieser Tage war ich meiner geduldigen, betenden und verständnisvollen Frau sehr dankbar und auch Dr. Vernon Grounds, dem treu dem Herrn dienenden Präsidenten der Hochschule, die ich besuchte. Beide waren mir eine Zuflucht zu meinem Trost. Dr. Grounds konnte mir durch einige meiner geistlichen Probleme hindurchhelfen. Doch dauerte das Trauma einige Wochen an und schien nicht an Intensität nachzulassen. Die Länge der Zeit der Bedrängnis bereitete mir nur noch mehr Sorgen, einen Nervenzusammenbruch erleiden zu müssen. Wie habe ich

---

17 Charles H. Spurgeon, Charles Haddon Spurgeon: Autobiography, vol.2, The full Harvest, 1861-1892 (Carlisle, Pa.: Banner of Truth, 1975) Seiten 195-196

mich nach Frieden gesehnt, und ich fragte mich, wann ich wohl wieder in mein schwieriges Leben zurückkehren würde.

Damals erfuhr ich, daß einer meiner Professoren durch ähnliche Schwierigkeiten gegangen war, als er noch studierte. Allein das Wissen, daß jemand Ähnliches erlebt und überlebt hatte, war mir ein großer Trost. Mit einem kleinen Funken Hoffnung suchte ich ihn auf. Er konnte mich am allerbesten verstehen und ermutigte mich sehr.

Ich erklärte ihm meine Angst, einen Nervenzusammenbruch zu bekommen, was die Hoffnung vielleicht begraben würde, jemals Pastor werden zu dürfen. Freundlich sprach er Worte, die mir mit einem plötzlichen Verständnis für die Wahrheit einen Schlag versetzten. Er sagte: »Mark, wenn Gott es will, daß du einen Nervenzusammenbruch durchmachst, dann solltest du einen Nervenzusammenbruch wünschen mehr als alles andere in der Welt.«

Diese Worte bremsten mich. Ich hörte nichts mehr von dem, was er weiter sagte. Die Wahrheit hatte meinen Hochmut und meine Angst erschlagen.

Mich schnell entschuldigend, lief ich nach Hause, um mit Gott allein zu sein. Auf dem Wege erinnerte ich mich, an einem besonderen Gebetstag der Hochschule gebetet zu haben: »HERR, während ich nun hier studiere, vollbringe in meinem Leben alles, was Du für nötig hältst, um mich zu einem nützlichen Diener zu machen.« Diese Worte kamen nun in mein Bewußtsein zurück mit der Erkenntnis, wozu mein Trauma da war.

Ich kniete an diesem Nachmittag im Gebet und hatte zum ersten Mal seit Beginn des Traumas wieder Gemeinschaft mit dem HERRN. In stiller Kapitulation betete ich: »Herr, Du weißt, ich fürchtete und bekämpfte sogar den Gedanken an einen Nervenzusammenbruch. Ich habe nicht einmal daran gedacht, daß es vielleicht in Deinem Willen ist, um mich zuzurüsten und mich zu erziehen. Vergib mir meinen Eigenwillen und meinen halsstarrigen Hochmut. HERR, Du weißt, ich will wirklich keinen Nervenzusammenbruch durchmachen, aber wenn Du es so willst, dann bin ich bereit.« In diesem Moment war ich sicher, daß Gott mich durch einen Zusammenbruch führen würde, aber stattdessen, noch während ich mich von meinen Knien erhob, bemerkte ich die Rückkehr von wenigstens einem Teil meines inneren Friedens. Während ich mich nun weiter Gottes vollkommenen Willen unterordnete, wuchs dieser Friede beständig. In wenigen Wochen war ich völlig wiederhergestellt.

Dies war eine sehr wichtige Lektion für mich. Durch diese traumatische Zeit baute Gott in mir Sensibilität und Verständnis für Menschen auf, die durch emotionale Krisen gehen; dies hätte ich auf keine andere Weise lernen können. Er lehrte mich die absolute Notwendigkeit, sich Seinem Willen völlig auszuliefern, auch wenn dies meinen Wünschen widerspricht. Aber die vielleicht beste Lektion war, den Wert des Friedens zu erkennen.

Der Heilige Geist beschreibt durch den Apostel Paulus den Frieden als die Schuhe des Soldaten im Krieg. Kein Teil der Kleidung des Soldaten ist wichtiger als seine Schuhe. Ist dir einmal aufgefallen, daß du überall Schmerzen empfindest, wenn du dich am Fuß verletzt hast und dann weitergehen mußt? Ein schlimmes Hühnerauge am kleinen Zeh oder eine Blase kann so schmerzen, daß du einfach nicht mehr weitergehen geschweige denn kämpfen kannst. Im geistlichen Kampf ist dies ähnlich. Wenn du innerliche Schmerzen hast, wenn dich die Schuhe drücken, kannst du kein effektiver Soldat sein.

Gute Schuhe sind nötig, um gut zu Fuß zu sein. Ein römischer Soldat mit seinem Schwert in der Hand brauchte Schuhe unter sich, die ihn vorankommen ließen, Stabilität und sicheren Tritt gaben. Er könnte keine Schlacht durchstehen, wenn seine Füße einfach umzustoßen wären. Wiederum ist die Übertragung auf den geistlichen Kampf offensichtlich. Wenn unsere Schuhe des Friedens nicht fest und gut passend sind, dann werden wir nicht lange in einer Schlacht gegen den uns anlaufenden Feind bestehen. Die Schuhe des Soldaten geben ihm den leichten Schritt, so daß er in der Lage ist, sich jeder Herausforderung zu stellen. Im Leben brauchen wir verschiedene Schuhe für unterschiedliche Tätigkeiten. Der Leichtathlet braucht leichte Bahnschuhe mit Spikes, um schnell über die Aschenbahn zu kommen. Der Basketballspieler braucht Sportschuhe mit speziellen Sohlen, um nicht auf dem Parkett auszurutschen. Der Bauarbeiter wird sich wohl schlimm verletzen, wenn er Straßenschuhe tragen würde, wenn er am Preßlufthammer steht.

Genauso brauchen wir bestimmte Schuhe für den geistlichen Kampf. Die einzigen Schuhe, die bis zum Sieg durchhalten, sind die Schuhe des Friedens. Sie haben einige wichtige Eigenschaften, die verstanden werden müssen und die treu durch den unüberwindlichen Diener des HERRN in Anspruch genommen werden müssen.

Im Frieden stehen

Römer 5,1 erklärt:
>»Da wir nun gerechtfertigt worden sind aus Glauben, so haben wir Frieden mit Gott durch unseren Herrn Jesus Christus.«

Dieser Friede ist kein subjektiv erlebter Friede; er ist eine objektive, rechtmäßige Tatsache. Der einzige Weg, diesen Frieden zu gewinnen, ist ihn mit deinem Verstand zu erkennen und ihn durch Glauben aufzunehmen. Durch Gottes Willen zu deiner Rechtfertigung hast du Frieden mit Gott. Das bedeutet, daß Gott nicht mehr zornig auf dich ist. Der Krieg zwischen Gott und dem Gläubigen ist vorbei.

Vor vielen Jahren hörte ich einmal einen Pastor über die Rechtfertigung predigen. Er verglich das Wort »*darum*« mit Gottes Finger, der auf das Kreuz und das vollkommene Werk der Erlösung, das dort vollbracht wurde, zurückweist. Darum, wegen des Kreuzes, wegen dem, was Gott dort tat, um Seinen eigenen Zorn gegen die Sünde zu versöhnen, wegen des vollen Preises, den Christus bezahlte, um unsere Sünde wegzunehmen, weil Gott den glaubenden Sünder mit sich selbst versöhnte, *darum* sind wir gerechtfertigt. Rechtfertigung beinhaltet nicht nur das Entfernen aller unserer Sünden, sondern auch die Hinzufügung von Christi eigener Gerechtigkeit. Gott überkleidet uns mit Seiner Gerechtigkeit. Darum, weil Gott uns gerechtfertigt hat durch Sein eigenes Wirken und Wollen, haben wir *Frieden mit Gott.*

Frieden mit Gott soll Frieden in den Verstand und das Bewußtsein des Gläubigen bringen. Rechtfertigung ist keine Wahrheit, die sich auf Erfahrungen oder Gefühle gründet. Die einzige Möglichkeit zu erkennen, daß wir gerechtfertigt sind, gerecht erklärt in den Augen Gottes, ist die, daß Gott es so gesagt hat, und wir Ihm glauben. Innerer Friede entsteht, wenn wir die klare Tatsache von dem, was Gott getan hat, akzeptieren. Als ein Ergebnis dieses Glaubens haben wir Frieden mit Gott.

Ich erinnere mich an eine Begebenheit aus dem Leben eines jungen Freundes. Er mußte durch große Schwierigkeiten gehen. Da sie schon lange andauerten, war er sehr entmutigt. Er sagte mir eines Tages: »Ich denke, daß Gott mich für etwas bestraft. Ich weiß zwar nicht warum Er zornig auf mich ist, aber wenn Er zornig sein will, dann ist es schon in Ordnung, denn was Er tut, ist gut.«

Die innere Einstellung meines jungen Freundes war lobenswert, aber seine Theologie war fürchterlich. Gott überschüttet Seine eigenen Kinder nicht mit Seinem Zorn im Sinne des strafenden Schlagens. Der HERR diszipliniert oder erzieht die Seinen, um sie zu korrigieren, aber Er richtet oder straft nicht Seine Diener. Diese Strafe wurde am Kreuz Christi abgeschlossen. Nun sind alle Gläubigen gerechtfertigt. Als Resultat haben wir alle Frieden mit Gott.

Die Wirklichkeit dieser Wahrheit zu erkennen und darin zu leben ist im geistlichen Kampf äußerst wichtig. Der Verstand muß diese wunderbare Tatsache festhalten. Wir müssen in den Schuhen des Friedens mit Gott gehen. Wenn der Soldat ständig innerlich beunruhigt ist durch den Gedanken, daß Gott zornig auf ihn ist oder daß er immer Leistung zeigen muß, um Gottes Zorn fernzuhalten, so wird er einen armseligen Soldaten abgeben.

Frieden erleben

In Philipper 4,6-7 lesen wir:
>*Seid um nichts besorgt, sondern laßt in allem durch Gebet und Flehen mit Danksagung eure Anliegen vor Gott kundwerden;*

und der Friede Gottes, der allen Verstand übersteigt, wird eure Herzen und eure Gedanken bewahren in Christus Jesus.«

Wenn der *Friede mit Gott* ein zu erkennender Friede ist, so ist *der Friede Gottes* ein erfahrbarer, auch das Gefühl erfassender Friede. Wir können alle Tatsachen von Gottes Handeln kennen, aber wenn die Gefühle unser Wissen nicht unterstützen, können wir nicht gemäß der erkannten Wahrheit handeln. Der Friede Gottes ist wie Balsam der inneren Ruhe für unsere Gefühle. Wenn du den Frieden Gottes hast, dann wirst du Frieden in deinem Bewußtsein und in deinem Herzen empfinden in deinem ganzen Inneren Menschen.

Jeder von uns weiß, was es heißt, inneren Frieden zu vermissen. Wir kommen in eine Krise, kennen große Sorgen oder Gefahr, und ein turbulenter Sturm wütet in uns. Viele suchen dann Frieden durch Tranquilizer, Anti-Depressiva und andere Medikamente. Andere wenden sich Drogen oder Alkohol zu. Wieder andere probieren pseudo-religiöse Bewegungen aus, wie Transzendentale Meditation, um eine Lösung für den Verlust des Friedens zu finden.

Das von Gott verordnete Beruhigungsmittel

Wie geht der Gläubige in den Schuhen des Friedens? Philipper 4,6-7 erinnert uns daran: Durch das Gebet. Die Zeit allein mit Gott in Danksagung und Bitten ist das effektivste innere »Beruhigungsmittel«. Es gibt nur eine Lösung für die innere Unruhe, und das ist effektives Gebet. Es wirkt immer. *»Seid um nichts besorgt!«* ist ein Imperativ an uns. Der Friede Gottes überschreitet unser Verständnis. Das heißt, daß der Friede Gottes größer ist und über das hinausgeht, was wir verstehen können. Er ist mehr als wir brauchen, um uns durchzubringen. Er fließt über.

Das nächste Mal, wenn du eine große innere Erschütterung oder auch nur eine kleine innere Beunruhigung verspürst, dann versuche zu beten. Ziehe dich für eine halbe oder eine Stunde zurück und sei mit Gott allein. Bete die gesunde Lehre. Bete die Wahrheit zu Gott zurück, daß du in Christus bist, untrennbar mit Christus in Seiner Person und Seinem Werk vereinigt. Bete gemäß deines Verständnisses des Wortes Gottes über die Person und das Wirken des Heiligen Geistes. Bete über jeden Teil der Waffenrüstung für den Gläubigen. Danke dem HERRN für Seine Gnade und Güte. Erzähle Ihm alle deine Ängste und Sorgen. Gott wird eingreifen, um die Dinge zu ändern. Es mag allmählich beginnen, so daß du es kaum merkst wie und wann es geschieht; aber wenn du zum Ziel gekommen bist, wirst du den Frieden Gottes auch in deinen Gefühlen entdecken. Eine stille innere Ruhe und Festigkeit regiert, obwohl der Sturm immer noch wüten mag. Ich weiß, sowohl durch meine Erfahrung als auch durch das Wort Gottes, daß dies wahr ist. Tatsächlich, wenn du regelmäßig diese Art von Gebet übst, wirst du den Frieden Gottes entdecken. Er ist schon da, bevor du in die Krise kommst.

Vor einigen Jahren merkte ich, daß der HERR von mir eine besondere Zeit des Gebets und des Fastens wollte. Den Zweck des HERRN nicht erkennend, legte ich ein Fasten über drei Tage fest. Wenn ich faste, dann konzentriere ich mich gewöhnlich auf das Gebet zu den Zeiten, wo ich normalerweise essen würde. Am Ende des zweiten Tages, zur Zeit des Abendessens, als ich gerade meine Gebetszeit beendet hatte, rief mich meine Frau zum Telefon. Es war ein Ferngespräch von meinem älteren Bruder, der mich darüber informierte, daß meine beiden betagten Eltern bei einem Autounfall ums Leben gekommen waren. Für einen Moment war da dieses lähmende »Nicht-wahr-haben-wollen«, das jeder kennt, der solch eine Nachricht erhält. Trotzdem aber spürte ich einen inneren Frieden, der über alles Verstehen hinausging. Er war wie ein Versorgungslager für die Mittel, die meinem Herzen und meinem Verstand halfen, durch diesen Schock zu kommen. Dieser Frieden war so groß, daß ich auf der Beerdigung meiner Eltern predigen konnte.

Die Schrift ist sehr praktisch und leicht nachzuvollziehen. Die Bibel wirkt sich aus, wenn wir ihre Verheißungen in jeder Lebenssituation anwenden.

Hast du jemals die Möglichkeit bedacht, daß dein Mangel an innerem Frieden vielleicht eine Weise Gottes sein könnte, um dich zum Gebet zu rufen? Es stehen uns heute wunderbare technische Apparate zur Verfügung. Eines der faszinierendsten ist das kleine Funkgerät, der »Pieper«, den viele Ärzte, Geschäftsleute und sogar Pastoren mit sich herumtragen, um für andere jederzeit erreichbar zu sein. Mehrere Ärzte, die in unsere Gemeinde gehen, tragen so einen Pieper mit sich. Manchmal, während der Anbetung Gottes, ertönt ein Pieper und der angerufene Arzt steht leise auf und geht.

Einen Mangel an innerem Frieden könnte Gottes »Pieper-Signal« für dich sein. Gott ruft dich in Seine Audienz. Er will Gemeinschaft mir dir, und dabei wird Er in dir den Frieden wiederherstellen, der alles Verstehen übersteigt.

Der Gott des Friedens schützt

Philipper 4,9 erklärt:
> *»Was ihr auch gelernt und empfangen und gehört und an mir gesehen habt, das tut und der Gott des Friedens wird mit euch sein.«*

Ein begabter Bibellehrer erzählte einmal von einem Erlebnis, wodurch eine wunderbare Wahrheit in mir zurückblieb. Sein Sohn hatte Schwierigkeiten mit einem Halbstarken, der ihn immer auf dem Weg zur Schule schikanierte. Der Junge sprach mit seinem Vater darüber, und sie entschieden, daß es wohl das beste wäre, den Halbstarken einfach zu ignorieren. Dies schien aber den Halbstarken nur frecher zu machen. Jeden Tag, wenn der Junge zur Schule ging, beleidigte und schubste das Großmaul ihn und lachte ihn aus, daß er zu feige wäre, gegen ihn zu kämpfen.

Der Junge und sein Vater sprachen wieder darüber und entschieden, die Herausforderung des Halbstarken zum Kampf anzunehmen. Obwohl das Großmaul größer war, würde dieser vielleicht seine eigene übertünchte Feigheit zeigen, wenn er sah, daß in dem kleinen Kerl Kampfesmut steckte. Aber das Problem wurde nur noch schwieriger, denn der Halbstarke verprügelte den Jungen ziemlich schlimm und bald hatte dieser Angst, überhaupt noch zur Schule zu gehen.

Schließlich entschloß sich der Vater, seinen verzweifelten Sohn an die Hand zu nehmen und mit ihm zur Schule zu gehen. Sein kleiner Sohn, der Angst hatte, allein zur Schule zu gehen, nahm die Hand seines Vaters und ging mit erhobenen Kopf. Der Halbstarke war am üblichen Platz, wieder bereit sein Opfer zu drangsalieren. Aber als er den Vater in seiner Größe von einem Meter und achtzig sah, rannte das Großmaul davon. Ohne ein Wort zu sagen, schaute der Sohn mit einem breiten Grinsen zu seinem Vater auf. Der Halbstarke versuchte niemals mehr, ihm Probleme zu bereiten.

Die Anwendung für uns ist offensichtlich. Der Halbstarke, der uns drangsaliert, ist unser Feind, Satan und sein Reich. Er ist zu groß für uns, als daß wir allein mit ihm fertig werden könnten. Aber wenn der Gott des Friedens mit uns ist, brauchen wir uns nicht zu fürchten. So wie Paulus den Römerbrief schließt: *»Der Gott des Friedens aber wird in kurzem den Satan unter euren Füßen zertreten«* (Röm.16,20).

Die Sicherheit im Willen Gottes durch Gehorsam

Wie können wir ausdauernd in den Schuhen des Friedens gehen? *»Wenn der HERR an den Wegen eines Mannes Wohlgefallen hat, läßt er selbst seine Feinde mit ihm Frieden machen«* (Sprüche 16,7). Dieser Spruch paßt gut zusammen mit Philipper 4,9. Beide Worte betonen den Gehorsam. Wenn der Gläubige versucht, im Gehorsam dem HERRN gegenüber zu leben, wird die in besonderer Weise schützende Gegenwart Gottes den Frieden bei dem Gläubigen lassen. Ungehorsam macht uns verwundbar für die Angriffe Satans.

Der Mangel an Gehorsam im Leben von König Saul war der Grund, daß Gott Seinen Schutz von ihm nahm, und er ein Opfer seiner Feinde wurde. In 1.Samuel 15 wird von einer Begebenheit berichtet, wo Saul vorgeworfen wird, einige der Tiere der Amalekiter übriggelassen zu haben, deren völlige Vernichtung Gott bestimmt hatte. Als Saul seinen Ungehorsam entschuldigte, indem er erklärte, er bewahre die Tiere nur, um sie Gott zu opfern, antwortete Samuel vernichtend: *»Hat der HERR so viel Lust an Brandopfern und Schlachtopfern wie daran, daß man der Stimme des HERRN gehorcht? Siehe, Gehorchen ist besser als Schlachtopfer, Aufmerken besser als das Fett der Widder. Denn Widerspenstigkeit ist eine Sünde wie Wahrsagerei, und Widerstreben ist wie Abgötterei und Götzendienst. Weil du das Wort des HERRN verworfen hast, so hat er dich auch verworfen, daß du nicht mehr König sein sollst«* (1.Sam.15,22-23).

Dies sind sehr wichtige Worte für uns. *»Alles dies aber widerfuhr jenen als Vorbild und ist geschrieben worden zur Ermahnung für uns, über die das Ende der Zeitalter gekommen ist. Daher, wer zu stehen meint, sehe zu, daß er nicht falle«* (1.Kor.10,11-12). Die Gegenwart des Gottes des Friedens, die uns unüberwindlich stark macht, hat viel mit einem Leben in Demut und hingebungsvollem Gehorsam zu tun. Rebellion, Ungehorsam und Gottes Willen nicht zu tun, macht uns verwundbar, und wir verlieren.

Wenn du Gottes Willen widerstrebst, mußt du mit diesem Widerstand fertigwerden. Eine Niederlage für dich und ein Sieg für den Feind wird das Ergebnis sein, es sei denn, daß dem Gott des Friedens die Herrschaft übergeben wird.

Jesus Christus unser Friede

»Jetzt aber, in Christus Jesus, seid ihr, die ihr einst fern wart, durch das Blut des Christus nahe geworden. Denn er ist unser Friede.« (Eph.2,13-14a) Unsere Schuhe des Friedens beruhen auf der Beziehung, die wir zu der Person haben, die der Friede ist. Der christliche Glaube ist nicht einfach ein System von Lehren und Dogmen, denen die Gläubigen folgen, obwohl es viele Lehren gibt. Der christliche Glaube ist eine Beziehung zu der Person des Herrn Jesus Christus. *»Er Selbst ist unser Friede.«*

Jeder Teil der Waffenrüstung weist in der endgültigen Anwendung auf die Person des Christus hin. Wenn wir im Frieden leben, leben wir in IHM. Nur in IHM sind wir gerechtfertigt und haben Frieden mit Gott. In Christus sind wir fähig zu beten und Antworten zu empfangen, die uns den Frieden Gottes bringen. Christus ist der Einzige, der jemals dem Gott des Friedens vollkommen gehorsam gewesen ist. Letztlich ist unser Gehorsam nur möglich, weil wir »in Ihm« sind. Vollkommener Gehorsam ist uns zugerechnet worden. Wenn wir Ihm im Glauben erlauben, Sein Leben in uns zu leben, werden wir Gehorsam in unserem Leben erfahren, der Ihn verherrlicht.

Es gibt nichts mehr Grundlegendes zum erfolgreichen Kampf,

als die richtigen Schuhe an unseren Füßen zu haben, die Schuhe des Friedens. Friede mit Gott, der Friede Gottes, der Gott des Friedens und die Person des Friedens, der Herr Jesus Christus, sind die Substanz der Schuhe, die uns befähigen, fest zu stehen.

Satans Versuche, uns zu besiegen, kann man selten besser erkennen, als daß er unseren inneren Frieden angreift. Seine Strategie ist es, Chaos in einem Menschen herzustellen. Ein allgemeines Kennzeichen derer, die unter satanischen oder dämonischen Angriffen stehen, ist der innere Aufruhr, die Unruhe, die Qual, der Mangel an Friede, den sie erleiden. Der dämonisierte Mann von Gerasa, beschrieben in Markus 5, ist ein tragisches Beispiel dafür, was für ein Ausmaß an Friedlosigkeit Satan erzeugen kann.

Satan ist aber auch ein falscher Friedensstifter. Satan und sein Reich bieten Pseudo-Hilfen zum Frieden in großer Zahl an. Drogen, Alkohol und Tranquilizer stumpfen das menschliche Bewußtsein zu einem betäubten »seligen Frieden« ab. Sie verschleißen den Menschen, und die Qualen werden danach immer stärker, so daß sie ihn dazu zwingen, wieder Befreiung durch diesen falschen Frieden zu suchen. Religiöse Systeme nehmen heute überhand. Sie versprechen ihren Anhängern einen besonderen Frieden, wenn sie nur ihren Kulten folgen. Für eine bestimmte Zeit scheint dieser Friede wirklich einzutreten, aber das Chaos wartet in nicht ferner Zukunft.

Diejenigen, die Jim Jones und seinem Volkstempelkult folgten, erzählten alle, daß sie sich in den Versammlungen, bei denen Jones den Vorsitz führte, so wundervoll warm und glücklich gefühlt haben. Ein Teilnehmer beobachtete, daß »er sich innen so gut fühlte.« Aber dieses Gefühl erwies sich bald als falscher Friede Satans. In der Geschichte gibt es wohl kein friedloseres, entsetzlicheres und berüchtigteres Ende eines Kultes, als den Mord und Selbstmord von 110 Menschen im Dschungel von Guayana. Einer der Soldaten, die diese schreckliche Szene in Jonestown sahen, bemerkte: »Es gab dort keine Bibeln.« Dies sagt uns, was dort wirklich los war. Wenn Menschen das Wort Gottes verdrehen oder das Wort verachten, werfen sie die einzige Quelle des wahren Friedens fort.

Sich den Frieden zu eigen machen
Gebet um göttlichen Frieden

Geliebter Himmlischer Vater, durch Glauben und im Namen des Herrn Jesus Christus ziehe ich die Schuhe des Friedens an. Ich nehme gerne Deine Bestätigung an, daß ich gerechtfertigt bin, und daß ich Frieden mit Dir empfangen habe. Möge doch mein Verstand diese wunderbare Wahrheit immer besser begreifen können. Ich danke Dir, HERR, daß ich keine Angst, innere Qual oder Unruhe mit mir herumtragen muß. Danke, Herr

Jesus Christus, daß Du mich aufgefordert hast, Dir alle meine Nöte im Gebet zu sagen. Lehre mich in Deiner Gegenwart zu warten bis der innere Friede Gottes, der jedes menschliche Verstehen übersteigt, meine Angst verdrängt. Ich möchte die mächtige Gegenwart Deines Friedens erkennen. Bitte geh mit mir und sage zu mir: »Habe keine Furcht, ich werde dir helfen.«

Von ganzem Herzen möchte ich immer Deinem Willen gehorsam sein. Möge die Fülle des Christus, der mein Friede ist, mich befähigen, so in Ihm zu leben, daß die Fülle Seines Friedens Gott durch mich verherrlicht. Ich nehme die Schuhe des Friedens im Namen des Herrn Jesus Christus, und durch Glauben werde ich jeden Tag in ihnen laufen. Amen.

19

DIE GANZE WAFFENRÜSTUNG GOTTES: DER SCHILD DES GLAUBENS

»Bei allem ergreift den Schild des Glaubens, mit dem ihr alle feurigen Pfeile des Bösen auslöschen könnt.« (Eph. 6,16)

Anläßlich unserer Silberhochzeit saßen meine Frau und ich nahe einer großen Scheibe im Restaurant auf dem John Hancock Gebäude in Chicago, das damals als das höchste in der Welt galt. Das Ufer des Michigansees lag vor unserem Blick und machte zusammen mit der majestätischen Skyline von Chicago zu unseren Füßen diesen romantischen Abend zu einem Genuß. Während wir uns unserer glücklichen 25 Jahre Ehe erinnerten, übersahen wir das Aufziehen eines Gewittersturmes. Plötzlich wurden wir von einem sehr starken Blitz, auf dem sofort ein donnerndes Brüllen folgte, aufgeschreckt. Unser Tisch, ja sogar das ganze Restaurant, schien zu zittern. Von dem Aussichtspunkt unseres Fensterplatzes aus sahen wir das Wüten des Sturmes in seiner ganzen Gewalt. Die Wolken waren rabenschwarz. Der Regen peitschte und pfiff in dem Wind und schien mit verbissener Anstrengung gegen das Glas zu prasseln, als versuche er, uns mit Gewalt zu erreichen. Die grellen Blitze und der brüllende Donner schafften weiter brillante Farben und schreckliche Geräusche zusammen mit dem heulenden Wind und dem peitschenden Regen. Nach einiger Zeit wurde es ein bißchen störend; dann aber verschwand der Gewittersturm so plötzlich wie er gekommen war. Die untergehende Sonne erschien wieder und malte ihre Herrlichkeit auf die wegziehenden Wolken.

Seit damals denke ich daran, wie diese Erfahrung ein Bild für den Schild des Glaubens ist. Wir konnten den Sturm sehen, sogar etwas von seiner Kraft spüren, aber er konnte uns nicht erreichen. Wir waren durch eine starke Glasscheibe geschützt, die gerade dafür hergestellt worden war.

Der Schild des Glaubens ist ein wichtiger Teil der Rüstung des Gläubigen. *»Bei allem«*, so sagt der Text, müssen wir den *»Schild des Glaubens«* nehmen. Die Wichtigkeit des Schildes wird mit den Worten ausgedrückt: *»mit dem ihr alle feurigen Pfeile des Bösen* *auslöschen könnt.«* Das schließt ja wohl wirklich alles ein. Durch den Schutz des Schildes können alle feurigen Pfeile von Satans Reich ausgelöscht werden. Hinter dem Schild kannst du manchmal Satans Pfeile gegen dich fliegen sehen. Du kannst manchmal das Donnern seines Brüllens hören und das Beben seines Zorns spüren, aber der Schild ist stark genug, Satans Wut auszuhalten.

Nach jeder Seite geschützt

Ein Grund für die entscheidende Bedeutung des Glaubensschildes ist, daß er uns völligen Schutz bietet. Das griechische Wort für Schild, *thureos,* beschreibt einen Langschild. Du kannst ihn dir als einen Schild vorstellen, der dich ganz umgibt. Psalm 5,13 sagt: *»Denn du segnest den Gerechten, HERR, wie mit einem Schild umringst du ihn mit Huld.«* Der Psalmist sah, wie Gottes Schild den Gerechten von allen Seiten umringt. Der Schutz des HERRN ist vor uns, hinter uns, über uns, unter uns, zu unserer Rechten und Linken. Gottes Schild gibt uns völligen Schutz.

Vor einigen Jahren besuchten wir das Space Center Museum in Huntsville, Alabama. Wir wurden von einem lieben Freund, Alfred Finzel, geführt. Alfred war einer der deutschen Wissenschaftler, die zusammen mit Werner von Braun so erfolgreich an dem Raumfahrtprogramm der USA mitgearbeitet haben. Einige der faszinierenden Ausstellungsstücke sind die Raumkapseln der verschiedenen Mondsonden. Das Weltall ist dem Menschen so feindlich, die versengende Hitze des Wiedereintritts in die Atmosphäre der Erde so intensiv, daß kein Mensch überleben könnte ohne den »Schutz in allen Richtungen« von dieser Raumkapsel. Dies ist ein Bild für den Schild des Glaubens des Nachfolgers Christi. Die feindliche Atmosphäre von Satans Reich ist tödlich, ohne den Schild können wir nicht überleben.

Bevor es Satan erlaubt wurde, Hiob zu versuchen, klagte er: *»Hast du selbst nicht ihn und sein Haus und alles, was er hat, rings umhegt?«* (Hiob 1,10) Gottes Schild schützte Hiob vor der feindlichen Atmosphäre, vor Satans Haß und Wut. Die Geschichte von Hiob beweist, daß Satan alle Gerechten quälen und töten würde, wenn es keinen göttlichen Schutz gäbe. Später werden wir noch mehr darüber zu sagen haben, wie und warum Satans Anstrengungen möglich wurden, in einem bestimmten Ausmaß durch den Schild hindurchzukommen. Hier ist es einfach gut zu wissen, wie stark und brauchbar Gottes Umhegen ist.

Nur im Gegenstand unseres Glaubens ist Sieg

Einen weiteren Grund, warum der Schild so entscheidend für unseren Sieg ist, kann man in dem Gegenstand unseres Glaubens sehen. Unser Glaube ist nicht unser Schild, vielmehr ist der Gegenstand unseres Glaubens unser Schutz. Glaube an sich kann keinen Schutz bieten, wenn der Gegenstand des Glaubens verkehrt ist.

Einige erinnern sich vielleicht noch an den Bürgerkrieg in Zaire, als das Land noch Kongo hieß. Unter Moses Tsombe wurden fremde Söldner angeheuert, um die Rebellion niederzudrücken. Die professionellen, gut ausgebildeten Soldaten waren den schlecht ausgebildeten Kongo-Rebellen bei weitem überlegen. Als diese von den Söldnern mehr und mehr zurückgedrängt wurden, flohen sie voller Angst. In Verzweiflung machten die Rebellenführer einen Betrug. Das Gebräu eines Zauberdoktors sah aus wie weiße Asche und wurde über die Leiber der Rebellen geschüttet. Ihnen wurde versichert, daß dieser Trank sie vor den Kugeln der Söldner schützen würde. Mutig, mit starkem Glauben an ihren neuen »magischen Schild«, griffen die Rebellen erneut an, und einige zeigten sich sogar offen den Scharfschützen der Söldner. Sie waren sicher, daß sie von der magischen Asche beschützt wären, aber natürlich wurden sie schon bald von den Kugeln ihrer Feinde niedergestreckt. Ihr Glaube versagte, da der Gegenstand ihres Glaubens keine Kraft hatte, sie zu schützen. Sprüche 30,5 stellt fest: *»Alle Rede Gottes ist geläutert. Ein Schild ist er denen, die bei ihm Zuflucht suchen.«*

Glaube ist lediglich das Mittel, das der Gläubige besitzt, um sich den Schild zu eigen zu machen.

Vertrauen in den Schild

Ein dritter Grund, warum der Schild für unseren Sieg so wichtig ist, besteht darin, daß er dem Gläubigen das Vertrauen gibt, geschützt zu sein. Bedeutet die Anwesenheit des Schildes, daß es dem Satan niemals erlaubt wird, uns anzutasten? Einige denken anscheinend so. Die Geschichte Hiobs sollte solche Gedanken für immer begraben. Satan wurde es erlaubt, durch den Schutz hindurchzudringen. Der Gläubige hat keine Versicherung, daß er nicht ähnliche Schwierigkeiten durch Satans Reich erfahren wird.

Wie können wir solche Geschehnisse erklären, wenn der Schild des Glaubens fähig ist, *alle* feurigen Pfeile Satans auszulöschen?

Die Antwort kann nur gefunden werden, wenn wir sorgfältig das souveräne Handeln unseres Herrn betrachten. Satans brennende Geschosse sollen immer den Gläubigen verletzen und zerstören. Er ist absolut brutal und vernichtend grausam in seinen Angriffen.

Eine aufrichtige, christuszentrierte Familie schrieb mir über ihre sehr geplagte jugendliche Tochter. Ihr Leben bewies, daß sie eine hingegebene Gläubige an ihren Retter Jesus war. Sie war attraktiv und so begabt, daß ihre Intelligenztests nahe an die beste Marke kamen. Ihre Zukunft schien hell, bis sie von Satan zum

Kampf herausgefordert wurde. Ich möchte aus dem Brief ihrer Mutter zitieren.

»Es begann damit, daß sie sehr schwierige Nächte erlebte, in denen sie oft verschreckt in unser Schlafzimmer gerannt kam. Von einem Alptraum erzählend, bat sie, auf dem Boden unseres Schlafzimmers schlafen zu dürfen... Sie berichtete von wirklich haarsträubenden Geschichten von nächtlichen Besuchen Satans, der sie verhöhnte und versuchte, sie dazu zu zwingen, sowohl seine physische »Liebe« als auch seinen Lebensstil zu akzeptieren... Sie lebt nun bei ihrer Schwester, die uns berichtete, daß sie nachts nicht mehr schlafe, sondern die ganze Nacht wach bleibe und am Tage schläft. Bis vor zwei Wochen konnte sie am Abend oder in der Nacht nicht allein sein, da die Schrecken nicht zu ertragen waren. Sie erzählte ihrer Schwester, daß sie nachts nicht nur Satan, sondern auch viele Dämonen in ihrem Zimmer sähe. Sie sagte, die Dämonen würden von einer Ekke des Zimmers zur anderen huschen und an ihrem Bett hochkriechen, um ihr ins Gesicht zu starren.«

Wie scheußlich und quälend kann Satan sein. In dem Fall des Mädchens diagnostizierte ihr christlicher Psychiater, daß sie »Identitätsprobleme habe und auch dämonische Bedrückung erfahre«. Satans eigentliches Ziel ist immer zu zerstören, niederzureißen, zu verletzen, zu quälen und uns zu töten, wenn Gott es zulassen würde. Über Hiob sagte Gott zu Satan: »*Siehe, er ist in deiner Hand. Nur schone sein Leben!*« (Hiob 2,6). Dies läßt kaum Zweifel daran, daß Satan ohne den Schild Gottes Hiob getötet hätte, wie er es mit seiner Familie tat.

Feurige Pfeile zur Läuterung des Gläubigen

Aber was ist Gottes Sinn und Zweck damit, müssen wir fragen. Gott gestattet Satan manchmal, Gläubige zu bedrücken trotz des Schildes des Glaubens, obwohl der Rest der Waffenrüstung sowohl im Worte Gottes als auch im Leben sichtbar ist. Was ist das Ziel Gottes damit, und was geschieht mit den Pfeilen Satans?

Wenn Satans feurige Pfeile den Schild des Glaubens durchdringen weil Gottes Souveränität dies erlaubt dann hören sie auf, Satans Feuergeschosse zu sein. Vielmehr werden sie zu läuternden und reinigenden Boten von Gottes Liebe.

Feuer kann zerstören, aber es kann auch läutern. Freunden von uns brannte die Wohnung aus. Am nächsten Morgen ging ich mit meinem Freund durch die Reste seiner ausgebrannten Wohnung um nachzusehen, ob noch etwas zu retten war. Die Zerstörung war schrecklich. Alles war angebrannt, alle ihre Erinnerungsstücke, alle Kleidung.

Doch Feuer kann auch reinigen. Ich kann mich erinnern, als Junge Blei geschmolzen zu haben, um es dann in verschiedene Formen zu gießen. Ich machte gerne den Bunsenbrenner so heiß, daß das geschmolzene Metall transparent erschien. Je heißer es wurde, um so mehr kamen Unreinheiten nach oben, um abgestrichen zu werden, und das Metall wurde danach reiner als zuvor.

Dies erklärt was Gott will, wenn er einigen von Satans feurigen Pfeilen erlaubt, durch den Schild hindurchzukommen. Gott läßt unter Seinem wachsamen Auge Satan niemals weitergehen, als Er es beschlossen hat. Jakobus sagt:

»Achtet es für lauter Freude, meine Brüder, wenn ihr in mancherlei Versuchungen geratet, indem ihr erkennt, daß die Bewährung eures Glaubens Ausharren bewirkt. Das Ausharren aber soll ein vollkommenes Werk haben, damit ihr vollkommen und vollendet seid und in nichts Mangel habt« (Jak.1,2-4).

Und Petrus ermuntert uns,

»Darin frohlockt ihr, die ihr jetzt ein kleine Zeit, wenn es nötig ist, in mancherlei Versuchungen betrübt worden seid, damit die Bewährung eures Glaubens viel kostbarer erfunden wird als die des vergänglichen Goldes, das aber durch Feuer erprobt wird, zu Lob und Herrlichkeit und Ehre in der Offenbarung Jesu Christi« (1.Pet.1,6-7).

Vergiß nie die Zusicherung von 1.Korinther 10,13:

»Keine Versuchung hat euch ergriffen als nur eine menschliche; Gott aber ist treu, der nicht zulassen wird, daß ihr über euer Vermögen versucht werdet, sondern mit der Versuchung auch den Ausgang schaffen wird, so daß ihr sie ertragen könnt.«

Konzentriere dich auf den HERRN
- und nicht auf den Teufel

Wir müssen aber auf Gott konzentriert bleiben und niemals auf Satan. Dies ist immer eine Gefahr. Wir dürfen uns nicht Satans Kraft so sehr bewußt machen, daß wir immer »den Teufel bekämpfen«, statt »dem HERRN zu dienen«.

Hiob ist wieder ein gutes Beispiel dafür. Alle Leiden und Probleme Hiobs kommen direkt aus der Hand Satans. Dennoch, als Hiob seine Qual mit seinen drei Freunden und auch mit dem HERRN bespricht, bleiben doch seine Gedanken, Worte und Hoffnungen auf Gott ausgerichtet. Hiob rechnete niemals Satan die Leiden an. Er hielt seine Augen auf den HERRN gerichtet und schließlich konnte völliger Sieg errungen werden.

Wenn wir unter dem Beschuß von Satan liegen selbst, während wir ihm und seinen Plänen widerstehen dann müssen wir Gott für

Seinen Zweck mit diesen Angriffen danken, daß Er diese Schlacht zuläßt. Satan will Böses und Zerstörung produzieren, aber Gott verfolgt das Ziel, den Gläubigen zu läutern und aus ihm einen fähigeren Diener zu machen. Durch Jeremia sagte der Herr zu Israel: »*Siehe, wie der Ton in der Hand des Töpfers so seid ihr in meiner Hand, Haus Israel*« (Jer.18,6). Dies ist ein biblisches Prinzip, das wir respektieren müssen und niemals vergessen dürfen. Genauso wie das kontrollierte Feuer eines der größten Errungenschaften des Menschen ist, so dient das kontrollierte Feuer von Satans Bedrängungen in Gottes Hand zu unserm besten.

Ein Pastor berichtete mir von seiner Seelsorgearbeit mit einer Frau, die seit Jahren schrecklich von Satan bedrängt wurde. Dies ging zurück bis in ihre Kindheit. Sie konnte sich daran erinnern, daß unkontrollierbarer Jähzorn, in völlig unerwarteten Situationen, über sie hereinbrach. Als Erwachsene wurden die Probleme noch schlimmer. Eine schwierige Ehe, Untreue, die zum Ehebruch führte und die Folge der Schuld kamen zu ihrem Problem hinzu. Nach dem Tode ihres Ehemannes wollte sie verzweifelt Antworten erhalten und verstrickte sich ziemlich tief in Spiritismus. Ihre Beteiligung daran verstärkte schnell ihre Schwierigkeiten mit der Welt der Dämonen.

Einfach nur auf die Toilette zu gehen, war dann der Auslöser von vulgären Gedanken, und obszöne Reden flossen aus ihrem Mund. Stimmen aus der Geisterwelt quälten sie unaufhörlich, indem sie die Frau zu bestimmten Taten verführten und drängten. Als diese Erfahrungen einen Höhepunkt erreicht hatten, kam sie in Kontakt mit diesem Pastor. Die erste Reaktion der Frau war, ihm aus dem Weg zu gehen, der Einflüsterung der Stimmen gehorchend; aber nach einem sehr schmerzhaften Angriff suchte sie endlich die Hilfe des Pastors.

Er war sich nicht im Klaren, wie er vorgehen sollte, deshalb investierte er viel Zeit, um sie zu Christus zu führen. Aber er erfuhr stärkste Opposition durch die Mächte der Finsternis. Während der Weg der Erlösung ihr erklärt wurde, empfand sie die schikanierenden Stimmen und die Verwirrung fast unerträglich. Sie kamen nur mit viel Geduld und Gebet voran. Endlich konnte der Widerstand gebrochen werden, und sie konnte beten, um Christus anzunehmen. Große Erleichterung und Ruhe kam, aber sie blieben nicht lange.

Dem Pastor fiel der erste Teil von »Der Todfeind« in die Hände und kam mit einigen gläubigen Freunden überein, daß sie versuchen wollten, diese leidende Frau von ihren Qualen zu befreien. Mutig stellten sie sich dem Feind entgegen. Mehrere dämonische Mächte zeigten ihre Gegenwart, und es wurde ihnen befohlen zu verschwinden. Viele Stunden von langem Gebet und geistlichem Kampf waren nötig, aber heute ist die Frau frei und freut sich am HERRN. Manchmal kann sie immer noch Stimmen hören, aber diese sind sehr weit weg und kaum hörbar, als wenn ein starker Schild zwischen ihr und diesen Entitäten ist. Bevor sie gingen drohten sie wiederzukehren, wenn die Frau jemals zurückfallen würde und sie damit eine Chance bekämen. Aber sie ist fest entschlossen, das Wort Gottes zu verinnerlichen und mit ihrem HERRN zu leben. Sie hat sich entschieden, ihren Verstand auf den HERRN und Sein Wort konzentriert zu halten und nicht auf den Feind. Dies ist einer der Schlüssel für fortdauernden Sieg. Wir dürfen niemals vom Feind eingenommen sein, sondern wir sollten völlig beschäftigt sein mit dem HERRN und Seinem Wort.

Die Todesgefahr in dem Kampf und der Schutz des Schildes

Wir müssen die tödliche Gefahr in diesem Kampf, in dem sich der Gläubige befindet, klar erkennen. Viele Übersetzer benutzen eine deutliche Sprache um zu beschreiben, was Satan gegen uns schießt. Der Begriff »Feurige Pfeile« beschreibt den verborgenen, plötzlichen und todbringenden Charakter der Absicht des Bösen.

Die Taktik, Feuergeschosse im Krieg zu gebrauchen, ist wohl so alt wie der Krieg selbst. In den Tagen der Burgen und Stadtmauern wurde die Schlacht für die Angreifer leichter, wenn sie genügend feurige Pfeile in die Stadt hineinschießen konnten. Wenn die Truppen in der Stadt damit beschäftigt waren, Feuer zu löschen, konnten sie nicht auf der Stadtmauer kämpfen.

So ähnlich ist auch die Strategie Satans gegen uns. Er wünscht nichts mehr, als uns damit zu beschäftigen, Feuer zu löschen, damit wir keine Zeit mehr haben, ihm zu widerstehen und unsere Aufmerksamkeit auf unseren Herrn zu richten. Der Böse will uns nicht nur zerstören, sondern uns auch ablenken, um Panik und Angst zu produzieren. Wenn er es schafft, die Stadt anzuzünden und unsere Aufmerksamkeit abzulenken, dann kann er auch hineinkommen und uns erobern.

Die wundervollen Täler von Süd-Kalifornien sind regelmäßig von Bränden bedroht. Dies traf besonders im Spätsommer 1978 zu. Starke Regen im Frühjahr ließen Gras und Gestrüpp an den Hängen schnell wachsen. Die trockenen Sommermonate und der sogenannte Santa Ana Wind aus der Wüste hatten aus jedem Tal eine potentielle Feuerfalle gemacht. Schreckliche Feuer fegten durch mehrere Täler und verbrannten hunderte von Häusern in kürzester Zeit. Die sengende Hitze ließ fast alles auf dem Weg des Feuers regelrecht explodieren. Trotzdem gab es einige Eigenheime, die verschont wurden, meistens deshalb, weil die Besitzer eine Methode des Schutzes vor den Flammen gefunden hatten. Einer dieser Hausbesitzer installierte eine große Sprinkleranlage, die von einer Dieselmotorpumpe betätigt wurde und das Wasser aus dem Familienschwimmbad herauszog. Während das Feuer näher kamen, und die Luft voll von Feuerpfeilen war, angetrieben durch die starken Winde, wurde das Sprinklersystem angestellt und übergoß das Haus, das Dach und alle Büsche und Bäume auf dem Grundstück mit Wasser. Alle Funken wurden ausgelöscht. Obwohl jedes andere Haus in dieser Gegend vernichtet wurde, konnte dieses Haus, das sorgfältig von dem Schild aus Wasser geschützt war, nicht angetastet werden. Als ich diesen Bericht in der Zeitung las, drängte sich mir der Vergleich zum geistlichen Kampf auf. Das Vorhandensein eines Schildes verhindert nicht das Fliegen der brennenden Pfeile, aber es macht sicher, daß sie keinen Schaden anrichten können. Sie werden alle ausgelöscht.

Wir wollen nun darüber nachdenken, was der Schild ist, und wie wir uns seinen Schutz zu eigen machen können. Der Schild des Glaubens ist in seiner eigentlichen Bedeutung die souveräne Allgegenwart des dreieinigen Gottes.

Gott gab Abraham eine Verheißung: »*... geschah das Wort des HERRN zu Abram in einem Gesicht so: Fürchte dich nicht, Abram; ich bin dir ein Schild, ich werde deinen Lohn sehr groß machen.*« (1.Mos.15,1)

Durch Mose sagte Gott zu Israel: »*Glücklich bist du, Israel! Wer ist wie du, ein Volk, gerettet durch den HERRN, der Schild deiner Hilfe und der das Schwert deiner Hoheit ist? Schmeicheln werden dir deine Feinde, du aber, du wirst einherschreiten über ihre Höhen.*«(5.Mos.33,29)

In eines seiner Loblieder sang David: »*Mein Gott ist mein Hort, bei dem ich Zuflucht suche, mein Schild und das Horn meines Heils,... Und du gabst mir den Schild deines Heils, und dein Zuspruch machte mich groß.*«(2.Sam.22,3.36) Es gibt mehr als ein Dutzend Hinweise in den Psalmen für die Tatsache, daß der HERR Selbst unser Schild ist.

Satan ist ein geschaffenes Wesen und unfähig, die Person und Gegenwart des HERRN zu überwinden. Es ist ein großer Trost zu wissen, daß unser Schild des Glaubens die ungeheure Kraft und Person des HERRN Selbst ist. Durch Glauben sind wir uns der Gegenwart des HERRN zwischen uns und dem Feind bewußt. Bedenke, daß der Schild »der Schild des Glaubens« ist, und daß der Text sagt: »*...mit dem ihr alle feurigen Pfeile des Bösen auslöschen könnt.*« (Eph.6,16) *Du*, als Gläubiger, hast etwas damit zu tun, die Feuergeschosse auszulöschen. Der *Schild des Glaubens* erfordert unseren aktiven Glauben, damit er auch wirksam sein kann.

Wir müssen aktiv an diesem Krieg teilnehmen. Den Schutz des Schildes müssen wir täglich annehmen und gebrauchen.

Einige Gläubige bezweifeln die Notwendigkeit des täglichen Anlegens von jedem Teil der Rüstung. »Warum sollte ich so oft offensiv meine Waffenrüstung aufnehmen oder in Anspruch nehmen? Wird es nicht bald eine Gewohnheit oder eine leere Wiederholung werden?«

Oft begegnen mir solche Fragen, und ich erinnere immer wieder daran, daß niemand es ablehnen würde, sich zu bekleiden, nur weil er dies immer wieder tun muß. Wir ziehen uns an, weil wir nicht durch unsere Nacktheit in Verlegenheit gebracht werden wollen, wenn wir hinausgehen, der Welt zu begegnen. Wieviel mehr brauchen wir geistliche Kleidung. Viel mehr steht auf dem Spiel, als nur unsere Scham. Wir sind in einem Krieg gegen einen tödlichen Feind, der sofort seinen Vorteil wahrnehmen wird, wenn ein Teil der Rüstung fehlen sollte.

Du magst sagen: »Warum hat es Gott so gewollt? Warum hat er mich nicht mit einer Rüstung ausgestattet, die ich nicht täglich in Anspruch nehmen muß?« Eine Antwort kann vielleicht daran erkannt werden, wie Gott dem Volk das Manna gegeben hatte. Der HERR wollte von den Israeliten, daß sie es täglich sammeln sollten. Alles zuviel Gesammelte, außer für den Gebrauch am Sabbat, ließ er sofort verderben. Es mußte immer wieder neu gesammelt werden, um dadurch Leben zu erhalten und Segen zu genießen. Jeden Tag wurden die sammelnden Menschen daran erinnert, daß es von Gott kommt. Er versorgte sie damit als ein Beweis Seiner Güte. In allem, was unser Herr mit uns tut, versorgt Er uns in einer solchen Weise, daß eine tägliche Gemeinschaft und tägliche Aneignung Seiner Gnade erforderlich ist. Es mag Zeiten geben, in denen wir jedes Teil hastig und mit wenigen Gedanken anlegen. Aber, es wird auch andere Zeiten geben, in denen wir sorgfältig über die Bedeutung jedes einzelnen Teiles der Waffenrüstung nachdenken, mit dem Ergebnis der wachsenden Liebe und Anbetung unseres Herrn.

Schützende Engel

Engel spielen eine weitaus wichtigere Rolle, uns zu schützen, als die meisten es ahnen. Hebräer 1,14 erklärt uns: »*Sind sie nicht alle dienstbare Geister, ausgesandt zum Dienst um derer willen, die das Heil erben sollen?*«

Der Psalmist versichert: »*Denn er bietet seine Engel für dich auf, dich zu bewahren auf allen deinen Wegen*« (Ps.91,11).

In solchen Texten ist der Ausdruck »Schutzengel« von relevanter Bedeutung. Die Engel haben eine sehr wichtige Aufgabe zur Erfüllung von Gottes Plan, uns vor den Pfeilen Satans zu bewahren. Als Geistwesen sind die heiligen Engel nicht wie wir durch die physische Welt begrenzt. Sie sehen die gefallenen Engel wenn sie uns angreifen und sind fähig, gegen sie einzuschreiten.

Ein eindrucksvolles Bild von dem Dienst der beschützenden Engel kann man in der Geschichte von Elisa in 2.Könige sehen. Der König von Aram wollte seine Kriegspläne gegen den König von Israel ausführen, doch jedes Mal, wenn er eine Angriffsstrategie in die Tat umsetzen wollte, wußte der König von Israel schon davon und vereitelte sie. Wütend war sich der König von Aram sicher, daß einer seiner eigenen Männer mit dem König von Israel zusammenarbeitete. Einer seiner Offiziere entgegnete: »*Nein, mein Herr und König, aber der Prophet Elisa, der in Israel ist, teilt dem König von Israel die Worte mit, die du in deinem Schlafzimmer redest.*« (2.Kön.6,12)

Als er dies verstand, schickte der König von Aram ein starke Truppe von Bewaffneten und Berittenen, um die Stadt Dothan zu belagern, einzunehmen und Elisa zu vernichten.

Am nächsten Morgen, als Elisas Knecht die Stadt belagert sah, bekam er große Angst. Aber als er es Elisa berichtete, blieb dieser sehr ruhig. »*Fürchte dich nicht! Denn zahlreicher sind die, die bei uns sind, als die, die bei ihnen sind*« (2.Kön.6,16).

Elisa bat den HERRN, seinen Knecht den Schutz der Engelheere sehen zu lassen. Plötzlich sah der Knecht die Hügel voll mit feurigen Pferdewagen um Elisa herum. Als die feindlichen Truppen losschlugen, wurden sie durch die Heere des HERRN mit Blindheit geschlagen und besiegt weggeführt.

Engel sind viel mehr an unseren Angelegenheiten beteiligt, als die meisten von uns es zur Kenntnis nehmen. Wir werden erinnert: »*Die Gastfreundschaft vergeßt nicht, denn dadurch haben einige, ohne es zu wissen, Engel beherbergt.*« (Hebr.13,2) In Daniel 10 griffen Engel in die Schlacht mit den Mächten der Finsternis ein. Der heilige Engel, der zu Daniel kam, hatte mit einem gefallenen Engel, »dem Prinzen des persischen Königreiches«, zu kämpfen. Sogar Michael, einer der Erzengel, wurde daran beteiligt, und es werden weitere Kämpfe gegen die Prinzen von Persien und Griechenland erwähnt (Daniel 10,15-21).

Wenn du deinen Schild des Glaubens aufnimmst, dann bitte um die Gegenwart der heiligen Engel, daß sie dich schützen. Von den Engeln zu wissen, die auf den Hügeln um dich herum sind, läßt dich sehr beruhigt vor den Feind treten. Elisa hatte den Schutz nicht nötiger als wir ihn haben. Jeder, der Gottes Sache vertritt, ist ein Ziel der Zerstörung.

Die Kraft durch das Blut Christi

Wir dürfen niemals vergessen, daß das Blut Jesu Christi die Grundlage ist für die Annahme durch unseren heiligen und gerechten Himmlischen Vater. »*In Ihm haben wir die Erlösung durch sein Blut, die Vergebung der Vergehungen, nach dem Reichtum seiner Gnade,... Jetzt aber, in Christus Jesus, seid ihr, die ihr einst fern wart, durch das Blut des Christus nahe geworden.*« (Eph. 1,7;2,13) Diese Verse stimmen mit 1.Petrus 1,2.19 und Hebräer 9,7-14 überein und machen uns klar, daß es durch das Blut des

Christus möglich gemacht wurde, von Gott angenommen zu werden.

Das Blut Christi hat eine kraftvolle Wirkung, Satan zu besiegen. In Offenbarung 12,11 verkündet eine laute Stimme vom Himmel her die Niederlage Satans und den Sieg der Erlösten, mit den Worten: »*Und sie haben ihn überwunden, um des Blutes des Lammes und um des Wortes ihres Zeugnisses willen, und sie haben ihr Leben nicht geliebt bis zum Tod!*«

Christi Tod, durch das Vergießen Seines Blutes, schützt uns sehr wirkungsvoll. »*Weil nun die Kinder des Blutes und Fleisches teilhaftig sind, hat auch er in gleicher Weise daran Anteil gehabt, um durch den Tod den zunichte zu machen, der die Macht des Todes hat, das ist den Teufel, und um alle die zu befreien, die durch Todesfurcht das ganze Leben hindurch der Knechtschaft unterworfen waren*« (Hebr.2,14-15).

Wir haben einen vollkommenen und vollständigen Schild. Er löscht alle feurigen Pfeile Satans, wenn wir ihn nur gebrauchen. Wenn wir versagen und den Schild nicht gebrauchen, dann wird es einigen Feuergeschossen Satans erlaubt, gegen den Gläubigen zu wirken.

Ergreife den Schild

Geliebter Himmlischer Vater, ich ergreife durch Glauben den Schutz des Glaubensschildes. Ich rechne mit Deiner heiligen Gegenwart, die mich wie eine Kapsel umringt und mir völligen Schutz gegen alle feurigen Pfeile Satans bietet. Gewähre mir die Gnade, Deine reinigende Absicht zu akzeptieren, wenn Du einigen von Satans Pfeilen erlaubst, durch den Schild hindurchzudringen; laß mich Dich sogar dafür preisen. Hilf mir, mich auf Deine Gegenwart zu konzentrieren und nicht auf die Pfeile des Feindes.

Im Namen des Herrn Jesus Christus nehme ich den Schutz der heiligen Engel in Anspruch, die mich vor den Angriffen von Satans Reich schützen.

Mögen diese dienenden Engel gegenwärtig sein, um gegen die Pläne Satans einzuschreiten, die mir und meiner Familie schaden wollen. Ich mache mir den Sieg des Blutes des Herrn Jesus Christus zu eigen und richte ihn gegen das Vorrücken des Bösen. Mit Dankbarkeit und Lob freue ich mich, im Namen des Herrn Jesus Christus, in Deinem Sieg. Amen.

20

DIE GANZE WAFFENRÜSTUNG GOTTES: DER HELM DES HEILS

»Nehmt auch den Helm des Heils« (Eph.6,17a)

»Und seid nicht gleichförmig dieser Welt, sondern werdet verwandelt durch die Erneuerung des Sinnes, daß ihr prüfen mögt, was der Wille Gottes ist: das Gute und Wohlgefällige und Vollkommene.« (Röm.12,2)

Warren Wiersbe bespricht die vier Begebenheiten im Alten Testament, wo berichtet wird, wie Satan den Menschen direkt gegenübertrat. Zuerst beleuchtet er die Versuchung Evas im Garten Eden. Die erste Taktik Satans konzentrierte sich auf die Sinne Evas, wie es in 1.Mose 3,1-7 berichtet wird. Der Apostel Paulus sieht diesen Ansatz als einen der Hauptstrategien Satans. *»Ich fürchte aber, daß, wie die Schlange Eva durch ihre List verführte, so vielleicht euer **Sinn** von der Einfalt Christus gegenüber abgewandt und verdorben wird.«* (2.Kor.11,3)

Der Sinn, d.h. die Gesinnung, wird belagert

Satans Zielscheibe ist unsere Gesinnung (Sinn). Seine Waffen sind seine raffinierten und schlauen Lügen (1.Mos.3,1-7; Joh.8,44; Röm.1,25). Seine Lügen sind so schlau, daß wir uns ihrer kaum erwehren können, es sei denn, wir kennen die gesunde Wahrheit. Satan will uns über Gottes Wahrheit in Unwissenheit halten, damit er unseren Sinn beherrschen kann.

Ein fast siebzigjähriger Vater aus Kanada kam zu mir mit einem gebrochenen Herzen. Er erzählte mir die traurige Geschichte seiner Tochter.

Bis zu ihrem zwanzigsten Lebensjahr war seine Tochter eine sehr gute Schülerin gewesen. Sie errang fast alle Auszeichnungen während ihrer ganzen Schulausbildung. Im Maschinenschreiben war sie so schnell, daß sie beinahe einen neuen Weltrekord aufstellte. Sie war glücklich und hatte eine Lebensfreude, die sie sehr attraktiv machte.

Aber in ihrem Herzen war eine Leere, ein Abgrund, den sie zu füllen wünschte. Wie der Vater selbst zugab, war er bestenfalls ein Agnostiker, wenn nicht sogar ein strammer Atheist. Seine Ehe zerbrach, und die Familienbande wurden schwer belastet. Ohne geistliche Werte begann seine begabte Tochter, nach etwas zu suchen, was ihre geistliche Leere füllen könnte.

Sie studierte östlichen Mystizismus und beteiligte sich stark an der »Hare Krishna-Bewegung«. Zeitweise verkündigte sie Transzendentale Meditation mit evangelistischem Eifer. Sie heiratete einen Mann, der im östlichen Mystizismus verstrickt war. Ihm gab sie ihr Sparguthaben von 5000 Dollar, damit er nach Indien gehen konnte, um bei einem bekannten Guru zu studieren. Nach seiner Rückkehr machten beide Erfahrungen mit dem Okkulten, indem sie sich an Seancen und anderen Hexereiriten beteiligten. Als sie einige erschreckende Erfahrungen mit Geistern hatte, die sie während ihrer Experimente anfingen zu quälen, hatte sie in dieser Zeit auch eine oberflächliche christliche Erfahrung. Sie nannte sich sogar »wiedergeboren«. Es war nicht sicher, ob es die geistliche »Neugeburt« war, von der unser Heiland spricht. Das Resultat dieser Erfahrungen war extremer Fanatismus und ein fortdauerndes sündhaftes Leben.

Ihr Sinne wurden völlig verwirrt. Sie konnte keine Anstellung durchhalten und war immer wieder in verschiedenen Psychiatrien. Sie lebte nur noch sporadisch mit ihrem Ehemann zusammen. Ihr Baby mußte ihr weggenommen werden, da sie es stark vernachlässigte, und gerne gab sie es zur Adoption frei. Obwohl ihre Intelligenz noch zu erkennen war, schien ihr Verstand nicht länger mehr ihr zu gehören. Stimmen von außen befahlen ihr, was zu tun sei, und ihre Verwirrung machte sie zu einer hilflosen Seele, instabil und unfähig zu leben. Obwohl er kein Christ war, bat der beunruhigte Vater eine örtliche Gemeinde, seiner Tochter zu helfen.

Ähnliche Fälle wie diese, werden in unserer Zeit immer mehr auftreten. Zur Zeit arbeite ich gerade mit mindestens sechs fast identischen Fällen. Ein gut funktionierender bis hin zum brillanten Verstand kann hoffnungslos verwirrt und desorientiert sein. Allzu oft will der Leidende aus eigenem Antrieb keine Hilfe für sich suchen. Er kann nicht verstehen, warum sich jeder über sein unberechenbares Verhalten aufregt. Er möchte einfach in Ruhe gelassen werden, damit er mit seinem verantwortungslosen Lebensstil weitermachen kann. Wenn so etwas geschieht, wird solch ein Mensch zu einer schrecklichen Last für seine Familie und die Gesellschaft.

Der Apostel Paulus scheint an Situationen dieser Art gedacht zu haben, als er Timotheus ermahnt, solche Menschen »*in Sanftmut zurechtzuweisen..., ob ihnen Gott nicht etwa Buße gebe zur Erkenntnis der Wahrheit und sie wieder aus dem Fallstrick des Teufels heraus nüchtern werden, da sie von ihm für seinen Willen gefangen worden sind«* (2.Tim.2,25-26)). Die Betonung auf »in Sanftmut zurechtweisen«, »Erkenntnis der Wahrheit« und »nüchtern werden«, scheint ein Hinweis dafür zu sein, daß es ein Problem der Verführung ist; sie haben etwas geglaubt, was falsch und unwahr ist.

Um jemanden aus so einem Zustand zurückzuholen, muß man zunächst sicher sein, daß er wirklich errettet ist. Dann befiehl ihn der Sorge eines fest gegründeten Gläubigen an. Systematische Lehre der Wahrheit Gottes aus der Bibel, Auswendiglernen von großen Abschnitten des Wortes und sorgfältige Belehrung in geistlichem Kampf sind die drei wichtigsten Schritte, einen Menschen von Problemen dieser Art zu befreien.

Schütze die Behausung deines Denkens

Der Kopf des Menschen ist einer der empfindlichsten Körperteile. Nicht nur Soldaten müssen Helme tragen. Bauarbeiter, Motorradfahrer, sogar Eishockeyspieler tragen Schutzhelme. Wenn der Kopf schwer verletzt ist, wird bald auch der Rest des Körpers nicht mehr richtig funktionieren.

Kürzlich wurde ein junger Mann unserer Gemeinde bei einem Arbeitsunfall schwer verletzt. Ein schwerer Balken fiel aus 15 Meter herunter und brach seinen Rücken an mehreren Stellen. Trotz seiner schrecklichen Verletzungen an seinem Körper wäre er wahrscheinlich wieder gesund geworden, wenn nicht sein Gehirn so schlimm verletzt worden wäre. Als das Gehirn zu versagen begann, versagte der Rest des Körpers auch bald, und der Tod trat ein.

Dies gilt auch für geistliche Dinge. Wenn Satan die Gesinnung mit seinen Lügen fangen kann, dann kann er auch den ganzen Menschen kontrollieren und zerstören. Wenn das Denken funktioniert, dann kann auch der ganze Körper funktionieren.

Als Student arbeitete ich auf der Baustelle eines Regierungsgebäudes. Eine Regel wurde immer sehr wichtig genommen. Niemand durfte sich irgendwo auf der riesigen Baustelle ohne seinen Helm aufhalten. Ohne Helm erwischt zu werden, war ein sofortiger Kündigungsgrund. Mit der selben Wichtigkeit ermahnt uns der Apostel Paulus, unseren Helm des Heils zu tragen.

Viele Teile der Bibel warnen uns, daß unsere Gesinnung den raffinierten Methoden Satans gegenüber sehr verwundbar ist. Jakobus 1,8 warnt, daß ein *»wankelmütiger«* oder »doppelherziger« Mensch *»unbeständig ist in allen seinen Wegen.«* Wankelmütig zu sein, bedeutet zu versuchen, mit zweierlei Sinn zu leben. Es ist eine Art geistliche Schizophrenie; der Sinn hat sich in zwei Teile gespalten. Ein Teil glaubt der Wahrheit, und der andere glaubt Satans Lügen.

Als David betete: *»Einige mein Herz* (oder gib mir ein ungeteiltes

Herz) *zur Furcht deines Namens.«* (Ps.86,11), zeigte er, daß ihm das Problem der Wankelmütigkeit in geistlichen Dingen sehr bewußt war. Wir müssen auch die Tendenz erkennen, hier Glauben zu haben, aber bei einer anderen Gelegenheit nicht; jetzt bereit zu sein zu siegen, aber ein anderes Mal zu sündigen; Gottes Willen an einem Punkt zu tun, aber Gottes Willen darüberhinaus nicht tun zu wollen. Wenn Satan nicht deine ganze Gesinnung beherrschen kann, so ist er doch ziemlich zufrieden mit dem Teil, den du ihm überläßt. Er weiß, später wird er mehr bekommen.

Satans Strategien, das Denken zu beherrschen

In Epheser 2,1-3 wird uns klar gemacht, daß wir vor unserer Bekehrung beherrscht waren von *»dem Fürsten der Macht der Luft, des Geistes, der jetzt in den Söhnen des Ungehorsams wirkt.«* (Eph.2,2) Paulus sagt im Kolosserbrief: *»Und euch, die ihr einst entfremdet und Feinde wart nach der Gesinnung in den bösen Werken,«* (Kol.1,21).

»Denn die Gesinnung des Fleisches ist Tod, die Gesinnung des Geistes aber Leben und Frieden; weil die Gesinnung des Fleisches Feindschaft gegen Gott ist, denn sie ist dem Gesetz Gottes nicht untertan, sie kann das auch nicht«(Röm.8,6-7). Gerade so wie Satan Gottes Feind ist, so macht seine Herrschaft über unsere Gesinnung uns zu Feinden Gottes.

Satan kann auch das Sinnen und Trachten eines Christen beherrschen. Ananias und Saphira waren echte Gläubige und Teil der ersten Gemeinde. Sie traf Gottes schlimmste Disziplinierung, nämlich der Tod: *»Warum hat der Satan dein Herz erfüllt, daß du den Heiligen Geist belogen hast...«* (Apg.5,3) Satan attackiert den Sinn des Gläubigen unermüdlich und unbarmherzig. Er scheint die Kraft zu haben, seine Gedanken in unseren Verstand zu projizieren, damit wir denken, seine Gedanken wären die unsrigen. Dies war der Fall bei Ananias und Saphira. Sie dachten, der Komplott wäre ihre eigene Idee gewesen, ein Teil des Geldes vom Verkauf ihres Eigentum zurückzuhalten, aber den Jüngern zu sagen, sie hätten alles gegeben; aber es war nicht ihr Gedanke. Es war Satans Lüge, hineinprojiziert in ihren Verstand, und sie glaubten ihr und handelten entsprechend.

Ein Bruder in Christus berichtete, daß er oft, während er betete, von Gedanken belästigt wurde. Plötzlich fing er an zu denken: »Bete zu Satan!« Er fühlte sich schuldig, daß solche entsetzlichen Gedanken in seinem Sinn sein konnten. Er war sehr erleichtert zu erkennen, daß diese Gedanken aus Satans Reich in seinen Sinn projiziert wurden, und er für sie nicht verantwortlich war. Er war aber verantwortlich dafür, ihnen zu widerstehen, sie abzulehnen und den Mächten der Finsternis im Namen Jesu zu gebieten, ihn zu verlassen und dorthin zu gehen, wohin der Herr Jesus sie schicken würde.

Jesus Christus, unser Heil

Als der alte Simeon das Baby Jesus auf seinen Armen hatte und Gott pries, drückte er sein Lob so aus: »*Meine Augen haben dein Heil gesehen...*« (Luk.2,30). Das Heil war eine Person, die Simeon sehen und in den Armen halten konnte. Der Psalmist verkündigte: »*Der Herr ist mein Licht und mein Heil*« (Ps.27,1). Petrus predigte: »*Und es ist in keinem anderen Heil*« (Apg.4,12). Heil ist eine Person, mehr als ein Zustand oder eine Stellung.

Einer meiner Freunde hatte fast sein ganzes Leben lang Juden Christus bezeugt. Wenn ein Jude zu ihm sagte: »Der Name Jesus ist nicht ein einziges Mal im Alten Testament als der Name des Messias angegeben.« Er freute sich dann, die hebräische Bibel aufzuschlagen und einen Vers zu lesen, der das Wort *Heil* in sich hat. Wenn sie genügend hebräisch konnten, bat er sie, das hebräische Wort für Heil auszusprechen. Das Wort ist YESHUAH, was Sicherheit, Befreiung und Heil bedeutet. Yeshuah ist auch die Weise, wie der Name JESUS im Hebräischen ausgesprochen wird. Jedes Mal wenn ein Hebräer das Wort Heil in der hebräischen Sprache liest, spricht er den Namen Jesus aus. Joseph wurde bezüglich des Kindes, welches Maria gebären sollte, von dem Engel gesagt: »*Und du sollst seinen Namen Jesus nennen; denn er wird sein Volk erretten von seinen Sünden.*« (Math.1,21) Er ist unser Heil; das Heil ist eine Person.

Wirkliche Errettung erfordert jemanden, der dich aus einer Situation rettet, in der du hilflos bist. Als ich jung war, ging ich an einem sehr heißen Sommertag mit einigen meiner Brüder und Vettern in unserer Kiesgrube baden. Das Wasser war zwar in der Nähe des Grundes sehr kalt, aber an der Oberfläche war es von der Sonne erwärmt und ideal zum Schwimmen. Wir entschlossen uns, durch die ungefähr 50 Meter große Grube hindurchzuschwimmen, um zu sehen, wer der Schnellste ist. Ich war damals kein guter Schwimmer, und als ich begann zurückzufallen und müde wurde, entschloß ich mich umzukehren und zum Ausgangspunkt zurückzuschwimmen. Aber sehr schnell wurde ich müde, und Panik ergriff mich, was meine Erschöpfung nur noch verschlimmerte. Ich begann, daran zu zweifeln, daß ich es schaffen könnte. Endlich, als meine Kraft völlig erschöpft schien, dachte ich, ich wäre nahe genug an Land, um mit Schwimmen aufzuhören und zu gehen. Meine Füße gingen nach unten, aber da war kein Grund. Ich ging unter. Meine Füße stießen endlich auf den Grund, und ich stieß mich wieder ab, um wieder an die Oberfläche zu kommen. Mit Wasser in den Lungen, zu schwach zum Schwimmen, ging ich das zweite Mal unter, als ein Mann am Ufer mich sah. Schnell lief er ins Wasser, streckte seine starke Hand nach mir aus und packte mich mit der Kraft, die mir jetzt fehlte. Er zog mich ans Ufer, und ich war gerettet. Er wurde mir zum Heil, zur Rettung. Es gab nichts mehr, was ich hätte tun können, um mich selbst zu retten. In diesem Augenblick brauchte ich einen Retter, der mich vor dem Ertrinken bewahrte.

Dies gilt für jeden, der von seinen Sünden errettet wurde. Wir waren verloren und zugrundegerichtet. Wir gingen zum letzten Mal unter und konnten nichts mehr tun, um uns zu retten. Wir brauchten Errettung, eine Person, die ihre Hand, mit den Nägelmalen, ausstreckte und uns vor dem ewigen Untergang errettete. Dies hat Jesus Christus getan. Er ist unser Heil.

Aber nachdem wir gläubig geworden sind, gibt es immer noch Bereiche, in denen wir hilflos sind, uns selbst zu retten. Einer dieser Bereiche ist unsere Gesinnung. Wir benötigen den Helm des Heils, um unseren Sinn davor zu bewahren, daß Satan und seine dämonischen Mächte ihre Gedanken und Motive in unseren Verstand projizieren.

Widerstehe dem Zwang Satans durch Auswendiglernen von Gottes Wort!

Die beste Methode gegen Satans Gedanken ist, Christi Gedanken in uns zu halten. Satan kann unsere »Herzen erfüllen«. Der Herr Jesus kann allerdings weit mehr, nämlich unseren Sinn mit Seinen Gedanken erfüllen. Aber im Gegensatz zu Satan dringt der Herr Jesus nicht gewaltsam ein, wo er nicht eingeladen ist. Darum ist es unsere Aufgabe, den Herrn Jesus einzuladen, damit Er uns befähigt, Seine Gedanken zu denken. Es gehört zu unserer Verantwortung, die wir unter der Gnade leben, dies zu unserer täglichen Pflicht zu machen. Darum lernen wir Gottes Wort auswendig. Es gehört zum Anlegen der Waffenrüstung.

Den ganzen Tag hindurch muß man wachsam sein, um den Stand des Glaubens zu erhalten. In dem Moment, wo ein Gedanke in meinen Verstand kommt, und ich erkenne, daß er von Satan oder aus dem Fleisch stammt, dann ist es gut zu sagen: *»Im Namen des Herrn Jesus Christus lehne ich diesen Gedanken als falsch ab. Ich bitte meinen Herrn Jesus Christus, ihn durch Seine Gedanken zu ersetzen.«*

Es gibt keine bessere Methode, die Gesinnung Christi anzunehmen, als Sein Wort aufzunehmen. Wir sagen oft, daß Jesus Christus das lebendige Wort Gottes ist und die Bibel das geschriebene Wort Gottes. Die Heilige Schrift zeigt uns eine wunderbare Verbindung zwischen der Person des Christus und dem Wort des Christus.

Wenn jemand das Wort Gottes auswendig lernt, läßt er real die Gesinnung Christi in seinen eigenen Sinn herein. Dieses Wort wird uns zu einem Helm des Heils für unseren Sinn und unser Herz. David fand dies heraus, lange bevor Jesus auf die Erde kam. *»In meinem Herzen habe ich dein Wort verwahrt, damit ich nicht gegen dich* *sündige«* (Ps.119,11). David hat die Gesinnung Christi in sich aufgenommen, sogar bevor die Person des Christus durch Seine Fleischwerdung offenbart worden ist. Wenn du deinen Sinn wirklich gegen Satans Kontrolle schützen willst, dann mußt du ihn mit Gottes Wort füllen.

Lester Roloff aus Corpus Christi in Texas tat einen bedeutenden Dienst an Straßenkindern, Drogensüchtigen und Alkoholikern. Viele chaotische Leben wurden wieder in Ordnung gebracht und Familien geheilt. Ein Schlüssel zu seinem Gelingen war die in Liebe ausgelebte strenge Disziplin. Die Bewohner mußten in die Hausordnung einwilligen: Nichts zu sich zu nehmen, was eine narkotisierende Wirkung auf den Körper hat, die Gesetze zu respektieren, zu arbeiten und zu lernen, am Gottesdienst teilzunehmen, zu beten, und was am Wichtigsten war, Gottes Wort auswendig zu lernen. Sie verpflichteten sich, ganze Kapitel des Wortes Gottes auswendig zu lernen. Ihr Leben, das durch die Arbeit völlig verwandelt wurde, ist ein Zeugnis für die Wichtigkeit, das Wort in seinen Verstand aufzunehmen.

Die Kraft des Wortes Gottes ist eine unentbehrliche Grundlage des geistlichen Kampfes. Die von Satans Angriffen auf ihre Gedanken gequält werden, müssen Gottes Wort in ihrem Verstand haben. Das Beste, was du für jemanden, der so gequält wird, tun kannst ist, ihm zu helfen, Bibelteile auswendig zu lernen.

Hoffnung schützt unser Denken

Paulus erklärt: »Wir aber, die dem Tag gehören, wollen nüchtern sein, angetan mit dem Brustpanzer des Glaubens und der Liebe und als Helm mit der Hoffnung des Heils« (1.Thess. 5,8-9).

Hier wird der Helm des Heils als die Hoffnung des Heils beschrieben.

Hast du dich jemals in einem Wald verirrt? Es ist ein sehr schreckliches Erlebnis. Als ich einmal an einer Elchjagd teilnahm, verirrte ich mich für den größten Teil des Tages. Als wir unser Lager am Morgen verließen, zeigte uns unser Bergführer eine Senke weit über der Baumgrenze und erklärte uns, daß wir uns irgendwann am Nachmittag dort treffen werden. Wenn jemand von seinem Jagdkollegen getrennt würde, dann sollte er diese Senke aufsuchen. Er versprach uns, daß wir ihn dort treffen, und er uns zum Lager zurückführen würde.

Wir wurden angewiesen, einige hundert Meter zwischen uns zu lassen, um besser auf einen Elch stoßen zu können. Aber dies machte es schwer, den Jagdkollegen im Auge zu behalten, und nun war es schon sehr lange her, seit mein Jagdpartner und ich getrennt wurden. Der Wald war so groß, daß ich die Senke nicht mehr sehen konnte. Obendrein bedeckten nun auch noch Wolken die Sonne, und ich verlor die Orientierung. Meine einzige Ermutigung, daß ich die richtige Richtung eingeschlagen hatte, war immer, bergauf zu gehen. Nach einigen Stunden des Gehens und Kletterns war ich nicht mehr so sehr am Jagen interessiert, sondern vielmehr daran, daß mich jemand finden würde. Ich hatte keine Ahnung, wie ich den Weg zurück ins Lager finden könnte.

Endlich kam ich über die Baumgrenze hinaus, sah die Senke wieder, erreichte sie und setzte mich auf einen großen Felsen, um zu warten. Mehrere Stunden vergingen, aber kein Jäger erschien. Meine Angst wurde verstärkt, als sich der Himmel verdunkelte und es leicht zu schneien anfing.

Ich bin sicher, daß mich in diesem Moment Panik ergriffen hätte, wäre da nicht noch eine Tatsache gewesen. Ich hatte die Hoffnung, daß mein Bergführer mich finden würde. Er hatte es versprochen, und er hatte uns erklärt, wo wir warten sollten. Ich war sicher, daß ich an der einzigen felsigen Senke im ganzen Gebiet war, und darum mußte er kommen, auch wenn er schon längst hätte da sein sollen. Der Schnee fiel stärker. Ich fühlte die Kälte und wußte, daß ich hoffnungslos verloren war, und ohne Hilfe würde ich wahrscheinlich erfrieren, wenn sehr viel Schnee fallen würde. Es war die Hoffnung, daß mein Bergführer kommen würde, die mich zuversichtlich bleiben ließ.

Endlich, am späten Nachmittag, konnte ich sehr weit unten einen Mann in meine Richtung klettern sehen. Es war unser Bergführer. Er hatte sein Wort gehalten. Die übrigen Jäger waren wegen des Schnees umgekehrt, aber er kam mit meinem Jagdpartner, um mich zu finden. Ich war sehr froh, ihn zu sehen. Ich hatte die Höhenkrankheit durch die Überanstrengung bekommen und hätte es hinunter alleine nicht geschafft. Bis zum Morgen waren mehr als sechzig Zentimeter Schnee auf unser Lager gefallen, und wir mußten die Berge verlassen, bevor wir eingeschneit sein würden.

Diese Erfahrung hilft, die Hoffnung des Heils zu beschreiben. Christus ist unser Heil und unsere Hoffnung. Er kommt, um uns zu retten. In dem Augenblick Seiner Rückkehr wird dies wahr sein, aber es stimmt auch in jeder Erfahrung im Leben des Gläubigen. Gerade wenn wir uns absolut verloren und abgelehnt fühlen, gerade wenn der Feind an diesem Tag zu gewinnen scheint, gerade wenn der Sturm am heftigsten ist, kommt die Hoffnung des Heils, um uns zurück in die Sicherheit zu führen. Wenn der Helm des Heils unseren Sinn bedeckt, werden wir niemals die Hoffnung verlieren. Wir werden immer wissen, daß er bald kommen wird. Er weiß, wo wir sind. Gott »*hat gesagt: ›Ich will dich nicht versäumen noch verlassen‹, so daß wir zuversichtlich sagen können: ›Der Herr ist mein Helfer, ich will mich nicht fürchten. Was soll mir ein Mensch tun?*«(Heb.13,5-6)

Der Schreiber des Hebräerbriefes hat eine bohrende Frage für Gläubige: »*Wie werden wir entfliehen, wenn wir eine so große Errettung mißachten? Sie hat ja den Anfang ihrer Verkündigung durch den Herrn empfangen und ist uns von denen bestätigt worden, die es gehört haben.*« (Heb.2,3) Diese Frage gehört zum geistlichen Kampf. Gott hat uns den Helm des Heils gegeben; wir müssen ihn auch annehmen. Wir dürfen nicht nur unser Heil passiv vorraussetzen, sondern wir müssen Ihn selbst, Jesus Christus, offensiv ergreifen, Seine Gesinnung, Sein Wort, Seine Kraft und Seine Gegenwart. Die Betonung liegt nicht auf unserer Errettung von unseren Sünden, sondern vielmehr auf dem, was uns zur Verfügung steht, seitdem wir errettet worden sind. Es ist das Heil des Schutzes, das uns den Sieg über alle Angriffe und Bedrängungen von Satans Reich sicherstellt.

Ziehe den Helm auf

Geliebter Himmlischer Vater, durch Glauben nehme ich den Helm des Heils. Ich erkenne, daß mein Heil die Person Deines Sohnes ist, der Herr Jesus Christus. Ich bedecke meine Gedanken mit Ihm. Ich wünsche, daß Er Seine Gesinnung in mich hineinlegt. Laß meine Gedanken Seine Gedanken sein. Ich öffne meinen Verstand vollständig und ausschließlich dem Herrn Jesus Christus. Tausche bitte meine eigenen selbstsüchtigen und sündigen Gedanken mit Seinen Gedanken aus. Ich lehne alle projizierten Gedanken Satans und seiner Dämonen ab und erbitte mir stattdessen die Gesinnung des HERRN Jesus Christus. Gib mir die Weisheit, Gedanken zu unterscheiden, die von der Welt, meiner alten sündigen Natur und aus Satans Reich sind.

Ich preise Dich, Himmlischer Vater, daß ich den Sinn des Christus erkennen darf, wenn ich Dein Wort in meinem Herzen und Verstand verberge. Öffne mein Herz, damit ich Dein Wort liebe. Gewähre mir die Fähigkeit und die Kraft, große Teile Deines Wortes auswendig zu lernen. Möge Dein Wort immer über meinem Sinn sein, wie ein Helm der Stärke, durch den Satans projizierte Gedanken nicht durchdringen können. Vergib mir meine Nachlässigkeit, mein Versagen, offensiv das Heil anzunehmen, welches mir immer zur Verfügung steht. Hilf mir, die Disziplin der täglichen Verpflichtung zu erfüllen, Dein Heil mir zu eigen zu machen. Diese Dinge lege ich vor Dich in dem wunderbaren Namen meines Erlösers, des HERRN Jesus Christus. Amen.

21

DIE GANZE WAFFENRÜSTUNG GOTTES: DAS SCHWERT DES GEISTES

»*Nehmt . . . das Schwert des Geistes, das ist Gottes Wort*« *(Eph.6,17b).*

Als der Apostel Petrus sein großes Bekenntnis vor dem Herrn Jesus ablegte, »*Du bist der Christus, der Sohn des lebendigen Gottes*«, antwortete der Herr Jesus sehr herausfordernd: »*Aber ich sage dir, daß du bist Petrus, und auf diesem Felsen werde ich meine Gemeinde bauen, und des Hades Pforten werden sie nicht überwältigen. Und ich werde dir die Schlüssel des Reiches der Himmel geben; und was immer du auf der Erde binden wirst, wird in den Himmeln gebunden sein, und was immer du auf der Erde lösen wirst, wird in den Himmeln gelöst sein.*« (Math.16,16.18-19)

Dies ist ein Versprechen, das jedem Gläubigen die Möglichkeit gibt, Satans Reich offensiv zu überwinden. Wir müssen kämpfen und uns nicht nur einfach verteidigen. Wir haben die Möglichkeit, Satans Reich offensiv und direkt zu besiegen. Hölle oder Hades, wie in unserem Text, bezieht sich auf die unsichtbare Welt der gefallenen Engel. Für viele Jahre verstand ich diesen Vers nur als eine Verheißung unseres Herrn, Seine Gemeinde vor den Angriffen Satans zu bewahren. Dieser Gedanke ist sicherlich enthalten, aber das Versprechen geht weit darüber hinaus. Das griechische Wort *katischuo*, übersetzt mit »überwinden« oder »obsiegen«, bedeutet wörtlich »sich als stärker erweisen«. Das hauptsächliche Ziel der Pforten Satans ist, das zu schützen, was er als sein Eigentum in Anspruch nimmt. Er will das festhalten, was ihm gehört und solch starke Tore errichten, daß wir ihm nichts von dem, worauf er seine Pranke gelegt hat, wieder entreißen können. Unser Herr sagt, daß Seine Gemeinde fähig sein wird, geradewegs durch diese Tore hindurchzugehen, um Satan das wegzunehmen, was er gerne behalten würde.

Binde und beraube unseren Todfeind

Als die Pharisäer Jesus anklagten, Dämonen durch die Kraft von »Beelzebub, den Obersten der Dämonen«, auszutreiben, berichten sowohl Matthäus als auch Markus, daß unser Herr ihre Gedanken erkannte und ihnen zeigte, daß Satans Reich keinen Bestand hätte, wenn es so zerstritten wäre, wie sie behaupteten. (Math.12,22-29; Mark.3,22-27) Dann machte er eine sehr dramatische Aussage, die sich auf unseren Sieg über Satan bezieht. *»Wie kann jemand in das Haus des Starken eindringen und seinen Hausrat rauben, wenn er nicht zuvor den Starken bindet? Und dann wird er sein Haus berauben«* (Math.12,29). Als Gläubige, vereinigt mit Christus in Seiner Vollmacht, sind wir fähig gemacht worden, gegen Satan Krieg zu führen, damit wir ihn binden und berauben oder von ihm nehmen, was er als seinen Besitz beansprucht.

Unser Stand ist nicht nur die bloße Selbstverteidigung, wie wichtig dies auch ist. Wir sollen uns als unüberwindliche Soldaten Christi betrachten, die gegen den »starken Mann« vorrücken können, gegen Satan, um in dessen Besitz einzudringen und von ihm Menschen und Festungen zurückerobern, die er für sich in Anspruch genommen hat. Die anderen Teile der Rüstung in Epheser 6 sind hauptsächlich schützend und verteidigend, aber nun werden wir sehen, daß die geistliche Sicht über unsere bloße Verteidigungsstellung hinausgeht. Das »Schwert des Geistes« ist sowohl eine aggressive Waffe, als auch ein Mittel zur Verteidigung.

Die Analogie zu einer menschlichen Armee soll uns helfen, diese Wahrheit zu erkennen. Stell dir vor, eine moderne Armee würde sich nur auf Verteidigung spezialisieren. Die Truppen hätten die stärksten kugelsicheren Helme, die es gibt. Jeder Soldat würde mit Westen ausgestattet werden, die von modernen Gewehren nicht durchdrungen werden könnten. Sie würden Panzer mit der stärksten Panzerung haben, die schnellsten und wendigsten Düsenjäger und jede erdenkliche Art von Verteidigungswaffen. Da bleibt nur ein Problem. Diese Verteidigungsarmee hat keine Munition, keine Pistolen, keine Raketen, keine Bomben und Artillerie. Was würde solch einer gut ausgerüsteten Armee im Fall eines Angriffs geschehen? Der Feind, obwohl er in der Verteidigung weniger gut ausgestattet ist, wird einfach immer wieder gegen unsere Verteidigung anrennen und vielleicht dann auch durchdringen. Das alte Sprichwort: *»Angriff ist die beste Verteidigung«* kann man auch auf den geistlichen Kampf anwenden. *»Denn obwohl wir im Fleisch wandeln, kämpfen wir nicht nach dem Fleisch; denn die Waffen unseres Kampfes sind nicht fleischlich, sondern mächtig für Gott zur Zerstörung von Festungen;«* (2.Kor.10,3-4). Obwohl Satan unermüdlich gegen jeden Gläubigen anrennt, wird der Gläubige gewinnen, der seine Verantwortung sieht, den Kampf in das Lager des Feindes hineinzutragen.

Ein gläubiger Mann, der einen schrecklichen Angriff von Satan und seinem Dämonenreich erfuhr, suchte meinen Rat. Die Mächte der Finsternis suggerierten ihm Gedanken wie »fluche Gott«, »zerreiße die Bibel«, »zünde das Gemeindehaus an« und noch Schlimmeres. Nachdem ich ihn sorgfältig über seinen Kampf unterrichtet und ermutigt hatte, lehrte ich ihn, sehr offensiv gegen die Gedanken vorzugehen, die dämonischen Ursprungs waren. Ich ermutigte ihn, wenn solche Gedanken wieder kämen, etwa folgendes zu sagen: »Ich verwerfe diesen Gedanken, Gott zu fluchen und will stattdessen den HERRN ehren. Im Namen des Herrn Jesus Christus binde ich die finstere Macht, die diese Gedanken in meinen Verstand projiziert, und ich befehle dir und allen, die mit dir zusammenarbeiten, mich zu verlassen und dahin zu gehen, wohin der Herr Jesus Christus dich senden wird.«

Seine Antwort war typisch für viele Menschen, die unter solcher Art Druck stehen. Er wurde schon lange von der starken Bedrängung Satans eingeschüchtert, so daß er mir sagte: »Darf ich dies tun? Ich fürchte mich, dies zu tun. Ich bin doch nur ein Mensch und Satan ist so stark.«

Satan hätte es gerne, daß wir diesen Irrtum weiter in unseren Gedanken bewahrten. Er will uns immer davon abhalten, zum Angriff überzugehen.

Unsere offensiven Waffen gegen einen respektablen Feind

Grundsätzlich haben wir zwei Offensivwaffen zum Einsatz gegen Satan: Das Wort Gottes und das Gebet. Zur Zeit der ersten Gemeinde führten die Apostel den Kampf, indem sie den Kampf in das Lager des Feindes trugen und seine Tore stürmten. Dies kann nicht geschehen ohne eine angemessene Betonung der offensiven Waffen. Apostelgeschichte 6 beschreibt was geschieht, wenn es nötig wird, jemanden zu haben, der täglich die Witwen mit Essen versorgt. Die Gemeinde wählte die ersten Vertreter für einen Gemeindedienst, damit die Apostel sie *»über dieses Geschäft bestellen wollen, . . . wir aber werden im Gebet und im Dienst des Wortes verharren«* (Apg.6,3-4). Fortschritt im Werk des HERRN erfordert den offensiven Gebrauch des Gebetes und unseres Schwertes, des Wortes Gottes.

Das Schwert ist das letzte auf der Liste der Waffenrüstung. Warum ist dies so?

Zum einen können wir unsere offensiven Waffen gegen Satans Reich nicht gebrauchen, wenn wir die anderen Teile der Rüstung noch nicht an ihren Platz gebracht haben. Niemand von uns ist ohne unsere Rüstung für den Kampf einsatzbereit. Das Schwert wird als letztes gegeben, zur Warnung gegen anmaßenden, tollkühnen Kampf. In unserem mutigen Verständnis eines sicheren Sieges dürfen wir niemals vergessen, wer unser Feind ist. Er ist das stärkste aller geschaffenen Wesen. Er war sogar für Michael ein gewaltiger Feind. *»Michael, der Erzengel, wagte nicht, als er mit dem Teufel stritt und Wortwechsel um den Leib Moses hatte, ein lästerndes Urteil zu fällen, sondern sprach: Der Herr schelte dich!«* (Judas 9) Dieser Vers erscheint in einem Abschnitt, der die warnt, von denen gesagt ist, »*die Herrschaft aber verachten sie, Herrlichkeiten aber lästern sie*« (Jud.8).

Obwohl wir als Gläubige Vollmacht haben, mutig und furchtlos in unserem Kampf gegen Satan zu sein, haben wir doch nicht das Recht, leichtfertig oder anmaßend zu sein. Die Grundlage unseres Sieges ist unsere Einheit mit Christus, der den Satan besiegt hat. In Seinen Auseinandersetzungen mit Satan widerstand selbst der Herr Jesus dem Teufel mit Würde und angemessenem Respekt, vor der von Gott geschaffenen Rolle Satans (Math.4,1-11). Wie in Kapitel 15 schon erwähnt wurde, gibt uns Apostelgeschichte 19,13-20 ein Beispiel von Menschen, die vermessen und tollkühn in den Kampf gegen die Mächte der Finsternis zogen. Die sieben Söhne des Skevas, eines jüdischen Hohenpriesters, sahen, wie Paulus den Namen des Herrn Jesus Christus über Menschen, die dämonisiert waren, anrief und sie so von ihren Bindungen befreite. Sie glaubten, daß auch sie den Namen des Herrn Jesus gebrauchen könnten, um leidende Menschen zu befreien. So versuchten sie, die Formel zu benutzen: »Im Namen des Jesus, den Paulus predigt, befehle ich dir herauszukommen.« Die Entgegnung des Dämonen war deutlich: »*Jesus kenne ich und von Paulus weiß ich. Aber ihr, wer seid ihr?*« Dann sprang der Mann, beherrscht von Dämonen, auf sie los und »*bezwang sie miteinander und überwältigte sie, so daß sie nackt und verwundet aus jenem Haus entflohen.*« (Apg.19,13-16)

Was wir aus dieser Begebenheit lernen können, ist offensichtlich. Man kann mit Satans Reich nicht spielen. Obwohl die Männer nicht einmal Gläubige an den Herrn Jesus Christus gewesen waren, hat die Warnung auch Gläubigen von heute etwas zu sagen. Ein sorgloses, unvorbereitetes Vorgehen gegen Satans Reich wird katastrophal enden, wenn das klare Bewußtsein unserer Einheit in Christus fehlt, sowie das Verständnis des Dienstes des Heiligen Geistes, und wenn unsere Ausrüstung mit unseren Waffen nicht vorhanden ist.

Missionare kamen durch ein leichtsinniges Verhalten im Kampf in Schwierigkeiten dieser Art. Ich habe mehrere kennengelernt, die schlimme Probleme durchstehen mußten, da sie leichtfertig mit solchen Dingen umgingen. Ein mir befreundeter Missionar hatte Fetische und hölzerne Götzenbilder, die zur Satansanbetung geweiht waren, als bedeutungslos abgetan. Nach der Bekehrung eines Zauberers bat er darum, die Fetische und Götzen des Medizinmanns behalten zu dürfen, um sie als Andenken vom Missionsfeld mitzunehmen und in der Heimat zu zeigen. Die Folgen waren eine fast völlige Katastrophe. Angriffe und schwerwiegende Probleme kamen über ihn und seine Familie. Die Bedrängnis war niederschmetternd. Nach kurzer Zeit schon konnte er seinen Dienst als Missionar nicht mehr ausüben. Endlich sind dann die Gegenstände verbrannt worden, und er bat auch den HERRN für seine leichtfertige Einstellung gegenüber dieser Realität um Vergebung.

Die Kraft des Wortes Gottes

Das Schwert des Geistes ist das Wort Gottes. Nach Johannes 1,1, wird der Herr Jesus als »das lebendige Wort« bezeichnet, so wie die Bibel das geschriebene Wort ist. Dennoch müssen wir aufpassen, das geschriebene Wort nicht bis zur Anbetung zu vergöttlichen. Wir dürfen nicht die Bibel anbeten, sondern den Gott der Bibel. Doch weil es das wahrhaftige Wort Gottes ist und niemals vergehen wird, trägt die Bibel viele von Gottes Eigenschaften.

Es ist das ewige Wort, genauso wie Gott Selbst ewig ist. Wie Gott allmächtig ist, so hat Sein Wort alle Kraft, Satan zu besiegen und Gottes Willen auszuführen. Wie Gott unwandelbar ist, so wird sich auch das Wort Gottes nicht ändern. Wie unser Herr allgegenwärtig ist, so ist Sein Wort immer da und bereit, in jeder Situation gebraucht zu werden. Wie Gott heilig ist, so ist auch Sein Wort heilig. Der Schreiber an die Hebräer sagt:

»Denn das Wort Gottes ist lebendig und wirksam und schärfer als jedes zweischneidige Schwert und durchdringend bis zur Scheidung von Seele und Geist, sowohl der Gelenke als auch des Markes, und ein Richter der Gedanken und Gesinnungen des Herzens;« (Heb.4,12).

Die geistliche Wirkung des Wortes

Das Schwert des Wortes hat die Kraft, das Leben eines Menschen zu durchdringen. Dies bedeutet, daß es die Seele, den Geist, die Gedanken und Motive des Gläubigen korrigierend operiert. Das ist vielleicht das Geheimnis seiner Kraft gegen Satan. Indem der Gläubige es gebraucht, wird das Wort das Leben des Gläubigen durchdringen, reinigen und verändern und dadurch Satans Angriffspunkt an diesem Leben wegschneiden.

Kann im geistlichen Kampf etwas wichtiger sein, als das Wort Gottes in den Sinn und das Herz des Gläubigen zu bekommen? Diese eine Sache erreicht mehr zur Befreiung des Einzelnen von der Bedrückung Satans und seinen Angriffen, als jede andere Methode, die ich kenne.

Ein Bruder im Herrn war so sehr unter die Bedrückung des Feindes geraten, daß er über Jahre hinaus nicht mehr arbeiten oder die Gemeinde besuchen konnte. Er zog sich aus dem Leben und seinen Verpflichtungen zurück. Furcht, Depression und Qualen schienen sein Leben zu regieren. Dann aber begann Sieg in sein Leben zu kommen als er anfing, große Teile von Gottes Wort auswendig zu lernen. Täglich dachte er intensiv über Abschnitte der

Bibel nach und wiederholte ihre Bedeutung. Es war erstaunlich, die Veränderung zu sehen, die durch dieses einfache Vorgehen geschehen war. Jeder, der ernsthaft den geistlichen Kampf aufnehmen will, muß das Wort auswendiglernen und darüber täglich nachsinnen, manchmal sogar stündlich.

Es gibt keinen Ersatz für ein anhaltendes, beständiges, durchgängiges Anwenden von Gottes Wort gegen Satan. Der Herr Jesus Christus ging in Seiner dramatischen Auseinandersetzung mit Satan in der Wüste auf die gleiche Weise vor, wie es uns in Lukas 4,1-3 berichtet wird.

Er hatte vierzig Tage gefastet. Nach Ablauf dieser Zeit war Jesus hungrig, und etwas Eßbares gab es nicht. Satan versuchte unseren Herrn, indem er sagte: »*Wenn du der Sohn Gottes bist, so sprich, daß diese Steine Brot werden.*« (Math.4,3) Als Antwort zitierte Jesus 5.Mose 8,3: »*Es steht geschrieben: ›Der Mensch lebt nicht vom Brot allein.‹*« (Luk.4,4)

Danach versuchte Satan den Herrn Jesus, ihm eine Abkürzung zur Herrlichkeit Seines kommenden Königreiches zu bieten, wenn Er ihn nur anbeten würde. Wiederum zitierte Christus das Wort: »*Es steht geschrieben: ›Du sollst den Herrn, deinen Gott, anbeten und ihm allein dienen.‹*« (Luk.4,8)

Die letzte Versuchung kam auf der Tempelzinne, wo Satan versuchte, Jesus dazu zu bringen, sich selbst hinunterzustürzen. Diesmal zitierte auch Satan die Schriften aus Psalm 91,11-12. Doch wieder bleibt der Herr Jesus Christus dabei, die Waffe des Wortes zu gebrauchen, indem er 5.Mose 6,16 zitierte: »*Es ist gesagt: ›Du sollst den Herrn, deinen Gott, nicht versuchen‹*« (Luk.4,12). Darauf »*wich der Teufel für eine Zeit von ihm*« (Luk.4,13). Satan wurde durch den beharrlichen Gebrauch des »Schwertes« von dem Heiland besiegt, aber er war entschlossen, es wieder zu versuchen.

Der Diener Christi wird feststellen, daß Satan das selbe Angriffsmuster gegen ihn benutzt. Und Satan wird erst dann weichen, wenn das Wort Gottes konsequent gegen ihn gebraucht wird.

Richtlinien zum Gebrauch des Schwertes

1. Auswendiglernen

Eine der offensichtlichsten Voraussetzungen, das »Schwert« zu gebrauchen, ist, *das Wort Gottes zu kennen.* Es war ein allgemein üblicher Brauch für fromme jüdische Knaben aus der Zeit des Erdenlebens unseres Herrn, die ersten fünf Bücher des Alten Testamentes auswendig zu lernen. Dies scheint für die meisten von uns eine unmögliche Aufgabe zu sein. Dennoch gibt es auch heute Menschen, die sich entschlossen haben, das gesamte Neue Testament im Gedächtnis zu behalten. Andere kennen große Teile beider Testamente. Es ist klar, daß die Fähigkeit des Herrn Jesus Christus, sofort aus dem 5. Buch Mose zu zitieren, ein Schlüssel zur Überwindung Satans war.

Das Auswendiglernen von Bibelteilen ist eine der nötigsten Disziplinen in einer christlichen Familie und Gemeinde. Wenn wir uns nicht für den Kampf ausrüsten durch das Auswendiglernen des Wortes, wird unsere beste Waffe außerhalb unserer Reichweite sein, wenn wir sie am dringendsten brauchen. Satan wartet bei jedem von uns auf eine günstige Zeit. Diese günstige Zeit wird da sein, wenn wir keine Bibel in der Nähe haben, und unsere Waffe wird nicht erreichbar sein, wenn wir Gottes Wort nicht auswendiggelernt haben.

Es gibt viele Möglichkeiten auswendigzulernen. Es gibt Menschen, die können große Teile des Wortes im Gedächtnis behalten, indem sie es einfach mehrfach lesen. Jahrelang las ich bei Krankenbesuchen Lieblingsabschnitte des Wortes, die von dem Trost des HERRN sprachen. Eines Tages, als ich meine Bibel im Auto vergessen hatte, stellte ich zu meiner Überraschung fest, daß ich diese Teile fast vollkommen wiedergeben konnte. Andere finden es hilfreich, Verse oder Abschnitte auf Karten zu schreiben, die sie mit sich tragen, um daran in Leerlaufzeiten zu arbeiten. Es hilft, mit einer anderen Person zusammen auswendig zu lernen, so daß man sich gegenseitig abfragen kann. Die meisten Menschen arbeiten am effektivsten, wenn sie einem anderen gegenüber verantwortlich sind.

2. Richtig das Wort Gottes verstehen

Es ist genauso wichtig, *das Wort Gottes richtig zu verstehen.* Einer, der das Wort auswendiglernt, muß auch jemand sein, der mit dem Wort richtig umgeht. (2.Tim.2,15) Als Satan die Schriften bei der Versuchung Jesu zitierte, interpretierte er sie falsch. Das ist einer der schlauesten Tricks Satans. Er will, daß wir das Wort mißverstehen und mißbräuchlich verwenden. Zu den effektivsten menschlichen Werkzeugen für Satan gehören Menschen, die die Bibel überschwenglich, aber eben falsch, gebrauchen.

Wenn das Wort Gottes auswendiggelernt wird, ist es sehr hilfreich, mit deinen eigenen Worten auszudrücken, was der Text sagt. Wenn du dir über die Bedeutung nicht sicher bist, gebrauche einen vertrauenswürdigen Bibelkommentar, um das richtige Verständnis zu erlangen.

Satan kann das falsche Verständnis eines Bibelabschnittes dazu gebrauchen, die Nützlichkeit des Christen zu lähmen. Eine Gläubige rief mich an, als sie in großen Nöten war. Sie war die Ehefrau eines prominenten Arztes in einer entfernten Stadt und war sehr aktiv in einer bibelorientierten Gemeinde tätig. Sie hatte große Probleme mit zwei Abschnitten aus dem Hebräerbrief (6,4-6; 10,26-

31). Satan quälte sie immer wieder damit, daß sie »abgefallen sei«, und daß sie ihre Erlösung verloren hätte und nicht wieder gerettet werden könne. Ich versuchte, ihr zu helfen, indem ich sie fragte, ob sie jemals über diese Abschnitte gebetet, sie wiederholt gelesen und versucht hätte zu verstehen, was sie wirklich aussagen. »Oh, nein,« war die Antwort, »diese Abschnitte ängstigen mich zu sehr, und ich versuche, sie erst gar nicht zu lesen.«

Ihre Antwort war typisch dafür, wie Satan versuchte, das Wort Gottes zu mißbrauchen. Indem er sie quälte, konnte der Feind sie davon abhalten, das Wort richtig zu gebrauchen. Ich drängte sie, ein ausgiebiges Studium über diese Abschnitte zu machen. Sicherlich, sie sind eine der am schwersten zu verstehenden Texte, und ich versicherte ihr, daß sie gute Bibelgelehrte finden würde, die über diese Frage nicht einer Meinung seien. Trotzdem ist auch dieses Wort die Wahrheit Gottes, und Gott will, daß wir es kennen.

Wir müssen die Schriften kennen und darauf bestehen, daß der Feind unsere Stellung anerkennt. Dies können wir nur dann wirkungsvoll tun, wenn wir unser Leben auf Gottes Wort bauen, uns in der Wahrheit verwurzeln und uns darauf gründen. Wir können nutzbringenden Kampf auf nichts anderes bauen. Gefühle werden nicht helfen. Gefühle sind so wechselhaft wie der Wind. Unsere eigene Disziplin und Hingabe wird nicht helfen. An einem Tag sind wir obenauf, am anderen sind wir nicht »gut drauf«. Nur das Wort Gottes erledigt den Feind.

Satan wird sich nicht ohne weiteres von dir zurückziehen, wenn du das Wort gegen ihn gebrauchst. Er wird dich prüfen und versuchen, dich dazu zu bringen, das Wort der Wahrheit anzuzweifeln. Er wird dich herausfordern. Es ist immer äußerst wichtig, deine Autorität über den Feind durch deine Einheit mit Christus festzuhalten. Der Feind mag es leugnen, daß Christus Autorität über ihn hat. Aber wenn du das Wort kennst, und es wiedergibst, wirst du Christi Autorität aufrichten, und dadurch kannst du ihn immer dazu zwingen zuzugeben, daß Christus Vollmacht hat über alle dämonischen Fürstentümer und Gewalten (Eph.1,19-22; Phil.2,9-11).

Die Person des Heiligen Geistes ist die Kraft des Wortes

Wir dürfen niemals vergessen, daß hinter dem »Schwert des Geistes« eine Person steht, der Heilige Geist. Er ist derjenige, der unser Schwert im Kampf wirksam macht.

Die Erfahrung des Petrus im Garten, als die Männer Jesus verhafteten, ist ein Beispiel für einen Gläubigen, der das falsche Schwert schwingt (Joh.18,10). Er gebrauchte das verkehrte Schwert und vertraute auf eine falsche Stärke, um etwas im Kampf zu erreichen. Das einzige Ergebnis war, daß Malchus ein Ohr verlor. Wenn unser Herr nicht zur Stelle gewesen wäre, um das Ohr wieder zu heilen, hätte nicht nur Malchus an seiner Verletzung gelitten, sondern die ganze Gruppe der Jünger wäre verhaftet, vielleicht eingekerkert oder sogar mit dem HERRN gekreuzigt worden. Unser Herr muß uns oft retten, wenn wir losgehen und das falsche Schwert im geistlichen Kampf schwingen. Später schwang derselbe Mann Petrus das Schwert des Geistes am Pfingstfest. Statt das Ohr eines Mannes zu verletzen, gewann er und heilte geistlich dreitausend »Ohren«. Dreitausend Menschen antworteten auf die Botschaft der Erlösung und wurden als Gläubige getauft.

Wir können das Wort Gottes im Kampf nicht nutzbringend gebrauchen, wenn uns der Heilige Geist nicht beherrscht. *»Die Frucht des Geistes aber ist: Liebe, Freude, Friede, Langmut, Freundlichkeit, Güte, Treue, Sanftmut, Enthaltsamkeit. Gegen diese ist das Gesetz nicht gerichtet«* (Gal.5,22-23). Wir können geistliche Schlachten nicht mit fleischlichen Mitteln schlagen.

Als ich ein junger Pastor war, hatten wir in unserer Gemeinde eine Frau, mit der man schwer zusammenarbeiten konnte. Sie hatte eine spitze Zunge, ein aufbrausendes Temperament, und sie war irgendwie eine Last. Über die Jahre hatte sie viele Menschen beleidigt. Es wäre sehr einfach gewesen, die Gemeindeglieder abstimmen zu lassen, daß sie die Gemeinde zu verlassen habe, wie es einige Diakone wünschten. Nach ein paar scharfen Auseinandersetzungen mit mir war auch ich nicht dazu abgeneigt. Es ging so weit, daß ich darüber betete. Ich kann mich noch gut erinnern, was mir daraufhin in meinen Sinn kam. »Wenn ich das tue, dann wird Gott mir zwei oder mehr schicken, die genauso sind wie sie.« Gott hat sie gerade für mich hierhin gestellt, um sie zu lieben, aufzubauen, zu schulen, zu erziehen und zu leiten, aber nicht, um sie auszustoßen. Wie oft bekommen wir Schwierigkeiten, wenn wir zu einer Methode flüchten, die eine andere ist, als die »aus dem Geist«. Satan dringt bei solchen Gelegenheiten ein, auch wenn wir uns gegenüber einer anderen Person im Recht fühlen. Sie mag sich wirklich schlecht benehmen, aber wir können niemals gute Dinge in fleischlicher Weise tun.

Wir müssen uns auch bewußt sein, daß wir niemals dem Heiligen Geist auf irgendeinem Gebiet widerstehen dürfen, wenn wir das »Schwert des Geistes« in einem anderen benützen wollen. Vor einigen Jahren kam eine Frau zu mir zur Seelsorge, die unter starken Angriffen der Mächte der Finsternis litt. Ich gebrauchte alle Methoden des Kampfes, die ich kannte, aber ich war trotzdem nicht sehr erfolgreich. Nach einigen Wochen Seelsorge konnte ich noch keine Besserung erkennen. Sie lernte Gottes Wort auswendig, widerstand dem Feind offensiv, betete die gesunde Lehre, aber sie schien immer noch die Schlachten zu verlieren. Endlich schloß ich daraus, daß hier etwas sehr falsch liegen mußte.

Freundlich fragte ich sie, ob sie dem Heiligen Geist auf irgendeinem Gebiet widerstehe. Sie schaute nach unten und erklärte mir endlich, daß sie nikotinsüchtig sei. Sie rauchte nicht stark, aber sie war sich bewußt, daß es eine Angewohnheit war, die sie nicht dem Heiligen Geist unterordnen wollte. Wir arbeiteten daran, und schon bald trat die Besserung ein. Der Druck des Kampfes ließ nach, und das letzte, was ich von ihr erfuhr war, daß sie im Sieg leben konnte.

Es ist der Heilige Geist, der die Kraft des »Schwertes« gegen unseren Feind zur Anwendung bringt. Wenn wir Ihn betrüben oder Sein Wirken in unserem Leben auf irgendeinem Gebiet auslöschen, dann wird Satan schnell seinen Vorteil durch diese Öffnung suchen.

Jeder geistliche Sieg ist grundsätzlich an das Wort Gottes gebunden. Satan zieht sich zurück, wenn das Wort Gottes, das Schwert des Geistes, gegen ihn gebraucht wird.

Nimm das Schwert auf

Im Namen des Herrn Jesus Christus nehme ich das Schwert des Geistes, das Wort Gottes. Ich halte mich fest an dessen unfehlbarer Botschaft der Wahrheit und der Kraft. Demütig bitte ich den Heiligen Geist, mich in das wahre Verständnis der Botschaft des Wortes zu leiten. Gewähre mir die Disziplin und Hingabe, das Wort auswendig zu lernen und meinen Verstand mit seiner Wahrheit und Kraft zu sättigen.

Im Namen des Herrn Jesus Christus und durch den Dienst des Heiligen Geistes gewähre mir die Weisheit, beständig das Wort gegen den Feind anzuwenden. Ich möchte das Wort gebrauchen, um Satan zu besiegen und das Anliegen des Christus in das Gebiet, das Satan für sich in Anspruch nimmt, hineinzutragen. Amen.

22

DAS ANHALTENDE GEBET - WICHTIG FÜR ALLES

»Mit allem Gebet und Flehen betet zu jeder Zeit im Geist, und wachet hierzu in allem Anhalten und Flehen für alle Heiligen.« (Eph.6,18)

Dieser Vers hilft, die über alles stehende Bedeutung des Gebetes darzustellen, wenn man unüberwindlich in der Ausführung des Willens Gottes sein will. Viermal wird die Wichtigkeit des Gebetes erklärt. Gebet ist nicht einfach nur ein zusätzlicher Teil der Waffenrüstung, sondern von gleicher Wichtigkeit wie die gesamte Rüstung.

Wir besprachen schon die vier Schlüssel zum Sieg, wie sie uns in Epheser 6,10-18 dargestellt werden. Der erste ist die Stellung des Gläubigen und seine Beziehung zu Christus. *»Schließlich: Werdet stark im Herrn!«* (Eph.6,10a). Der Gläubige wird unbesiegbar durch seine untrennbare Verbundenheit mit Christus in Seiner Person und Seinem Werk.

Der zweite Schlüssel ist der Dienst und das Wirken des Heiligen Geistes. *»Werdet stark . . . in der Macht seiner Stärke!«* (Eph.6,10b). Wir können nur »Seine mächtige Stärke« erfahren und uns dessen erfreuen, wenn der Heilige Geist uns erfüllt und stärkt (Apg.1,8; Eph.3,16).

Der dritte Schlüssel ist die ganze Waffenrüstung Gottes (Eph.6,11-17). Wenn wir sorgfältig dieses geistliche Kleid anziehen, werden wir zu einem gewaltigen Feind der Mächte der Finsternis. Wir haben sorgsam jeden Teil der Rüstung betrachtet und immer wieder betont, daß wir sie im Glauben in Anspruch nehmen müssen.

Der vierte Schlüssel zum Sieg ist aber entscheidend. Niemand wird im geistlichen Kampf Erfolg haben ohne Gebet. Immer wieder lenkt der Apostel Paulus im Epheserbrief unsere Aufmerksamkeit auf die Wichtigkeit des Gebetes. In Epheser 1,15-23 offenbart er uns sein intensives Gebet für die Gläubigen in Ephesus. Warren Wiersbe zeigt, daß Paulus in diesem Gebet »nicht Gott bittet, ihnen etwas zu geben, was sie nicht besitzen, sondern, daß Gott ihnen offenbaren möge, was sie schon haben.«[18]

---

18 Warren Wiersbe, Be Rich (Wheaton, Ill.: Scripture Press, 1976) S.30

In Epheser 3,14-21 zeigt er sich selbst, wie er sich im Gebet vor dem Himmlischen Vater beugt. Er betet, daß die Epheser fähig sind, Gottes Willen auszuführen. Die Last seines Gebetes ist es, daß diese Gläubigen den »*Reichtum Seiner Herrlichkeit*« erfassen können, die uns in Christus gegeben ist (Eph.3,16), welche »*über die Maßen mehr ist, als wir erbitten oder erdenken*« (Eph.3,20). Durch diese Reichtümer werden wir gestärkt, durch die Kraft des Geistes und erfreuen uns »*der ganzen Fülle Gottes*«. Gebet ist der Schlüssel zur Erleuchtung und Befähigung, uns an dem »*Reichtum der Herrlichkeit Gottes*« zu erfreuen.

Der Vorrang des Gebets

In Epheser 6,18 ermahnt uns Paulus, »*jederzeit*« oder bei jeder Gelegenheit zu beten. Dies bedeutet zu beten, ob du dich danach fühlst oder nicht. Der Vorrang des Gebets muß sich fest in unserem Bewußtsein verankern. Halbherzigkeit und passives Dabeisein hat da keinen Platz, wo es zum Kampf kommt. A.T.Pierson schrieb:
»Jedes neue Pfingsten hatte seine Vorbereitungsphase des Flehens, des sich Zurüstens, gehabt; und manchmal ist das Warten von »zehn Tagen« bis zu Wochen, Monaten und sogar Jahren verlängert worden; aber niemals hat Gott Seinen Geist ausgegossen, ohne daß sich vorher menschlicher Geist vor Gott ausgegossen hätte. Um diese Aussage zu beweisen, könnten wir durch die gesamte Missionsgeschichte gehen, denn die Ausstattung mit göttlicher Kraft zieht sich durch alle Zeitalter. Dennoch, jede Biographie eines Missionars, von Elliot und Edwards, Brainerd und Carey, bis zu Livingstone und Burns, Hudson Taylor und John E.Cough, erzählt die gleiche Geschichte: Gebet war die Vorbereitung für jeden neuen Triumph gewesen, und wenn sogar größere Siege und Erfolge vor uns liegen, muß deshalb noch stärkeres und treueres Gebet dessen Vorläufer und Herold sein!«[19]

Man kann die Rolle biblischen Gebetes für den Sieg des Gläubigen gar nicht genug betonen.

Die Leidenschaft des Gebets

Wir sollen mit aller Art von Gebeten und Flehen beten. Hast du jemals darüber nachgedacht, wieviele verschiedene Arten von Gebet es gibt? Es gibt ein stilles Gebet und sehr vernehmliche Gebete; Gebet ohne Unterlaß und begrenzte Gebete; öffentliches und privates Gebet; kurze und sehr ausgedehnte Gebete; Gebete des Fastens und

---

19 Charles Cook, Ed., Daily Meditations for Prayer (Westchester, Ill.: Good News Publishers, n.d.) S.27

des Feierns; Gebet mit einem ganzen Leben und nur mit einem einzigen Wort; Gebete der Freude und der Zerbrochenheit; Dankgebete und Bittgebete; Gebete der gesunden Lehre und Gebete aus gesunden Gefühlen; Gebet, das dem Feind widersteht und Gebet, das mit dem HERRN steht. Es gibt wahrscheinlich noch andere Arten von Gebet, aber die Wahrheit ist, daß sie alle Teil unseres Kampfes sind.

Manchmal ist es einfach nur wichtig, den HERRN zu preisen. Ich erinnere mich, wie ein beunruhigter Ehemann seine leidende Frau zu mir in die Seelsorge brachte. Sie litt stark durch dämonische Angriffe. Obwohl sie nicht genau wußte wo unser Haus war, wußten es die Mächte, die sie quälten. Als sie sich unserem Haus näherten, fing die Frau an, unbeherrscht zu schreien und versuchte, aus dem fahrenden Auto zu springen. Unter beträchtlichen Mühen konnte ihr Mann sie durch unsere Tür schieben und in unseren privaten Beratungsraum bringen. Hier war sie nun wie ein verschrecktes Tier im Käfig, das versuchte zu fliehen, aber nur von ihrem Ehemann daran gehindert wurde. Als ich sah, daß ich nicht mit ihr kommunizieren konnte, leitete mich der Heilige Geist, den HERRN im Gebet und mit Liedern zu loben. Ich betete gesunde Lehre, indem ich Gott für Seine wunderbaren Eigenschaften lobte und im Gebet beschrieb, was es bedeutet, in Christus bleiben zu dürfen. Zuerst gab es eine gewalttätige Reaktion der Mächte der Finsternis, die sie quälten. Aber dann, als das Lob Gottes nicht aufhörte, wurde Satans Kraft gebrochen, und sie wurde ruhig, als dann »der Friede Gottes« auf sie kam.

Dem Feind im Gebet zu widerstehen, ist etwas, das wir nicht so oft tun, wie wir es sollten.

»Denn obwohl wir im Fleisch wandeln, kämpfen wir nicht nach dem Fleisch; denn die Waffen unseres Kampfes sind nicht fleischlich, sondern mächtig für Gott zur Zerstörung von Festungen« (2.Kor.10,3-4).

Was ist dieser Vers für eine große Herausforderung! Wir sollen unsere Kraft von Gott erkennen, damit wir den Strategien Satans widerstehen können. Josua und die Kinder Israels errangen solch einen Sieg gegen Jericho. Die Stadtmauern der Feinde waren so dick und stabil, daß es schien, als ob es keinen Weg für Israel gäbe, diese mächtige Stadt einzunehmen. Aber durch Gebet und Gehorsam dem Worte Gottes gegenüber, fielen die Mauern. Sie warfen noch nicht einmal einen Stein. Genauso ist es im geistlichen Kampf. Uneinnehmbare Festungen fallen vor dem Gläubigen zu Staub zusammen, der die göttliche Kraft seiner Waffen dazu gebrauchte, um diese Festungen niederzureißen. Wie Israel, können wir dann durch die Tore gehen und das Land des Feindes plündern.

Planst du eine oder zwei Stunden mit Gott mehrmals pro Woche ein? Martin Luther tat dies mit den ersten zwei Stunden eines jeden

Tages. Spurgeon hatte Stille Zeiten in seinem Zimmer, von denen gesagt wurde, daß nicht einmal ein Besuch des Königs von England ihn dazu hätte veranlassen können, sein Gebet zu unterbrechen.

Das griechische Wort für »Flehen« bedeutet wörtlich, »der Charakter der Notwendigkeit und der Dringlichkeit im Gebet«. Dich selbst an den HERRN zu hängen mit so einem Band des Flehens, macht dir die Antwort gewiß. Jedes Gebet hat eine Antwort, selbst wenn es »nein« oder »warte noch« heißt.

Die Auferbauung durch das Gebet

Wir sollen »im Geist« beten. Einige würden dies so auslegen, daß wir »in Zungen« beten müssen. Die Bibel macht etwas anderes deutlich. Die Gebete des Paulus in Epheser 1 und 3 waren mit Sicherheit »im Geist« und waren nicht »in Zungen« ausgesprochen worden.

Ich möchte hier eine Warnung geben bezüglich des »Betens in Zungen.« Ich frage diejenigen, die mir von ihrer Erfahrung berichten: »Hast du den Geist, der deine »Sprache« hervorbringt, geprüft?« Der Heilige Geist Selbst befiehlt uns dies in 1.Johannes 4,1-4. Während jemand in Zungen betet, ist sein Verstand überwiegend in einem passiven Zustand. Ich schlage vor, daß er dem Geist befiehlt, klar in seinem Verstand darauf zu antworten, »Ist Jesus Christus in das Fleisch gekommen? Ist Jesus Christus dein Herr? Ehrst du das vergebende Blut von Jesus Christus?« Bestehe auf einer klaren und genauen Antwort. Der Heilige Geist wird immer mit einem eindeutigen und freudigen »Ja« antworten. Ein anderer Geist wird ausweichend oder manchmal sogar mit einem platten »Nein« darauf antworten. Es ist sehr wichtig, nicht der Verführung durch einen »Lügengeist« aufzusitzen, damit Satan nicht einen Vorteil gegen uns erlangt.

Im Geist zu beten bedeutet, im Einklang mit dem Geist oder unter der Herrschaft des Geistes zu beten. Einige praktische Schritte werden sicherstellen, daß wir im Geist beten. Erstens, müssen wir den Heiligen Geist bitten, unser Beten zu beherrschen und uns zu leiten, damit wir im Einklang mit Seinem Willen beten. Dies ist eine der Aufgaben des Heiligen Geistes nach Römer 8,26-27:

»Ebenso aber nimmt auch der Geist sich unserer Schwachheit an; denn wir wissen nicht, was wir bitten sollen, wie es sich gebührt, aber der Geist selbst verwendet sich für uns in unaussprechlichen Seufzern. Der aber die Herzen erforscht, weiß, was der Sinn des Geistes ist, denn er verwendet sich für Heilige Gott gemäß.«

Wir müssen auch bewußt jedes fleischliche Beten verwerfen. Jakobus warnt: *»ihr bittet und empfang nichts, weil ihr übel bittet, um es in euren Lüsten zu vergeuden.«* (Jak.4,3). Wenn man anfängt zu beten, ist es gut zu sagen:

»Im Namen des Herrn Jesus Christus weise ich jede Einmischung meiner alten sündigen Natur in mein Gebet zurück. Ich halte mich selbst für tot mit Christus für meine sündliche Natur und ihre Herrschaft, und ich bitte den Heiligen Geist, souverän die Worte meines Gebetes zu überwachen.«

Ein dritter Vorschlag wäre, im Einklang mit der Wahrheit des Wortes Gottes zu beten. Das Wort Gottes ist vom Heiligen Geist eingehaucht (2.Tim.3,16-17). Wenn wir Gottes Wort zu Ihm zurückbeten, können wir sicher sein, im Geist zu beten. Auswendiggelernte Gebete aus den Psalmen oder andere große Gebete der Bibel sind eine Methode sicher zu sein, im Geist zu beten. Man kann gewiß im Geist beten, wenn man so wie Paulus in Epheser 3,14-21 für die Gläubigen betet. Es ist gut, solche Passagen zu beherrschen, um zu wissen, wie du für dich selbst und deine Gemeinde beten sollst. Matthäus 6,9-13, das Gebet des HERRN, dient auch als eine gute Richtschnur zum Beten im Geist.

Wahrscheinlich hat jeder von uns Gebetszeiten erlebt, in denen die Worte leicht flossen und das Herz Gott gegenüber warm war. Manchmal werden solche Gebete als im Geist interpretiert, während schwierige Zeiten nicht so bewertet werden. Doch viele Gebete, die für uns in den Psalmen aufgeschrieben worden sind, fangen mit einer Klage an, daß Gott weit weg und schweigsam zu sein scheint (siehe Psalm 28; 55; 102).

Jahrelang empfand ich Blockaden und Mauern während meiner Stillen Zeit, wenn ich vertieft beten wollte. Wie froh war ich zu erkennen, daß man auch in solchen Zeiten im Geist beten kann. Die Bedrückung in so einer Phase lehrt uns manchmal mehr und drückt unsere Nöte nutzbringender aus, als Zeiten von großer Freiheit es können. Die gesunde Lehre zu beten, die Wahrheit von Gottes Wort zu Ihm zurückzubeten, wird uns helfen, durchzubrechen, wenn Blockaden das Angesicht Gottes von uns fernzuhalten scheinen.

Das wachsame Gebet um Bewahrung

».. .und wachet hierzu!« (Eph.6,18) Dieser Befehl klingt sehr militärisch. Er vermittelt das Bild eines Wachtpostens im Dienst, der etwas bewacht, was geschützt werden muß. Im geistlichen Kampf muß der Gläubige Wache stehen durch das Gebet, um über sich selbst, seine Familie, seine Gemeinde, und seine Arbeit für den HERRN zu wachen.

Im Militär hat jemand, der als Wachtposten dient, den Überraschungsangriff eines unsichtbaren Feindes zu verhindern. Als die Mutter meiner Frau noch lebte, hatte sie immer in ihren Gebeten die Worte »Schütze uns vor Gefahren und Feinden, sichtbaren oder unsichtbaren.« Sie war wachsam und jedes Mal, wenn ich sie beten hörte, war ich beeindruckt. Wer weiß, welche schrecklichen Katastrophen durch wachsames Gebet verhindert werden.

Der Herr Jesus gebrauchte diese Art von Kampfgebet. Der Herr Jesus sagte zu Petrus: »*Simon, Simon, siehe der Satan hat euer begehrt, euch zu sichten wie den Weizen. Ich aber habe für dich gebetet, daß dein Glaube nicht aufhöre; und wenn du einst zurückgekehrt bist, so stärke deine Brüder*« (Luk.22,31-32). Christus war sehr wachsam über Petrus und die anderen Apostel. Die gleiche Art von Gebet »auf dem Wachtposten« wird in dem großen hohepriesterlichen Gebet in Johannes 17 sichtbar.

Man berichtete mir von einer Missionarin, die von ihrem Arbeitsfeld völlig entmutigt und zerbrochen nach Hause zurückkehrte, weil zwei ihrer älteren Kinder, die in dem Land ihres Dienstes zur Schule gingen, Zeichen von schlimmer Rebellion gegen alles zeigten, was sie gelernt und auch bekannt hatten. Obwohl sie immer für ihre Kinder gebetet hatte, war sie in Verlegenheit, was sie tun sollte. Jemand gab ihr eine Ausgabe von »Der Todfeind«, und sie nahm die Herausforderung zum geistlichen Kampf an und betete mit großem Eifer. Später rief sie mich an und erzählte mir, daß das Gebet das Leben ihrer Kinder vollkommen verändert hatte. Sie kehrte in ihr Arbeitsfeld zurück mit einem neuen Bewußtsein ihrer Verantwortung, für ihre Familie wachsam zu sein.

Satan will nichts lieber, als uns schaden. Er würde uns mit Krankheit, Unglück oder Elend plagen, wenn er nur die kleinste Möglichkeit dazu hätte. Wenn wir aber geistliches Gebet zum Schutze praktizieren, können wir sehen, wie der Herr uns beschützt.

An einem Samstagmorgen fuhren meine Frau und ich in getrennten Autos von einem Morgengebet in unserer Gemeinde nach Hause zurück. Während ich in den Rückspiegel schaute, ob meine Frau mir folgte, kam sie gerade an eine Kreuzung, als ein unaufmerksamer Fahrer viel zu schnell hinüberfuhr und gerade noch an ihrem Auto vorbeikam. Für einen Moment schien es sicher, daß ein Unfall geschehen wird. Doch als ich das Ganze in meinem Rückspiegel sah, durchfloß ruhige Sicherheit meine Seele. Gerade an diesem Morgen hatte ich sorgfältig über meine ganze Familie im kämpfenden Gebet gewacht. Schützende Engel und der souveräne, schützende Hirte waren im Dienst als Antwort auf mein Gebet. Es war nicht einfach nur knapp daneben.

Die Ausdauer des Gebets

Es gibt kein wichtigeres Wort im Kampfgebet als Beharrlichkeit. Täglich müssen wir unsere Einheit mit Christus in Anspruch nehmen, uns das Werk des Heiligen Geistes zu eigen machen, jeden Teil der Waffenrüstung anlegen und ausdauerndes Gebet üben. Tagsüber können wir diese Elemente oft gebrauchen, wenn wir angestrengt um den Sieg kämpfen. Wir müssen beharrlich sein. Wir dürfen nicht nachlassen wenn alles gut geht und treuer Kampf nicht notwendig erscheint.

Ein Mann erzählte mir von seinem Problem mit sexueller Begehrlichkeit und Pornographie. Sorgfältig überlegten wir die Schritte, die sexuellen Begierden des Fleisches zu überwinden. Erstens sprachen wir über die Notwendigkeit, ehrlich zu sein und vor Gott und vor sich selbst einzugestehen, daß die alte sündliche Natur hier an der Arbeit ist. Dann betrachteten wir die Tatsache, daß wir mit Christus der Herrschaft der Sünde abgestorben sind (Röm.6,11). Wir können das durch den Glauben als Wahrheit festhalten, denn es ist eine Tatsache. Wir sind verantwortlich, *»die Sünde nicht in unseren sterblichen Leibern herrschen zu lassen«* (Röm.6,12). Dies können wir allein dadurch tun, daß wir uns mit Christus gekreuzigt wissen (Gal.2,20). Drittens besprachen wir, daß wir den Heiligen Geist bitten müssen, unsere fleischlichen, sündigen Wünsche, durch die Frucht des Geistes zu ersetzen: *»Liebe, Freude, Friede, Geduld, Langmut, Güte, Treue, Freundlichkeit und Selbstbeherrschung«* (Gal.5,22-23).

Wir besprachen diese drei Schritte miteinander, bis er sie mir wiederholen konnte. Er versprach auch, sie jedesmal zu gebrauchen, wenn er versucht würde.

Ein paar Wochen später kam er in mein Büro, ließ sich in einen Sessel fallen und schluchzte, weil er von der Gier des Fleisches überwältigt worden war. Ich hörte aufmerksam und voller Mitgefühl eine Weile zu, dann fragte ich ihn aber: »Was sind die biblischen Schritte, deine sündliche Natur zu überwinden?« Er war verdutzt. Er erinnerte sich, daß wir zuvor darüber gesprochen hatten, aber er konnte die drei Schritte nicht mehr wiederholen.

Noch einmal nahmen wir sie durch. Ich erklärte ihm genau, daß jeder dieser drei Schritte uns von Gott gegeben ist, um den Sieg über unser Fleisch zu erringen. Ich ermutigte ihn, bis er sie mir wiederholen konnte. Dann erklärte ich ihm, daß ich nichts weiter für ihn tun könne, wenn er nicht diese Schritte anhaltend in die Praxis umsetze. Nicht einmal Gott kann mehr für ihn tun, wenn er nicht erst einmal das gebraucht, was Gott ihm schon gegeben hat.

Wir müssen *hartnäckig* sein. Es würde viel einfacher sein, wenn unser Feind bereit wäre zuzugeben, daß wir völlige Autorität über ihn haben, weil wir mit Christus in Seinem Sieg vereint sind. Doch wir haben nicht so einen »anständigen« Feind. Nur zähneknirschend gibt er diesen Sieg zu. Wir haben alle schon ein ungehorsames Kind beobachtet, das sich nur zögernd der Autorität der Eltern unterordnete. Es bewegt sich ohne Zwang nicht einen Zentimeter bloß weil das Kind es »jetzt einfach zu tun hat«. Satan und seine Dämonen sind genauso. Dies ist der Grund, warum unser Gebet im Kampf so hartnäckig und ausdauernd sein muß. Es gibt für jeden von uns Zeiten, in denen nichts zu funktionieren scheint, und es so aussieht, als ob der Feind gewinnt. Gerade dann müssen wir am hartnäckigsten sein, denn er kann ja einfach nicht gewinnen.

In Apostelgeschichte 16 vertrieben Paulus und Silas einen Dämonen aus einer jungen Wahrsagerin. Diejenigen, die an ihrer Wahrsagerei verdienten, ließen Paulus und Silas verhaften, rauh behandeln und schließlich in einen Kerker einsperren und in den Block legen. Dies zeigt Satans Widerstand zuzugeben, daß er besiegt wurde. Aber anstatt in Selbstmitleid zu verfallen und zu klagen, wie der Teufel sie geschlagen hat, beteten sie und sangen Siegeslieder. Die anderen Gefangenen hörten sie um Mitternacht. Obwohl die äußerliche Situation das Gegenteil bewies, beharrten sie im Glauben und in der Tat auf ihrem Sieg. Plötzlich bebte das Gefängnis, der Block fiel von ihren Füßen, die Türen sprangen auf, und sie waren frei. Der Sieg ging sogar so weit, daß der Gefängnisaufseher und seine Familie gerettet wurden und die Stadtregierung, die sie so schlecht behandelt hatte, sich entschuldigen mußte. Vertrauen in den HERRN wird gewinnen. Ausdauer hält allen Prüfungen stand und beharrt einfach weiter darauf, daß das Böse der Wahrheit weichen muß.

Die Aussicht des Gebetes

Kampfgebet muß »*für alle Heiligen*« geführt werden. Hat dies dir auch den Atem verschlagen, als du diesen Vers zu ersten Mal gelesen hast, wie mir es geschah? Was für eine riesige Verantwortung haben wir im Kampfgebet. Sie kann als eine sich immer erweiternde Spirale betrachtet werden. Deine erste Verantwortung ist, für dich selbst zu beten. Jeder Gläubige muß sich um sich selbst und um seinen Dienst kümmern. Der nächste Schritt nach außen ist deine Familie. Niemand wird so wie du im Gebet über deine Familie wachen. Die Spirale weitet sich bis zu deiner Gemeinde, deiner Denomination, deinen Missionaren und bis zum ganzen Leib Christi auf der ganzen Erde aus. Christus befahl den Jüngern, Zeugen zu sein in Jerusalem, Judäa, Samaria und bis an die Enden der Erde. »Für alle Heiligen« zu beten, reicht auch so weit. Das Gebet hat die Perspektive der Verantwortung für die gesamte Welt.

Als ich 1964 eine besondere Reihe von Predigten in Großbritannien zu halten hatte, empfand ich für diese Nation eine besondere Gebetsverantwortung. Immer wenn ich im Gebet für die Gläubigen und für Großbritannien kämpfte, brach der Heilige Geist mein Herz, daß ich unter Tränen um diese Nation klagen mußte. Andere hatten die gleiche Gebetslast für China.

Der Beistand des Gebets

In Epheser 6,18 können wir sehen, daß für den Dienst aller Heiligen gebetet werden soll. In den Versen 19 und 20 wird das Kampfgebet für die Effektivität unseres Dienstes angewandt.

Paulus bittet die Epheser: »*und auch für mich, damit mir Rede verliehen werde, wenn ich den Mund auftue, mit Freimütigkeit.*«

(Eph.6,19) Es sagt, daß Kampfgebet von den Gläubigen von Ephesus ihn befähigen kann, mit größerem Freimut das Evangelium zu verkündigen. Jeder Prediger kennt die Wahrheit dieser Worte. Jeder von uns hat schon die Erfahrung gemacht, daß er hart studiert und sich sehr gut vorbereitet hat, um eine Predigt zu halten und dann erleben muß, daß die Worte einfach nicht herauswollen. Meine Frau hat eine Fähigkeit entwickelt zu wissen, wann ich solche Schwierigkeiten habe. Oft sah ich ihren Kopf gesenkt, weil sie betete, damit mir »Freimütigkeit zur Rede« gegeben würde. Und sehr oft wurden in solchen Fällen alle Blockaden gebrochen.

Diese Art von Gebet schafft Freimut, das Evangelium zu verkünden. Paulus sagt, daß ihre Gebete für ihn ihm helfen werden, furchtlos »*das Geheimnis des Evangeliums bekanntzumachen*« (Eph.6,19). Wir müssen aber nicht nur für furchtloses Predigen, sondern auch für offene Ohren beten. Gebet hat eine direkte Wirkung auf die Weise, wie Menschen das Wort hören. Darum kann die Gebetsunterstützung für Evangelisationen helfen, viele Seelen zu Christus zu bringen. Es hilft, geistliche Blindheit und Taubheit zu beseitigen, die Satan für immer aufrechterhalten will (siehe 2.Kor.4,4). Es gibt keine Macht in den Händen der Menschen, die nützlicher und weitreichender wäre, als Gebet. Ein Mensch Gottes kann buchstäblich die Welt durch Gebet verändern, ohne die vier Wände seiner Wohnung zu verlassen.

Aus dem Tagebuch von David Brainerd kommt diese Erkenntnis:

> »Am Nachmittag zeigte Gott mir eine Wahrheit. Es war wirklich eine gesegnete Gemeinschaft. Gott befähigte mich, so im Gebet zu ringen, daß ich ziemlich schweißnaß wurde, obwohl ich mich im kühlen Schatten und im Wind befand. Meine Seele streckte sich nach der ganzen Welt aus, ich griff nach großen Mengen von Seelen. Ich denke, ich hatte mehr Freiheit, für Sünder zu beten, als für die Kinder Gottes, obwohl ich fühlte, ich könnte mein Leben lang für beide weinen. Ich hatte große Freude in der Gemeinschaft mit meinem lieben Heiland. Ich glaube, daß ich in meinem ganzen Leben nicht so eine Trennung von der Welt empfunden habe und ein in allen Dingen so großes Hingezogenwerden zu Gott. Oh, ich möchte immer für und von meinem geliebten Gott leben. Amen.«[20]

Dies sind die Worte eines Mannes, der etwas davon wußte, daß dieser Versteil »für alle« alles einschließt. Paulus scheint, die Freiheit zu fühlen, dieser Herausforderung ein offenes Ende zu geben. Fähig zu sein, durch Gebet »allen Heiligen« zu helfen und ihnen zu dienen, geht über unsere Vorstellungskraft hinaus. Die unüberwindliche Kraft des Gebets kennt keine Grenzen.

23

IN DEN KAMPF, UNBESIEGBAR IM GEBET

Meine Mutter wurde auf einem Bauernhof in Iowa geboren. Ihre Eltern waren kurz vorher aus Schottland in die USA ausgewandert. Sie wußte, was harte Arbeit war und mußte jeden Penny umdrehen, um durchs Leben zu kommen. Die Armut hatte ihren Geist dennoch nicht abstumpfen lassen. Langsam kamen dann für sie doch bessere Zeiten. Sie heiratete einen aufstrebenden jungen Bauern. Er baute ein großes, neues Haus mit vielen der modernen Bequemlichkeiten, die andere Bauernhäuser nicht hatten. Sie wurde mit drei gesunden Söhnen gesegnet, die sie immer beschäftigten; sie hatte ein glückliches und erfülltes Leben. Der Bauernhof ging gut, und die Zukunft schien voller guter Verheißungen zu sein. Sie nahm Christus als ihren Heiland in ihr Leben auf, und nach ihrer Bekehrung schienen Gottes Segnungen kein Ende zu haben. In ihrer Welt schien alles in Ordnung zu sein.

Doch dann kamen, wie ein plötzlicher Sturm mit großer Macht, herzzerbrechende Enttäuschungen über sie. Ein Kummer türmte sich auf den anderen. Während der großen Rezession verlor mein Vater den Bauernhof und stand sogar davor, sein Haus zu verlieren. Mitten in den finanziellen Schwierigkeiten gebar Mutter ihre einzige Tochter, ein wundervolles, hübsches Baby. Es hatte einen schweren Geburtsschaden und lebte nur drei Tage. Die christliche Gemeinde, die meine Eltern so liebten, schloß ihre Türen, und das Gebäude wurde verkauft. Dazu kamen noch Krankheiten, die ihre Last noch vergrößerten. Ihr jüngster Sohn erlitt eine doppelseitige Lungenentzündung nach der anderen, und als dann der Arzt eines Tages das Haus verließ, sagte er: »Er wird die Nacht nicht überleben.«

Mit gebrochenem Herzen, verängstigt und verzweifelt brachen die erdrückenden Nöte über sie herein. Was sollte sie tun? Wer könnte noch helfen? Sie hatte keinen Pastor, den sie hätte anrufen können. Selbst die Familie und Freunde waren nicht in der Nähe.

Überwältigt flüchtete sie in ihr Zimmer und fiel auf ihre Knie. Mein Vater betete eine zeitlang mit ihr zusammen, aber schließlich übermannte ihn der Schlaf. Aber sie konnte nicht schlafen. Sie betete weiter, schloß sich mit Gott die ganze Nacht ein. Mitten im Gebet kam plötzlich eine Idee in ihren Kopf, wie sie die Lungenentzündung ihres Jungen behandeln könnte. Sie glaubte, daß diese Idee eine Führung Gottes war. Sie wandte diese an, und ihr Sohn wurde aus der Todesgefahr gerettet. Mut und Glaube wurden aufs Neue in ihrem Herzen geboren. Aber das vielleicht wichtigste war in diesen notvollen Stunden, daß sie die Größe des Gebetes erlernte, die danach ihr Leben bis zu ihrem Tode charakterisierte.

Ich war dieser Sohn, der von der Lungenentzündung geheilt wurde. Ich habe viele schöne Erinnerungen an diese edle Frau, die meine Mutter war, aber die krönende Erinnerung ist die Größe und die Kraft ihres Gebetslebens. Wie glücklich ist doch der Mensch, der, umgeben von überwältigenden Schwierigkeiten und Lasten, lernt zu beten. Ich brauchte viele Jahre, um dies auch zu lernen.

Lerne, viel zu beten

Als ich mich auf den Dienst als Pastor am Moody Bible Institut in Chicago vorbereitete, war eine meiner ersten Aufgaben, sonntags ein großes Krankenhaus zu besuchen. Eine Gruppe von uns stellte sich an die Eingänge und teilte Evangeliumstraktate an die ankommenden Besucher aus. Diesen Teil der Aufgabe mochte ich nicht. Menschen, die es eilig hatten, ihre Angehörigen und Freunde zu besuchen, schienen nicht in der Stimmung zu sein, stehen zu bleiben und eine Schrift entgegenzunehmen. Einige lehnten ab, andere zerknitterten sie und warfen sie fort. Die vernichtenden Blicke der Verachtung und die gemurmelten Flüche der Abscheu, die mich trafen, ließen einen schüchternen Jungen vom Lande zu einem sich versteckenden Missionar werden. Ich suchte eine mir angenehme Säule und versteckte mich dahinter, um so viel wie möglich außerhalb des Besucherstroms zu bleiben. Ernstlich hoff te ich, daß niemand auf mich zukam und mein Gewissen anrührte, ihm ein Traktat zu geben.

Eines Sonntags befand ich mich gerade in meinem Lieblingsversteck und wartete ungeduldig darauf, auf eine Station gehen zu dürfen, um Patienten zu besuchen. Plötzlich sah ich auf der anderen Seite der Empfangshalle einen Mann schwarzer Hautfarbe, der Traktate verteilte. Sein Gesicht strahlte. Es sah so aus, als ob durch sein Gesicht ein inneres Licht hindurchschien. Seine Stimme war ruhig, aber volltönend und erreichte mich noch durch die ganze Halle hindurch.

»Gott segne dich, Bruder. Hier ist etwas, was dir heute Freude machen wird.«

»Jesus liebt dich, mein Freund.«

»Ist es nicht gut zu wissen, daß es über unsere Schwierigkeiten hinaus eine Hoffnung gibt?«

Während er die Traktate verteilte und freundliche Worte sprach, geschah etwas sehr Eigenartiges. Menschen hielten an. Sie nahmen die Traktate. Einige gingen noch einige Schritte und begannen dann zu lesen. Andere nahmen sie und steckten die Traktate, wie es schien mit offensichtlicher Ehrfurcht, in eine Geldbörse oder Jackentasche. Ich war mir sicher, daß sie vorhatten, sie später zu lesen. Sogar die, die nichts annehmen wollten, gingen verschämt davon. Wieder andere blieben stehen und schauten einfach auf den Mann. Sie schienen, von dem Überfluß seiner Liebe gefangengenommen zu sein, festgehalten durch seine strahlende Güte.

Mein Interesse war geweckt. Ich denke, ich war etwas verblüfft. Was war der Grund für den erstaunlichen Gegensatz, wie die Menschen von diesem Mann die Traktate empfingen und von mir? Woher kam sein Strahlen? Warum hatte diese ruhige Stimme einen solchen Ton gewinnender Autorität?

Später hörte ich, daß dieser strahlende Mann, der Krankenhausseelsorger Lilly war. Er diente vollzeitlich im Krankenhaus, besuchte einsame Patienten und sprach mit ihnen über Christus. Sein Liebesdienst beinhaltete auch, daß er Rasier- und Haarschneideutensilien bei sich hatte, und daß er Patienten die Fußnägel schnitt, die lange im Krankenhaus liegen mußten. Seine Worte zusammen mit seinen Taten der Liebe brachten viele zum rettenden Glauben an Jesus Christus. Ich sehnte mich danach, sein Geheimnis kennenzulernen.

Am letzten Sonntag unseres Praktikums erlaubte Gott mir, die Antwort zu entdecken. Unser Praktikumsleiter zeigte uns das ganze Krankenhaus. Ich kann mich kaum noch an etwas erinnern, außer an dieses kleine Loch in der Wand, was Lillys, des Seelsorgers, Büro war. In einer Ecke stand ein Polstersessel, mit einem weißen Laken bedeckt. Auf den Sessel zeigend, erklärte man uns, daß dies Lillys »Thronsessel« sei. Er säße nie einfach nur so darin. Bevor er auf die Station gehe, um Menschen zu besuchen, verbringe er oft Stunden im Gebet für seine kranken Freunde und um Gottes Segen zu seinem Dienst.

Das ist es! So dachte ich. Sofort wußte ich, was der Grund seines Strahlens und des Unterschiedes in der Reaktion der Menschen war. Es war die Frucht des Gebetes.

Dies war eine der wichtigsten Lektionen, die Gott mich je lehrte. Wie ein besonders angenehmer Duft der Gnade erfüllt sie immer noch meine Seele. Ein Mensch, der Kraft hat sowohl im Umgang mit Menschen, als auch im Umgang mit Gott, wird sich immer durch eines auszeichnen. Er wird ein Mensch sein, der groß ist im Gebet. Jede bedeutende Bewegung zu Gott in geistlichen Dingen der Menschen, wurde von der Größe des Gebetes vorbereitet und begleitet. *»Viel vermag eines Gerechten Gebet in seiner Wirkung.«* (Jak.5,16)

Durch Gebet des Glaubens, Gott zum Eingreifen bewegen

Große Gebete werden erhört. Manchmal braucht es nur einen Menschen, um Gottes Plan in Bewegung zu setzen. Armin Gesswein beschreibt die Geschichte einer Erweckung, die Anfang der dreißiger Jahre nach Norwegen kam und bis zur schrecklichen Invasion der Nazis andauerte. Für ungefähr ein Jahrzehnt berührte die Erweckung zahlreiche Gemeinden. Als Ergebnis fanden mehr als 20.000 Seelen Christus als ihren Heiland. Die Erweckung breitete sich in Norwegen durch die Predigten von Frank Mang aus, einem Evangelisten aus Schweden. Er predigte über zwei Jahre und wagte kaum fortzugehen, weil der Geist Gottes so mächtig wirkte. Auch, nachdem die Erweckung in Bewegung gekommen war, kam er immer wieder zurück, und kein Gebäude konnte die Menschenmassen fassen, die Gottes Wort hören wollten.

Tatsächlich hatte das Wirken der Erweckung schon begonnen, bevor Frank Mang in der Bethlehem Kirche in Oslo erschien. Die Gebetsversammlung war so heruntergekommen, daß Pastor Ludvig Johnson darüber nachdachte, sie aufzugeben. Seine treue Frau ermunterte ihn, indem sie sagte: »Mein Schatz, wir halten die Gebetsversammlung bei, selbst wenn du und ich noch die einzigen sind, die dort hingehen.« Gott belohnte diesen Glauben.

Aber das echte Geheimnis ging sogar noch weiter zurück, zum Küster der Gemeinde, einem sehr demütigen Mann mit Glauben an die unüberwindliche Kraft des Gebets. Er war schon sehr lange beunruhigt über die Kälte in der Gemeinde und die offensichtliche Weltlichkeit so vieler ihrer Gemeindeglieder. Die Predigten schienen trocken und abgestumpft. Immer weniger kamen, und die Begeisterung für Gebet und die Belange Gottes war gleich null. Der Küster fragte Gott, was er dagegen tun könnte. Sein Herz hüpfte vor Begeisterung, als er durch Glauben die Herausforderung des HERRN verspürte. Früh am Morgen, bevor er mit seinen Verpflichtungen begann, ging er hinter die Kanzel. Dort kniete er nieder und flehte zu Gott, die Herzen von ihm, dem Pastor und von der gesamten Gemeinde zu beleben. Heilige Tränen näßten oft den Teppich, wenn er sein Gesicht tief vor Gott niederbeugte, in seinen, vom Geist Gottes geführten, Gebeten. Dieser demütige Diener Gottes war sich sicher, daß seine Gebete sich durchsetzen würden. Darum führte er kurz nach Neujahr den zweiten Pastor der Gemeinde, Pastor Holm-Glad zur Kanzel der Kirche und sagte zu ihm, indem er auf die leeren Kirchenbänke zeigte: »In diesem Jahr werden wir hier eine Erweckung haben.« Holm-Glad sagte später, daß er fast gelacht hätte, denn es schien keine Anzeichen für etwas dergleichen zu geben. Der Hausmeister behielt sein Geheimnis des Gebetes für sich, bekräftigte aber, daß eine Erweckung in jenem Jahr kommen werde.

Wochen, ja sogar Monate, vergingen, und Veränderungen begannen, sich zu zeigen. Die Botschaft des Pastors bekam langsam einen Ton von neuer Vollmacht und kam aus einem Herzen, das für Gott brannte. Die Gebetsversammlungen wuchsen langsam, und immer mehr besuchten die Gottesdienste. Dann kam endlich der Durchbruch des Geistes Gottes durch die Predigten von Frank Mang, die nicht nur diese Kirche berührten, sondern ganz Oslo und große Gebiete von Norwegen.

Ein Jahr, nachdem die Erweckung eingesetzt hatte, feierte die Bethlehem Kirche das große Werk Gottes mit einem Festessen, das einem Dankgottesdienst folgte. Nach dem Gottesdienst nahm der Küster Pastor Holm-Glad mit in die Kirche. Demütig sagte er unter Tränen: »Können Sie sich daran erinnern, wie ich Ihnen sagte, daß eine Erweckung hierhin kommen würde?«

»Wie hätte ich das vergessen können?« antwortete Holm-Glad.

»Nun darf ich Ihnen auch erzählen, warum ich es schon vorher wußte,« sagte der Küster. »Nur Gott weiß, wie oft Er mir eine Last auf das Herz gegeben hat, damit ich hinter der Kanzel im Gebet für eine Erweckung niederknie. Wie oft habe ich hinter dieser Kanzel leidtragend geweint. Heute feiern wir, und Gott hat es auf mein Herz gelegt, Ihnen dies heute zu sagen.«

Ich bin sehr dankbar, daß Gott diesen demütigen Diener des HERRN im Hintergrund dazu veranlaßt hat, diese Geschichte mitzuteilen. Wieviel reicher sind wir, wenn wir die unüberwindliche Kraft des Gebetes durch einen Diener sehen, der es wagt, seine unbesiegbare Stellung einzunehmen. Großes Gebet bewegt Gott zu sichtbarem Eingreifen in die Dinge der Menschen.

Apostelgeschichte 12 berichtet von der Verhaftung des Petrus durch Herodes. Es war ein Gerichtsverfahren anberaumt worden, und er sollte wahrscheinlich hingerichtet werden. *»Aber von der Gemeinde geschah ein anhaltendes Gebet für ihn zu Gott«* (Apg.12,5).

Diese Gebete brachten Gott auf den Plan. Ein Engel verließ die Herrlichkeit des Himmels, um in die Pläne des Feindes einzugreifen. Die Ketten, die Petrus an seine Bewacher banden, fielen ab, und das Licht des Himmels durchflutete den Kerker. Als er seinen Mantel um sich wickelte und dem Engel folgte, konnten die Wachtposten des Gefängnisses Petrus noch nicht einmal sehen. Verschlossene eiserne Türen schienen lebendig geworden zu sein und öffneten sich nach dem Gebot der himmlischen Majestät. Ungebunden und frei ging Petrus zur Gebetsversammlung, wo die erstaunten Gebetsdiener die lebendige Antwort auf ihre Bitten erfüllt sahen. Gottes dramatisches, sichtbares Eingreifen als Antwort auf großes Gebet spornte die Gemeinde weiter an und besiegte den Feind.

Sich die Last auflegen lassen

Beim Studium des Buches von Nehemia wird man ein beeindruckendes Beispiel für die Größe des Gebets entdecken. Nehemia war in Persien im Exil und diente als Mundschenk des Königs. Als er den Bericht eines Augenzeugen über den erbärmlichen Zustand von Jerusalem hörte, die Tragödie dieser großen Stadt mit zerbrochenen Mauern und verbrannten Toren, da brach sein Herz. Berichte über seine hebräischen Brüder, die stark bedrängt wurden, erregten sein Mitgefühl und bewegten seine Seele. Nehemia lebte als Gefangener in einem fremden Land, dennoch war er viel besser dran, als die, die sich vor der Gefangennahme hatten retten können und in Jerusalem geblieben waren. Dies war die Stunde, in der er anfing zu beten. Viele Tage verbrachte er mit Tränen, Fasten und Gebet, indem er über den Sieg der Feinde Gottes in Jerusalem klagte. Die schreckliche Not trieb ihn in eine Dringlichkeit des Gebets, eine Größe, die unter den Menschen selten ist.

An Nöten mangelt es heute nicht, aber nur wenige scheinen sich wie Nehemia dafür verantwortlich zu fühlen. Nicht alle Gläubigen haben anscheinend die Fähigkeit, Not zu sehen. Aber sogar von denen, die sie erkennen können, scheinen nur wenige, sich dadurch zur Größe im Gebet treiben zu lassen. Einige wenden sich in solchen Situationen vom Gebet ab, weil sie denken »Was bringt es denn? Was kann ich schon gegen diese Not tun?« Aber in Zeiten großer Not kann sofortiges Handeln in treuem Gebet den Lauf der Ereignisse ändern.

Manchmal sind wir noch nicht einmal bereit, Zeit und Kraft zum Gebet für unsere eigenen Lasten einzusetzen. Eine Frau aus einer fernen Stadt rief mich an, um meinen Rat bezüglich ihres Kampfes mit Satan zu suchen. Sie bestand darauf, daß sie sofortige Befreiung brauche. »Ich will mit diesem ganzen Kampfkram nichts zu tun haben. Ich will, daß Sie Satan befehlen, mich zu verlassen. Ich will sofort damit fertig sein, so wie Jesus den Mann von Gerasa befreite.« Ähnliches habe ich oft von vielen gehört, die von Satans Reich bedrängt werden. Menschen wollen einen Knopf drücken und schwups, sind sie befreit. Wir sind Kinder unserer Zeit. In der Zeit der Mikrowelle, der Instantsuppen und des Computers wollen wir nicht auf eine Antwort warten, oder eine Last tragen noch nicht einmal dann, wenn es eine Last von dem HERRN ist.

Es ist nichts Falsches dabei, wenn wir eine Last auf unserer Seele haben, die so groß ist, daß wir sie mit Tränen, Fasten und ausgedehntem Gebet ausdrücken müssen. Solch eine Last kann ein äußerst wichtiger Teil des Planes Gottes sein. Wenn du so eine Last erfährst, dann ist es gut, sich der weisen Worte eines alten und einfachen Mannes Gottes zu erinnern. Als er gefragt wurde, welches sein Lieblingsabschnitt aus der Bibel sei, sagte er schüchtern, daß er am liebsten die Worte habe, »und es wurde erfüllt«. Auf die Frage nach dem Grund dafür, antwortete er: »Na, das ist nunmal so. Immer wenn ich diese gesegneten Worte ›und es wurde erfüllt‹ lese, dann weiß ich, daß meine Lasten und Schwierigkeiten nicht gekommen sind, um zu bleiben, sondern sie werden vorbeigehen.«

Es ist klar, daß unsere Gefühle nicht immer so eine Last, so schwer wie die des Nehemia, auf dem Herzen tragen können. Gott weiß das und wird uns zu Seiner Zeit zu unserem Sieg führen, um Seinen Plan auszuführen. Große Nöte sind dazu da, Christen in großem Gebet auf die Knie zu bringen und letztlich, um geistlichen Fortschritt zu erreichen.

Erwarte den Sieg

Weit nach Mitternacht schellte es an unserer Tür. Ich schlüpfte in den Bademantel und beeilte mich, zur Tür zu kommen. Als ich durch das kleine Fenster in der Tür schaute, sah ich einen mir bekannten Mann, der barfuß und nur mit einem Schlafanzug bekleidet in der Kälte stand. Als ich die Tür öffnete, fiel er mir in die Arme und flehte, daß ich ihm doch helfen möge. Ich schob ihn in ein Zimmer, wo wir miteinander sprechen konnten und erfuhr, daß er sich von den Mächten der Finsternis angegriffen fühlte. Als bekennender Christ war er nun schon eine ganze Weile durch harte Schwierigkeiten gegangen. In dieser Nacht wachte er auf, weil er das schreckliche Empfinden hatte, daß böse Mächte sein Wesen besetzen und ihn sogar töten wollten.

Ich fing an, für ihn zu beten. Aber als ich betete, ergriff ihn eine Macht, so daß er krampfte und buchstäblich zu Boden geworfen wurde. Ich betete weiter, gebrauchte das Wort Gottes und konzentrierte mich im Gebet auf den Sieg Christi für diesen Mann und befahl öfters den quälenden Mächten der Finsternis, ihn zu verlassen und dahin zu gehen, wohin der Herr Jesus sie schicken würde.

Während ich weiter betete, bedrohte er mich mit seiner Gestik. Er war groß und stark genug, so daß er mich zweifellos überwunden hätte, wäre es ihm erlaubt gewesen, die Drohungen in die Tat umzusetzen. Ich fuhr fort, die Verheißungen des Wortes gegen die Kräfte Satans zu richten. Als er auf mich losging, zitierte ich 1.Johannes 5,18: »*Der aus Gott Geborene bewahrt ihn, und der Böse tastet ihn nicht an.*« Auch 1.Joh.3,8 richtete ich gegen ihn: »*Hierzu ist der Sohn Gottes geoffenbart worden, damit er die Werke des Teufels vernichte.*« Mehrere Male schien er gewaltsam von mir weggestoßen zu werden. Dann war die Schlacht endlich gewonnen. Er wurde wieder ruhig und fähig, selbst zu beten und dem HERRN für den Sieg zu danken. Später berichtete er mir, daß er scheinbar von einer gewalttätigen Macht beherrscht wurde, die mich schwer verletzen wollte. Doch jedesmal, wenn ich das Wort Gottes gegen die Mächte der Finsternis richtete, die ihn beherrschten, so war es, als ob diese gewalttätige Macht durch eine unbesiegbare Kraft von mir weggeschleudert wurde. Das Wort Gottes ist unbesiegbar, wenn es richtig verstanden und angewandt wird.

Unüberwindliches Gebet konzentriert sich auf eine große Erwartung. Nehemia erwartete, daß Gott das Herz des heidnischen Königs so berührte, daß er Gunst bekäme, die Mauern der Stadt wieder aufzubauen. Er erwartete von Gott, daß Er das Herz des Königs dazu brachte, ihn, einen niedrigen Mundschenk, mit der Aufgabe zu betrauen, eine große Expedition durchzuführen, um nach Jerusalem zurückzukehren und die Mauern wieder aufzubauen, die durch den Krieg zerstört worden waren. Nehemia erwartete, daß die Juden in Jerusalem darauf eingehen und ihm helfen würden. Er erwartete, daß die Feinde, die sich der Aufgabe entgegen stellten, besiegt werden würden. Er erwartete, daß die Regierung in Jerusalem wieder eingesetzt und die Wirtschaft wieder in Gang gebracht werden würde. Kurz gesagt, er erwartete von Gott, daß Er Seinen Willen für Sein Volk ausführen wird.

Und Nehemia erreichte alles, was er erwartet hatte und sogar noch mehr. Gott erweiterte seine Erwartung immer mehr, als er von Sieg zu Sieg ging. Die Mauern wurden wieder aufgebaut. Feinde wurden besiegt, die Tore eingehängt und eine Stadtregierung und der Gottesdienst wieder eingesetzt. Zuversichtliche, hoffnungsvolle Erwartung ist der entscheidende Teil des unüberwindlichen, siegreichen Lebens. Als Seine Kinder können wir von Gott erwarten, daß Er Seinen Willen und Seine Ziele für unser Leben, durch jeden einzelnen von uns, ausführt.

Nimm den unüberwindlichen Stand ein
Ein Gebet

Gnädiger Himmlischer Vater, ich will mich so sehen, wie Du mich in der Person Deines Sohnes, des Herrn Jesus Christus, siehst. Ich will mich als jemanden sehen, der unüberwindlich stark ist und fähig, alles das zu tun, was in Deinem Willen für mich ist. Ich weise Satans Anklagen zurück, daß ich hoffnungslos schwach und besiegt sei. Ich akzeptiere meine gegenwärtigen Nöte als einen Ruf, mir erneut den Sieg meines HERRN zu vergegenwärtigen. Hilf mir, meine ganze Aufmerksamkeit auf die wunderbare Majestät, Kraft und souveräne Größe meines Himmlischen Vaters zu richten, der alles zu tun vermag, aber niemals einen Fehler macht. Hilf mir bitte zu erkennen, daß ich in der Einheit mit Christus mehr bin als ein Überwinder. Laß die Lasten meiner Schwierigkeiten ein Ausdruck der Last des HERRN sein. Laß diese Lasten durch Tränen der Sorge, Zeiten des Fastens und Gebetes zum Ausdruck gelangen. Ich will nicht vor einer Last zurückweichen, die Du mir auflegen willst.

Ich erkenne, HERR, daß mich hauptsächlich meine eigene

Sünde und mein Versagen in diese Schwierigkeiten gebracht haben. Ich bereue sehr meine Sünden. Ich will sie Dir hier nennen.

Reinige mich durch das Blut meines Heilands. Ich nehme von Satan allen Boden zurück, den ich ihm durch meine Sünden und Übertretungen gegeben habe. Durch die Autorität des Kreuzes fordere ich alle seine Anrechte wieder für den Herrn Jesus Christus zurück.

Geliebter Herr Jesus Christus, Du hast verheißen, mich niemals zu verlassen. Ich weiß, daß dies wahr ist und verkünde mutig, daß der HERR mein Helfer ist. Ich werde mich nicht fürchten. Ich widerstehe dem Teufel und seinem Reich, fest im Glauben stehend. Ich befehle Satan und seinen Dämonen, von mir zu weichen und dahin zu gehen, wohin der Herr Jesus Christus sie senden wird.

Himmlischer Vater, ich nehme alles gerne für mich an, ja ich will mich an allem freuen, was Du für mich geplant hast. Danke, daß ich alles durch Christus vermag, der meine Stärke ist. Ich will Deinen Willen tun, indem ich meine Verantwortung, stark zu sein, annehme. Ich will durch Deine Kraft alles das tun, was ich als Deinen Willen erkennen kann. (Nenne es Ihm hier).

Danke, lieber Himmlischer Vater, daß Du durch meinen Herrn Jesus Christus mein Gebet erhörst, und Du wirst mich zu jemandem machen, der in dem HERRN stark ist, daß sogar Satans stärkste Strategien schon jetzt besiegt sind. Ich bete im Namen des Herrn Jesus Christus, damit Deine Herrlichkeit gepriesen wird. Amen.

NACHWORT

Wir sind nichts anderes als Sieger

»Dem aber, der euch ohne Straucheln zu bewahren und vor seiner Herrlichkeit tadellos mit Frohlocken hinzustellen vermag, dem alleinigen Gott, unserem Heiland durch Jesus Christus, unseren Herrn, sei Herrlichkeit, Majestät, Gewalt und Macht vor aller Zeit und jetzt und in alle Ewigkeit.Amen« (Judas 24-25).

»Er selbst aber, der Gott des Friedens, heilige euch völlig; und vollständig möge euer Geist und Seele und Leib untadelig bewahrt werden bei der Ankunft unseres Herrn Jesus Christus. Treu ist, der euch beruft, er wird es auch tun« (1.Thess.5,23-24).

»Der Gott des Friedens aber, der den großen Hirten der Schafe aus den Toten heraufgeführt hat durch das Blut eines ewigen Bundes, unseren Herrn Jesus, vollende euch in jedem guten Werk, damit ihr seinen Willen tut, indem er in uns schafft, was vor ihm wohlgefällig ist, durch Jesus Christus, dem die Herrlichkeit sei in alle Ewigkeit. Amen« (Heb.13,20-21).

»Dem aber, der über alles hinaus zu tun vermag, über die Maßen mehr, als wir erbitten oder erdenken, gemäß der Kraft, die in uns wirkt, ihm sei die Herrlichkeit in der Gemeinde und in Christus Jesus auf alle Geschlechter hin in alle Ewigkeit! Amen« (Eph.3,20-21).

Jeder dieser Abschnitte ist das, was die Gemeinde einen Segen nennt. Segnungen beinhalten normalerweise eine Summe von großen Wahrheiten, um Trost, Zusicherung und Hoffnung in die Herzen von Gottes Volk zu legen. Die hier aufgeführt sind, tun dies sicherlich. Ich empfehle jedem Leser, alle auswendig zu lernen und darüber gründlich nachzudenken. Sie versichern uns, daß wir als Gottes Eigentum dazu bestimmt sind, Sieger zu sein, weil Christus den Sieg errungen hat.

Dieses kurze Nachwort soll als ein Segen dienen, das die vorhergehenden Kapitel abschliesst. Das Ziel dieses Buches war es, Gottes Volk zu helfen, hinter die gegenwärtigen Auseinandersetzungen mit allen ihren subjektiven Erfahrungen zu blicken. Aufgrund der Zusicherung in Gottes Wort, müssen wir unsere Aufmerksamkeit auf den sicheren Sieg richten. *»Was sollen wir nun hierzu sagen?... Aber in diesem allem sind wir mehr als Überwinder durch den, der uns geliebt hat.«* (Röm.8,31.37) Unser Kampf gegen Satans finsteres Reich ist in Wirklichkeit der Kampf des HERRN. Es ist ein Krieg, den Er schon längst gewonnen hat. Der Sieg ist schon errungen, was uns befähigt, ihn auch durchzusetzen. Wir besitzen alles, was wir brauchen, um dem Feind in jeder Art von Auseinandersetzung, die er gegen uns richtet, zu widerstehen. Die tägliche, offensive Anwendung unseres Sieges wird uns einen unüberwindlichen Lebensweg und die Erfüllung Seines Willens garantieren.

Unsere Tochter Judy kehrte von einem Jahreseinsatz bei Missionaren zurück. Im ersten Teil dieses Buches beschrieb ich ihr Erlebnis und die direkte Auseinandersetzung unserer Familie mit dem Feind. Eine mutige Konfrontation gegen die Mächte der Finsternis war notwendig, um sie zu befreien. Nun sind mehr als zehn Jahre vergangen. Sie schloß die Schule ab und absolvierte am Moody Bible Institute. Sie hatte Zeit gehabt, um zu reifen und in der Gnade zu wachsen. Dennoch waren die zehn Jahre nicht ohne Angriffe und Schwierigkeiten durch Satan. Jeden Tag war es nötig, im geistlichen Kampf zu stehen und den Sieg durchzusetzen. Es gab auch Zeiten starker Auseinandersetzungen, weil der Feind versuchte, in ihr Leben einzudringen und es zu beherrschen.

Ich erwähne Judys Zeugnis hier noch einmal, um zum wiederholten Male zu betonen, daß ein Leben im Sieg nicht eine schnelle Lösung ist, wo man den Feind konfrontiert und ihm befiehlt zu verschwinden. Dies mag notwendig sein in Zeiten intensiven Kampfes, aber dies beendet nicht den Krieg. Geistlicher Kampf ist ein täglicher Lebensstil, eine unbeirrbar weitergehende Praxis, ein tägliches Bereitsein zu widerstehen, an jedem Tag an dem wir leben.

Auch muß ich nochmals betonen, daß ein Leben im erfolgreichen geistlichen Kampf, nicht ein Leben frei von Schmerzen und Enttäuschungen garantiert. Wenn man es aus einer kurzzeitigen Perspektive betrachtet, dann wird es Zeiten geben, in denen es scheint, daß unser Feind an diesem Tage gewonnen hat. Eine solche beschränkte Sichtweise sagt jedoch nicht die ganze Wahrheit. Die Jahre der Einkerkerung in Caesarea und Rom müssen für Paulus, vordergründig betrachtet, als Triumph des Feindes erscheinen. Dennoch, während dieser Jahre wurden einige der größten Siege Gottes über die Finsternis errungen. Die Briefe des Paulus an die Epheser, Philipper und Kolosser wurden alle aus dem Gefängnis geschrieben. Er schrieb dort Epheser 6,10-18, die Botschaft des Sieges, die durch alle Jahrhunderte hindurch in der ganzen Welt verkündigt worden ist. Halte fest an der Erkenntnis, daß du nichts anderes bist als ein Sieger.

ANHANG:
WERKZEUGE DES KAMPFES

»*Glückselig der Mann, der die Versuchung erduldet! Denn nachdem er bewährt ist, wird er den Siegeskranz des Lebens empfangen, den er denen verheißen hat, die ihn lieben.*« *(Jak.1,12)*

Vor einigen Jahren überreichte mir ein Freund ein unerwartetes Geschenk, was sich dann als eines der hilfreichsten Gaben, die ich je empfing, herausstellte. Dieser Mann brachte mir eine große Zimmermannskiste, vollgestopft mit Schraubenschlüsseln, Hämmer, Sägen, Schraubenzieher, Nägel, Schrauben und vielen anderen Dingen, die in solch eine Kiste hineingehören. Man wird sich wundern, warum ein Pastor solch einen Schatz hütet. Es ist ein Geschenk, das ich immer in Ehren gehalten habe, denn ich arbeite gerne mit meinen Händen. Es gibt nichts was mehr frustriert, als daß eine geplante Arbeit im Haus mangels Werkzeug nicht ausgeführt werden kann. In meinem Herzen danke ich diesem Freund immer dann, wenn ich es gebrauche. Die Werkzeuge arbeiten für mich und helfen mir, die Aufgabe zu erledigen.

Genauso brauchen wir im geistlichen Kampf Werkzeuge. Das zugrundeliegende Motiv, dieses Buch zu schreiben, war, praktische und nützliche Informationen und Einsichten über den Feldzug des zu gewinnenden Kampfes zu bieten. Die Welt, das Fleisch und der Teufel werden jedesmal besiegt werden, wenn wir die Waffen unseres Kampfes gebrauchen.

Der Herr hat uns das ganze Rüstzeug, alles, was wir brauchen, zur Verfügung gestellt. Der Herr Jesus Christus hat unseren vollständigen Sieg erstritten. Er benutzte die gleichen Mittel, die Er auch uns gibt, um die Schlacht zu gewinnen. Sein Sieg ist auch unser Sieg. Unsere Verantwortung bleibt es, diese Waffen einzusetzen, die uns durch seine wunderbare Gnade zur Verfügung stehen. Jedes Mal, wenn du sie gebrauchst, wirst du Gott danken für die Mittel des Sieges. Genauso wie ich mich jedesmal dankbar an den Mann erinnere, der mir diese Werkzeugkiste gab, wenn immer ich meine Zimmermannswerkzeuge gebrauche, so wird sich auch dein Herz in sehr großer Dankbarkeit nach deinem Herrn ausstrecken.

Die tägliche Zusicherung des Glaubens:
Ein Bekenntnis
von Dr. Victor Matthews

In diesem Buch habe ich versucht, die Wichtigkeit der Wahrheit der Lehre und des Betens der gesunden Lehre deutlich zu machen. Die Lehre, Gottes unveränderliche Wahrheit, ist mächtig, unsere Feinde zu besiegen. Diese Wahrheit muß tief in unsere Seelen dringen. Dies kann aber nur geschehen, wenn wir das Verständnis des heiligen Wortes Gottes gewinnen und dann dieses Wort offensiv in unserem Leben anwenden. Mit der ausdrücklichen Erlaubnis von Dr. Victor Matthews möchte ich einige sehr gute Hilfen hinzufügen, um die lehrmäßige Wahrheit an der vordersten Front unseres Kampfes zu halten.

»*Die tägliche Zusicherung des Glaubens*« wurde von Dr. Matthews geschrieben, um eine knappe und klare Beschreibung der Wahrheit des Wortes Gottes zu bieten, gerade so, wie sie in unserem Sieg angewandt wird. Ich empfehle denen, die intensiven Kampf erleben, diese Zusicherung des Glaubens täglich laut zu lesen. Es wird viel dazu beitragen, ein geistliches Fundament in deiner Seele aufzubauen. Es wird den Grund deines Sieges im Kampf gegen deine Feinde wirkungsvoll bleiben lassen. Studiere genau die Abschnitte der Bibel zu deinem besseren Verständnis und deiner eigenen Auferbauung.

Mein Bekenntnis:

Ich wähle heute freiwillig, mich Gott vollkommen unterzuordnen, wie Er sich selbst mir zu erkennen gegeben hat durch die Heiligen Schriften, die ich von ganzem Herzen annehme, als den einzigen, inspirierten, unfehlbaren und verbindlichen Maßstab für alle Aspekte des Lebens und Handelns. Ich werde heute weder Gott, noch Sein Werk, noch mich selbst oder andere auf der Basis von Gefühlen und Umständen richten.

1. Ich bekenne durch den Glauben, daß der dreieinige Gott der Schöpfer, Erhalter und das Ziel aller Dinge ist und daß Er allein würdig ist für alle Ehre, alles Lob und alle Anbetung.
   Ich bekenne, daß Gott als mein Schöpfer mich für Sich Selbst geschaffen hat. Deshalb entscheide ich mich heute, nur für Ihn zu leben (Offb.5,9-10; Offb.4,11; Jes.43,1; 7,21;).
2. Ich bekenne durch den Glauben, daß Gott mich liebt und mich vor Grundlegung der Welt in Jesus Christus erwählt hat (Eph.1,1-7).
3. Ich bekenne durch den Glauben, daß Gott Seine Liebe zu mir bewiesen hat, indem Er Seinen Sohn gesandt hat, um an meiner Statt zu sterben. In IHM ist schon für alles Vorsorge ge-

troffen worden, was ich nötig habe zur Bewältigung meiner Vergangenheit, meiner Gegenwart und meiner Zukunft.

Durch Sein stellvertretendes Erlösungswerk bin ich lebendig gemacht, auferweckt und mit Christus in die Himmel versetzt und mit dem Heiligen Geist gesalbt worden (Röm.5,6-11; 8,28-39; Phil.1,6; 4,6.7.13.19; Eph.1,3; 2,5-6; Apg.2,1-4.33).

4. Ich bekenne durch den Glauben, daß Gott mich angenommen hat, als ich Jesus Christus als meinen Herrn und Retter empfangen habe (Joh.1,12; Eph.1,6).

Ich weiß, daß er mir meine Sünde vergeben hat (Eph.1,7) und mich in Seine Familie adoptiert hat, und so die ganze Verantwortung für mich übernommen hat (Joh.17,11.17; Eph.1,5; Phil.1,6).

Ich bekenne, daß Er mir ewiges Leben gegeben (Joh.3,36; 1.Joh.5,9-13) und die vollkommene Gerechtigkeit des Christus mir zugerechnet hat, so daß ich nun gerechtfertigt bin (Röm.5,1; 8,3-4; 10,4). In Christus habe ich teil an Seiner Fülle (Kol.2,10), und Er Selbst will mir durch mein Gebet und meine Glaubensentscheidungen alles geben, was ich nötig habe (1.Kor.1,30; Kol.1,27; Gal.2,20; Joh,14,13.14; Math.21,22; Röm.6,1-19: Heb.4,1-3.11).

5. Ich bekenne durch den Glauben, daß der Heilige Geist mich in den Leib des Christus hineingetauft (1.Kor.12,13), mich versiegelt (Eph.1,13-14) und mich zum Leben und zum Dienst für Ihn geweiht hat (Apg.1,8; Joh.7,37-39), und mich in eine tiefe Gemeinschaft mit Jesus Christus hineinführt (Joh.14,16-18; 15,26-27; 16,13-15; Röm.8,11-16;). Er hat mir versprochen, mich mit Sich Selbst zu erfüllen (Eph.5,18).

6. Ich bekenne durch den Glauben, daß nur Gott mit meiner Sünde fertig wird, und daß allein Gott ein geheiligtes Leben schaffen kann.

Ich bekenne, daß bei meiner Errettung mein Teil lediglich darin bestand, Ihn aufzunehmen, und daß Er mein Sündenproblem gelöst und mich errettet hat.

Heute bekenne ich; ich kann nur dann ein heiliges Leben führen, wenn ich mich ausschließlich Seinem Willen ausliefere und Ihn als meine Heiligung für mein Leben empfange. Ich vertraue Ihm, daß Er das vollbringt, was ich heute in meinem Leben im äußerlichen oder innerlichen Aspekt nötig habe, damit ich befähigt werde, heute in Reinheit, Freiheit, Ruhe und Kraft zu Seiner Herrlichkeit zu leben (Joh.1,12; 1.Kor.1,30; 2.Kor.9,8; Gal.2,20; Heb.4,9;; 1.Joh.5,4; Judas 24).

Nachdem ich bekannt habe, daß allein Gott für alles Lob würdig ist, daß die Heilige Schrift der einzige verbindliche Maßstab ist, und daß nur Gott mit der Sünde fertig wird und ein geheiligtes Leben schaffen kann, bekenne ich wiederum meine

völlige Abhängigkeit von Ihm und werde mich Ihm völlig unterordnen. Ich akzeptiere die Wahrheit, daß das Glaubensgebet absolut notwendig ist, um den Willen und die Gnade Gottes in meinem täglichen Leben zu verwirklichen.
(1.Joh.5,14-15; Jak.1,6; 4,2-3; 5,16-18; Phil.4,6-7; Heb.4,1-13; 11,6.24-28).

Ich weiß, daß mein Glaube die einzige angemessene Antwort an Gott ist, damit ich mir auch das zu eigen mache, was der Herr für mich für diesen Tag vorhergesehen hat.

Darum fälle ich die folgenden Entscheidungen durch den Glauben:

1. Heute (Heb.3,6.13.15; 4,7) treffe ich die Entscheidung aus Glauben, mich vollständig der Autorität Gottes, wie sie in den Schriften offenbart ist, ganz auszuliefern, *ich will Ihm gehorchen.* Ich bekenne meine Sünde, sehe die sündige Realität meiner alten Natur und habe freiwillig gewählt, im Licht zu gehen, indem ich mit Christus Schritt halte durch jede Stunde dieses Tages (Röm.6,16-20;; Phil.2,12-13; 1.Joh.1,7.9).
2. Heute treffe ich die Entscheidung des Glaubens, mich ganz Gottes Autorität unterzuordnen, wie die Bibel es offenbart, *ich will Ihm glauben.* Ich will nur Sein Wort als die letztgültige Autorität akzeptieren. Ich glaube nun, da ich meine Sünde bekannt habe, daß Er sie mir vergeben und mich gereinigt hat (1.Joh.1,9). Ich nehme den ganzen Reichtum der Verheißung Seines Wortes an, daß Er mir alles ist was ich bedarf, und daß Er meine Ruhe ist. Ich will mich auch dementsprechend verhalten (2.Mos.33,1; 1.Kor.1,30; 2.Kor.9,8; Phil.4,19).
3. Heute treffe ich die Entscheidung des Glaubens, um zu erkennen: Gott hat alles so eingerichtet, daß *ich Seinen Willen und Ruf erfüllen kann.* Darum will ich keine Entschuldigung für meine Sünde und mein Versagen suchen (1.Thess.5,24).
4. Heute treffe ich die Entscheidung des Glaubens, daß *ich gerne alles das annehmen will, was Er für mich bereitet hat.* Ich sage mich los von aller eigenen Anstrengung, ein christliches Leben zu führen und im Dienste Gottes etwas zu leisten. Ich will nicht sündig beten, indem ich Gott bitte, Umstände und Menschen zu ändern, damit ich geistlicher sein kann. Ich will mich nicht dem Werk des Heiligen Geistes in mir und dem Ruf Gottes von außen entziehen. Ich sage mich los von allen unbiblischen Motiven, Zielen und Handlungen, die meinem sündigen Stolz dienen.
    a. Aufrichtig empfange ich nun Jesus Christus als meine Heiligung, ganz besonders *zur Reinigung von meiner alten Natur,* und ich bitte den Heiligen Geist, das Werk Christi in mir anzuwenden, welches Er bei Seiner Kreuzigung für mich vollbracht hat. In Zusammenarbeit mit

Ihm und in Abhängigkeit von Ihm gehorche ich dem *Befehl:* »*Legt den alten Menschen ab*« (Röm.6,1-14; 1.Kor.1,30; Gal.6,14; Eph.4,22).

b. Aufrichtig empfange ich Jesus Christus als meine Heiligung, besonders als meine Befähigung, jeden Augenblick *über die Sünde zu herrschen*, und ich bitte den Heiligen Geist, das Werk der Auferstehung an mir wirksam werden zu lassen, damit ich in der Neuheit des Lebens handeln kann. Ich bekenne, daß nur Gott mit meiner Sünde fertig werden kann, daß nur Gott Heiligkeit und die Frucht des Geistes in meinem Leben schaffen kann. In Zusammenarbeit mit Ihm und in der Abhängigkeit von Ihm gehorche ich dem *Befehl:* »*Legt den neuen Menschen an*« (Röm.6,1-14, Eph.4,24).

c. Aufrichtig empfange ich Jesus Christus *als meine Befreiung von Satan* und nehme meine Stellung mit Ihm in den himmlischen Örtern ein. Ich bitte den Heiligen Geist, das Werk Seiner Himmelfahrt an mir wirksam werden zu lassen. In Seinem Namen ordne ich mich Gott unter und widerstehe jedem Einfluß und jeder Intrige Satans. In Zusammenarbeit mit Ihm und in Abhängigkeit von Ihm gehorche ich dem *Befehl:* »*Widersteht dem Teufel!*« (Eph. 1,20-23; 2,5; 4,27; 6,10-18; Kol.1,13; Heb.2,14-15; Jak.4,7; 1.Petr.3,22: 5,8-9).

d. Aufrichtig empfange ich heute den Heiligen Geist *als meine Ausrüstung mit Kraft* in jedem Aspekt meines Lebens und Dienstes. Ich öffne Ihm völlig mein Leben, daß er mich erneut mit Gehorsam fülle, Seinem *Befehl* zu gehorchen: »*Seid erfüllt mit dem Heiligen Geist!*« (Eph.5,18; Joh.7,37-39; 14,16-17: 15,26-27; 16,7-15; Apg.1,8).

Nachdem ich nun dieses Bekenntnis abgelegt und diese Entscheidungen des Glaubens getroffen habe, empfange ich für den Rest dieses Tages Gottes Verheißung (Heb.4,1-13). Darum bin ich gelassen im Vertrauen des Glaubens, da ich weiß, daß in dem Moment der Versuchung, der Bedrängnis oder der Not der HERR Selbst mit mir sein wird, meine Stärke ist und mir alles gibt, was ich nötig habe (1.Kor.10,13).

* * *

Gebet für den geistlichen Kampf
　Gebet der Hingabe
　von Dr. Victor Matthews

Ein anderes Werkzeug zur Anwendung biblischer Lehre, welches sich schon oft für mich und andere als sehr nützlich erwiesen hat, ist das »*Gebet für den geistlichen Kampf*«, zusammengestellt von

Dr. Matthews. Wie er als Theologe einzigartig und genau gesunde Lehre in dieses Gebet hineinfließen läßt, ist für uns sehr hilfreich. Ich möchte jeden bitten, wenn du dich im offensichtlichen geistlichen Kampf befindest, gebrauche dieses Gebet täglich. Es eignet sich gut, es als ein Gebet laut zu lesen. Bald wirst du fähig sein, biblische Wahrheit zu verinnerlichen und in deinen eigenen Gebeten auszudrücken, ohne sie lesen zu müssen.

Der Teufel haßt dieses Gebet. Normalerweise bitte ich denjenigen, der unter schlimmer dämonischer Bedrückung leidet und meine Hilfe in Anspruch nehmen will, mit mir zusammen dieses Gebet zu lesen. Sehr oft kann der Bedrängte es nur mit größter Mühe lesen. Manchmal treten Sehstörungen, Probleme mit der Stimme oder Konzentrationsstörungen auf und können so intensiv werden, daß die leidende Person nur mit größter Anstrengung weiterlesen kann. Das Gebet drückt die Wahrheit Gottes so aus, daß Satan nicht widerstehen kann, und er kämpft energisch dagegen, damit diese Tatsache nicht gegen ihn angewandt wird. Diejenigen, die im ernstlichen Kampf sind, sollten täglich ein Gebet dieser Art gebrauchen. Viele sind beispielhaft in diesem Buch aufgeführt.

Himmlischer Vater, ich beuge mich in Anbetung und im Lob vor Dir. Ich bedecke mich mit dem Blut des Herrn Jesus Christus als meinen Schutz während dieser Gebetszeit. Ich liefere mich Dir aus; vollständig und bedingungslos in allen Bereichen meines Lebens. Ich widerstehe jedem Wirken Satans, das mich in dieser Gebetszeit behindern will, und ich richte mein Gebet nur an den wahren und lebendigen Gott und verbitte mir jede Einmischung Satans in mein Gebet.

Im Namen des Herrn Jesus Christus befehle ich dir, Satan, mit all deinen Dämonen, von mir zu weichen und ich stelle das Blut des Herrn Jesus Christus zwischen uns.

Himmlischer Vater, ich bete Dich an und preise Dich. Ich erkenne, daß Du würdig bist, alle Herrlichkeit, Ehre und Preis zu empfangen. Ich erneuere meine Bindung an Dich und bete, daß der Heilige Geist mich in dieser Gebetszeit stärkt. Ich bin sehr dankbar, Himmlischer Vater, daß Du mich von allen Ewigkeiten her geliebt hast, und daß Du den Herrn Jesus Christus in diese Welt gesandt hast, um an meiner Statt zu sterben, damit ich errettet werden kann. Ich bin dankbar, daß der Herr Jesus Christus gekommen ist, um für mich einzutreten. Durch Ihn hast Du mir völlig vergeben. Du hast mir ewiges Leben gegeben. Du hast mir die vollkommene Gerechtigkeit des Herrn Jesus Christus gegeben, durch die ich nun gerechtfertigt bin. Ich bin dankbar, daß Du mich in Ihm vollkommen gemacht hast, und daß Du selbst mir nahe bist, um meine tägliche Hilfe und Kraft zu sein.

Himmlischer Vater, komm und öffne meine Augen, daß ich sehen kann wie groß Du bist, und daß Du bereits vollkommen für alles Nötige an diesem neuen Tag vorgesorgt hast. Im Namen des Herrn Jesus Christus nehme ich mit Christus meinen Platz in den himmlischen Örtern ein. Alle Fürstentümer und Gewalten, Mächte der Finsternis und böse Geister sind unter meinen Füßen. Ich bin sehr dankbar, daß der Sieg, den der Herr Jesus Christus für mich am Kreuz und in Seiner Auferstehung erstritten hat, mir zuteil geworden ist, und daß ich nun mit Christus in die himmlischen Örter versetzt bin; darum erkläre ich, daß alle dämonischen Fürstentümer, Mächte und bösen Geister mir untertan sein müssen in dem Namen des Herrn Jesus Christus.

Himmlischer Vater, ich bin Dir dankbar für die Waffenrüstung, die Du mir zur Verfügung stellst. Ich lege an den Gürtel der Wahrheit, den Brustpanzer der Gerechtigkeit, die Stiefel des Friedens und den Helm des Heils. Ich erhebe den Schild des Glaubens gegen alle feurigen Pfeile des Bösen in meinem Leben und nehme das Schwert des Geistes, das Wort Gottes, und richte Dein Wort gegen alle Kräfte des Bösen in meinem Leben. Ich lege diese Waffenrüstung an und lebe und bete in völliger Abhängigkeit von Dir, gesegneter Heiliger Geist.

Himmlischer Vater, ich danke Dir, daß der Herr Jesus Christus alle Fürstentümer und Gewalten ruiniert und in einem Triumphzug öffentlich zur Schau gestellt hat. Diesen Sieg nehme ich heute für mein Leben in Anspruch. Ich weise alle versteckten Zweifel, Anklagen und Versuchungen Satans aus meinem Leben zurück. Ich halte daran fest, daß das Wort Gottes wahr ist, und ich habe gewählt, in dem Licht von Gottes Wort zu leben. Ich will, Himmlischer Vater, im Gehorsam Dir gegenüber und in der Gemeinschaft mit Dir leben. Öffne mir die Augen und zeige mir die Bereiche meines Lebens, die Dir nicht gefallen. Wirke in meinem Leben, daß dem Satan kein Raum gegeben wird, wodurch er gegen mich wirken kann. Zeige mir meine Schwachpunkte, jeden Bereich meines Lebens, woran ich noch arbeiten muß, damit ich Dir wohlgefalle. Was ich bin und habe soll auf Deiner Seite sein, damit der Heilige Geist in meinem Leben wirkt.

Durch den Glauben und in Abhängigkeit von Dir, lege ich den alten Menschen ab und stelle mich in den Sieg der Kreuzigung, wodurch der Herr Jesus Christus die Reinigung von der alten Natur geschaffen hat. Ich lege den neuen Menschen an und stelle mich in den ganzen Sieg der Auferstehung und der Befähigung, durch die ich heute über die Sünde herrschen kann. Darum lege ich heute die alte Natur mit ihrer Selbstsucht ab und lege die neue Natur mit ihrer Liebe an. Ich lege ab die alte Natur der Furcht und lege die neue Natur des Mutes an. Ich lege ab die alte schwache Natur und lege die neue Natur mit all ihrer Stärke an. Ich lege heute die alte Natur mit ihrer verführerischen Lust ab und lege die neue Natur mit all ihrer Gerechtigkeit und Reinheit an.

Himmlischer Vater, ich stelle mich in jeder Hinsicht in den Sieg der Himmelfahrt und der Verherrlichung des Sohnes Gottes, als Ihm alle dämonischen Fürsten und Mächte unterjocht wurden. Ich nehme meine Stellung in Christus in Anspruch, wodurch ich siegreich mit Ihm über alle Feinde meiner Seele bin. Gesegneter Heiliger Geist, ich bete zu dem Himmlischen Vater, daß Du mich erfüllst. Komm in mein Leben, zerbrich jeden Götzen und wirf jeden Feind hinaus.

Himmlischer Vater, ich bin sehr dankbar für die Äußerung Deines Willens in meinem täglichen Leben, wie Du ihn mir in Deinem Wort gezeigt hast. Darum nehme ich heute den ganzen Willen Gottes in Anspruch. Ich danke Dir, daß Du mich mit allen geistlichen Segnungen in den himmlischen Örtern in Christus Jesus gesegnet hast. Ich bin sehr dankbar, daß Du mich zu einer lebendigen Hoffnung wiedergeboren hast durch die Auferstehung Jesu Christi von den Toten. Dankbar erkenne ich, daß Du es so eingerichtet hast, daß ich erfüllt mit dem Geist Gottes, mit Liebe, Freude und Selbstbeherrschung heute leben kann. Ich sehe, daß dies Dein Wille für mich ist und darum weise ich alle Anstrengungen Satans zurück und widerstehe ihm, da er und seine Dämonen mir die Erfüllung des Willens Gottes rauben wollen. Ich weigere mich heute, meinen Gefühlen zu glauben, und ich halte den Schild des Glaubens gegen alle Anklagen und Einflüsterungen Satans, die er mir in den Verstand schicken will. Ich nehme die Fülle des Willens Gottes für diesen Tag in Anspruch.

Himmlischer Vater, im Namen des Herrn Jesus Christus liefere ich mich Dir völlig als ein lebendiges Opfer aus. Ich will nicht mit dieser Welt konform sein. Ich will durch die Erneuerung meiner Gesinnung verändert werden, und ich bitte Dich, daß Du mir Deinen Willen zeigst und mich befähigst, heute in der Fülle des Willens Gottes zu leben.

Himmlischer Vater, ich bin Dir sehr dankbar, daß die Waffen unseres Kampfes nicht fleischlich sind, sondern mächtig durch Gott, um Festungen niederzureißen und alle Vernunftschlüsse und jedes Hohe, das sich gegen die Erkenntnis Gottes erhoben hat, umzustürzen. Jeden Gedanken bringe ich in den Gehorsam zum Herrn Jesus Christus. Darum werde ich heute in meinem eigenen Leben alle Festungen Satans niederreißen und will die Pläne Satans zerschlagen, die gegen mich geschmiedet sind. Ich reiße die Festungen Satans gegen meinen Verstand nieder und übergebe Dir, gesegneter Heiliger Geist, mein gan-

zes Bewußtsein. Ich halte daran fest, Himmlischer Vater, daß Du mir nicht einen Geist der Furcht gegeben hast, sondern der Kraft und der Liebe und der Besonnenheit. Ich schleife und zertrete die Festungen Satans, die er gegen meine Gefühle aufgebaut hat, und ich übergebe Dir meine Gefühle. Ich zerschlage heute die Festungen Satans, die gegen meinen Willen gerichtet sind. Ich überlasse Dir meinen Willen und habe jetzt gewählt, die richtigen Glaubensentscheidungen zu treffen. Ich zerschlage die Festungen Satans, die er heute gegen meinen Leib aufgerichtet hat, und ich gebe Dir meinen Leib, weil ich erkenne, daß er Dein Tempel ist. Ich erfreue mich heute Deiner Barmherzigkeit und Güte.

Himmlischer Vater, ich bete, daß Du mich an diesem Tag mit Leben erfüllen mögest. Zeig mir, wie und wo der Satan die Wahrheit in meinem Leben behindert, sie verdreht, ihr widersteht, gegen sie lügt und mich versucht. Hilf mir, ein Mensch zu sein, an dem Du Freude hast. Befähige mich, offensiv zu beten. Befähige mich, meinen Verstand offensiv zu gebrauchen und Deine Gedanken Dir gemäß zu denken, damit ich Dir den Platz in meinem Leben gebe, der Dir gebührt.

Himmlischer Vater, ich bedecke mich mit dem Blut des Herrn Jesus Christus und bete, daß der gesegnete Heilige Geist in meinem Leben heute das ganze Werk der Kreuzigung, der Auferstehung, der Verherrlichung meines Herrn und das ganze Werk von Pfingsten wirksam werden läßt. Ich liefere mich Dir vollkommen aus. Ich werde mich nicht entmutigen lassen. Du bist der Gott aller Hoffnung. Du hast Deine Kraft bewiesen, indem Du Jesus Christus von den Toten auferweckt hast, und ich stelle mich zu Deinem Sieg über alle satanischen Kräfte, die in meinem Leben tätig sind. Ich weise diese Kräfte zurück. Ich bete mit Dankbarkeit im Namen des Herrn Jesus Christus. Amen.

* * *

Ist mein Problem dämonischen Ursprungs?

Manche möchten wissen, wie man feststellen kann, ob ihr Problem für ein dämonisch inszeniertes Leiden symptomatisch ist. Aus meiner Erfahrung und mit Beispielen aus dem Wort Gottes will ich einige Symptome aufzeigen, die belegen können, ob vielleicht eine dämonische Bedrückung vorliegt. Es ist nicht meine Absicht, eine vollständige Beweisliste für Leiden durch Dämonie zu bringen, sondern hier will ich nur einige wenige Hinweise auf das Werk des Feindes geben.
1. Ein zwanghaftes Verlangen, dem Vater, dem Herrn Jesus Christus oder dem Heiligen Geist zu fluchen.

2. Widerwille gegen die Bibel, manchmal mit dem Drang, sie zu zerreißen oder sie zu zerstören.
3. Zwanghafte Gedanken über Selbstmord oder Mord.
4. Starke Gefühle der Bitterkeit und des Hasses gegen Menschen, die keinen Grund dazu bieten, so zu fühlen, z.B. Haß gegen die Juden, die Gemeinde oder gegen starke christliche Führungspersönlichkeiten. (In Deutschland ist dies und Schlimmeres Fluch für die Greueltaten im III. Reich und besonders verbreitet. Anmerk. des Übersetzers)
5. Jede zwanghafte Versuchung, die dich zu Gedanken oder Handlungen zwingt, welche du wirklich nicht willst.
6. Zwanghafte Wünsche, andere Menschen niederzumachen, selbst mit Mitteln der Lüge. Die boshafte, spitze Zunge ist wohl oft dämonisch. Satan will dich dahin bringen, daß du jeden angreifst, der eine Bedrohung für einen Problembereich in deinem Leben ist.
7. Angstmachende Gefühle von Schuld oder Wertlosigkeit, die sogar auftreten, nachdem dem HERRN ehrlich Sünde und Versagen bekannt worden ist.
8. Gewisse physische Symptome, die plötzlich auftreten und schnell wieder verschwinden können, wofür es keine medizinische oder physiologische Begründung gibt.
    a. Empfindungen, gewürgt zu werden
    b. Schmerzen, die im Körper herumwandern, und für die es keine medizinische Erklärung gibt.
    c. Gefühle der Enge im Kopf oder in den Augen.
    d. Schwindelanfälle, Blackouts oder Ohnmachtsanfälle.
9. Tiefe Depression und Verzweiflung.
10. Erschreckende Anfälle von Panik oder anderen anormalen Ängsten.
11. Träume oder Alpträume, die erschrecken und immer wiederkehren. Hellseherische Träume, die später wahr werden, können sehr wohl dämonisch sein. Unter normalen Umständen kann man diese Probleme auflösen, indem man im Abendgebet ungefähr so formuliert. *»Im Namen des Herrn Jesus Christus ordne ich meinen Verstand und meine Träume nur dem Werk des Heiligen Geistes unter. Ich binde alle Mächte der Finsternis und verbiete ihnen, in meinen Träumen zu wirken, oder daß sie einen anderen Bereich meines unbewußten Lebens beeinflussen, solange ich schlafe.«*
12. Jähzornanfälle, unkontrollierter Ärger, oder nagende Gefühle der Feindschaft.
13. Furchtbare Zweifel an seiner Errettung, obwohl man früher die Freude der Erlösung genossen hat.

* * *

Das Beispiel des Dämonisierten von Gerasa
von Ernest Rockstad

Aus dem Beispiel des sehr geplagten Mannes von Gerasa können wir einige Hinweise auf die bösen Werke einer schlimmen dämonischen Bedrückung erkennen. In seinen persönlichen, nichtveröffentlichten Randnotizen lenkt Ernest Rockstad unsere Aufmerksamkeit auf sechs Symptome der dämonischen Qual von Menschen:

a. Unfähigkeit, normal zu leben. Er kam einfach nicht in der Gesellschaft zurecht. Er fühlt sich mehr dem Tode verbunden als dem Leben.
b. Gewalttätigkeit und übermenschliche Kraft. Ketten und Fesseln konnten ihn nicht halten.
c. Eine Todespersönlichkeit, mit stärksten Verhaltensstörungen. »*Niemand konnte ihn bändigen*«. Wenn jemand, der freundlich und nett sein kann, in der nächsten Minute aber bitter und voller Haß ist, so ist dies ein Hinweis auf die dämonische Fremdbestimmung in seinem Leben.
d. Ruhelosigkeit und Schlaflosigkeit. Lukas 8,29 berichtet uns, daß dieser Mann von Dämonen getrieben wurde. Er konnte nachts nicht schlafen. Dämonisch verursachte Schlaflosigkeit kann man normalerweise abhelfen durch Auswendiglernen und Nachsinnen über Gottes Wort, während man darauf wartet einzuschlafen.
e. Eine schreckliche innere Enge. Dieser Mann kam schreiend heraus. So schlimm war der innere Druck und die Folter, daß er es herausschreien mußte.
f. Selbstverletzung. Er schnitt sich selbst mit Steinen. Ein Grund dafür konnte sein, daß die physischen Schmerzen ihm halfen, sich von der inneren Enge und Folter abzulenken.

* * *

Übertragung von Dämonie auf die folgenden Generationen
  Erbsünde durch Transferierung[21]

Das Problem der Übertragung (Transferierung) muß von der Praxis her beleuchtet werden. Es ist schon vorher erwähnt worden, trotzdem möchte ich noch einmal auf dieses wichtige Thema eingehen und einige Schritte zur Lösung vorschlagen. Mit Übertragung meinen wir das Vererben dämonischer Mächte von einer Ge-

---

21 siehe zu diesem Thema: Horst Gerlach, Die Sünde und ihr Gesetz von Ursache und Wirkung (Verlag 7000, 1993)

neration zur Nächsten. Einige von uns sind darüber entsetzt, daß Dämonen sogar kleine Kinder quälen können. Beispiele davon kann man in der Schrift finden (z.B. Mark.9,14-29), in Berichten von den Missionsfeldern und in der Erfahrung von jedem, der länger auf dem Gebiet der dämonischen Leiden gearbeitet hat. Kleine Kinder können von dämonischen Mächten gefoltert und bedrückt werden. Aus welchem Grund oder über was für einen Einfallsweg können die Mächte der Finsternis ein unschuldiges Kind so quälen? Es ist nicht mein Ziel, eine tiefe theologische Abhandlung über dieses Problem darzulegen, sondern ich will einige Schritte aufzeigen, um offensichtliche Bedrängnis zu überwinden. (25)

Das Alte Testament gibt uns Hinweise darauf, daß das Problem der Sünde von Generation zu Generation transferiert wird. Die vererbte alte Natur ist schon von Adam her bereits ein Problem durch Transferierung. Als Gott dem Menschen das Gesetz gab, lesen wir die ernüchternden Worte:

»Denn ich, der HERR, dein Gott, bin ein eifersüchtiger Gott, der die Schuld der Väter heimsucht an den Kindern, an der dritten und vierten Generation, von denen, die mich hassen, . . .« (2.Mos.20,5; siehe auch 2.Mos.34,7; 5.Mos.5,9).

Das allgemeingültige Gesetz Gottes, daß *»wir ernten was wir säen«*, schließt unsere Kinder und die Kinder unserer Kinder mit ein.

Ich kämpfte einmal gegen einen bösen Geist, der eine sehr aufrichtige, junge gläubige Frau quälte. Dieser mächtige, finstere Feind war besonders hartnäckig und wehrte sich dagegen dahin zu gehen, wohin der Herr Jesus ihn senden würde. In dem Prozeß, seinen Widerstand zu brechen, befahl ich ihm zu offenbaren, wie lange er schon in dieser Familie wäre. Er behauptete, daß er in die Vorfahrenlinie dieser Familie auf Grund einer Sünde eindringen konnte, die von der Urgroßmutter der betroffenen jungen Frau, begangen wurde, als die Ahnin noch eine junge Frau im schottischen Glasgow war. Solche Dinge sind nicht ungewöhnlich. Ein böser Geist behauptete, seit über fünfhundert Jahren in der Vorfahrenlinie zu wirken. Wir dürfen unsere Vorgehensweisen nicht auf der Grundlage von dämonischen Behauptungen bauen, trotzdem erfordert sorgfältiger Kampf immer, daß wir das Problem der Übertragung nicht übersehen dürfen.

Vor nicht langer Zeit wurde ich auf den Fall von guten christlichen Eltern hingewiesen, die einen Sohn im Gefängnis haben. Dieser Sohn war an schrecklichen und brutalen Sünden beteiligt. Er ist der Vergewaltigung angeklagt und des Drogenhandels überführt worden, und er war bitter gegen jede Autorität. Er haßte die Kirche, Gott und alles, was seinen christlichen Eltern heilig war. Sie haben ihn im besten Umfeld und in einer bibeltreuen Gemeinde großgezogen. Er führte ein schrecklich verdorbenes Leben schon seit frühster Kindheit. Er war ein adoptiertes Kind, und sein problematisches Verhalten trat schon in seinem Kleinkindalter auf. Das gute Umfeld hatte keine Kraft, dies zu ändern. Probleme dieser Art traten auch in verschiedenen anderen Adoptionssituationen auf, wie es verschiedene beunruhigende Studien belegen. Als Pastor habe ich dies auch in mehreren schmerzhaften Familienprobleme beobachten können. In solchen Fällen muß man ernsthaft nachfragen, ob dem Problem die Transferierung der dämonischen Leiden und Besessenheit durch die Blutslinie der Generationen zu Grunde liegt.

Gott sei Dank, nicht alle Adoptivsituationen werden zu so einem Problem. Aber was können wir tun, wenn solche Schwierigkeiten auftauchen? Ich werde im Folgenden einige Schritte des Kampfes vorschlagen.

* * *

Lossagegebet von dem Fluch der Vorfahren und Glaubenszusage von Ernest B.Rockstad

Niemand von uns weiß, ob Werke des Satans gegen uns von unseren Vorfahren her kommen. Darum ist es gut für jedes Kind Gottes, die folgende niedergeschriebene Absage und Bestätigung zu machen. Es ist ratsam, sie laut zu sprechen.

Als ein Kind Gottes, das erkauft ist durch das Blut des Herrn Jesus Christus, weise ich alles zurück und sage mich hier und jetzt los von allen Sünden meiner Vorfahren. Als einer, der von den Mächten der Finsternis befreit worden und in das Königtum von Gottes lieben Sohn hineinversetzt worden ist, kündige ich jede dämonische Wirksamkeit in meinem Leben auf, die durch meine Vorfahren auf mich übertragen worden ist.

Als einer, der mit Jesus Christus gekreuzigt wurde und zu dem Wandel in Neuheit des Lebens auferweckt worden ist, widerrufe ich jeden Fluch, der über mich gesprochen sein mag. Ich verkündige Satan und all seinen Mächten, daß Christus zum Fluch für mich geworden ist, als Er am Kreuz hing.

Als einer, der mit Christus gekreuzigt und mit Ihm auferstanden ist und mit Ihm in den himmlischen Örtern sitzt, sage ich mich los von jeglicher Möglichkeit, durch die Satan ein Besitzrecht über mich in Anspruch nehmen will.

Ich erkläre verbindlich, daß ich für alle Zeit und vollständig dem Herrn Jesus Christus übereignet und Ihm ganz hingegeben worden bin. Ich tue dies alles im Namen und der Autorität des Herrn Jesus Christus.
(Röm.6,4; Gal.2,20; 3,13; Eph.1,7; 2,5-6; Kol.1,13)

Name und Datum

***

Stellvertretendes Gebet für ein Adoptivkind

Da von der Möglichkeit von Schwierigkeiten durch Übertragung von Dämonie bei einem Adoptivkind schon gesprochen worden ist, möchte ich ein Lossagegebet und eine Glaubenszusage vorschlagen, das Eltern für ihre Adoptivkinder oder Pflegekinder gebrauchen sollten.

In dem Namen des Herrn Jesus Christus, preise ich Dich, Himmlischer Vater, daß Du mir mein Adoptivkind --------anvertraut hast. Ich nehme diese Verantwortung an, die Gott auf mich gelegt hat, Elternteil und Priester vor Gott im Leben von --------- zu sein. Als ein Priester Gottes im Leben meines Kindes, und weil ich durch das Blut des Herrn Jesus Christus erlöst bin, verurteile und weise ich hier und jetzt alle Sünden der Vorfahren von -------- zurück. Im Namen des Herrn Jesus Christus, kündige ich alles dämonische Werk auf, das von den Blutsvorfahren auf -------- gekommen ist. Offensiv verkündige ich gegen Satan und all seine Kräfte, daß -------- durch das Blut des Herrn Jesus Christus geschützt ist. Als einer, der Autorität durch meine Einheit mit dem Herrn Jesus Christus über die Mächte der Finsternis hat, und der mit Jesus in die himmlischen Örter versetzt worden ist, weise ich alle Besitzrechte Satans im Leben von -------- zurück, die er auf irgendeine Weise in Anspruch nimmt. Ich reiße alle Blindheit nieder, die Satan auf die Augen von -------- gelegt hat, damit er/sie geistliche Wahrheit verstehen kann, in der Liebe wachsen und meinem Herrn und Heiland dienen soll. Als ein rechtmäßiges Elternteil in den Augen Gottes und als Priester Gottes im Leben von -------- übereigne ich ihn/sie völlig der schützenden, rettenden und erlösenden Kraft des Herrn Jesus Christus. Als Priester Gottes im Leben von -------- widerrufe ich und entreiße Satan alle Besitzrechte, die durch die Vorfahren ihm gegeben worden sind. Ich nehme diese Anrechte für Jesus Christus in Anspruch, denn Christus hat durch Sein Erlösungswerk Satan besiegt und schützt nun -------- mit Seinem kostbaren Blut, so daß Satan keine Anrechte mehr an dem Leben von -------- hat. Dies tue ich im Namen und der Autorität des Herrn Jesus Christus; und ich werde in dem Leben meines Kindes nur das akzeptieren, was durch das Kreuz und durch Gottes Gnade kommt.

Name und Datum

Ein Lossagegebet und eine Glaubenszusage dieser Art sollte ein häufiger Bestandteil des Dienstes für ein adoptiertes Kind sein. Mit wachsender Reife des Kindes sollten die umsichtigen, geistlich gesinnten Eltern es dahin führen, daß es selbst die Waffen des Kampfes gebraucht.

* * *

Entreiße Satan seine Anrechte, die er durch deine eigene Sünde erworben hat

Ein anderer wichtiger Bereich des Kampfes ist, den Boden zurückzugewinnen, den wir durch unsere eigenen fleischlichen oder weltlichen Sünden preisgegeben haben. Epheser 4,27 warnt: »*Gebt dem Teufel keinen Raum.*« Es ist möglich, daß der Gläubige durch fleischliche Sünden oder gedankenlose Unachtsamkeit der Welt gegenüber in seinem Leben dem Teufel Raum gibt. Wenn ich weiß, daß ich dies getan habe, wie kann ich dann diesen Raum für den Herrn Jesus Christus zurückfordern? Ich würde vorschlagen, damit anzufangen, eine stille, konzentrierte Zeit allein mit dem Herrn zu haben. Nimm ein Blatt Papier und beginne, die Sünden aufzuschreiben, an die du dich erinnern kannst, denn du weißt, du hast dem Feind in deinem Leben Anrechte gegeben. Bitte den Heiligen Geist, dir zu helfen, damit du dich an alle Sünden erinnern kannst, die Satan Rechte gegen dich eingeräumt haben. Einige Gebiete von besonderer Wichtigkeit sollten bedacht sein:

1. Jede Form von eigenen Lügen oder Verführung anderer durch dich.
2. Jedes Nachgeben an sinnliche Lüste oder Hingabe an sexuellen Sünden.
3. Jedes Interesse oder sogar Teilnahme an okkulten Praktiken oder Spielen.
4. Jede Sünde, Gottes Liebe und Güte gegen dich oder andere in Frage zu stellen.
5. Jedes Fluchen, oder wenn du deine Zunge boshaft gegen andere gebraucht hast.
6. Jedes Mißbrauchen von Gottes Wort oder Weigerung, an die Wahrheit zu glauben.
7. Jedes Stehlen und Betrügen.
8. Jede Hingabe an gewalttätigen Jähzorn.

Diese Liste braucht nur von deinen eigenen Augen gesehen werden. Wenn du gegen einen anderen gesündigt hast, so ist es notwendig, ihn um Vergebung zu bitten, um die Kränkung in Ordnung zu bringen und das eigene Gewissen zu entlasten.

Nachdem du deine Liste gemacht hast, ist es gut, diese Liste durchzugehen, indem offensiv die Anrechte, die Satan errungen hatte, wieder zurückgenommen werden. Hier ein Gebetsvorschlag:

Geliebter Himmlischer Vater, ich bitte Dich um Vergebung, daß ich Dich beleidigt habe durch diese Sünden der (benenne die Sünden).

Ich mache mir die Reinigung durch das Blut des Herrn Jesus Christus zu eigen. Ich wende mich gegen den Satan und sein ganzes Reich. Ich nehme von ihm und allen seinen Mächten der Finsternis alle Anrechte zurück, die er gegen mich in Anspruch genommen hat, als ich gesündigt habe (Nenne die Sünden). Ich beanspruche diesen Raum zurück im Namen des Herrn Jesus Christus. Ich bedecke mich mit dem Blut des Herrn Jesus Christus und übergebe alle Bereiche meines Lebens der völligen Kontrolle des Heiligen Geistes.

Es ist gut, sein eigenes Herz für den Heiligen Geist empfänglich zu halten und Ihn zu bitten, weiterhin in den Verstand zu bringen, was eine Beleidigung Gottes gewesen ist und dem Feind einen »Fuß in der Tür« verschafft hat. Egal, wo du bist oder was du tust, sollte der Heilige Geist dir etwas vor Augen stellen, so kannst du sofort den Raum in einem Gebet der eben erwähnten Art wieder zurückverlangen.

* * *

10 allgemeine Kampfesschritte während des Befreiungsprozesses

Einige Worte sollten noch an die gerichtet werden, die unter einem besonderen Angriff des Feindes stehen. Die zwanghafte Gebundenheit durch Satan ist eine sehr schmerzhafte Erfahrung für Gläubige. Einige der schlimmsten Leiden, die ich je gesehen habe, wurden durch Dämonie verursacht. Ein solcher Kampf erfordert eine völlige Hingabe an den HERRN und offensiven geistlichen Kampf, mit dem Ziel der Freiheit. Hier möchte ich dir eine Liste anbieten, die täglich von denen gebraucht werden kann, die unter dämonischen Angriffen stehen:

1. Entschließe dich täglich, Gott zu glauben, daß er für deine Befreiung kämpft. Passivität und Hoffnungslosigkeit bedeuten eine tödliche Niederlage. Sie sind das Gegenteil der großen drei Tugenden des Christen: Glaube, Hoffnung und Liebe.
2. Danke Gott täglich für deinen Kampf und für das, was Er dich durch diese Auseinandersetzungen lehrt.

3. Brich radikal alle Beziehungen zwischen dir und andern, die durch Satan und durch böse Geister geknüpft wurden. So wie Gott Verbindungen knüpft zu Seinem Willen und zu Seinem Ziel, versucht auch unser Feind, Bindungen zwischen dir und anderen herzustellen. Diese können durch Gebet folgender Art gebrochen werden.

Im Namen des Herrn Jesus Christus will ich nur eine Beziehung zwischen -------- und mir akzeptieren, die durch den Heiligen Geist bewirkt wurde. Ich zerschlage und zerschneide jede dämonische Verbindung zwischen -------- und mir, die von Satan oder bösen Geistern gewollt ist.

Wenn du dämonische Aktivitäten in dem Leben einer anderen Person siehst, mit der du schon Spannungen hattest, dann bete etwa so:
Im Namen des Herrn Jesus Christus breche und zerschlage ich alle Kraft und Kommunikation, die die Mächte der Finsternis mit -------- aufbauen wollen, um gegen mich zu wirken. Ich zerschneide alle dämonischen Verbindungen im Namen des Herrn Jesus Christus.

4. Bete täglich die großartigen Wahrheiten Gottes, indem du vielleicht eines der Kampfgebete benutzt, die am Ende der Kapitel zu finden sind. Das Beten der gesunden Lehre spielt eine wichtige Rolle, die Festungen Satans zu zerbrechen.
5. Weise offensiv alle Gedanken der Entmutigung, der Hoffnungslosigkeit, der Furcht und Selbstverdammung zurück. Sie sind nicht in Übereinstimmung mit deiner Stellung in Christus.
6. Habe deinen Kopf voll mit guten Gedanken und Glaubensaussagen. Texte geistlicher Lieder sind eine gute Quelle für gutes Denken.
7. Halte durch den Glauben fest an Gottes Größe, Seiner Liebe und Güte. Gestatte es niemals, Satans Gefühle des Zweifels an Gottes Größe in dein Leben hereinzubringen.
8. Lerne täglich Passagen aus dem Worte Gottes auswendig und studiere es ernsthaft.
9. Arbeite immer daran, deine wahren Gefühle und Gedanken zu unterscheiden von solchen, die durch Dämonen produziert wurden. Sage dich von allen falschen Gedanken in einem Gebet dieser Art los:

Im Namen des Herrn Jesus Christus weise ich die Gedanken und Gefühle von -------- zurück, da sie im Gegensatz zu Gottes Willen sind. Ich will nur die Gedanken akzeptieren, die in Übereinstimmung mit dem Heiligen Geist sind und ich bedek-

ke mein Denken mit der Vergebung durch das Blut des Herrn Jesus Christus.

10. Wenn du versagst und der Feind eine Schlacht gewinnt, dann bekenne dein Versagen sofort dem HERRN und setze den Kampf fort. Du wirst ein paar Schrammen erleiden, aber du hast schon den Krieg gewonnen, weil du mit Christus in Seinem Sieg vereint bist (Lukas 10,17-20).

BIBLIOGRAPHIE

Anderson, Neil: *Neues Leben Neue Identität.* (Logos International, Lage; 1994)
Anderson, Neil: *Der die Ketten sprengt.* (Logos International, Lage; 1994)
Basham, Don: *Befreie uns vom Bösen.* (Franz, E; 1989)
Dawson, John: *Unsere Städte für Gott gewinnen.* (Jugend mit einer Mission; 1991)
Duewel, Wesley L.: *Gebet verändert.* (Liebenzeller Mission; 1989)
Elwood, Roger: *Engelweg. Ein modernes Märchen.* (Francke- Buchhandlung; 1991)
Elwood, Roger: *Die Bartletts.* Bd. 1 und 2. (One Way; 1993)
Gaebelein, Arno C: *Die Welt der Engel.* (Christliche V.-G.; 1986)
Harper, Michael: *Erleuchtete Augen im Kampfe des Glaubens.* (Fliss, Ch.; 1984)
Koch, Kurt: *Okkultes ABC.* (Brunnen Verlag, Basel)
Koch, Kurt: *Seelsorge und Okkultismus.* (Brunnen Verlag, Basel, 1982)
Liardon, Roberts: *Auf in den Kampf.* (Christliche Gemeinde Köln; 1993)
Mathews, Arthur: *Zum Kampf geboren.* 31 Lektionen für eine geistliche Kampfführung. (Francke-Buchhandlung; 1986)
Murray, Andrew: Edwards, Jonathan: *Das Geheimnis christlicher Liebe.* Hrsg. V. Parkhurst (One Way; 1994)
Murray, Andrew: *Geheimnisse des christlichen Lebens.* 12 Bände (Brunnen Verlag; 1987)
Packer, James I: *Auf den Spuren des Heiligen Geistes.* Im Spannungsfeld zwischen Orthodoxie und Charismatik. (ABCteam/ Brunnen; 1989)
Peretti, Frank E: *Die Finsternis dieser Welt /Licht in der Finsternis.* (Projektion J; 1991)
Phillips, Phil: *Aufruhr in der Spielzeugkiste.* Gefahr für unsere Kinder. (Francke-Buchhandlung; 1988)
Phillips, Phil: *Niedlich und grausam!* Womit unsere Kinder spielen. (Francke-Buchhandlung; 1990)
Stott, John: *Christsein in den Brennpunkten unserer Zeit.* Bd. 1: . . . in einer nicht-christlichen Gesellschaft. 1987; Bd.2. . . . im globalen Bereich. 1987; Bd.3: . . . im sozialen Bereich. 1988; Bd.4: . . . im sexuellen Bereich. 1988 (Francke-Buchhandlung)
Swihart, Philipp J: *Der Tod wirklich anders?* (Liebenzeller Mission; 1988)
Swindoll, Charles: *Drei Schritte vorwärts, zwei zurück.* Vom festen Stand in rauhen Tagen. (Francke-Buchhandlung; 1984)

Swindoll, Charles: *Riesen und Dornen. Vom Kampf und Sieg über sich selbst.* (Christliche Literaturverbreitung; 1993)
Swindoll, Charles: *Das Geheimnis vom Leben, Lieben und Lachen.* Ängste abbauen Sorgen abgeben Inneren Frieden finden. (Hänssler, 1993)
Trumbull, Charles: *Befreiung von der Macht der Sünde.* (Brunnen, 1986)

Zum weiteren Studium einige englische Titel:

Adams, Jay: *The War Within.* Eugene, OR; Harvest House, 1989.
Anderson, Neil: *Bondage Breaker, Youth Edition.* Harvest House, 1993
Anderson, Neil: *Stomping Out The Darkness.* Regal Books, 1993
Anderson, Neil: *Walking Through The Darkness.* San Bernadino, CA: Here's Life Pub., 1991.
Anderson, Neil: *The Seduction of Our Children.* Eugene, OR; Harvest House, 1991
Anderson, Neil: *Released From Bondage.* San Bernardino, CA; Here's Life Pub., 1991
Anderson, Neil: *Living Free in Christ.* Ventura, CA; Regal Books, 1993
Arnold, Clinton: *Ephesians, Power and Magic.* Grand Rapids, MI, Baker, 1992
Arnold, Clinton: *Powers of Darkness.* Downer's Grove, IL: Intervarsity Press, 1992
Baker, Roger: *Binding The Devil.* NY, Hawthorne Books, 1974
Balducci, Corrado: *The Devil.* Staten Island, NY, Alba House, 1990
Beeson, Ray: *The Real Battle.* Wheaton, IL, Tyndale, 1988
Benoit & Wilmington: *The Battle Plan For The Battlefield.* Clemmons, NC, J.R.Printers, 1990
Birch, George A.: *The Deliverance Ministry.* Cathedral City, CA, Beaver Lodge, Alberta: Horizon House, 1988
Blankenship, Roberta: *Escape From Witchcraft.* Grand Rapids, MI, Baker 1972
Bounds, E.M.: *Satan.* Grand Rapids, MI, Baker, 1972
Breese, Dave: *His Infernal Majesty.* Chicago, IL, Moody, 1974
Breese, Dave: *Satan. Ten Most Believable Lies.* Chicago, IL: Moody, 1987
Brook, Tal: *Riders of the cosmic circuit.* England: Lion Pub., 1986
Brooks, Thomas: *Precious Remedies Against Satan's Devices.* Carlisle, PA, The Banner of Truth, First 1652, 1987
Bubeck, Mark: *The Satanic Revival.* San Bernadino, CA: Here's Life Pub., 1991
Bufford, Rodger: *Counseling & the Demonic.* Dallas, TX, Word Pub., 1988

Burnett, David: *Unearthly Powers.* Nashville, TN: Thomas Nelson Pub. 1992

Carroll, Joseph: *How To Worship Jesus Christ.* Chicago, IL, Moody Press Edition, 1991, Copyright 1984

Carus, Paul: *The History of the Devil.* LaSalle, IL: Open Court Pub., 1991

Chafer, Lewis Sperry. *Satan.* Findlay. OH: Dunham, N.d.

Dickason, C.Fred: *Demon Experiences In Many Lands.* Chicago, IL, Moody, 1960

Dickason, C.Fred: *Angels Elect And Evil.* Chicago, IL, Moody, 1975

Dickason, C.Fred: *Demon Possession And The Christian, A New Perspective.* Chicago, IL, Moody, 1987

Eims, Leroy: *No Magic Formula.* Colorado Springs, CO, Nav.Press, 1977

Eims, Leroy: *Keeping Off The Casualty List.* Wheaton, IL, Victor Books, 1986

Eni, Emmanuel: *Delivered From The Power of Darkness.* Nigeria: Scipture Union, 1987

Ensign & Howe: *Counseling & Demonization.* Amarillo, TX, Recovery Pub., 1987

Epp, Theodore: *Winning Your War Against Satan.* Lincoln, NE, Back To The Bible, 1958

Epp, Theodore: *The Believer's Spiritual Warfare.* Lincoln, NE, Back To The Bible, 1973

Epp, Theodore: *How To Resist Satan.* Lincoln, NE, Back To The Bible

Ernest, Victor H: *I Talked With Spirits.* Wheaton, IL, Tyndale, 1970

Forster and Marston: *God's Strategy in Human History.* Minneapolis, MN, Bethany, 1973

Franzipane, Frances: *Holiness Truth and The Peace of God.* Marion, IA: Advancing Church Pub., 1986

Franzipane, Frances: *The Three Battlegrounds.* Marion, IA, Advancing Church Pub., 1989

Garrard, Mary: *Jessie Penn-Lewis.* Ontario, Canada: Christian Boods Pub., 1989

George, Bob.: *Classic Christianity.* Eugene, OR, Harvest House, 1989

Gothard, Bill: *Life Purpose Journals 1 and 3.* Oak Brook, IL, I.B.L.P., 1991

Graves, Robert: *Encyclopedia Of Mythology.* NY, NY: Crown Pub., 1986

Gray, James M.: *Satan...And The Saint.* Chicago, IL, Moody, 1909

Green, Michael: *Exposing The Prince Of Darkness.* Ann Arbor, MI, Servant Pub., 1991

Gurnell, Williams: *The Christian In Complete Armor.* Carlisle, PA, The Banner of Truth, First 1655, 1986

Harrah, Allegra: *Prayer Weapons.* NY, Fleming H. revell, 1976

Hodge, Charles: *Ephesians.* Wilmington, DE, Assoc.Pub. & Authors, Inc., N.d.
Huegel, F.J.: *The Enthroned Christian.* Fort Washington, PA,
Ironside, H.A.: *In The Heavenlies.* NY, Loizeaux, 1957
Jacobs, Cindy: *Possessing the Gates of The Enemy.* Terrytown, NY: Chosen Books, 1991
Johnson, Jerry: *The Edge Of Evil.* Waco, TX, Word Pub., 1989
Johnson, Mark: *Spiritual Warfare for the Wounded.* Anne Arbor, MI, Servant Publications, 1992
Jones, D.Martin Lloyd: *The Christian Soldier.* Grand Rapids, MI, Baker, 1977
Jones, D.Martin Lloyd: *The Christian Warfare.* Grand Rapids, MI, Baker, 1989
LaHaye, Tim: *The Battle For The Mind.* Old Tappan, NJ, Power Books, 1980
Larkin, Clarence: *The Spirit World.* Philadelphia, PA, Larkin Est., 1921
Lindsell, Harold: *The World, The Flesh And The Devil.* Minneapolis, MN, World Wide, 1973
Lindsay, Hal: Combat Faith. New York, NY, Bantam Books, 1986
Lockyer, Herbert: *Satanic Conflict Of The Ages.* London, Victory Press, 1955
Lord, Johnnie: *Learning How to Pray for Our Chrildren.* Titusville, FL, Agape MN, 1990
Lovelace, Richard F.: *Renewal As A Way Of Life.* Downers Grove, IL, InterVarsity, 1985
Lovett, C.S.: *Dealing With The Devil.* Baldwin Park, CA, Personal Christianity, 1979
Lovitt & McCall: *Satan in the Sanctuary.* Chicago, IL, Moody Press, 1973
MacArthur, John: *Adventuring into the next World.* Chicago, IL, Moody, 1973
MacMillan, J.A.: *Encounters With Darkness.* Harrisburg, PA, Christian Pub.,
MacMillan, J.A.: *Modern Demon Possession.* Harrisburg, PA, Christian Pub.,
MacMillan, J.A.: *The Authority of the Believer.* Harrisburg, PA, Christian Pub.,
MacMillan, J.A.: *The Authority of the Intercessor.* Harrisburg, PA, Christian Pub.,
Manuel, Frances D.: *Though A Host Should Encamp.* Fort Washington, PA, Christian Literature Crusade, 1971
Mathews, Victor: *Personal Success.* Grand Rapids, MI, Baker Book House
McDowell, Josh, Stewart, Don: *Understanding The Occult.* San Bernadino, CA, Here's Life Pub., 1982

McDowell, Josh, Stewart, Don: *Demon, Witches and the Occult.* Wheaton.IL, Tyndale House, 1983

McGraw, Gerald: *War Manual.* Westminster, SC, Shamaim Min., 1991

McLeod, Bill: *Fellowship With The Fallen.* Regina, Canada, Canadian Revival Fellowship

Michaelsen, Johanna: *The Beautiful Side Of Evil.* Eugene, OR, Harvest House, 1982

Michaelsen, Johanna: *Like Lambs to the Slaughter.* Eugene, OR, Harvest House, 1989

Monod, Theodore: *Looking Unto Jesus.* Kowloon, Hong Kong, Bible Light Pub., 1972

Montgomery, John Warrick: *Demon Possession.* Minneapolis, MN, Bethany Fellowship, 1976

Montgomery, John Warrick: *Principalities And Powers.* NY, Family Libary

Moreau, A.Scott: *The World of the Spirits* (A biblical study in the African context) Nairobi, Kenya, Evangel Pub. House, 1990 (Available through Wheaton Graduate School)

Moule, H.C.G.: *Studies in Ephesians.* Grand Rapids, MI, Kregel, 1977

Murphy, Ed: *Handbook for Spiritual Warfare.* Nashville, TN, Thomas Nelson Pub., 1992

Nevius, John: *Demon Possession.* Grand Rapids, MI, Kregel, 1985

Noorbergen, Rene: *The Soul Hustlers.* Grand Rapids, MI, Zondervan, 1976

Packer, J.L.: Demon, *The Bible And You.* Evangelical Foundation, Inc., 1973

Parker, Derek & Julia: *Atlas of the Supernatural.* New York, Prentice Hall Press, 1990

Paulk, Earl: *Satan Unmasked.* Atlanta, GA, K.Dimensions Pub., 1973

Paxson, Ruth: *Life on the highest plane.* Chicago, IL, Moody, 1928

Paxson, Ruth: *War in your heart.* Chicago, IL, Moody, 1952

Penn-Lewis, Jessie: *The Warfare With Satan.* Fort Washington, PA, Christian Literature Crusade,

Penn-Lewis, Jessie: *War On The Saints.* Fort Washington, PA, Christian Literature Crusade,

Penn-Lewis, Jessie: *The Battle For The Mind.* Fort Washington, PA, Christian Literature Crusade,

Penn-Lewis, Jessie: *The Spiritual Warfare.* Fort Washington, PA, Christian Literature Crusade,

Pentecost, Dwight J.: *Your Adversary, The Devil.* Grand Rapids, MI, Zondervan, 1969

Phillips, McCandlish: *The Spirit World.* Wheaton, IL, Victor Books, 1973

Philpott, Kent: *Demonology and the Occult.* Grand Rapids, MI, Zondervan, 1973

Potter, Areon: *From Darkness To Light.* Arvada Co. Adonai Resources, 1994
Powlison, Gorden: *Principalities and Powers.* San Jose, CA, Fellowship Min.Pub., 1983
Rheenen, Gailyn Van: *Communicating Christ in Animistic Contexts.* Grand Rapids.MI, Baker Book House, 1991
Rockstad, Ernest: *The Armor Of God.* Andover, KS, Faith & Life, 1984
Rockstad, Ernest: *Spiritual Warfare.* Andover, KS, Faith & Life, 1985
Shah, Alit Ikbal Serder: *Occultism, Its Theory and Practice.* NY, Castle Books,
Sherman, Dean: *Spiritual Warfare.* Seattle, WA, Frontline Communications, 1990
Skalfield, E.H.: *Sunset Of The Western Church.* Ft. Myers, FL, Fish House Pub.,
Skalfield, E.H.: *Demons in the Church.* Ft.Myers, FL, Fish House Pub., 1993
Sproull, Jerry: *Now That You Are Free.* Westminster, SC, Shamaim Ministries, 1972
Stacey, Vivenne: *Christ Supreme Over Satan.* Pakistan, Johar Art Printers, 1984
Starkis, Thomas M.: *No Man Goes Alone.* Atlanta, GA, Southern Bapt.Pub., 1972
Stedman, Ray C.: *Spiritual Warfare.* Portland, OR, Multnomah Press
Steven, Hugh: *Never Touch A Tiger.* Nashville, TN, Thomas Nelson, 1980
Stott, John: *God's New Family.* Downers Grove, IL, InterVarsity Press, 1976
Straatford, Lauren: *Satan's Underground.* Eugene, OR, Harvest House, 1988
Strauss, Lehman: *Demons, Yes But Thank God For Good Angels.* Neptune, NJ, Louzeaux Brothers, 1976
Swartley, M. Willard: *Essays On Spiritual Bondage and Deliverance.* Elkhart, IN, Institute Of Mennonite Studies, 1988
Swindoll, Charles R.: *Demonism.* Portland, OR, Multnomah Press.
Swinford, Betty: *Broken Fetters.* Chicago, IL, Moody, 1973
Taylor, Howard Mrs.: *Behind The Ranges.* Chicago, IL, Moody, 1964
Tozer, A.W.: *I Talk Tack To The Devil.* Harrisburg, PA, Christian Pub., 1972
Unger, Merrill F.: *Biblical Demonology.* Chicago, IL, Sripture Press, 1955
Unger, Merrill F.: *Demons And The Supernatural.* Dallas, TX,
Unger, Merrill F.: D*emons In Human Experiences.* Wheaton, IL, Tyndale House, 1971

Unger, Merrill F.: *The Haunting Of Bishop Pike.* Wheaton, IL, Tyndale House, 1971

Unger, Merrill F.: *Demons In The World Today.* Wheaton, IL, Tyndale House, 1972

Unger, Merrill F.: *What Demons Can Do To Saints.* Chicago, IL, Moody Press.

Usher, Charles: *Satan A Defeated Foe.* Fort Washington, PA, Christian Literature Crusade, 1964

Vaughan, Curtis: *Ephesians.* Grand Rapids, MI, Zondervan, 1977

Vaughan, Harold: *Lord Help Me Not To Have These Evil Thoughts.* Worldwide, Keswick,

Vaughan, Louisa: *How To Get Answers To Prayer.* Greenville, SC, Great Commission Pub.

Vine, W.E.: *The Epistle To The Hebrews.* Grand Rapids, MI, Baker Books, 1975

Wagner, Peter C.: *Wrestling With Dark Angels.* Ventura, CA, Regal Books, 1990

Wagner, Peter C.: *Engaging The Enemy.* Ventura, CA, Regal Books, 1991

Wagner, Peter C.: *Warfare Prayer.* Ventura, CA, Regal Books, 1992

Wagner, Peter C.: *Prayer Shild.* Ventura, CA, Regal Books, 1992

Walker, Andrew: *Enemy Territory.* Grand Rapids, MI, Zondervan, 1987

Warner, Timothy: *Spiritual Warfare.* Wheaton, IL, Crossway Books, 1991

Watson, Rosemary: *As The Rock Flower Blooms.* Singapore, OMF Books, 1984

Watt, Gordon: *Effectual Fervent Prayer.* Greenville, SC, Great Commission Pub., 1981

Webster, Richard: *Tearing Down Strongholds.* Taipei, Taiwan, Campus Evangelical Fellowship, 1990

Webster, Richard: *Worship & Warfare.* Taipei, Taiwan, Campus Evangelical Fellowship, 1990

Wedge, Thomas: *The Satan Hunter.* Canton, OH, Daring Books, 1988

Westcott, B.F.: *Saint Pauls's Epistle To The Ephesians.* Grand Rapids, MI, Baker Books, 1975

Whaley, K.A.: *Restoring Dignity To The Eviction of Alien Entities.* Steinhatchee, FL, 1982

Whaley, K.A.: *A Handbook On Christian Counseling.* Steinhatchee, FL, 1982

Whalin, Terry & Woehr, Chris: *One Bright Shining Path.* Wheaton, IL, Crossway Books, 1993

White, John Wesley: *The Devil.* Cloverdale, 1977

White, Tom: *Spiritual Warfare Bootcamp.* Corvallis, OR, Mantle Of Praise Ministries, 1985

White, Tom: *Basic And Advance Training.* Corvallis, OR, Mantle Of Praise Ministries,

White, Tom: *The Believer's Guide To Spiritual Warfare.* Corvallis, OR, Mantle Of Praise Ministries,

White, Tom: *Breaking Strongholds.* Corvallis, OR, Mantle Of Praise Ministries,

Wiersbe, Warren: *The Strategy Of Satan.* Wheaton, IL, Tyndale House, 1985

Wiersbe, Warren: *What To Wear To The War.* Lincoln, NE, Back To The Bible, 1986

Wilburn, Gary A.: *The Fortune Sellers.* Glendale, CA, Regal, 1972

Wilson, Jim: *Principles Of War.* Wheaton, IL, Tyndale House, 1980

Wilson, Walter: *Diamonds From Ephesians.* Little Rock, AR, Challenge Press, 1977

Woodruff, Paul & Wilmer Harry: *Christianity And The Occult.* Chicago, IL, Moody, 1971

Wright, Nigel: *The Satan Syndrome.* Grand Rapids, MI, Zondervan Pub., 1990

Wright, Walter: *Ephesians.* Chicago, IL, Moody, 1954

Wuest, Kenneth: *Word Studies: Ephesians and Colossians.* Grand Rapids, MI

Der Verlag 7000

Wir haben den Verlag 7000 für die gegründet, »die ihre Knie vor dem Baal nicht gebeugt haben« (1.Kön.19,18) und die »nicht von denen sind, die zurückweichen zum Verderben, sondern von denen, die da glauben zur Errettung der Seele« (Hebr.10,39). Der Verlag 7000 soll sich dadurch auszeichnen, daß in seinen Büchern die Wahrheit Christi und die Liebe Christi eins sind, und Menschen so JESUS als den CHRISTUS erkennen können.

Unser Bücherangebot

Horst Gerlach:
»Das biblisch-geistliche Grundkonzept der Löserschaft«

Umstrittene Seelsorgepraktiken und theologische Streitigkeiten haben die biblische Legitimation des wichtigen geistlichen Dienstes der Löserschaft weitgehend verdunkelt. Wer ist ein Löser, und wie ist die Verheißung des Herrn Jesus in Matth. 18.18 ».. .und was ihr auf Erden lösen werdet, soll auch im Himmel gelöst sein«, durch Glauben zu erfüllen? Von der Person des verherrlichten Christus ausgehend, gibt der Autor Antwort auf diese Fragen und entwirft ein klares Bild der biblisch-geistlichen Löserschaft.

29 Seiten, Format 21x14,5cm
ISBN: 3-929344-02-5

Horst Gerlach:
»Die Sünde und ihr Gesetz von Ursache und Wirkung«

Als unser Herr am Kreuz starb, trug er dort nur unsere Sünden, nicht auch ihre Folgen? Hilflos und verzweifelt suchen viele Gläubige Rat und Therapie bei weltlichen, religiösen oder sogar esoterischen Konzepten, weil sie mit den Folgen von Sünden nicht umzugehen wissen. Großer Schaden ist angerichtet worden durch das Verdrehen oder Verschweigen der biblischen Lehre von der Heimsuchung der Sünden der Väter bis ins dritte und vierte Glied mit dem Ziel der Befreiung des Gläubigen. Mit diesen drei Heften wird nicht wieder eine neue Auslegung geboten, sondern eine echte Antwort biblischen Glaubens, gewachsen aus jahrzehntelanger seelsorgerlicher Praxis und Verkündigung des Wortes Gottes.

Der zweite und dritte Teil von »Die Sünde und ihr Gesetz von Ursache und Wirkung« veranschaulicht mit authentischen Zeugnissen, wie die Gnade Gottes, befreit zu werden von den Sündenfolgen der Väter, erlebte Realität wurde. Eine Ermutigung für alle, die sich nach der verheißenen Freiheit in Christus sehnen.

Band I: ISBN: 3-929344-06-8; 61 Seiten
Band II: ISBN: 3-929344-06-8; 42 Seiten
Band III:ISBN: 3-929344-07-6; 37 Seiten

Klaus Stemmler:
»Homöopathie, Religion der sanften Macht«

Leider immer noch aktuell ist der Streit um die Integration der Homöopathie als sogenannte christliche Heilweise in das Leben der Gläubigen. Trotzdem wagt es kaum einer der großen christlichen Verlage, sich gegen die Homöopathie zu engagieren. Man fürchtet sich davor, Gemeinden mit Konfliktthemen zu beunruhigen, die einer Klärung durch geistliche Autorität bedürfen. Das Buch ist eine Hilfe für alle Betroffenen, sich gegen die Homöopathie zu wehren, denn es ist eine Religion mit festgefügten antichristlichen Glaubenssätzen.

230 Seiten, Paperback, Format:18,2x11,6 cm
ISBN: 3-929344-00-9

Ralph Woodrow:
»Die Römische Kirche, Mysterien-Religion aus Babylon«

Wo ist die Wurzel der Tradition, auf die sich die Römisch Katholische Kirche beruft? Ralph Woodrow liefert in diesem Buch die Beweise dafür, daß diese Wurzel in der Religion des alten Babylon liegt und die Römische Kirche nicht in Unkenntnis davon sein kann, im Gegenteil! Der Autor zeigt die erschütternde Wahrheit auf, daß die Römische Kirche nicht eine unwissende, verführte Kirche ist, sondern eine abgefallene. Wer noch den Mut hat, Liebe mit Wahrheit zu verbinden, der findet in diesem Buch eine wertvolle Hilfe, die Erlösung allein in Jesus, dem Christus, zu suchen.

182 Seiten, Paperback, Format 20,5x12,8 cm
ISBN: 3-929344-01-7

Dr. Mark I. Bubeck:
»Zünde an dein Feuer, Herr im Herzen mir...«
Sehnsucht nach Erweckung der Christenheit
-Gebete-

Im Geiste Christi und in der Wahrheit zu beten ist ein dringendes Erfordernis unserer Tage. Wenn es gelingt, den antichristlichen Zeitgeist aufzuhalten, dann entstehen Freiräume für den Glauben, Freiräume auch zur Buße und zum Neubeginn. Diese Gebete eines bekannten amerikanischen Seelsorgers und Autors des vorliegenden Buches sind getragen von der Sehnsucht nach einer Erweckung der Christenheit. Dieses Büchlein ist ein Schatz, ein echter geistlicher Ansporn zum Gebet. Wer sie mitbetet, der hat nicht den Eindruck, einfach »nachzubeten«, sondern weiß sich eins in einer Gebetsgemeinschaft geistlicher Christen.

Praktisch im Kleinformat.
78 Seiten, Format 14,8x10,6 cm
ISBN: 3-929344-09-2

Vorankündigung
In Kürze werden wir noch ein interessantes Buch für den Gläubigen an Christus Jesus herausbringen:

Horst Gerlach:

»Gehaßt bis in alle Ewigkeit?«
Wiedererweckung des abendländischen Anti-Judaismus als Preis nationaler Identität?

Das in Vorbereitung befindliche Buch weist nach, daß in der langen europäisch-abendländischen Geschichte, besonders in der Geschichte der Deutschen, die nationale Identität auf Kosten der Deutschen jüdischen Glaubens gesucht wurde. Eine Entwicklung zum Völkischen, sogar in der ganzen Welt, ist nicht mehr zu übersehen.
Das Buch soll den christlichen Leser zur Besinnung und zur Umkehr bringen und ihn daran erinnern, daß das HEIL in Jesus aus den Juden kam. (Johannes 4,22)

Wir geben auch seit 10 Jahren unsere »**Sebulon Nachrichten**« in Heftform (40-50 Seiten), viermal jährlich in deutsch und englisch heraus mit Hintergrundinformationen und entsprechender Zeitgeist-Analyse. Wir schaffen damit Grundvoraussetzungen, daß die erkannten Wahrheiten ins Leben umgesetzten werden können und gebundene Menschen, die vom Tode gezeichnet sind, aus der Sünde gelöst werden können.

Sebulon Zuflucht
Zentrum für biblische Seelsorge und biblische Löserschaft
Evangelisches Missionswerk
Sebulon Shelter International

Sebulon Zuflucht ist eine seelsorgerlich arbeitende Therapieeinrichtung, die psycho-sozial gestörte Menschen aufnimmt, die durch Neurosen, Süchte oder durch die Folgen von ererbten, rituell vollzogenen und selbstgetätigten Okkultismus zu Schaden gekommen sind und an einem erfüllten Leben gehindert werden. Diese Menschen erhalten bei uns Schutz (Zuflucht) vor den Verfolgern aus ihrer früheren Okkult- und Sektenszene. Sie werden in eine der Wohngemeinschaften für eine vorübergehende Zeit aufgenommen.

Die im Haus Sebulon konzipierte Therapiekonzeption geht von zwei Aspekten aus:
1. Dem missionarischen Aspekt.
2. Dem therapeutischen Aspekt.
Als Missionswerk widerstehen und streiten wir national und international gegen den Zeitgeist New-Age mit seinen Anhängern.